Eggerer / Mayer · Manz Großes Aufsatzbuch 1 – *5. bis 10. Jahrgangsstufe*

Wilhelm Eggerer
Egon Mayer

Neubearbeitung
Elmar W. Eggerer

Manz
Großes Aufsatzbuch 1

5. bis 10. Jahrgangsstufe
Orientierungsstufe
Sekundarstufe I

MANZ VERLAG MÜNCHEN

Herausgeber: Wilhelm Eggerer

Die Deutsche Bibliothek – CIP-Einheitsaufnahme

Manz großes Aufsatzbuch / Wilhelm Eggerer; Egon Mayer.
Neubearb.: Elmar W. Eggerer. – München: Manz.
1. 5. bis 10. Jahrgangsstufe: Orientierungsstufe, Sekundarstufe I. – 25. Aufl. – 1996
ISBN 3-7863-0241-3

25. Auflage 1996

Umschlagentwurf: Ingeburg Rothemund, München
Gesamtherstellung: Verlag und Druckerei G. J. Manz AG, München/Dillingen
Printed in Germany

ISBN 3-7863-0241-3

Vorwort zur 1. bis 16. Auflage

In diesem Großen Aufsatzbuch für die 5. bis 10. Jahrgangsstufe (Orientierungsstufe, Sekundarstufe I) werden 267 Beispielaufsätze als Lern-, Vergleichs- und Übungsmaterial angeboten. Alle Arbeiten sind Original-Schüleraufsätze in den verschiedenen Aufsatzformen, wie sie im Unterricht und in den Prüfungen verlangt werden.
Die Aufsätze sind von erfahrenen Deutschlehrern besprochen und bewertet. Anmerkungen zu einzelnen Stellen und eine Schlußbemerkung zu jedem Aufsatz sollen den Leser auf die Schwächen und Vorzüge der einzelnen Aufsätze aufmerksam machen und helfen, die eigenen Leistungen zu verbessern. Gute Aufsätze zeigen, was der Schüler erreichen kann, schwache Arbeiten sollen zeigen, welche Fehler vermieden werden müssen, mehrere Aufsätze zu einem Thema bieten Vergleichsmöglichkeiten.
Der Benutzer dieses Buches sollte immer nur das Kapitel durcharbeiten, das sich mit *der* Aufsatzform befaßt, die gerade im Unterricht besprochen, in Übungsaufsätzen behandelt und in Schulaufgaben gefordert wird. Er sollte immer wieder einen Aufsatz aufmerksam lesen, die Anmerkungen studieren und überlegen, was er anders, was er besser schreiben würde. Die beste Übung wäre, einige Stellen schriftlich zu verbessern oder – einen besseren Aufsatz über das Thema zu schreiben. Das wird nicht so schwierig sein wie sonst, weil ein Beispielaufsatz schon vorliegt. Jeder hat die Chance, eine bessere Aufsatznote zu erzielen.

Wilhelm Eggerer *Egon Mayer*

Vorwort zur Neubearbeitung

Nach 16 Auflagen seit 1973 eine Neubearbeitung! Sie ist unter den kritischen Augen der beiden erfahrenen Deutschlehrer entstanden, die dieses Große Aufsatzbuch „erfanden" und zum Erfolg führten. Die Neubearbeitung enthält ein Einleitungskapitel, in dem vor allem der Unterschied zwischen Erlebnisstil und Sachstil aufgezeigt und ein Überblick über die verschiedenen Aufsatzformen gegeben werden soll.
Als Einführung in die einzelnen Aufsatzarten wird jeweils eine Anleitung geboten, damit schlimme Fehler von Anfang an vermieden werden können. Am Abschluß jeder Aufsatzart stelle ich Manzbücher vor, in denen andere Beispiele der gleichen Aufsatzart bereits vorliegen. Wer also seine Aufsatzarbeit weiter vertiefen und noch erfolgreicher machen will, kann zu den angeführten Büchern greifen. Aber dies nur als Empfehlung für besonders Eifrige!
Aus der bisherigen Ausgabe wurden einige Aufsätze herausgenommen und durch andere ersetzt. Dabei habe ich die Erfahrung gemacht, daß in der bisherigen Fassung keine „veralteten" Themen enthalten waren.
Ich kann nur hoffen, daß die Neubearbeitung ebenso gut aufgenommen wird wie die bisherige Fassung.

Erding, den 15. Dezember 1985 Elmar W. Eggerer

Vorwort zur 23. Auflage

Die Ereignisse der letzten Jahre verlangen, in einem modernen Aufsatzbuch berücksichtigt zu werden. Deshalb wurden in dieser Auflage drei Aufsätze aufgenommen, die 1991 in einem Wettbewerb „Jugend baut Europa 2000" mit Preisen ausgezeichnet wurden. Die Aufsätze waren im „Rheinischen Merkur" vom 29. November 1991 veröffentlicht.

Erding, Oktober 1992 Elmar W. Eggerer

Inhaltsverzeichnis

Jugend baut Europa 2000

Aufsatzwettbewerb (Rheinischer Merkur, Commerzbank, Lufthansa)

Erlebnisstil – Sachstil

Alle Arten des Schreibens lassen sich auf zwei Grundformen zurückführen. Man kann etwas mit persönlicher Anteilnahme *erzählen* und *schildern: in der Erlebnissprache.*
Man kann über ein Ereignis sachlich *berichten,* einen Vorgang unpersönlich *beschreiben: in der Sachsprache.*

Formen des Erlebnisstils:

Erlebniserzählung, Phantasieerzählung, Erlebnisschilderung, Stimmungsbild; auch Erzählungen, Märchen, Sagen, Fabeln, Abenteuergeschichten.

Formen des Sachstils:

Bericht – sachliche Beschreibung eines Gegenstandes, Vorgangs, Bildes, lebenden Wesens.
Zu dieser Stilform gehören auch: Inhaltsangaben, Mitteilungen, Meldungen, Auskünfte, Dienstvorschriften, Gebrauchsanweisungen, Bewerbungsschreiben, Niederschriften.
Der Schüler muß diese beiden grundlegenden Stilformen genau auseinanderhalten, muß sich bewußt werden, in welcher Sprache er schreiben soll. Manchem Schüler fällt das Schreiben in der Erlebnissprache leichter, manchem die Darstellung in der Sachsprache.
Der Unterschied zwischen Erlebnisstil und Sachstil ist eine ständige Quelle der Mißverständnisse zwischen Eltern und Deutschlehrern.

Grundsätze für das Aufsatzschreiben

Bevor du mit dem Schreiben beginnst, mußt du Klarheit haben:
1. über das Thema (Bei mehreren Themen oder bei einem Rahmenthema sollst du dir bald darüber klarwerden, über welches Thema du schreiben willst und ob dein gewähltes Thema auch zulässig ist.)
2. über die Aufsatzart (Die Aufsatzart entscheidet darüber, ob du im Erlebnisstil oder im Sachstil schreiben sollst.)

Beispiel für Erlebnisstil

Anglerglück!	*Überschrift verrät nichts! Der Doppelsinn des Wortes wird erst am Schluß deutlich.*
Das Motorboot trug die fünf Angler aus Kapstadt hinaus auf das Meer. Sie fuhren zu ihren Fanggründen und wollten Seehechte angeln.	*Einleitung: Erzählzeit ist das Präteritum*
„Gutes Wetter zum Angeln!" brummte der Weißbärtige, und die Gefährten nickten.	*Hauptteil: 1. Erzählschritt*
„Ich habe einen!" rief der Jüngste unter ihnen und versuchte, den Triumph in seiner Stimme zu unterdrücken.	*2. Erzählschritt*
„Oh, die haben auf uns gewartet! Ich habe auch einen!" knurrte John.	*3. Erzählschritt*
„Ein Hai kommt!" – „Ein weißer Hai! Prächtiger Bursche!" – „Halt, der will meinen Hecht haben! Hat ihn schon. Und die Schnur ist abgerissen!" – „Ha! Da war ich schneller!" schrie Jack. „Den meinen bekommst du nicht!" – „He, was macht denn das Biest? – Er hebt unser Boot hoch! Festhalten! Motor an!" – „Beinahe hätte er uns gekippt! Jetzt nichts wie weg, damit er nicht noch einmal angreift. Wer denkt auch an so was!" –	*Höhepunkt (Wörtliche Rede im Präsens!)*
„Ein ganz gefährlicher Kerl! Der war zornig, weil du ihm den Hecht weggezogen hast." – „Glück gehabt! Das ging ja so schnell! Mir sitzt der Schreck noch in den Gliedern!	*Abklingen!*
Die Angler hatten für heute genug, fuhren zurück und erzählten ihr gefährliches Erlebnis. Dann stand es in der Zeitung. Die Deutsche Presse Agentur übernahm die Meldung und berichtete sachlich.	*Schluß*

Beispiel für Sachstil

Weißer Hai griff Boot mit Anglern an	*Überschrift: Der Inhalt des Berichts wird in einem Satz zusammengefaßt.*
Kapstadt (dpa) – Ein vier Meter langer weißer	*Wer?*
Hai hat bei Kapstadt ein Boot mit fünf Anglern	*Wo?*
angegriffen, die Seehechte fingen. Der Räuber schnappte den Anglern die Beute vom Haken weg und wurde offenbar wütend, als ihm einer der	*Wen?*
Seehechte vor der Nase weggezogen wurde. Er griff das fünf Meter lange Motorboot an und	*Warum?*
drückte es aus dem Wasser. Wie der südafrika-	*Wie?*
nische Rundfunk am Freitag berichtete, verlief jedoch alles glimpflich.	*Wann?*

Erlebnisstil *(persönlich)*	**Sachstil** *(unpersönlich)*
Die Darstellung unterhält, fesselt, reißt mit, fließt mehr aus dem *Gefühl.*	Die Darstellung belehrt, unterweist, erklärt, arbeitet mehr mit dem *Verstand.*
Der Leser soll ein Erlebnis nachvollziehen.	Der Leser soll einen Sachverhalt genau erfahren.
Das eigene Erleben steht im Mittelpunkt.	Das eigene Erlebnis tritt zurück hinter der rein sachlichen Darstellung.
Das Erlebnis wird ganz persönlich gestaltet.	Der Sachverhalt wird unpersönlich dargestellt.
Man muß lebendig und spannend erzählen und schildern.	Man muß genau und gründlich beobachten, dann kann man sachgemäß berichten und beschreiben.
Der sprachliche Ausdruck ist packend, lebendig, anschaulich: Zwiegespräche, Ausrufe, Humor, Scherz, Spott, Überraschung!	Der sprachliche Ausdruck ist genau, knapp, straff, klar: Bild, Vergleich, Gegensatz!
Der Satz ist lebhaft bewegt, sinnfällig, ausdrucksvoll.	Der Satz ist klar, durchsichtig und anschaulich.
Erlebnissprache	**Sachsprache**

Stilformen in der Erlebnissprache und in der Sachsprache

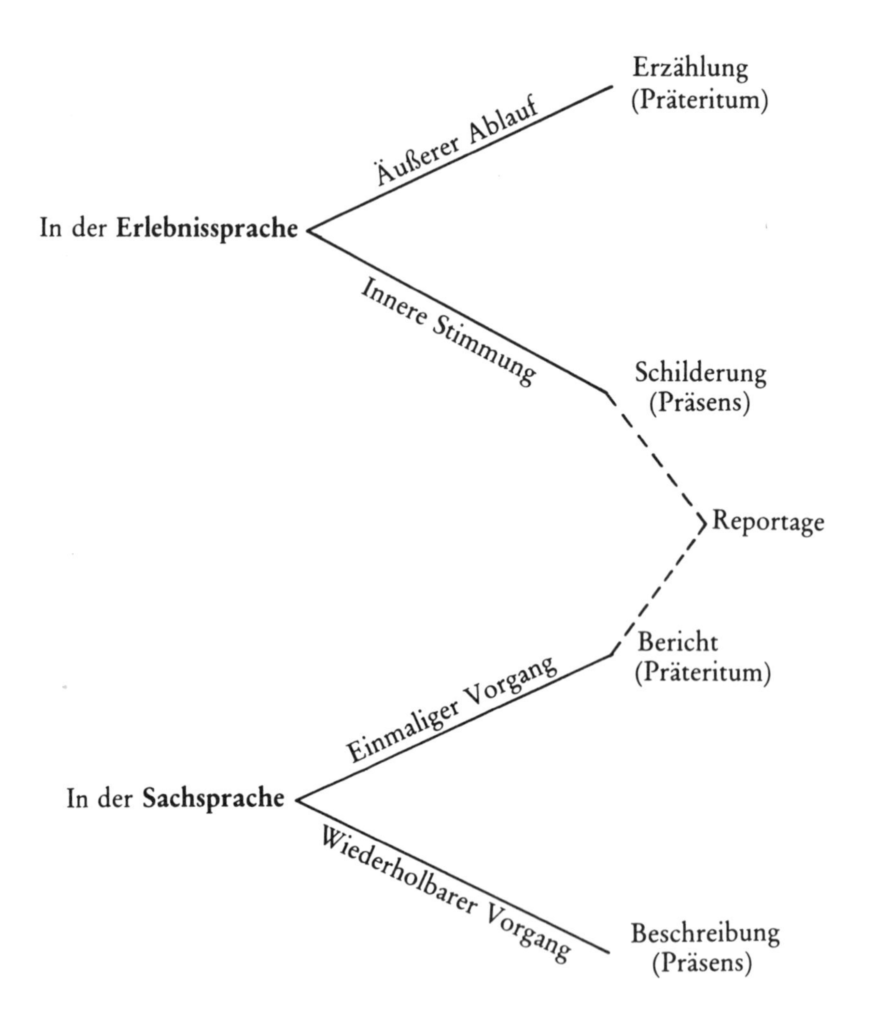

Aufsätze als Beispiele

„Ich habe einen Schatz gefunden!“ (Phantasieerzählung)

Mein Vater arbeitet nachmittags gern in seinem Garten – er ist ein begeisterter Hobbygärtner. Kürzlich wollte er sich ein neues Spargelbeet anlegen, aber schon nach einer Stunde kam er nach Hause zurückgelaufen und schrie: „Ich habe einen Schatz gefunden!“ – „Was für einen Schatz?“ riefen wir zurück, „und wo?“ – „Ich habe keine Zeit zu Erklärungen, kommt mit, damit der Schatz nicht gestohlen wird!“
Wir liefen zu unserem Garten, der ganz in der Nähe der römischen Ausgrabungen am Römerbad liegt. Als wir ankamen, sahen wir verrostete Ketten, morsches Eisengestänge, einen zerfressenen Eimer und anderes unansehnliches Zeug herumliegen. „Das soll ein Schatz sein? Das ist doch bloß altes Gerümpel!“ – „Seid still!“ zischte Vater und hob vorsichtig eine zerdrückte Schale aus dem Loch, das er gegraben hatte. Wir standen wie angewurzelt: In dem Loch lagen Bronzestatuetten. „Ist das römisch?“ fragte ich meinen Vater, mit einem Seitenblick auf das Zelt, das die Archäologen über den Thermen aufgeschlagen hatten. „Natürlich!“ Jetzt erst war mir klar, warum mein Vater so aufgeregt war. „Dürfen wir das eigentlich ausgraben?“ flüsterte ich. „Selbstverständlich!“ antwortete mein Vater. „Wir müssen den Schatz bergen; wir haben doch keinen Zaun um den Garten, und Freitag ist es auch. Sonst haben wir das Nachsehen, und irgendein anderer holt sich die Sachen über das Wochenende! Hole schnell eine Wolldecke von daheim, aber sage niemand, was wir hier machen!“
Behutsam hoben wir dann die Stücke aus dem Erdreich, legten sie auf die ausgebreitete Wolldecke und trugen unseren Schatz nach Hause, nachdem wir das Loch wieder sorgfältig zugedeckt hatten. An das Spargelbeet dachte keiner mehr. Und am Abend saßen wir lange vor dem Tisch, auf dem wir die Fundstücke ausgebreitet hatten, und beratschlagten, was wir jetzt unternehmen sollten.

Wie ein Schatz aus der Römerzeit entdeckt wurde (Bericht)

Der Schatzfund von Weißenburg besitzt einerseits große Bedeutung für die Wissenschaft und hat andererseits viel Interesse in der Öffentlichkeit gefunden, so daß ein sachlicher Bericht über die Umstände des Fundes angezeigt erscheint. Wir nehmen an, daß ein Augenzeuge berichtet:

Herr X., ein Hobbygärtner in Weißenburg, ging am Freitag, dem 19. Oktober 1979, auf das von ihm gepachtete Grundstück „Am Römerbad“ (Fl.-Nr. 897/6), um ein neues Spargelbeet anzulegen. Beim Graben stieß er in 30 bis 40 cm Tiefe auf einige Metallstücke, die er als grün patinierte Bronzestücke einschätzte. Er förderte auch noch ein Bronzesieb und einen Eimer zutage, ohne auf den Gedanken zu kommen, es könnte sich um einen römischen Schatzfund handeln. Er fand noch einige Eisenteile, die er für Reste eines Bettgestells hielt, sowie Eisenketten. Erst als er unter einer umgestülpten Bronzeschale eine Menge Statuetten entdeckte, ahnte er etwas von der Bedeutung des Fundes.

Wer?
Wann?
Wo?
Was?
Wie?

Da das Grundstück nicht eingezäunt oder auf andere Art gesichert war, grub er mit Hilfe seiner Familie die Gegenstände aus und schaffte sie – gegen sechs Uhr abends – nach Hause.

Warum?

Später wurde vom Leiter des Bayerischen Landesamtes für Denkmalpflege nachgegraben. Er förderte noch weitere Funde zutage.
Nach seiner Restaurierung ist der Schatz jetzt im Römermuseum Weißenburg, einer Außenstelle der Prähistorischen Staatssammlung München, zu besichtigen.

Der Schatz von Weißenburg (Beschreibung)

Der große Zufallsfund römischer Gegenstände, der im Jahre 1979 in Weißenburg in der Nähe der ausgegrabenen Thermen ans Licht kam, ist inzwischen restauriert und im Römermuseeum Weißenburg ausgestellt. Er stammt aus einem Bodenversteck, das in der Zeit der Alemanneneinfälle, also zwischen 233 und 259/60 n. Chr., angelegt wurde.

Schon dem Umfang nach ist es ein einzigartiger Fund: 156 Einzelteile wurden geborgen. Aber er ist auch einzigartig von seiner Qualität her, denn er enthält das Inventar eines Heiligtums: silberene Votivbleche mit Darstellungen von Gottheiten, Statuetten von Göttern aus verschiedenen Teilen des römischen Imperiums. Dazu kommen Eimer, Kessel, Kannen, Teile von Paraderüstungen, Werkzeug und Küchengerät sowie ein technisch ausgefeilter eiserner Klappstuhl.
Die Aufnahmen, die von den frisch geborgenen Funden gemacht wurden, lassen ahnen, welche Arbeit die Restauratoren hatten. Nur das geschulte Auge des

Fachmanns kann erkennen, was der zusammengebackene und -gerostete Haufen verschiedener Gegenstände birgt. Deshalb darf auch nur der Fachmann einen solchen Fund ausgraben und bergen.

Eine Herkules-Statuette (Gegenstandsbeschreibung)

Im berühmten Schatzfund von Weißenburg wurde neben vielen anderen Figuren und Gegenständen auch eine Statuette des Herkules entdeckt, der in den römischen Provinzen als ein Helfer in allen Notlagen verehrt wurde.
Der Gott bietet einen prächtigen Anblick: aufrecht, von kräftiger Statur und unbekleidet. Mit seiner Rechten sützt er sich auf die gewaltige Keule, über seinem linken Arm hängt das Löwenfell – ein Hinweis auf eines der großen Abenteuer, von denen der griechische Mythos berichtet, auf den Kampf mit dem Löwen von Nemea.
Die Äpfel, die er in der Hand trägt, erinnern an sein vorletztes Abenteuer, als er die Äpfel der Hesperiden zu Eurystheus brachte. Und ein kleiner Eber zu seinen Füßen symbolisiert wohl den Eber vom Berg Erymanthos, den er lebendig fing. Pappelblätter umkränzen das Haupt des Halbgottes.
Bei dieser Beschreibung der Statuette dürfen wir aber nicht vergessen, daß der große Herkules in dieser Darstellung mit Sockel nur 20,8 cm hoch ist.
Obwohl er nur ein Halbgott war, hat die Zeit ihn nun geadelt. In den Vitrinen des Römermuseums steht er gleichberechtigt neben den römischen Hauptgöttern, nämlich Jupiter, Juno, Venus und Merkur, um nur einige zu nennen.

Der römische Schatzfund von Weißenburg
(Inhaltsangabe eines Buches)

Die Prähistorische Staatssammlung München gibt große Ausstellungsführer heraus. Darunter ist ein Bändchen, für das Hans-Jörg Kellner, ehem. Direktor der Prähistorischen Staatssammlung, und Dr. Gisela Zahlhaas, Konservatorin an der Prähistorischen Staatssammlung, verantwortlich zeichnen: „Der römische Schatzfund von Weißenburg“, Verlag Schnell & Steiner, München-Zürich 1983/1.
Die Schrift im großen Lesebuchformat hat 52 Seiten und birgt eine Fülle von Fotos der Gegenstände aus dem römischen Schatzfund, der seit seiner Restaurierung im Römermuseum Weißenburg zu sehen ist. Das Buch beginnt

mit einem Einführungstext „Von Schatzfunden in Bayern", der den Leser von den frühen Schatz- und Raubgräbern über dichterische Gestaltungen des Themas bis in unsere Zeit führt. Es folgen ein Bericht über die Auffindung des Weißenburger Schatzes sowie eine Darstellung der Schwierigkeiten der Konservierung. Bilder vom berühmten Weißenburger Hinterhaupthelm beweisen drastisch die Möglichkeiten der Restaurierung.
Im Hauptteil, dem Katalog, werden die einzelnen Fundstücke vorgestellt: zuerst die Votivbleche mit Götter- und Heldendarstellungen. Eines dieser silbernen Bleche, mit einer Darstellung der Göttertrias Minerva, Apollo und Merkur, zeigt der eindrucksvolle Umschlag des Buches.
Ein Abschnitt über die im Fund enthaltenen Statuetten beschreibt und zeigt in Bildern die Bronzestatuetten von römischen Göttern wie z. B. Jupiter, Juno, Minerva u. a. und gibt bei jedem Gott seine Bedeutung im religiösen Leben der römischen Provinzen an. Dazu werden auch noch die kleinen Figuren und Geräteteile erwähnt. Ein weiterer Abschnitt ist den Teilen von Paraderüstungen gewidmet, die in Weißenburg gehoben wurden, der nächste Artikel zeigt die gefundenen Gefäße: Eimer, Kessel und Schalen. Im Abschnitt E werden Riemen- und Gurtbeschläge, sowie Teile von Möbeln und Ausrüstung gezeigt. Das letzte Kapitel des Katalogs – „Eisengeräte" – umfaßt Eisenketten, Küchengerät, Werkzeuge, eine Waage und den berühmten eisernen Klappstuhl. Äußerst aufschlußreiche Artikel über die Deutung des Fundes, die Vergrabungszeit und den Fundhorizont folgen. Das Buch schließt mit einer kurzen Übersicht über Raetien im 3. Jahrhundert und die Kastelle bei Weißenburg.
Das Buch gibt einen sehr guten Einblick in die Arbeit der Prähistorischen Staatssammlung, einen Überblick über die geschichtliche Zeit und die Umstände, aus denen der Schatz stammt, und vermittelt umfangreiche Kenntnisse über die Gegenstände des Schatzfundes von Weißenburg.

Welche Probleme ergeben sich aus einem Schatzfund?
(Erörterung)

Wer auf der Straße oder in einem Raum etwas findet, das ihm nicht gehört, muß den Fundgegenstand zum Fundbüro bringen, sonst macht er sich im allgemeinen der Fundunterschlagung schuldig. Wie ist es aber, wenn jemand etwas in der Erde findet, z. B. Münzen oder Gegenstände aus vergangenen Jahrhunderten?
In Bayern gibt es ein Denkmalschutzgesetz, das den Begriff des Bodendenkmals definiert: „Bodendenkmäler sind bewegliche oder unbewegliche Denkmäler, die sich im Boden befinden oder befanden und in der Regel aus vor- und frühgeschichtlicher Zeit stammen." (Art. 1 Abs. 4)
Wir fragen uns aber, ob das Ausgraben von Bodendenkmälern – und damit von Schätzen – erlaubt ist. Artikel 7 macht das Ausgraben von einer Genehmigung abhängig. Da jedoch Schatzfunde meist zufällig und unerwartet auftreten, bestimmt Artikel 8, daß der Finder zur Anzeige des Fundes an die Denkmlschutzbehörde verpflichtet ist. Er muß „die aufgefundenen Gegenstände und den Fundort bis zum Ablauf von einer Woche nach der Anzeige unverändert belassen". Und nach Artikel 9 muß der Eigentümer oder Verfügungsberechtigte ein bewegliches Bodendenkmal zur wissenschaftlichen Auswertung und Dokumentation dem Landesamt für Denkmalpflege befristet überlassen.
Wem aber gehört der Fund? In Bayern gibt es keine entschädigungslose Ablieferungspflicht für Bodenfunde (und damit Schatzfunde). § 984 des Bürgerlichen Gesetzbuches regelt die Eigentumsverhältnisse eindeutig: „Wird eine Sache, die so lange verborgen gelegen hat, daß der Eigentümer nicht mehr zu ermitteln ist (Schatz), entdeckt und infolge der Entdeckung in Besitz genommen, so wird das Eigentum zur Hälfte von dem Entdecker, zur Hälfte von dem Eigentümer der Sache erworben, in welcher der Schatz verborgen war."
Es entstehen also keine Vermögensverluste, wenn man einen Schatzfund pflichtgemäß meldet. Wichtige Funde werden von den Museen angekauft, und diese zahlen meist besser als Händler.
Die Unterschlagung eines Fundes bringt jedoch für die Wissenschaft schwere Nachteile. Wichtig bei Schatzfunden ist vor allem, daß der Fund durch Fachleute ausgegraben wird und nicht durch den Laien. Nur der Fachmann kann aus der Lage der Gegenstände und aus dem Fundhorizont Schlüsse ziehen.
Die Probleme, die sich aus einem Schatzfund ergeben, sind also nicht so groß, daß eine Verheimlichung Vorteile böte.

Das Erzählen Erlebniserzählung Phantasieerzählung	**Das Berichten** über Tatsachen und Ereignisse über Tätigkeiten und Vorgänge	**Protokoll**
Aufbau: *Ein* Erlebnis soll erzählerisch gestaltet werden: Einleitung und Schluß können den Rahmen bilden. Im Hauptteil soll in Erzählschritten zum *Höhepunkt* geführt werden. Darstellung im Erlebnisstil. Das eigene Erleben wird ganz persönlich gestaltet. Der Erzähler steht im Mittelpunkt, deshalb soll in der Ich-Form oder Wir-Form geschrieben werden.	**Aufbau:** Einleitung – Hauptteil – Schluß Systematisches oder chronologisches Ordnen der Tatsachen und Ereignisse. Im Zeitungsbericht Aufbau nach dem Nachrichtendreieck.	**Aufbau:** Zusammenfassende Niederschrift über das Wesentliche einer Veranstaltung. Genaue Angaben über Zeit, Ort, Anwesenheit, Tagesordnung, über den Vorsitzenden und Schriftführer sind notwendig.
Zweck: Der Schreiber will sein Erlebnis der „Wirklichkeit“ oder der Phantasie einem anderen vermitteln, ihn miterleben lassen. Wer erzählt? (Sender) Wem erzählt er? (Empfänger)	**Zweck:** Information Ein einmaliger Sachverhalt soll objektiv, genau und vollständig berichtet werden (Wer? Was? Wann? Wie? Wo?) *Wem* wird berichtet? Je nach dem Adressaten, dem Empfänger, verschiebt sich die Wichtigkeit der einzelnen Tatsachen.	**Zweck:** Genaue Festlegung von Gesprächsverlauf und -ergebnissen mit Beweiskraft.
Grundsätze: Nur *ein* Erlebnis bringen! *Höhepunkt* ausgestalten! Erzählzeit: *Präteritum!* (Nur der Höhepunkt kann im Präsens geschrieben werden!) *Wörtliche Rede!* Anschaulich, lebendig und spannend schreiben!	**Grundsätze:** Genauigkeit, Richtigkeit, Vollständigkeit der Angaben! Reihenfolge einhalten! Tatsachen und Meinungen streng trennen! Darstellung in sachlicher Sprache!	**Grundsätze:** Objektivität des Schriftführers, Genauigkeit und Richtigkeit der Darstellung.
	Wortwahl: Fachausdrücke	
Erlebnissprache! Präteritum!	Sachsprache! Präteritum!	Sachsprache! Präteritum!

Das Beschreiben von Tätigkeiten und Vorgängen von Gegenständen und Personen	**Inhaltsangabe**	**Das Erörtern**
Aufbau: Einleitung – Hauptteil – Schluß Reihenfolge der einzelnen Vorgänge oder Tätigkeiten. Bei Gegenstandsbeschreibung das Wichtigste zuerst – vom Allgemeinen zu den Einzelheiten.	**Aufbau:** Vorstellung des Buches, der Erzählung; Angabe des wesentlichen Inhalts, Art der Darstellung und der Sprache; Deutung der Erzählung; Gesamtwürdigung des Werkes.	**Aufbau:** Einleitung: E.-Gedanke – Überleitung und Hinführen zu Thema. Hauptteil: Gliederung der Gedanken und Argumente. Schluß: Zusammenfassung und Schlußgedanke.
Zweck: Information Eine *Tätigkeit*, einen *Vorgang* so zu beschreiben, daß er wiederholt, nachgemacht werden kann. (Gebrauchsanweisung, Arbeitsanleitung!) Einen *Gegenstand* so genau zu beschreiben, daß eine richtige Vorstellung entsteht, daß er evtl. erkannt werden kann. (Verlustanzeige!) Eine *Person* so zu beschreiben, daß der Leser sich die Person vorstellen kann, auch wenn sie ihm nicht bekannt ist. (Steckbrief!)	**Zweck:** objektive Unterrichtung oder Werbung.	**Zweck:** Das Darlegen, das Begründen, das Beurteilen von Sachverhalten und Problemen.
Grundsätze: Genauigkeit, Richtigkeit, Vollständigkeit und evtl. richtige Reihenfolge!	**Grundsätze:** *Keine* Nacherzählung! Inhalt im *Präsens* wiedergeben! Man muß den Inhalt verstanden haben, sonst kann man ihn nicht zusammengefaßt angeben.	**Grundsätze:** Argumente und Gegenargumente sammeln, ordnen und gegenüberstellen. Keine einseitige Darstellung.
Wortwahl: Fachausdrücke		
Sachsprache! Präsens!	Sachsprache! Präsens!	Sachsprache! Präsens/Präteritum!

1. Die Nacherzählung und die Bildgeschichte

Das Nacherzählen einer bereits erzählten oder aufgeschriebenen Geschichte wird als schriftliche Aufgabe nicht häufig gestellt, denn man will nicht, daß der gedächtnisstarke Schüler den fremden Ausdruck nachschreibt. Da der Schüler den eigenen Ausdruck entwickeln soll, wird manchmal zwischen das Vorlesen und das Nacherzählen eine Pause von einigen Tagen gelegt. Gelegentlich liest der Lehrer nur einen Teil der Erzählung vor und überläßt es dem Schüler, die Fortsetzung und den Schluß selbst zu finden.

Der Schüler kann nur gut nacherzählen, wenn er:

1. aufmerksam gelesen oder zugehört hat,
2. die Reihenfolge der Erzählschritte erfaßt und
3. den tieferen Sinn der Geschichte verstanden hat.

Manche Schüler wollen sich den Wortlaut einprägen und versuchen dies bei den ersten Sätzen. Dabei verlieren sie den Zusammenhang und erfassen nicht den Sinn der ganzen Erzählung, können also nicht richtig nacherzählen.

Märchen, Fabeln und Sagen eignen sich besonders für Nacherzählungen und werden deshalb bevorzugt. Sie werden meist zweimal vorgelesen, so daß der Schüler beim zweiten Vorlesen erfassen kann, was er beim ersten Mal nicht verstanden hat. Bei längeren Erzählungen wird das Nacherzählen zugleich ein Verkürzen und Vereinfachen sein. Deshalb ist es hier besonders wichtig, die für die Erzählung entscheidenden Handlungen und Vorgänge zu erfassen.

Die Nacherzählung, auch wenn sie das Original verkürzt, ist nicht mit der Inhaltsangabe zu verwechseln.

Das Nacherzählen ist eine gute Übung im Erfassen von Sinnschritten und Folgerungen und im schriftlichen Ausdruck. Der Schüler findet Inhalt und sprachliche Form bereits vor, muß sie nur nachvollziehen. Am Inhalt darf der Nacherzähler nichts ändern, aber im sprachlichen Ausdruck soll er sich nicht sklavisch an die Vorlage halten. Doch die sprachliche Vorlage hilft dem Schüler beim Schreiben.

Folgende Geschichte wurde zweimal vorgelesen:

Till Eulenspiegel und der König von Dänemark

Als Till Eulenspiegel eines Tages ziellos auf der Landstraße wanderte, begegnete ihm der König von Dänemark mit seinem Gefolge. Eulenspiegel stellte sich mitten auf die Straße und grüßte in seiner Narrenkleidung ehrerbietig den König. Verwundert fragte der Herrscher: „Wer ist dieser Narr?"
„Majestät", erwiderte einer seiner Hofleute lachend, „das ist Till Eulenspiegel". Der König, der schon viel von den Streichen des Schelms gehört hatte, rief ihm zu: „Laß dir ein Pferd geben und reite mit uns!"
Als jedoch der Fürst sein Pferd zu größerer Eile anspornte, blieb Till weit zurück. Auf des Königs Frage, warum er nicht schneller reite, erwiderte Eulenspiegel: „Herr, mein Pferd ist so schlecht beschlagen." „Wir sind bald in der nächsten Stadt!" rief der König. „Dort kannst du dir auf meine Kosten den besten Hufbeschlag aussuchen." Tills Augen leuchteten, als er fragte: „Wirklich den besten, Majestät?"
In der Stadt angekommen, ritt Eulenspiegel eilends zu einem Goldschmied und ließ sich vier goldene Hufeisen für sein Pferd anfertigen. Die Rechnung über hundert Gulden überreichte er dem Schreiber des Königs. Bestürzt eilte dieser zu seinem Herrn. „Majestät!" rief er atemlos, „hundert Gulden sollen wir für vier Hufeisen bezahlen!" Der König traute seinen Ohren kaum, befahl Till Eulenspiegel zu sich und stellte ihn zornig zur Rede: „. . ."
Erfinde einen Schluß und verwende wörtliche Reden!

So wurde sie nacherzählt:

Till Eulenspiegel und der König von Dänemark

Eines Tages wanderte Till Eulenspiegel ziellos auf den Landstraßen umher, als ihm der König von Dänemark mit seinem Gefolge entgegenkam. Am Rande des Weges stehend, grüßte Till ehrerbietig den König. „Was ist das für ein Narr?" fragte der König. Einer vom Gefolge antwortete: „Majestät, das ist Till Eulenspiegel!" Da der Herrscher schon oft von den lustigen Streichen des Schelms gehört hatte, rief er Till zu: „Laß dir ein Pferd geben und reite mit!"
Als aber der König sein Roß zu größerer Eile anspornte, blieb Till weit zurück. Dann fragte der König den Schelm: „Warum kannst du nicht schneller reiten?"

Till antwortete: „Herr, der Beschlag meines Rößleins ist so schlecht.“ – „Wir kommen bald in die nächste Stadt, da kannst du dir auf meine Kosten den besten Beschlag aussuchen.“ In der Stadt ging Till flugs zu einem Goldschmied, um sich vier goldene Hufeisen anfertigen zu lassen. Die Rechnung über 100 Gulden überreichte er dem Schreiber des Königs. Der lief schleunigst zu seinem Herrn und stotterte: „Majestät, wir sollen 100 Gulden für die Hufeisen bezahlen!“ Zornig ließ der König Till Eulenspiegel kommen und stellte ihn zur Rede: „Du Schelm, was hast du wieder angestellt?“ Till antwortete: „Majestät, Ihr sagtet, ich solle mir den besten Beschlag aussuchen, und deshalb nahm ich goldene Hufeisen!“ Bei diesen Worten konnte der König wieder lachen. Er bezahlte die Hufeisen, und Eulenspiegel blieb noch lange bei ihm.

Bitte vergleicht die beiden Texte! Hat der Nacherzähler den Sinn der Geschichte erfaßt und gut wiedergegeben? Merkt Ihr, daß er einen wichtigen Satz des Originals vergessen hat? Sucht diesen vergessenen Satz und überlegt, warum er so wichtig ist!

Die goldenen Hufeisen

So trat Eulenspiegel seine erste Fahrt übers Meer an, die zugleich seine letzte große Reise werden sollte.
In Dänemark wurde er schon freudig erwartet, denn damals war sein Name als der eines geistreichen Spaßmachers schon weit und breit bekannt, und mancher Kaiser und König hätte viel darum gegeben, ihn an seinem Hofe zu haben.
Dänenkönig Waldemar war ein leutseliger Herr, der die Fröhlichkeit und den Scherz über alles liebte. Er brannte vor Begierde, Eulenspiegel kennenzulernen, und bat gleich bei der Begrüßung, Till möge einen besonders abenteuerlichen Streich aufführen. Das war sehr unvorsichtig von ihm, doch darauf sollte er erst später kommen.
Als Eulenspiegel darauf erwiderte, er habe nur die Bitte, seinen Falben neu beschlagen zu lassen, war der König enttäuscht. Denn das schien ihm sehr gering. Aber er sagte: „Gewiß, Meister Till, laßt Euch nur den allerbesten Hufbeschlag machen!“
„Darf ich Euch beim Wort nehmen, Herr König?“ fragte Eulenspiegel noch einmal.
„Was ich verspreche, dazu stehe ich unverbrüchlich,“ entgegnete der König.

Daraufhin ritt Eulenspiegel zu einem Goldschmied und ließ sein Rößlein mit goldenen Hufeisen und silbernen Nägeln beschlagen. So kehrte er vorsichtig an den Hof zurück, trat vor den König und sagte: „Mein Falbe hat sein neues Schuhwerk bekommen, gnädigster Herr, nun ist die Rechnung zu begleichen." Der König befahl seinem Schreiber, mit Till zum Schmied zu gehen und zu bezahlen. Der Schreiber war nicht wenig erstaunt, als Eulenspiegel ihn zu einem Goldschmied führte und die Rechnung gleich hundert dänische Mark betrug. Der Schreiber wußte nicht, was er tun sollte, und lief zum König zurück, um es zu melden.

„Meister Till", sprach da der König zu Eulenspiegel, „was habt Ihr Eurem Rößlein an die Hufe schlagen lassen? Wenn ich allen meinen Pferden solch teuren Hufbeschlag machen ließe, müßte ich bald Land und Leute verkaufen." – „Gnädigster Herr König, ich habe mich an Euer Wort gehalten und den besten Beschlag gewählt: goldene Hufeisen und silberne Nägel. Einen besseren konnte ich nicht finden!" Da mußte König Waldemar lachen und sprach: „So einen Hofmann lobe ich mir, der genau tut, was man ihm befiehlt! Doch ein zweites Mal zahle ich keine goldenen Hufeisen, merkt Euch das!"

Ihr habt die Geschichte von den goldenen Hufeisen gelesen, bitte setzt Euch hin, schließt das Buch und schreibt die Nacherzählung! Vom Lesen allein lernt Ihr das Schreiben nicht! Leider! Ich weiß es!

Verkürzte Nacherzählung

Bekanntlich läßt Homer in seiner „Odyssee“ den Odysseus selbst erzählen. Die Geschichte seiner Begegnung mit Polyphem umfaßt mehr als sechs Seiten.

Odysseus erzählt:

Wir waren nach langer Fahrt in die Nähe einer Insel gekommen und steuerten darauf zu.
Mit einem Teil der Mannschaft erkundete ich die Insel und fand nach kurzer Zeit eine Höhle, die als riesiger Stall diente. Alle Geräte waren viel zu groß für Menschen. Wir waren in der Höhle eines Riesen. Plötzlich verdunkelte sich der Eingang der Höhle. Ein Kyklop trieb Schafe und Ziegen in die Pferche und versorgte sie. Dann schob er einen riesigen Felsblock vor den Eingang, machte Feuer und entdeckte uns. „Wer seid ihr?“ schrie er uns an, „seid ihr Händler oder Räuber?“ Ich antwortete ihm: „Müde Krieger sind wir. Von Troja kommen wir. Der Sturm hat uns hierher verschlagen. Wir bitten dich um Gastfreundschaft.“ – Höhnisch auflachend schmetterte er zwei meiner Gefährten an die Felswand und fraß sie auf. Listig gab ich ihm von dem süßen, schweren Wein zu trinken, den ich mitgebracht hatte. Als er meinen Namen wissen wollte, sagte ich: „Niemand ist mein Name. Fürwahr, es rufen mich Niemand Vater und Mutter und sonst auch alle meine Gefährten.“ Der Wein betäubte den Menschenfresser, und als er tief schlief, bohrten wir ihm gemeinsam einen Pfahl ins einzige Auge. Brüllend vor Schmerz versuchte er uns zu fangen. Vergeblich. Sein Gebrüll lockte Riesen von anderen Inseln herbei. Da er aber auf ihre Frage, wer ihn quäle, antwortete: „Niemand quält mich! Niemand tut mir Leid an!“, zogen sie wieder ab. Am Morgen schob er den Felsblock beiseite und betastete die hinausdrängenden Schafe. Meine Gefährten und ich hingen jedoch unter den starken Widdern der Herde und gelangten so ins Freie. Wir trieben die Widder zum Schiff, bestiegen es eilig und ruderten aufs Meer hinaus. In einiger Entfernung rief ich den Kyklopen an und verhöhnte ihn mit den Worten:
„Hör, Kyklope! Sollte dich einst von den sterblichen Menschen jemand fragen, wer dir dein Auge so schändlich geblendet, sag ihm: Odysseus, der Sohn des Laertes, der Städteverwüster, der in Ithaka wohnt, der hat mein Auge geblendet.“

Nacherzählung mit verändertem Standpunkt

Polyphem erzählt:

„Oh, dieser elende Mensch, dieser feige Odysseus! Nicht einmal seinen richtigen Namen wagte er mir zu sagen, als er in meiner Gewalt war. Frech drang er vor drei Tagen mit seinen Gefährten in meine Höhle, als ich nicht zu Hause war, aß von meinen Vorräten und versteckte sich feige vor mir. Aber ich entdeckte sie, und einige mußten ihre Frechheit mit dem Leben bezahlen. Den Anführer wollte ich als letzten verspeisen, weil er mir ein wunderbares Getränk zu trinken gab. Ich trank und trank, bis ich umfiel und einschlief. Heimtückisch nützte er meine Schwäche aus und bohrte mir etwas Spitzes ins Auge. Vor Schmerz brüllte ich fürchterlich, und ihr, meine Nachbarn, hörtet das Gebrüll und wolltet mir zu Hilfe kommen. Warum seid ihr denn nicht in die Höhle gekommen? Dann hättet ihr für mich den Kerl fangen können. Voller Wut rannte ich in der Höhle umher und suchte sie zu ergreifen.
Umsonst! Die feigen Kerle versteckten sich. Am Morgen mußte ich die Herde auf die Weide lassen, aber ich hockte mich an den Eingang und betastete jedes Schaf. Trotzdem entkamen sie mir.
Ihr Schiff war nicht zerschellt, wie sie mir vorgelogen hatten.
Ich warf ihnen einen Felsblock nach. Dann erst gab sich dieser „Niemand“ als Odysseus zu erkennen. Jetzt weiß ich, daß die alte Prophezeiung in Erfüllung gegangen ist.
Durch Odysseus' Hände würde ich mein Auge verlieren. Doch erwartet' ich immer, ein großer und stattlicher Riese würde mich hier besuchen, mit großer Stärke gerüstet! Und nun kommt so ein Ding, so ein elender Wicht, so ein Weichling, und verbrennt mir das Auge, nachdem er mit Wein mich berauschet. Aber Poseidon, mein Vater, wird mich rächen.“

Bildgeschichten

Die Bildgeschichte erfreut sich bei Schülern und Lehrern steigender Beliebtheit, weil durch die Bilder der Stoff erzählt wird, ohne daß der Schüler durch einen vorgegebenen sprachlichen Ausdruck beeinflußt wird. Die Bildgeschichte ist eigentlich eine Nacherzählung, ohne daß die sprachliche Form bereits vorhanden ist. Der Schüler soll erzählen, was auf den Bildern geschieht, er soll die Erzählung, die in Bildern dargestellt ist, in Worte fassen: die Bilderzählung in Sprache umsetzen. Die Bildgeschichte ist nicht mit der Bildbeschreibung zu verwechseln. Der Schüler soll bei der Bildgeschichte nicht beschreiben, was auf dem Bild dargestellt ist, sondern er soll erzählen, was auf dem Bilde geschieht, also eine Handlung nacherzählen.
In den modernen Sprachbüchern sind Bildfolgen, aus denen der Schüler den Höhepunkt und die Erzählschritte „herauslesen" muß. Meist sind bei den Bildern Einleitung und Schluß noch nicht abgebildet, sie sollen vom Schüler selbst erfunden werden.
Die Bildgeschichte soll spannend und sprachlich anschaulich, eindrucksvoll gestaltet werden. Siehe Erlebniserzählung!

Das ging noch einmal gut

Eines schönen Sommertages wollten Fritz und Karl, zwei Brüder, eine Kahnfahrt machen. Sie mieteten sich am Strand ein Boot[1] und Fritz ruderte. Karl machte es Spaß, denn wenn er ins Wasser sah, konnte er silbrigglänzende Fische erkennen, und in der Luft flogen wunderbare Segler, die Möwen. Aber dann fragte er Fritz: „Darf ich auch mal rudern? Ich möchte es einmal gern probieren." „Nein", antwortete Fritz,[2] du kannst das nicht!" „Aber ich kann doch!" „Aber ich rudere!" Schließlich wurde es Fritz zu bunt. Er packte Karl an den Haaren[3] und Karl flog[4] mit ihm in den Bug des Schiffes. Es bekam Übergewicht[5] und kippte nach hinten. Fritz und Karl flogen[6] im hohen Bogen ins Wasser. „Hilfe, Hilfe!" tönte es übers Meer.[7] Karl dachte voller Schreck:[8] „Ich werde ertrinken, wenn keiner kommt!" Und Fritz dachte: „Wenn Karl ertrinkt[9] bin nur ich schuld, weil ich ihn nicht rudern ließ." „Tuck, tuck, tuck", ein Motorboot der Wasserwacht kam näher. „Da, zwei Buben!" schrie eines der Besatzungsmitglieder. „Ihr Boot ist umgefallen!"[10] Schnell lösten sie den Rettungsring von der Reling und warfen ihn aus. Karl hielt[11] sich ängstlich daran fest. Der Mann zog am Seil, und nach drei Minuten konnte er ihn aus dem Wasser ziehen. Fritz erging es genauso.[12] „Puh“, stöhnte er, „das ging noch einmal gut!“

---

1. Vor „und“ wird ein Komma gesetzt, wenn ein neuer Hauptsatz beginnt.
2. Die wörtliche Rede zwischen Anführungszeichen und Schlußzeichen setzen!
3. Hier wird vor „und“ ein Komma gesetzt, weil ein neuer Hauptsatz folgt.
4. Der Ausdruck ist falsch, es muß heißen: „. . . fiel mit ihm . . .“.
5. Schwacher Ausdruck!
6. Verwechslung von „fliegen“ und „fallen“!
7. Bis jetzt war nicht bekannt, daß die beiden Brüder auf dem Meer sind.
8. Dieser Ausdruck entspricht nicht der lebendigen Wirklichkeit in der Erzählung.
9. Komma nach einem Gliedsatz!
10. Der Ausdruck entspricht nicht dem wirklichen Sprachgebrauch der Wasserwacht!
11. Der Ausdruck ist für die dramatische Situation zu sachlich.
12. Hier macht es sich der Schreiber zu leicht, er ist zu bequem, die zweite Rettung zu erzählen.

Bemerkung

Im Aufsatz sollte der Inhalt einer vierteiligen Bildergeschichte als Erzählung wiedergegeben werden. Das Zwiegespräch bringt in die Erzählung etwas Leben, aber der dramatische Höhepunkt wurde versäumt. Der Höhepunkt war durch ein Bild vorgegeben, aber der Schreiber hat ihn nicht erkannt bzw. nicht ausgestaltet.

Beim Arzt

Renate Müller hatte sich vor etwa zwei Monaten den linken Arm gebrochen. Das Anlegen des Gipses war sehr schmerzhaft gewesen, und nun fürchtete sich Renate vor einem weiteren Besuch beim Arzt. Renate und ihre Mutter waren für Donnerstagnachmittag bestellt. Das Mädchen hatte schreckliche Angst, denn der Gips sollte abgenommen werden. Renate und ihre Mutter betraten den Warteraum. Das Kind fühlte sich gar nicht wohl in seiner Haut und betrachtete die wartenden Patienten näher.
Rechts am Fenster saß eine jüngere Frau mit einem Kind auf dem Schoß. Neben ihr hielt ein Mann mit beiden Händen sein eingegipstes Bein. Unter einem Bild sitzend[1], erblickte Renate eine Frau mit verbundenem Kopf und einen Herrn, der in eine Zeitung vertieft war. Mit klopfendem Herzen setzte sich Renate. In der Ecke an einem Tischchen sah sie einen alten Mann, unter dessen Stuhl ein kleiner Hund lag, und eine dicke Frau mit Brille, die ein Buch las.[2] Neben ihr saß ein Mann mit verschränkten Armen. Er trug Bundhose, Pullover und einen Schal um den Hals.[3]

Plötzlich stand Herr Dr. Huber in weißem Kittel und mit dem Stethoskop um den Hals unter der Türe zum Sprechzimmer. Er lachte: „Na, Renate! Bald bist du den lästigen Gips los![4] Dann rief er freundlich: „Der Nächste bitte!" Ein eisiger Schreck durchfuhr Renate. Sie dachte: „Jetzt komm' ich dran!" Sie sprang auf und wollte zur Tür hinauslaufen. Ihre Mutter erwischte sie gerade noch am Rockzipfel. Das Mädchen rief: „Ich hab' Angst! Ich hab' Angst!" Der Arzt breitete die Arme aus und meinte: „Du Dummerchen! Du brauchst dich doch nicht fürchten!"[5] Du bist zwar noch nicht an der Reihe, aber die anderen Patienten werden sicher verstehen, warum ich dich gleich mit hereinnehme. Den Gips haben wir in ein paar Minuten herunten.[6]
Nach der schmerzlosen Behandlung ging Renate mit ihrer Mutter etwas beschämt über ihre Angst nach Hause.

---

1. Wer sitzt unter dem Bild? Renate oder die Frau mit dem verbundenen Kopf?
2. Der Schreiber zählt nur auf, was er auf dem Bild sieht.
3. Hier wird die Erzählung zur Beschreibung.
4. Nach der wörtlichen Rede Schlußzeichen!
5. Richtig: „. . . nicht zu fürchten . ."
6. Wendung aus der Umgangssprache! Schlußzeichen fehlt!

Bemerkung

Zur Hälfte ist dieser Aufsatz eine Beschreibung bzw. Aufzählung der Menschen, die auf den Bildern zu sehen sind. Erst in der zweiten Hälfte wird durch die wörtliche Rede eine Art Erzählung gestaltet. Der Aufbau der Erzählung in Erzählschritten ist mißlungen.

Kostenlose Behandlung

Ein Junge hatte Zahnschmerzen. Sein Vater sagte deshalb zu ihm: „Geh zum Zahnarzt und laß dir deinen schlechten Zahn reißen." Aber der Junge hatte Angst vor dem Zahnarzt. Auf dem Weg dorthin dachte er sich aus, was er tun könnte, um nicht in die Behandlung gehen zu müssen. Der Junge mußte auch eine Ausrede für seinen Vater finden, warum er nicht zum Zahnarzt gehen wollte.[1] Er dachte sich folgendes aus.[2] Zu seinem Vater wollte er sagen, daß er ihm Geld sparen möchte.[3] Für den Zahnarzt hatte er einen besonderen Einfall[4] Dort angekommen,[5] band er seinen schlechten Zahn an der Türklinke des Zahnarztes fest[6] Dann läutete er. Der Zahnarzt machte[7] die Türe auf, und durch den Ruck

wurde der schlechte Zahn aus dem Munde gerissen.[8] Der Junge fiel zu Boden und spürte einen heftigen Schmerz. Doch dann lachte er wieder.[9] Der Zahnarzt sagte: „Das solltest du nicht machen.[10]Ich hätte dir den Zahn viel besser ziehen können!"
Der Junge erzählte zu Hause das Erlebnis von der kostenlosen Behandlung, doch sein Vater lobte ihn nicht und nannte ihn einen Feigling.[11]

---

1. Diese Mitteilung kommt viel zu früh, sie sollte am Schluß der Erzählung stehen.
2. Solche Ankündigungen nehmen der Geschichte die Spannung.
3. Hier wird wieder etwas vorweggenommen.
4. Wieder eine Ankündigung, daß er einen besonderen Einfall hatte!
5. Nicht „dort angekommen", sondern: „An der Tür des Zahnarztes".
6. Diese Worte vermitteln nicht den richtigen Eindruck, wie das geschehen ist.
7. Statt des Verlegenheitswortes „machen" besser „öffnete"!
8. Hier wird das Ergebnis des nächsten Satzes vorweggenommen.
9. Warum „wieder"? Der Junge lachte bis jetzt nicht.
10. Wieder das Wort „machen"!
11. Das Wort „Feigling" ist hier nicht am Platze.

Bemerkung

Der Aufbau der Erzählung ist mißglückt, weil der Schreiber alles, was er erzählen will, vorher ankündigt. Der Höhepunkt ist wenig ausgestaltet. Die Komik des Vorgangs kommt nicht zur Geltung. Der Sinn der selbstgewählten Überschrift ist nicht herausgearbeitet.

Da hing der Zahn am Bindfaden

An einem schönen Ferientag bekam Peter furchtbares Zahnweh. Er hatte kurz zuvor mit seinem Fahrrad und ein paar Freunden ein wildes Wettfahren veranstaltet, hatte sich einen Zahn losgeschlagen, und es war ein Stück davon abgebrochen.[1]
Blutend und verschmutzt kam er nach Hause. Seine Mutter freute sich nicht. Sie sagte zu ihm: „Du mußt zum Zahnarzt gehen, aber diesmal mußt du die Rechnung selber bezahlen, damit du dir endlich merkst,, daß man mit dem Rad nicht rasen darf." Peter war sehr traurig,[2] denn er hatte nicht mehr viel Geld und er würde bestimmt alles ausgeben müssen, aber es half nichts, Peter mußte zum Zahnarzt.
Er wusch sich, zog ein sauberes Hemd und eine frische Hose an und machte sich auf den Weg zum Zahnarzt. Unterwegs zählte er noch einmal wehmütig

seine Barschaft. Er kramte in seinen Taschen, dabei stieß er auf ein Stück Bindfaden. Plötzlich schoß ihm eine Idee durch den Kopf. „Ich kann ja das eine Ende des Bindfadens an die Türe zur Praxis des Zahnarztes, das andere Ende an meinen wehen Zahn binden, und wenn der Zahnarzt kommt und die Türe öffnet, dann reißt er meinen Zahn mit heraus, und ich spare mir mein Geld!" Gesagt, getan, Peter band den Bindfaden an der Türklinke und an seinem Zahn fest. Er zögerte noch ein bißchen, aber dann drückte er auf die Klingel. Peter hörte Schritte, sie kamen immer näher. Da, schon öffnete jemand die Türe, es gab einen kurzen Ruck[3] und Peter fiel rücklings zu Boden. Der Zahnarzt stand vor ihm. Der Zahn hing am Bindfaden, der an der Türklinke baumelte. Es hatte ein wenig weh getan, aber Peter lachte und dachte sich: „Das wäre geschafft!" Der Zahnarzt machte ein verdutztes Gesicht[4] als er Peter so am Boden liegen sah. Er lachte dann auch und sagte: „Es war Gott sei Dank nur ein Milchzahn. In Zukunft werde ich lieber nachschauen, ob nicht wieder so ein Bursche an meiner Türklinke hängt."

---

1. Diese Erfindung erschwert es dem Leser, die folgende Geschichte zu glauben, weil der Zahn nicht mehr befestigt werden kann.
2. Der Ausdruck „sehr traurig" ist wohl nicht zutreffend.
3. Vor „und" steht ein Komma, wenn ein zweiter Hauptsatz folgt!
4. Der Gliedsatz wird vom Hauptsatz durch ein Komma abgetrennt.

Bemerkung

Die Geschichte ist nett erzählt, aber der Schreiber macht den Fehler, zuerst seine Idee zu erklären, statt gleich die Durchführung zu erzählen. Es ist wichtig, die Spannung einer solchen Geschichte wachsen zu lassen, damit die Durchführung selbst Gefühlsbewegungen auslöst, z. B. Angst, Freude, Mitleid, Spott usw.

Der lockere Zahn

Der lockere Zahn
(Bildgeschichte)

Mein Freund Hans machte gestern
in der Schule ein betrübtes Gesicht. Er hatte
einen Zahn, der locker war, besaß aber
nicht den Mut, ihn sich zu ziehen. Unser
Lehrer bemerkte während der Stunde, daß
Hans seinen Finger andauernd im Mund
hatte. Er fragte: „Hast du zu Hause nicht ge=
frühstückt?" Hans sagte, er habe einen Zahn,
der wackele. Unser Lehrer riet ihm: „Binde dir
eine Schnur an den Zahn, gehe damit zum
Zahnarzt und knote das andere Ende an
die Türklinke. Dann schellst du! Damit du
dich nicht überarbeitest, erlasse ich dir die
Hausaufgabe, aber nur, wenn du dir den
Zahn ziehst." Hans graute es, aber weil er
Hausaufgaben gar nicht mochte, beschloß
er, dem Rat des Lehrers zu folgen. Später

erzählte er mir: „Zuerst machte ich es, wie
mir Herr Einstein geraten hatte: Ich band
einen Zwirnfaden an den Zahn und ging
zum Zahnarzt. Dort befestigte ich den
Faden an der Klinke und läutete. Nach
kurzer Zeit hörte ich Schritte hinter der
Tür. Ich bekam doch wieder Angst, trat
zurück, aber dadurch war der Schwung
noch größer. Wups, und der Zahn war
draußen. Ich lag lachend am Boden,
und der Zahnarzt machte ein verdutz-
ztes Gesicht. Als ich ihm alles erzählte,
lachte auch er und sagte: „Das kostet
nichts, weil ich dich, ohne es zu wissen, behandelt habe." So kam Hans an diesem
Tag nicht nur um die Hausaufgaben, sondern
auch um die Arztrechnung herum.

Franz versäumte den Zug

Franz fuhr mit der Bahn zu seiner Oma nach Köln. Er hatte schon das größte Stück seiner Reise hinter sich, als er das Fenster öffnete[1] um etwas frische Luft atmen zu können, denn in seinem Abteil war ein Raucher, der fürchterlich qualmte.[2] Von weitem sah er nun einen Bahnhof, an dem ein großes Schild[3] hing mit der Aufschrift „Würstl“. Er hatte Hunger und nichts zu essen dabei. „Hält der Zug hier?“ fragte Franz den Schaffner. „Nein“, antwortete er.[4] Da fuhr auch schon langsam der Zug in den Bahnhof ein. Franz raffte sein Geld zusammen, ging zur Tür, sprang auf den Bahnsteig und rannte zum Würstlstand.[5] Er hörte nicht, wie der Lokführer schrie: „Halt! Hiergeblieben!“[6] Als Franz wieder aus dem Laden herauskam,[7] mit einer Wurst in der Hand, sah er nur noch Rauch, denn der Zug war weitergefahren.[8] Er kratzte sich hinter dem Ohr, setzte sich auf die Steine[9] und aß die Wurst auf. Nach drei Stunden kam erst der nächste Zug, der nach Köln fuhr. Dieser Zug hielt, Franz stieg ein und fuhr nach Köln[10] ohne noch einmal auszusteigen.

---

1. Vor „um“ . . zu“ steht ein Komma!
2. Dieser Satz ist zu lang; in ihm stecken zu viele Aussagen.
3. Unwahrscheinlich, daß das Schild schon von weitem sichtbar war.
4. Nach Aussage des Schaffners hält der Zug nicht. Franz steigt aber aus. Vermutlich meint der Schreiber, daß Franz fragt, ob der Zug (längeren) Aufenthalt habe.
5. Anscheinend glaubt Franz, bei dem kurzen Halt etwas einkaufen zu können.
6. Vermutlich handelt es sich in der Vorstellung des Schreibers um eine Kleinbahn. Dazu paßt aber nicht das Reiseziel Köln.
7. Was Franz an dem Würstlstand erlebte, fehlt. Wörtliche Rede!
8. Unwahrscheinlich!
9. Welche Steine meint der Schreiber? Die Reaktion ist sehr schwach.
10. Vor „ohne . . . zu“ steht ein Komma!

Bemerkung

Die Geschichte, deren Inhalt in Bildern bereits vorliegt, ist nicht gut in Sprache umgesetzt worden. Der Schreiber kommt nicht ins Erzählen, sondern liefert einen sachlichen Bericht. Andererseits läßt er seine Phantasie so weit gehen, daß der Bericht unwahrscheinlich wird. Ein schlechtes Beispiel für eine Bildgeschichte!

Da hatte Dieter aber Angst!

„Ich gehe in den Wald und beobachte die Tiere!“ rief Dieter seiner Mutter zu, die gerade die getrocknete Wäsche von der Leine nahm und in einem Wäschekorb ins Haus trug.
„Bleib aber nicht zu lange, denn Hexi ist so ängstlich! Das ist sie immer vor einem Gewitter!“ Dieter sah auf den krummbeinigen Dackel, der sich an die Beine von Dieters Mutter schmiegte, und meinte: „Ich komme ja bald wieder!“ Mit diesen Worten ging er auf den nahegelegenen Wald zu. Es war aber noch kaum eine halbe Stunde herumgestreift, als ihn ein heftiger Gewitterregen überraschte. Schnell lief er auf eine hohe Fichte zu, um sich vor dem Regen zu schützen. Trotzdem war er bald völlig durchnäßt. Jetzt begann es auch noch zu blitzen und zu donnern. „Hoffentlich schlägt der Blitz nicht in meine Fichte ein!“ dachte Dieter ängstlich. Er zitterte vor Nässe und Kälte und auch vor Angst. Da geschah es: Ein greller Blitz zuckte vom Himmel und schlug krachend in eine alte Eiche ein, die kaum zwanzig Meter von Dieters Fichte entfernt stand. Dieter erschrak so, daß sein Herz Minuten danach noch ganz wild pochte und er sich immer noch wie im ersten Schrecken an der Fichte festkrallte. Dann aber löste sich der Schock, und Dieter rannte in großen Sätzen nach Hause. An der Haustüre erwartete ihn schon seine Mutter und empfing ihn mit den Worten: „Siehst Du, unser Hund hatte doch recht, das Gewitter kam schneller, als Du dachtest!“ Dieter konnte nur stammeln: „Es hat eingeschlagen! Ganz in meiner Nähe! Ich werde nie mehr bei Gewitter in einen Wald gehen!“

Bemerkung

Eine recht erfreuliche Erzählung zu den vorgegebenen Bildern! Der Schüler erzählt anschaulich und lebendig. Allerdings schreibt er nicht mehr über den Inhalt des letzten Bildes, das zeigt, wie Dieter seine nassen Kleider abgelegt hat und sich trockenreibt.

Die Rettung

An einem kalten Wintertag fuhr ein Bauer mit seiner Frau auf einem Schlittengespann durch den tiefverschneiten Wald. Sieben Fässer hatte er auf dem Schlitten verladen. Eine lange Fahrt lag hinter ihm, das Pferd schnaubte und keuchte und trabte immer langsamer.
Als der Bauer einmal umblickte, um nach den Fässern zu sehen, sah er ein Rudel Wölfe seiner Spur folgen. Nur noch zweihundert Meter Abstand! Der Bauer schlug auf das Pferd ein, aber das Pferd konnte nicht mehr schneller laufen. Der Abstand verringerte sich: fünfzig Meter, zwanzig Meter, zehn Meter! Der Mann brach in Schweiß aus, die Frau zitterte, das Pferd keuchte. Da hatte der Bauer einen Gedanken.
„Nimm die Zügel und fahr weiter!" schrie er seine Frau an. Er aber warf ein Faß vom Schlitten. Aber die Wölfe hielten sich nur kurz auf, als sie merkten, daß das Faß leer war. Immer wieder warf der Mann ein Faß in den Schnee.
Die Wölfe blieben dicht am Schlitten. Da rief er seiner Frau zu: „Fahr weiter und hole Hilfe!" Der Mann warf das letzte Faß vom Schlitten, sprang hinterher, kroch in das Faß und stülpte es über sich. Jetzt witterten die Wölfe den lebendigen Menschen in dem Faß und umsprangen es gierig. Aber es gelang ihnen nicht, das Faß umzuwerfen.
Der Mann glaubte, schon Stunden in dem Faß ausgeharrt zu haben, und doch waren es nur Minuten.
„Jetzt ist es vorbei mit mir!" dachte der Mann verzweifelt. Da, ein Schuß! Und noch ein Schuß! Eine Jagdgesellschaft kam heran und vertrieb die Wölfe. Völlig erschöpft holten die Jäger den Bauern aus seinem Gefängnis, das ihn gerettet hatte. Jetzt kam auch die Frau mit dem Schlitten wieder zurück, denn sie hatte die Schüsse gehört. Das war Rettung in letzter Minute gewesen!

Bemerkung

Ein für einen zehnjährigen Schüler bemerkenswerter Aufsatz, der die in den Bildern vorgegebene Geschichte lebendig und anschaulich mit eigenen Worten nacherzählt! Da die Bilderfolge die Erzählung nur bis zum Höhepunkt führte, mußte der Schluß selbst gefunden werden. Er war im Inhalt vorgegeben durch das Thema „Die Rettung".

Nacherzählungen und Bildergeschichten findet Ihr auch im Band 1 der **Manz Aufsatzbibliothek „die Erzählung“** von Seite 25 bis Seite 100.

Im Manzbuch 249 **„Meine Schulaufsätze“** (5./6. Jahrgangsstufe) sind enthalten:

Die wunderbare Bärenjagd Die gute Gelegenheit Der Schneemann als Rächer – Der wehrhafte Schneemann Zuvorgekommen! Der Schuß ins Fenster Unbeabsichtigte Helden	} *Bildergeschichten*

Im Manzbuch 611 **„Meine Schulaufsätze“** (7/8. Jahrgangsstufe) sind enthalten:

Nacherzählungen mit verändertem Standpunkt

Der Hahn und der Fuchs	Der Hahn erzählt
Till Eulenspiegel: Des Guten zuviel	Der Meier erzählt
Till Eulenspiegel: Eine Bosheit	Till erzählt
Till als Schneidergeselle	Till erzählt. Der Meister erzählt
Der fahrende Schüler aus dem Paradies	Der Student erzählt
Von einem armen Studenten, der aus dem Paradies kam, und einer reichen Bäuerin	Text nach Hans Sachs

2. Erlebniserzählungen

Im allgemeinen verlangt die Erlebniserzählung das selbständige Erzählen eines einheitlichen Erlebnisses mit einem Höhepunkt, mit einer kurzen Einleitung und einem kurzen Schluß, der sich auf die Einleitung beziehen soll.
Die Einleitung soll zum Thema hinführen.
Der Hauptteil soll in Erzählschritten zum Höhepunkt des Erlebnisses führen, diesen ausführlich gestalten, dann das Erlebnis abbrechen oder ausklingen lassen.
Der Schluß nimmt den Gedanken der Einleitung wieder auf und schließt den Rahmen.
Die Erlebniserzählung wird meist in der Ich- oder Wir-Form geschrieben, denn der Erzähler steht im Mittelpunkt des Geschehens. Das eigene Erlebnis soll dem Leser vermittelt werden. Die wichtigsten Stellen sollen durch wörtliche Rede ausgestaltet werden.

Aufbau einer Erlebniserzählung

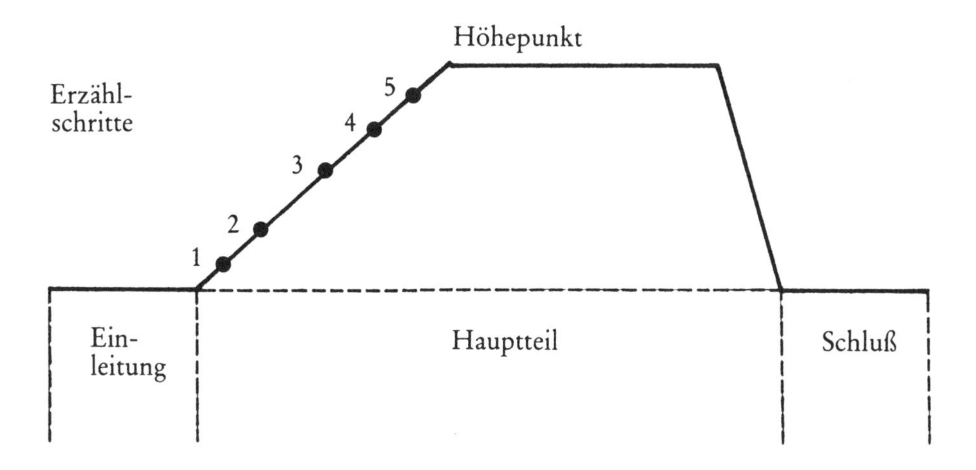

Hauptschwierigkeiten bei der Erlebniserzählung

a) Manche Schüler fassen das Wort Erlebnis im Sinne von „tolles Ereignis“ auf. Da die Schüler solche Erlebnisse nicht haben, erfinden sie Erlebnisse und schreiben eine Phantasieerzählung, die sie für wirklich erlebt ausgeben.

b) Andere Schüler geraten in Gewissensnot und können verzweifelt aufstöhnen: „Ich habe noch nie so ein Erlebnis gehabt.“ Es sind jedoch nicht außergewöhnliche, großartige Erlebnisse gemeint, sondern die kleinen, aber dennoch bedeutsamen Erlebnisse des Alltags. Selbstverständlich erlebt jedes Kind etwas, und das sind seine Erlebnisse.

c) Viele Schüler neigen dazu, mehrere Erlebnisse in einem Aufsatz zu erzählen. Das gibt eine Enttäuschung, die sie nicht erwartet haben, weil sie „so viel geschrieben haben“. Die Schüler sollen nur *ein* Erlebnis, das aber ausführlich, lebendig, anschaulich erzählen.

d) Es ist schwer, für 30 und mehr Schüler ein Thema zu finden, für das jeder Schüler wirklich etwas erlebt hat. Deshalb werden meist Rahmenthemen gestellt, aus denen sich jeder Schüler sein Erlebnis mit eigener Überschrift aussuchen kann.

10 Tips für das Erzählen

1. Jede Erzählung hat eine gewisse **Erzählform.** Ein Märchen wird anders erzählt als eine Sage, diese anders als eine Erlebniserzählung aus unserer Zeit, eine Lügengeschichte anders als eine Anekdote.
2. Entscheide dich, ob du eine **Ich-Erzählung** schreiben willst oder eine **Er-Erzählung.**
   Wer soll erzählen? Du selbst oder ein anderer? Wenn du selbst erzählst, mußt du immer in dieser Rolle des Erzählers bleiben. *Du* erlebst die Geschichte, *du* denkst und handelst, *du* fühlst und sprichst.
   Bei einer Er-Erzählung denkt, handelt, fühlt, beobachtet und spricht ein anderer, ein Erzähler, der über alles schreibt. Vergiß nicht, daß *er* das alles erlebte, was du schreibst.

3. **Die Erzählzeit ist die Vergangenheit.** Nur am Höhepunkt kannst du zur Gegenwart übergehen, als wenn dir alles gegenwärtig wäre. Dann kehrst du zur Vergangenheitsform zurück. Aber nicht ständig die Zeitform wechseln!
4. **Erzähle mit viel wörtlicher Rede!** Laß deine Personen selbst sprechen! Ohne wörtliche Rede wird die Erzählung leicht zu sachlich, wird zum Bericht, d. h. du berichtest über ein Erlebnis, statt es lebendig und mit Spannung zu erzählen.
5. **Erzähle in Verben!** Die Zeitwörter bringen Tätigkeit, Handeln in deine Erzählung. Laß die Menschen schreien und flüstern, laß die Tiere laufen und schnuppern, laß die Gegenstände fallen und scheppern.
6. Schreibe nicht zu jedem Hauptwort ein Eigenschaftswort. Nur notwendige Adjektive verwenden, die kennzeichnen. Die sogenannten schmückenden Eigenschaftswörter sind langweilig.
7. Schreibe eine **spannende** Geschichte! Sie wird spannend, wenn du nicht am Anfang alles verrätst. Laß die Geschichte sich entwickeln! Hebe dir den Spaß oder den bitteren Ernst bis zum Höhepunkt auf! Was wäre das für eine Kriminalgeschichte, in der bereits am Anfang verraten wird, wer der Täter ist!
8. Schreibe nicht nur kurze Sätze! Aber schreibe keine Sätze in Bandwurmlänge! Abwechseln!
9. **Auch im Ausdruck abwechseln!** Nicht immer schreiben: er sagte... er sagte... er sagte, sondern: er flüsterte... er maulte... er schrie... usw. Du sollst jedoch nicht unter allen Umständen im Ausdruck wechseln. Ein Elefant ist ein Elefant, auch wenn er zehnmal in deiner Geschichte auftaucht. Mach aus ihm nicht den „Dickhäuter, das Untier, den Koloß..."
10. Schreibe **eine Geschichte** und verwickle dich nicht in mehrere Geschichten, aus denen du nicht mehr hinausfindest!

Ein aufregender Nachmittag

Es war ein Samstagnachmittag in den Ferien. „Na los, beeil' dich!" forderte mich meine Mutter auf. Ich rannte durch den Korridor und zog noch schnell meine Schuhe an. Wir, meine Mutter, mein Bruder Erwin und ich, gingen wie jeden Samstagnachmittag auf die Theresienwiese, unseren Hund auszuführen. Da es kurz vor dem Oktoberfest war, standen auf dem größten Teil der Wies'n schon die Aufbauten. Als wir an einigen Bierzelten vorbeigingen, bogen wir in eine Seitenstraße ein. Links und rechts sahen wir Buden mit Planen bedeckt und kleinere Gerüste. Dann sahen wir das Hippodromzelt. Nahe an der Wand des Hippodroms stand ein alter, schmutziger roter Bus. Plötzlich sah ich, wie sich etwas Schwarzes im Bus bewegte. Beim näheren Hinsehen bemerkte ich, daß es eine Amsel war. Der Vogel sah ziemlich elend aus und war am Hals arg zerzaust. Ich ging auf den Bus zu und drückte fest gegen die Tür, sie war verschlossen. Der Bus wurde anscheinend als Werkzeuglager und Transportmittel benützt. Alte Lumpen, Schutzhelme und Werkzeuge lagen herum. Der Bus war durch eine stabile Wand getrennt.[1] Der Vogel war im vorderen Teil. Wir fragten ein paar Männer, die gegenüber arbeiteten: „In dem Bus dort drüben ist ein Vogel gefangen. Könnten Sie uns den Bus öffnen? „Nein, das geht nicht. Der Schlüssel ist nicht in unserem Besitz.[2] Aber an der der Wand zugedrehten [3] Seite ist ein Fenster offen.[4] „Also versuchen wir's!" sagte ich zu meinem Bruder und zu meiner Mutter. Das Fenster war ziemlich hoch. Ich sagte zu meinem Bruder: „Du mußt mich stützen!" Gesagt, getan. Als ich drin war, blickte ich mich um. Es roch muffig, kein Wunder, denn in einem Karton von normaler Größe war Abfall. Dann erblickte ich den Vogel. Er saß verschüchtert auf einem Tisch. Er beobachtete mich, und mit jedem Schritt, dem[5] ich ihm näher kam, wurde sein Blick ängstlicher. Als ich ihm ungefähr einen Meter nah war, flatterte er auf und flog gegen die Windschutzscheibe. Noch ein paarmal wollte ich ihn mit der Hand fangen. Ich dachte: „Man müßte ein Tuch haben, mit dem man ihn erwischen kann"[6]

Inzwischen war Erwin mit höchsten[7] Anstrengungen auch durch das Fenster gelangt. Er versuchte es ein paarmal, die Amsel zu erwischen, jedoch genausowenig[8] wie ich. Mein Bruder verließ den Bus auf dem selben Weg, auf dem er reingekommen war, denn es[9]war so eng, daß wir uns gegenseitig störten. Endlich kam mir der Gedanke, einen Karton über den Vogel zu stülpen. Da fiel mein Blick auf die Schachtel mit dem Abfall. Kurz entschlossen leerte ich sie auf dem Boden aus. Die Amsel saß zwischen dem Gestänge unter einer Sitzbank. Vorsichtig scheuchte ich sie aus ihrem Versteck. Ich brachte den Vogel dazu, sich auf eine etwas freie Fläche zu setzen. Dann stülpte ich, so schnell ich konnte, ihm den Karton über, ohne den Vogel zu verletzten. Ich hatte ihn. Ich sah ein großes Pappestück, griff danach und schob es langsam unter die Schachtel. Nun nahm ich das Pappstück samt Karton, und zwar so, daß der Vogel nicht entwischen konnte. Ich ging ganz nah an das offene Fenster. Da zog ich die Pappe weg. Im Nu war der Vogel auf der Spitze des Augustiner-Zeltes und genoß dort seine wiedergewonnene Freiheit. Erlöst[10] kletterte ich aus dem Bus, und wir gingen zufrieden nach Hause. Als wir uns noch einmal umschauten, saß die Amsel immer noch auf dem Zelt.

---

1. Vermutlich ist gemeint, daß der Bus durch eine Wand abgeteilt war.
2. Das ist nicht die Ausdrucksweise eines Arbeiters in dieser Situation!
3. Der Sinn dieses Ausdrucks ist unklar.
4. Hier fehlt das Schlußzeichen nach der wörtlichen Rede!
5. Besser: „. . . den ich näher kam . . .“
6. Ausdruck! Besser „. . . fangen könnte . . .“
7. Vermeide die unnötigen Superlative!
8. Schlechte Umgangssprache!
9. Die Beziehung des Fürworts ist nicht gegeben.
10. Das Wort paßt nicht für die Stimmung des Jungen.

Bemerkung

Diese schöne Geschichte müßte gestrafft werden, damit eine spannende Erlebniserzählung daraus wird. Manche Einzelheiten sind für die Geschichte entbehrlich und könnten weggelassen werden. Die Erzählung könnte sich wie folgt aufbauen:

Einleitung: Spaziergang
Hauptteil: 1) Feststellung, daß ein Vogel gefangen ist
2) Schwierigkeiten, in den Bus zu kommen
3) Schwierigkeit, den Vogel zu fangen (Höhepunkt)
4) Der Vogel in Freiheit
Schluß: Rückblick
Der Schlußsatz des Aufsatzes ist sehr gut.

Aufgabe

Schreibe diese Geschichte in gestraffter Form!

Was ich mit einem Tier erlebte

An einem milden, sonnigen Maitag beschloß ich, im Garten zu spielen. Schon im Zimmer hörte ich das Zwitschern der Vögel. Schnell lief ich ins Freie. Dort sah ich mir die Blütenpracht der Bäume und Blumen an. Neben unserem Steingarten blühten schon rote, orangefarbige und gelb-rote Tulpen. Das Goldgelb der Schlüsselblumen und das Veilchenblau der Leberblümchen, die unter der Buche hervorlugten, stimmten mein Herz fröhlich. Beim Anblick des saftigen Grases fiel mir Piepser, unser Meerschweinchen, ein. Sofort eilte ich ins Haus und holte Piepser aus der Kiste beim Küchenfenster.[1]
Piepser ist ein überwiegend schwarzbraunes Meerschweinchen. Zwischen seinen Ohren führt eine hellbraune Binde zum Näschen, die sich auch ums Schnäuzchen zieht. Auch unter den Augen leuchtet ein heller Streifen. Seine rechte Brustseite ist sandgelb, links ist sie grauschwarz. Ich drückte also das hungrige Kerlchen an meine Brust, und Piepser krallte sich sofort am Hemd fest. Mit seinen freundlichen, schwarzen Äuglein blickte er mich fragend an. Draußen setzte ich ihn bei Mutti, die Heu zusammenrechte, ab.[2] Sofort fingen seine Mahlwerkzeuge an, Gras abzurupfen und ins Mäulchen wandern zu lassen. Plötzlich, durch irgendein Geräusch erschreckt, stutzte unser Kleiner[3] und rannte dann schnurstracks durch den Zaun in des Nachbars[4] Gärtnerei. Entsetzen überfiel mich. Geistesgegenwärtig riß Mutti eine Latte aus dem Zaun, und behende schlüpfte ich durch das Loch. Drüben pirschte ich mich an das schlaue Bürschlein, das einige Sekunden verharrt hatte, heran und wollte es packen. Doch es entwischte mir und flitzte durch den Zaun des anderen Nachbarn. Ich hastete hinterher, stolperte über die Furchen der Thujenpflanzung und kletterte über den Gartenzaun. Im Garten des anderen Nachbarn sah ich, wie sich Piepser ein Versteck in einem Misthaufen grub. Mutti rief: „Packe ihn und lasse ihn nicht in die Gärtnerei[5] entwischen!“ Als hätte er die Worte verstanden, schlug Piepser einen Haken und rannte in unser Grundstück zurück. Dort hatte die aufgeregte Mutti Fritz, meinen Bruder, gesehen und herbeigeholt. Dieser bahnte sich einen Weg durch das am Zaun wachsende Gebüsch und packte unseren „Flüchtling“. Nun kehrte ich in den Garten zurück. Mir klopfte das Herz noch zum Zerspringen. Mutti setzte sich, erschöpft von der ausgestandenen Angst, ins Gras, nahm Piepser auf den Schoß und beruhigte unseren Kleinen, dessen Herz wild schlug. Nun dankte sie uns für die Hilfe. Seitdem darf unser „Ausreißer“ an schönen Tagen nur in sein Gehege, an regnerischen und kühlen Tagen bleibt er in seiner Kiste.

1. Der erste Abschnitt hinterläßt beim Leser etwas den Eindruck des Gekünstelten, der „Stimmungsmache"! Ob der Schüler diesen Abschnitt allein geschrieben hat oder mit fremder Hilfe?
2. Besser: „. . . bei Mutti ab, die . . ."!
3. Klingt etwas gesucht, zu sehr verniedlichend!
4. Geschraubte Ausdrucksweise!
5. Vorher heißt es, daß das Meerschweinchen in die Gärtnerei gerannt sei!

Bemerkung

In diesem Aufsatz ist ein lohnendes Erlebnis gestaltet, aber die sprachliche Darstellung ist an mehreren Stellen unkindlich; so schreibt ein 11jähriger nicht! Die Darstellung verniedlicht zu sehr.

Was ich mit einem Tier erlebte *(Rahmenthema)*

Dein Wellensittich wäre dir beinahe entflogen; erzähle dieses Erlebnis anschaulich Deinem Freund!

Wie mein Wellensittich beinahe entflogen wäre

Zu meinem Geburtstag hatte ich von meinen Eltern einen Wellensittich bekommen. Ich taufte ihn Maxi, weil mir dieser Name besonders gut gefiel. Die Flügel von ihm sind schwarz geschuppt auf weißem Grund. Ähnlich ist das Gefieder am Kopf. Die Brust ist wie der Rücken himmelblau. Die langen, fast grauen Schwanzfedern gefallen mir an dem drolligen Kerl am besten. In den ersten Tagen fühlte er sich in dem nagelneuen Käfig, den ich für 19,50 DM erworben hatte, gar nicht wohl. Aber das gab sich.
Nach ungefähr zwei Wochen, es war an einem schönen Sonntagmorgen, machte ich mich auf den Weg,[1] um in die Küche zu gehen. Ich wollte nämlich meinem Schützling Futter in die Schälchen schütten. Nichtsahnend drückte ich die Türklinke herunter und trat in die Küche ein. Aber was war das? Der Käfig und das Fenster waren offen. Ich stand wie gelähmt da. „Wo ist bloß Maxi? Etwa davongeflogen?" fragte ich mich selbst. Aber plötzlich bemerkte ich, daß sich der Vorhang bewegte. Da vernahm ich auch das fröhliche Zwitschern meines Wellensittichs. Er hing am untersten Zipfel der Gardine und bearbeitete den Saum. Ich getraute mich kaum zu atmen, denn ich hatte furchtbare Angst, daß

er doch noch durch das geöffnete Fenster davonschwirren könnte. Ich redete Maxi gut zu und arbeitete mich dabei Millimeter um Millimeter[2] vorwärts. Endlich war ich nahe daran, den Griff des Fensters zu fassen zu kriegen. Da flatterte der Vogel mit einem Male auf. Jetzt stürzte ich mich auf das Fenster und schlug es mit einer Wucht zu, daß man meinen mußte, die Scheiben würden zerspringen. Aber mein Schützling hatte gar nicht die Absicht durchzubrennen. Er saß nun[3] auf seinem Vogelhäuschen und war ganz verdutzt, als ich anfing zu schimpfen. Meine Mutter trat nun[3] in die Küche und fragte, warum sich so aufgebraust sei[4] Mit hastigen Worten berichtete ich mein Erlebnis und vergaß nicht, Maxi heftig auszuschelten. Der aber hatte sich inzwischen in seinen Käfig zurückgezogen und begann, sich zu putzen. Dabei sah er so drollig aus, daß ich ihm gerne verzieh. Meine Mutter dagegen behauptete, daß ich an dem Ausbruch von ihm[5] selbst schuld sei. Denn, so erklärte sie mir, ich hätte die Käfigtür nicht gut genug geschlossen,[6] da konnte er sich leicht befreien. Nun bat ich den Wellensittich um Verzeihung und erklärte mich zum Schuldigen. Dieser pickte seelenruhig am Spiegel und äugte mich nur hin und wieder verächtlich an. Nun waren wir also beide beleidigt.
Heute noch denke ich an dieses Erlebnis zurück. Die Tür von seinem Häuschen schließe ich jetzt immer sorgfältig ab. Bis zum heutigen Tag gelang ihm kein zweiter Ausbruch mehr.

---

1. Ist der Weg vom Zimmer in die Küche in einer Wohnung so weit?
2. Eher Zentimeter um Zentimeter!
3. Wiederholungen im Ausdruck vermeiden!
4. Hier müßte eine wörtliche Rede stehen, damit die Erzählung lebendiger wirkt!
5. Schwerfällige Ausdrucksweise!
6. Wörtliche Rede!

Bemerkung

Das Erlebnis ist nicht eindrucksvoll genug gestaltet, vor allem kommen im Aufsatz kaum wörtliche Reden vor, obwohl der Aufsatz dazu genügend Möglichkeiten böte. Wörtliche Reden beleben eine Erzählung! Nach dem Höhepunkt soll der Aufsatz möglichst rasch enden; das Gespräch mit der Mutter hätte viel kürzer gefaßt werden können.

Ein Besuch im Tiergarten

An einem schönen Nachmittag in den Sommerferien kam mein Bruder Ernst auf die Idee, den Tiergarten „Hellabrunn“ zu besuchen. Ich stimmte begeistert zu. Also bestiegen wir unsere Stahlrösser und radelten Richtung Tierpark. Dort parkten wir unsere „Fahrzeuge“, bezahlten an der Kasse den Eintritt und machten uns auf den Weg.[1] Viele Käfige nur oberflächlich betrachtend,[2] wanderten wir zum Affenkäfig. Dort war der Teufel los. Eine Schlägerei war im Gange, und die Wärter vermochten die Kampfhähne nicht zu trennen. Angefangen hatte es so: Der Wärter hatte einem Männchen, namens Charli, eine Banane gegeben. Frech wie die Weiber nun einmal sind, stürzte sich ein Weibchen aus einer Astgabelung herab und riß dem verdutzt schauenden Kerl die Banane aus der Hand. Charli nahm aber sofort die Verfolgung der Flüchtenden auf. An der Krone des Kletterbaums stellte er sie. Aber Clara, so hieß der Dieb, ließ sich nicht überrumpeln. Sie machte dauernd Scheinangriffe, so daß Charli mehr und mehr zurückwich. Schnell fraß jetzt Clara die Banane auf und warf dem Gegenüber[3] die Schale mitten ins Gesicht. Jetzt war Charli bitterböse. Er brach kleine Ästchen von dem Baum ab und warf sie der Affendame auf den Pelz. Kreischend sprang diese auf den Boden des Käfigs, nahm nicht gerade kleine Kotbrocken und warf damit zurück. Die Zähne fletschend, kam der von den Kotbrocken getroffene Gegner vom Baumgipfel herunter. Er schien geradezu überzukochen. Wenn jetzt der Wärter nicht eingriff, dann konnte es was geben! Aber der gute Mann wußte, was er zu tun hatte. Er nahm ein kleines Steinchen und feuerte es Charli auf den Pelz. Irritiert von dem neuen Gegner, machte der Flegel kehrt und suchte den Angreifer, den er in dem Wärter erkannte. Der Aufseher aber reichte jetzt dem erhitzten Gemüt gleich drei Bananen hin, die dieser[4] auch gern in Empfang nahm. Clara aber zog es vor, sich in eine Ecke des Käfigs zu verkrümeln. Jetzt konnte Charli in Frieden seine Bananen verzehren und sah danach von einer neuen Rauferei ab. Danach besichtigten wir noch ein paar andere Tierkäfige, und als wir den Tierpark verließen, mußten wir immer noch über die beiden Kampfhähne lachen. Wir schwangen uns auf unsere Räder und fuhren erfreut nach Hause.

---

1. Diese Einzelheiten sind für eine Erlebniserzählung überflüssig, denn sie haben mit dem eigentlichen Erlebnis nichts zu tun.
2. Partizipformen sind im Deutschen nicht so gebräuchlich wie in anderen Sprachen!
3. Schlechter Ausdruck! Dafür: „. . . dem Männchen . . .“!
4. Unklare Beziehung, denn das Gemüt kann nicht das Beziehungswort für „dieser“ sein!

Bemerkung

Das Thema war als Rahmenthema gestellt; jeder Schüler mußte sich das für sein persönliches Erlebnis passende Thema suchen (z. B.: Wie sich Affen im Tierpark stritten). Durch das allgemein formulierte Thema ließ sich der Schüler jedoch verleiten, zu sehr den Ablauf des Streits zu schreiben, also zu berichten, anstatt spannend und eindrucksvoll darzustellen, wie sich die Affen stritten. Die sprachliche Darstellung ist im allgemeinen anschaulich.

Wie ich einmal zwei Rehe beobachtete

An einem Samstag fuhren meine Eltern und ich nach Buchendorf. Gemütlich spazierten wir auf den Waldrand zu. Ich wollte gerade Vati etwas fragen, als er mich unterbrach: „Sei mal still, ich glaube, im Buschdickicht rührt sich etwas." Sofort blieb ich stehen. „Das sind Rehe!" flüsterte Mutti. Ungestört ästen die zwei Tiere. Langsam und vorsichtig schlichen wir auf dem Weg immer näher. „Der Wind steht günstig."[1] Lauschend drehte ein Reh den Kopf. Leuchtend weiß hoben sich die Schwänze[2] gegen den dunkelgrünen Wald ab. Ganz leise, damit wir[3] die Tiere nicht erschreckten, ging ich[3] weiter. Nur noch 20 Meter trennten mich von den Rehen. Gespannt hielt ich die Luft an. Auf einmal sprangen die Tiere davon. Hatten sie uns bemerkt? Plötzlich brachen sie wieder durchs Unterholz und stoppten.[4] Die Lauscher spielten, und ich wollte noch ein paar Schritte näher. Da raschelte das gelbe Herbstlaub unter meinen Füßen. Ein Ast brach. Ängstlich warfen die Rehe die Köpfe hoch, lauschten einen Augenblick bewegungslos und stoben in Richtung Wald davon. Ich sah nur noch die hoppelnden[5] Bewegungen der Rehe. „Gehen wir wieder weiter!" rief mein Vati, weil ich noch gedankenverloren stehenblieb. Am Abend erzählte ich meinem Bruder das schöne Erlebnis, und er bedauerte, daß er nicht mitgegangen war.

---

1. Wer sagte das?
2. Für Rehe nicht gebräuchlicher Ausdruck! „Spiegel"!
3. Unlogisch, denn wenn nur der Junge geht, kann nur er die Rehe erschrecken!
4. Besser: „. . . blieben stehen, hielten inne"!
5. Rehe „hoppeln" nicht!

Bemerkung

Statt der geforderten Erlebniserzählung hat der Schüler – ohne daß die Aufsatzform in der Klasse schon behandelt worden wäre – eine Erlebnisschilderung geschrieben und diese Aufsatzform gut getroffen, denn er vermittelt Eindrücke. Nur die Zeitstufe der Erzählung (Vergangenheit) behielt der Schüler bei.

Noch einmal gut gegangen!

Vor ein paar Wochen schickte mich meine Mutter zum Einkaufen. Sie sagte zu mir: „Ich schreibe dir auf einen Zettel alle Lebensmittel auf, die ich benötige: einen Liter Milch, 100 g Gelbwurst, ein Pfund Weintrauben und ein Pfund Tomaten. Den Zettel stecke ich dir in den Geldbeutel. Aber gib acht, es sind 50 DM darin!" Ich erwiderte: „Aber Mutter, ich habe doch noch nie den Geldbeutel verloren." Dann ging ich zum Supermarkt, der gleich um die Ecke ist. Als ich ihn betrat, wollte ich den Zettel aus dem Geldbeutel nehmen. Aber der Geldbeutel war nicht zu finden. Mir fuhr der Schreck in die Glieder. Verzweifelt suchte ich in meinen Taschen. Auch in meiner unmittelbaren Umgebung war nichts zu sehen. Anschließend fragte ich an der Kasse, ob hier vielleicht jemand einen braunen Geldbeutel abgegeben habe. Leider war auch dies vergeblich. Nun suchte ich ein paarmal genau den gegangenen[1] Weg ab – ohne Erfolg. Völlig entmutigt machte ich mich auf den Heimweg. Als meine Mutter die Tür öffnete, sagte[2] ich niedergeschlagen: „Mutti, ich habe den Geldbeutel verloren." Ich sah das Unheil schon auf mich zukommen, als meine Mutter sagte:[2] „So, so, du hast ihn verloren, dann sieh doch mal in der Küche nach." Ich ging in die Küche und sah dort zu meiner Überraschung den Geldbeutel liegen! Nun war ich überglücklich, daß dieses Erlebnis[3] noch einmal so gut ausgegangen ist.[4]

---

1. Schlechter Partizipal-Ausdruck! Dafür: „... den ich gegangen war."
2. Wiederholungen im Ausdruck vermeiden!
3. Dafür: „..., daß der Geldbeutel da war."
4. Falsche Zeitstufe! Richtig: „... ausgegangen war."

Bemerkung

Der Schüler gestaltete die Erzählung glaubwürdig und sinnvoll. Aber die sprachliche Gestaltung könnte anschaulicher sein.

Festgeklebt!

In der letzten Woche war meine Mutter krank, und ich mußte beim Kochen helfen. Am Dienstag sollte ich Pfannkuchen zum Mittagessen backen. „Mutti, ich glaube, ich muß einkaufen gehen, denn es ist nur noch Milch da. Was brauchen wir denn noch?" Meine Mutter sagte es mir. Als ich vom Einkaufen kam, begann ich, den Teig anzurühren. Dann goß ich den Teig in die heiße Pfanne. Nun begann ich sie[1] zu wenden, in dem ich sie in die Luft warf. Dann aber wollte mein Bruder auch einmal,[2]und es begann ein richtiges Wettwerfen. Als ich einmal den Pfannkuchen besonders hoch warf, bemerkte ich, daß er nicht mehr herunterkam.[3] Er war an der Decke festgeklebt! „Schnell, hol einen Schraubenzieher und sage nichts der Mutti!" flüsterte ich meinem Bruder zu. Bald brachte er das Gewünschte, und ich begann, den Pfannkuchen von der Decke zu kratzen, wobei ich darauf achtete, nichts vom Kalk abzukratzen. Zuletzt[4] schaffte ich es auch. Und, von dem riesigen Fettfleck abgesehen, war es doch das schönste Pfannkuchenbacken, das ich je gemacht hatte.

---

1. Das Fürwort hat keine Beziehung. Wen oder was wendet er?
2. Unvollständige Aussage! Schlechte Umgangssprache!
3. Diesen Höhepunkt müßte man ausgestalten.
4. Das Wort „zuletzt" hat hier wenig Sinn.

Bemerkung

Ein sehr nettes Erlebnis, bei dem es sich lohnt, eine schöne Erzählung daraus zu machen! Das ist aber dem Schreiber nicht gelungen. Es kommt weder die Freude an dem Hochwerfen des Pfannkuchens zum Ausdruck noch die Bestürzung, als der Pfannkuchen nicht mehr herunterkommt. Sprachlich wenig gewandt! Das Abkratzen mit dem Schraubenzieher ist etwas unglaubwürdig.

Das soll Essen sein?

Eines Tages waren meine Eltern in der Stadt. Wir mußten uns unser Essen selbst zubereiten. Wir wollten uns Rührei machen.[1] Nachdem meine Schwester Eier geholt hatte, ging ich in die Küche und bereitete alles vor. Meine Schwester sah im Kochbuch nach, und ich würzte die bereits verrührten Eier in der Pfanne mit Salz. Nun setzte ich mich auf die Küchenbank und las in einem Buch. Meine Schwester Elke ging hinaus. Die Eier schmorten. Sie wurden langsam dunkelgelb. Ich stand auf, legte das Buch beiseite und betrachtete die Eier kritisch. Kurzentschlossen schüttete ich sie auf einen Teller. Ich schmeckte sie kurz ab – und fand, viel zu wenig Salz. „Elke!" rief ich, „Elke, komm einmal her!" „Ja, was ist denn?" „Die Eier schmecken nicht richtig!" „Dann tu noch etwas Salz dran!" Ich tat es und schmeckte noch einmal ab. „Jetzt schmeckt es[2] zu salzig!“ Nun zuckerten wir das Ganze etwas und . . . „Es schmeckt nun noch schlechter“, sagte ich und verzog das Gesicht. „Ach was“, sagte Elke, „so schlimm wird's schon nicht sein.“ Sie schmeckte auch ab. „Das ist doch kein Essen! Wieviel Salz hast du denn genommen?“ „Zwei Eßlöffel voll“, erwiderte ich. „Na, dann natürlich!“ sagte sie. Da hörte ich, wie jemand die Wohnungstür aufschloß. Unsere Eltern kamen. Als meine Mutter von unserem Mißgeschick hörte, mußte sie lachen. Dann gingen wir in eine Wirtschaft und aßen Wiener Schnitzel.

---

1. Vermeide das Allerweltswort „machen“!
2. Was schmeckt zu salzig? Das Fürwort bezieht sich auf Salz!

Bemerkung

Eine nette kleine Geschichte! Durch die wörtliche Rede wird die Erzählung lebendig und anschaulich. Der Aufsatz ist ein Beispiel dafür, wie auch ein kleines Alltagserlebnis gut gestaltet werden kann.

Die schöne Tischdecke!

An einem schönen Sonntagmorgen hatten wir telephonisch unsere Verwandten zu einem guten Essen eingeladen. Wir hatten schon sorgfältig eine neue Tischdecke auf den Tisch gebreitet und Teller, Kompottschälchen, Löffel, Gabeln, Messer auf dem Tisch verteilt. Meine Mutter meinte noch lachend: „Wenn das heute nur gut geht, und die Tischdecke keine Flecken bekommt!“

„Ding, Dong“ ging plötzlich die Türklingel, und ich rannte sofort, um die Tür zu öffnen. „Grüß Gott, da seid ihr ja“, rief meine Mutter erfreut, „kommt nur herein!“ Wir schüttelten uns alle die Hände und freuten uns, daß wir uns wieder einmal sahen. „Schaut nur, wie schön der Tisch gedeckt ist!“ rief Onkel Ernst, der nämlich schon einen Bärenhunger hatte. „Setzt euch doch hin und unterhaltet euch!“ rief meine Mutter, die dann in die Küche ging, um die Schnitzel fertigzubraten. Ich half ihr, die Schnitzel in der heißen Pfanne hinüber in das Wohnzimmer zu tragen, und rief den anderen zu, sie könnten sich schon an den Tisch setzen. Es wurde wirklich ein Festessen, doch plötzlich fiel krachend die Schlafzimmertür zu, Tante Gerda erschrak, das Schnitzel fiel von ihrer Gabel in die Sauce zurück, und die Spritzer tropften auf das „schöne“ Tischtuch. Außerdem stieß auch noch meine kleine Cousine gegen ihr Kompott und „verteilte es geschickt auf der Tischdecke“. Zum Glück waren wir gleich fertig und konnten abräumen. Das Tischtuch kam zur Wäsche. Trotz alledem wurde es noch ein netter, lustiger Nachmittag.

Bemerkung

Der Aufsatz zeigt, wie auch ein kleines Erlebnis anschaulich erzählt werden kann und zu einem guten Erlebnis führt. Die Vorstellung des Schülers, daß es sich nur lohnt, großartige Erlebnisse zu erzählen, ist falsch. Solche kleinen Erlebnisse, wie das erzählte, hat jeder Schüler, so daß bei einem entsprechenden Rahmenthema eigentlich keiner sagen kann: „Ich habe nichts erlebt.“

Wie ich einmal ein Zauberkunststück vorführte

Im vorigen Jahr meldete sich überraschend Besuch an. Da mein Onkel mit seinen zwei Söhnen kam, gedachte ich, ein Zauberkunststück vorzuführen. Das Kunststück bestand darin, einen Ring, der in einer Spirale saß, die an beiden Enden zugeschweißt war, herauszubringen. Da die Zuschauer nicht auf den Trick kommen sollten, brauchte ich einen Zauberstab, der jedoch nur zur Tarnung da war. Endlich klingelte es. Als mein Onkel und seine Söhne eintraten, sagte ich: „Meine Mutter ist noch nicht mit dem Essen fertig, deshalb will ich euch ein Zauberkunststück vorführen.“ Ich gab ihnen der Reihe nach die Spirale, in der der Ring saß, und den Zauberstab, mit der Aufgabe, ihn[1] aus der Spirale zu bringen.[2] Nachdem sie sich vergeblich abgemüht hatten, gaben sie mir die Spirale mit Ring und Zauberstab. Ich nahm die Spirale in die linke Hand und fuhr mit der rechten Hand, in der ich den Stab hielt, durch sie, wozu ich unverständliche Worte murmelte. Gespannt blickten sie auf den Zauberstab. Jetzt war es Zeit, und ich drehte den Ring in der Spirale blitzschnell herum, nahm ihn heraus und zeigte ihn den verblüfften Zuschauern. Beim Essen bestürmten mich besonders die beiden Buben mit Fragen, aber ich hütete mich, ihnen das Geheimnis zu verraten.

---

1. Unklare Beziehung! Ist der Zauberstab oder der Ring gemeint? Auf die Beziehungswörter achten!
2. Schlechter Ausdruck!

Bemerkung

Der Schüler hätte eine spannende Erzählung gestalten sollen; stattdessen berichtete er sachlich über dieses Zauberkunststück, ohne Spannung herauszuarbeiten, den Höhepunkt eindrucksvoll zu gestalten. Auch die sprachliche Darstellung ist nicht anschaulich. Der Schüler hat die Unterscheidung zwischen sachlichem Schreiben und Erzählung nicht beachtet und daher das gestellte Thema nicht bewältigt.

Überschwemmung im Badezimmer!

Als ich fünf Jahre alt war, kam meine Tante Ute zu Besuch. Mein Bruder Heiko und ich haben ein Doppelstockbett. Ute schlief in meinem Bett unten, und ich in Heikos Bett oben. Spät in der Nacht mußte ich aufs Clo. Leise, um niemanden aufzuwecken, stieg ich die Leiter hinunter. Als ich schon nahe am Bad war, hörte ich etwas Unheimliches. Mir lief es eiskalt den Rücken hinunter. Es klang wie Wassertropfen. Tipp, tipp, tipp. Schnell rannte ich wieder ins Bett und weckte Heiko auf. Er ging mit mir zum Bad, und auch ihm lief es eiskalt den Rücken hinunter. „Ich habe Angst“, stotterte Heiko, „im Bad ist bestimmt ein Geist“. „Blödsinn, es gibt doch gar keine Geister“, sagte ich. „Gehen wir zu Ute und wecken sie auf“, schlug ich vor. Wir weckten Ute und führten sie ins Bad. „Ach Gott!“ rief sie, „das ist ja schrecklich, im Bad steht das Wasser mindestens fünf Zentimeter“. Langsam glitt unser Blick zur Zimmerdecke. Dort kamen die Wassertropfen herunter. „Wir müssen Eure Eltern wecken“, sagte Ute schnell. Ich ging ins Schlafzimmer und sagte leise: „Mama, Papa, kommt schnell ins Bad, dort ist eine Überschwemmung“. Schnell standen sie auf, zogen die Hausschuhe an und stürzten ins Bad. Sie erschraken sehr, aber dann sagte Mama: „Das Wasser muß von Ostermaiers über uns kommen“ Mein Papa rannte schnell die Stufen zu Ostermaiers hinauf und läutete. Herr Ostermaier machte die Tür auf und fragte, was los sei. Mein Papa erklärte ihm alles. Herr Ostermaier rannte ins Bad und sah, daß der Wasserhahn lief. Schnell stellte er ihn ab. Er stand bis zu den Knöcheln im Wasser. Er weckte seine Frau und seine vier Kinder. Seine Frau erschrak furchtbar. Schnell schöpften die Kinder das Wasser in die Badewanne. Den Rest putzte Frau Ostermaier mit dem Lumpen[1] auf. „Selbstverständlich schöpfen wir bei Ihnen auch das Wasser in die Badewanne“, sagte Frau Ostermaier freundlich.[2] „Das ist ja noch mal gut gegangen“, sagte meine Mama danach. Müde gingen wir alle in unsere Betten und schliefen bald ein. Am nächsten Morgen erfuhren wir, daß der dreijährige Frieder sich gewaschen und dann vergessen hatte, den Wasserhahn abzustellen.

---

1. Ausdruck der Umgangssprache! „Lappen, Scheuertuch“
2. Hier fehlt in der Erzählung die Angabe, ob das Angebot angenommen wurde oder nicht.

Bemerkung

Im allgemeinen sollte man bei einer Erlebniserzählung nicht auf ein Erlebnis zurückgreifen, das viele Jahre zurückliegt. Diese Geschichte ist sehr lebendig erzählt. Das Beispiel zeigt, wie wichtig die wörtliche Rede in einer Erlebniserzählung ist. Wenn man auf die wörtliche Rede verzichtet, gerät man in das sachliche Berichten und verfehlt damit die Aufsatzart.

Eine böse Überraschung zu Hause

Vor ein paar Jahren wollte ich mein kleines neues Motorboot in der Badewanne ausprobieren. Ich füllte gerade die Badewanne mit lauwarmem Wasser, als die Glocke schellte.[1] Ich hörte, wie Mutter an die Tür ging und sie öffnete. Gespannt lauschte ich an der Badezimmertüre. Da erkannte ich die Stimme der Frau[2] Nachbarin: „Grüß Gott, Frau Huber, Sie werden am Telephon verlangt“. „Was, am Telephon?“ fragte Mutti, „wer wird denn das sein?“ „Da muß ich mit“, murmelte ich vor mich hin. Und schon flog[3] die Tür auf, und ich stürmte zu Frau Gärtner. Mutter hatte schon[3] den Hörer in der Hand und sprach mit jemandem. „Wer ist es denn? Wer ist es denn?“ schrie ich und zappelte um Mutter herum. „Sei still, es ist nur Frau Becker“, sprach Mutti. „Ach so“, rief ich enttäuscht. Gelangweilt wartete ich das Ende des Gesprächs ab. Endlich! Mutti legte den Hörer auf, sagte „Danke schön“ zu Frau Gärtner und schritt sehr gewählt[4] mit mir zur Wohnungstür. Huch! Was plätscherte da? Im Nu war[5] die Wohnungstür geöffnet. Aber – wie geschah mir, als ich eintreten wollte. Da glitschte und klatschte es förmlich. Sollte ich etwa . . .? Schnell lief ich ins Badezimmer. Hier erblickte ich die Bescherung. Sofort drehte ich die beiden Wasserhähne zu. Der Stöpsel in der Badewanne war auch bald entfernt, und das Wasser[6] konnte ablaufen. Die ganze Wohnung[7] war überschwemmt. Bis zu den Knöcheln reichte mir das Wasser im Badezimmer. Als Mutti die Ursache[8] erkannte, schlug sie die Hände über dem Kopf zusammen und schalt mich tüchtig aus. Zur Strafe mußte ich alles aufwischen, den Boden wachsen und bohnern. Seit diesem „feuchten Erlebnis“ probierte ich in der Wohnung nichts mehr aus.

---

1. Dafür: „die Glocke klingelte, läutete“!
2. Klingt etwas altmodisch, geschraubt!
3. Wiederholungen vermeiden!
4. Übersteigerter Ausdruck! Wieso soll Mutti „gewählt schreiten“?
5. Wozu Passiv? Die Mutti sperrt doch die Tür auf!
6. Nur das Wasser in der Badewanne!
7. Wohl übertrieben, denn die Badewanne hat einen Überlauf!
8. Wofür?

Bemerkung

Auch bei einer echten Erlebniserzählung muß man glaubwürdig bleiben; daher muß man sich vor Übertreibungen hüten. In diesem Aufsatz klingt es unglaubwürdig, daß in den wenigen Minuten die ganze Wohnung überschwemmt war. Der Einfall an sich ist nett und paßt gut zum gestellten Thema.

Das war eine Überraschung!

Es war Weihnachten. Ich schaute zum Fenster hinaus und betrachtete die dicken Schneeflocken, die vom Himmel herunterfielen. Da – ich hatte etwas gehört. Ich rannte zur Tür, riß[1] sie auf und hörte es noch einmal klingeln. Jetzt wußte ich, was es war. Die silberne Weihnachtsglocke! Das bedeutete, daß ich ins Wohnzimmer durfte. Ich riß[1] schnell die Wohnzimmertür auf, und was sah ich da? Die Trix-Eisenbahn, die ich mir schon längst gewünschte hatte. Ich lief zu ihr hin und betrachtete sie lange. Aber es fehlte die Hauptsache: die Lokomotive! Ich sah meine Eltern an. Aber sie blieben stumm. Jetzt erst packten sie ihre Geschenke aus. Meine Mutter sagte zu mir: „Hole doch mal schnell den Kuchen, Alex!“ „Gleich“, brummte ich und ging, noch immer wütend, den Kuchen holen. Als ich wieder[1] unterwegs war, ins Wohnzimmer zu spazieren[2], stellte ich fest, daß er seltsam leicht war,[1] aber das störte mich nicht. Als ich wieder[1] im Wohnzimmer war[1] und weitersuchen wollte, sagte mein Vater: „Pack doch schnell den Kuchen aus, Alex!“ – „Ja, ja!“, und ich wollte den Kuchen auspacken. Als ich aber den Deckel hochgehoben hatte, war ich sprachlos. Ich konnte mich kaum noch fassen. Es war ein blauer Schnellzug.[3] Ich tat ihn heraus und betrachtete ihn lange. Meinen Eltern, die jetzt scheinheilig schmunzelten, dankte ich herzlich. Es wurde doch noch ein schöner Weihnachtsabend.

---

1. Wiederholungen im Ausdruck vermeiden!
2. In diesem Zusammenhang unpassender Ausdruck!
3. Der Junge vermißte doch die Lok! Außerdem sagte er vorher, daß er eine Eisenbahn bekommen hatte, nur die Lok fehlte; hier erwähnt er die Lok überhaupt nicht, sondern sagt, daß er einen Schnellzug bekommen hatte. Hat er nun zwei Züge, aber nur eine Lok?

Bemerkung

Der Schüler hat dieses Erlebnis glaubwürdig erzählt und spannend gestaltet, aber es ist nicht ganz klar, ob der Schüler die ersehnte Lok bekam.

Das war eine Überraschung!

In Englisch hatten wir am Dienstag eine Schulaufgabe gehabt.[1] Da ich in diesem Fach nicht sehr gut war, dachte ich, daß ich bestimmt keine gute Note bekommen würde. Ich schlenderte[2] am Freitag mit schlechtem Gewissen in die Schule, denn wir sollten die Englischaufgabe herausbekommen. Als unser Englischlehrer kam, sagte er zu uns: „Die Probe ist sehr schlecht ausgefallen, ich werde sie euch sofort geben.“ Mir klopfte das Herz vor Angst. Da hörte ich schon meinen Namen: „Mader!“ Ich ging langsam zum Pult des Lehrers und nahm meine Schulaufgabe in Empfang.[3]
Doch war war das? Ich traute meinen Augen nicht. Die Note konnte doch nicht stimmen! Hatte ich wirklich eine Eins geschrieben? „Schau mal her, was ich für eine Note geschrieben habe!“ flüsterte ich meinem Freund zu. „Da warst du wieder mal Klasse!“ gab er zurück. Nun endlich läutete die Schulglocke, und wir hatten aus. Ich rannte frohgemut nach Hause. Im stillen dachte ich mir: „Das war aber eine Überraschung.“

---

1. Schlechter Ausdruck! Dafür: „. . . geschrieben“!
2. „Schlendern“ paßt nicht zum schlechten Gewissen! Dafür: „. . . schlich“!
3. Hier fehlt eine Feststellung, nämlich daß der Schüler sich nicht aufs Blatt zu schauen traut oder daß er sofort nach der Note schaut.

Bemerkung

Es ist glaubwürdig erzählt, wie der Schüler die Rückgabe der Schulaufgabe im Unterricht erlebt hat. Er hat auch versucht, dieses Erlebnis spannend zu erzählen und den Höhepunkt herauszuarbeiten. Er hätte das Erlebnis jedoch noch ausgestalten und anschaulicher erzählen sollen.

Das war eine Überraschung!

An einem kühlen Morgen ging ich wie immer in die Schule. An diesem Tage bekamen wir die Mathematikprobe heraus. Ich hatte ein sehr schlechtes Gewissen, denn ich hatte bei der ersten und bei der dritten Aufgabe die Hälfte nicht. „Ob das andere alles stimmt?" dachte ich mir. Na ja, zu einer Vier wird es wohl reichen. Als der Mathematiklehrer in das Klassenzimmer kam, wartete ich gespannt auf meine Note. Der Klassensprecher teilte die Schulaufgaben aus. Es wurde immer spannender, denn ich saß in der letten Bank und bekam die Schulaufgabe als Letzter. Nun war er bald bei mir und gab mir die Schulaufgabe. „Eine Fünf!" das gibt es doch gar nicht. Mir kullerten ein paar Tränen über die Backen, und ich sah in der Schulaufgabe nach, was ich falsch gemacht hatte. „Ist das überhaupt meine Schulaufgabe?" dachte ich. Nein, wahrhaftig nicht, denn mein Vordermann hatte auch eine falsche Schulaufgabe bekommen. Wir tauschten die Blätter, und er legte das Blatt verkehrt auf die Bank. Ich schloß die Augen, drehte das Blatt um, und was sah ich? Ich konnte meinen Augen nicht trauen, „Mensch, das ist ja toll", dachte ich. Das hätte ich nicht erwartet. Aus lauter Freude stieß ich einen Freudenschrei aus. Der Mathematiklehrer erschrak und schrieb mich in sein Büchlein, weil ich so laut war. Die Übungsaufgabe, die ich vom Mathematiklehrer aufbekam,[1] war mir meine Zwei, die ich in der Schulaufgabe bekam,[1] wert. Das war für mich eine große Überraschung.[2]

---

1. Wiederholungen im Ausdruck vermeiden!
2. Dieser Schlußsatz stört; er wirkt schablonenhaft; der vorausgehende Satz schließt das Erlebnis ohnehin schon ab.

Bemerkung

Diese Erlebniserzählung gestaltet ein alltägliches Erlebnis aus dem Erfahrungsbereich Schule und zeigt, daß bei der Erlebniserzählung nicht – wie Schüler manchmal vermuten – außerordentliche Ereignisse gestaltet werden sollen. Das Erlebnis ist spannend und anschaulich erzählt; die sprachliche Darstellung ist natürlich und lebendig.

Übernachtung mit Überraschung

An einem schönen Ferientag beschlossen Siegfried und ich zu zelten. Sigi hatte ein Zweimannzelt, in dem wir schon öfter übernachtet hatten. Wir trafen uns um sieben Uhr vor meinem Haus,[1] bauten das Zelt auf der Wiese auf und holten unseren „Nachtproviant". Etwa[2] gegen neun Uhr schliefen wir ein. Es muß etwa[2] 1 Uhr gewesen sein, als ich durch ein zischendes Geräusch geweckt wurde. Da! Plötzlich wurde es weich unter meinen Füßen. Jemand hatte mir aus meiner Luftmatraze, auf der ich schlief, die Luft ausgelassen. Jetzt öffnete[2] ich langsam die Zeltöffnung.[2] Aber es gibt doch gar keine,[3] oder doch? Langsam glitt ein Arm durch die Öffnung.[2] Ich wollte[2] schreien, brachte aber keinen Laut heraus. Ich wollte[2] Sigi wecken, doch da fuhr mir der zweite Schreck[4] durch die Glieder. Wir hatten doch vereinbart, daß keiner das Zelt verlassen dürfe, ohne den anderen zu wecken. Doch[2] er[5] hatte es[6] nicht gehalten. Dies alles schoß mir blitzschnell durch den Kopf. Jetzt begann der Unbekannte laut zu kichern. Das darf doch[2] nicht wahr sein. So ein Schuft! Ich kroch aus dem Zelt und erkannte ihn. Es war tatsächlich Sigi, er stand draußen und lachte: „Wie du geschaut hast, als ich . . ." er kam nicht mehr weiter, denn ich riß ihn zu Boden und nahm ihn in den Schwitzkasten, bis er mir versprach, es niemandem zu sagen, was sich in dieser Nacht zugetragen hat.[7] Und so wußte es bis jetzt noch niemand.

---

1. Unklar und nicht glaubwürdig, daß sich die beiden Jungen vor dem Haus trafen; wo schlugen sie das Zelt auf? War die Wiese vor dem Haus? War es der Rasen vom Grundstück des Freundes?
2. Wiederholungen im Ausdruck vermeiden!
3. Was will der Schüler damit sagen? Jeses Zelt hat doch einen Eingang (besser als „Öffnung"!)!
4. Vorher war nicht vom Schreck die Rede!
5. Unklare Beziehung! Wer ist mit „er" gemeint?
6. Was denn? Unklare Beziehung!
7. Falsche Zeitstufe! Dafür: „. . . zugetragen hatte"!

Bemerkung

Der Einfall ist gut; mehrere Stellen im Aufsatz sind auch spannend gestaltet, vor allem der Höhepunkt. Aber die sprachliche Darstellung ist nicht gewandt genug; die zahlreichen Wiederholungen im Ausdruck stören.

Aufgabe

Du verbrachtest deine Ferien mit deinen Eltern auf einem Campingplatz und erlebtest dort etwas besonders Eindrucksvolles oder eine (unangenehme, angenehme) Überraschung. Erzähle dieses Erlebnis deinem Freund möglichst anschaulich!

Wie ich an Weihnachten eine besondere Überraschung erlebte

Deine Eltern hatten sich an Weihnachten eine besondere Überraschung für dich ausgedacht; erzähle dieses Erlebnis!

Es war 2. Adventsonntag. Nach dem Mittagessen fuhren wir in die Stadt und bummelten vor einigen Spielwarengeschäften umher. Auf einmal stand ich vor einem besonders hübsch ausgestatteten Schaufenster, in dem eine große Autorennbahn aufgebaut war. Dieses teure Spielzeug wünschte ich mir zu Weihnachten.
Eine Woche später wußte ich ganz genau, daß Mutti schon alle Geschenke eingekauft und auf dem Schrank im Schlafzimmer versteckt hatte. Deshalb spitzte ich einmal, als meine Eltern fortgegangen waren, in zahlreichen Tüten und Pakete. Aber nirgends konnte ich ein Paket von solchen Ausmaßen, wie es mein Wunsch verlangt hätte, entdecken. Mißmutig ließ ich diesen Tag den Kopf hängen.
Abermals eine Zeit später war der langersehnte Heilige Abend. Am Nachmittag half ich beim Christbaumschmücken und beim Geschirrspülen. Als die Dämmerung hereinbrach, schmausten wir bei festlicher Tafel.[1] Danach mußten mein Bruder und ich im Kinderzimmer verschwinden. Gespannt wippte ich nervös auf meinem Stuhl. Ob ich die Rennbahn wohl bekommen würde?
Draußen vernahm ich das leise Getuschel meiner Eltern. Ich spähte angestrengt zum Schlüsselloch hinein. Doch meine gewitzte Mama hatte mir die Aussicht durch ein buntes Taschentuch verhängt. Wie lange würde es nun noch dauern, bis die Glocke die Bescherung anläutete? Wie eine schwarze Wolke lastete die Ungeduld im Raum.[2] Plötzlich erklang das feine silberne Klingeln des Glöckchens. Ich stürmte wie besessen in den Bescherungsraum.[3] Da glitzerte in der Mitte ein riesiger Christbaum, voll mit Lametta und Glaskugeln behangen. Eifrig suchte ich das große Paket. Aber Mutti wies mich nur auf ein paar kleine Sachen auf der Couch hin: „Die sind für dich!“ Enttäuscht wickelte ich meine Geschenke aus. Plötzlich rasselte die Hausglocke. Ein Nachbar, der als Postbote verkleidet war, brachte zwei Päckchen: ein großes für Mutti, ein kleineres für mich. Voller Begeisterung stürzte ich mich auf mein Paket: „Die Rennbahn!“ jubelte ich, wobei ich gar nicht bedachte, daß eine Rennbahn in so ein „Minipäckchen“ gar nicht hineinpaßte. Ich wickelte aus, bis zum Schluß[4] – ein Bügeleisen herauskam. Was sollte ich damit anfangen? „Tauschen wir einmal die Pakete!“ schlug mir Mutti vor. Wer kann mein Glück beschreiben, als ich

nun nach langem Aufschnüren die Autorennbahn erblickte. So war mein Wunsch also doch noch in Erfüllung gegangen.

---

1. Klingt sehr gewählt!
2. Ein hier nicht passender Vergleich!
3. Klingt unpersönlich!
4. Besser: „... schließlich ...“!

Bemerkung

Der Schüler hat das Erlebnis glaubwürdig und anschaulich gestaltet und die Spannung vor der Bescherung sowie die Enttäuschung über die Geschenke gut herausgearbeitet.

Wie ich einmal einen Unfall erlebte

Es war in den Osterferien 83, als ich auf einem Bauernhof in Tirol ein schmerzliches Erlebnis hatte. Meine Eltern und ich waren zu Besuch bei einem befreundeten Bauern, der drei Kinder hatte. Otto, der Älteste von Ihnen, mit dem ich am besten befreundet war, hatte dasselbe Hobby wie ich, Modellbau. Er hatte gerade ein Modell, bei dem er nicht mehr weiterwußte. Da ich mehr Erfahrung hatte als er, half ich ihm.
„Komm Otto, gehen wir nach oben in das Bastelzimmer, ich helfe dir bei deinem Segelflugzeug.“ – „Oh, schauen wir mal, ob du schlauer bist als ich.“ Ich hatte ein ungutes Gefühl im Bauch, wie immer, wenn Gefahr bevorstand. Wir waren kaum oben, wußte ich, was mit dem Modell nicht stimmte, es war ein Spant falsch eingesetzt. Der Schaden wurde behoben; aber als Otto die schwere Bastlerschere auf das selbst angefertigte Zwischenstück zwischen Wand und Truhe fallen ließ, krachte es donnernd zusammen.
Mein Kamerad mußte sich um das Flugzeug kümmern, da er eine ruhigere Hand hatte als ich, also mußte ich das Brett wieder befestigen. Ich sollte es an die Truhe nageln und an der Wand anleimen. Ich hatte keine drei Hände, also war es notwendig, daß ich mich der Nägel entledigte; ich nagelte sie über mir in das Fensterbrett. Ich tat es nur ganz leicht, so daß ich sie wieder herausnehmen konnte, aber einen Nagel leider fester, da darunter ein Astloch war und er sich leichter mit dem Hammer hineintreiben ließ. Jetzt konnte ich nageln und zugleich das Brett halten. Das Zwischenstück war bald wieder provisorisch

hergestellt. Ich war froh darüber und stand mit einem Ruck auf. Urplötzlich hatte ich einen brennenden Schmerz im Kopf. Ich unterdrückte einen Schrei und brach in Tränen aus. „Was hast du denn?“ fragte mich Otto mitleidig. „Ein Loch, die verflixten Nägel, ich war so blöd und bin in den fester genagelten heftig hineingerannt. Au, verfl . . . ich blute ja!“ Ich sprang wütend auf, und wir untersuchten die Wunde. Ich hatte ein Loch in der Kopfhaut von der Größe eines Pfennigstückes. Ich hatte mir ein Stückchen Haut herausgerissen. Wir rannten hinunter, und nach einer ersten allgemeinen Aufregung bekam ich Schnaps auf die Verletzung. Es brannte fürchterlich, aber als es vorbei war, hatte ich überhaupt keine Schmerzen mehr. Ich mußte eine Kappe aufsetzen, dann durfte ich weiterbasteln. So verbrachte ich noch einen glücklichen Tag, und als wir uns verabschiedeten, hatte ich die Beule bereits vergessen. Es gab noch eine lustige Heimfahrt, denn wir rissen eine Menge Witze.

Bemerkung

Dieses Thema sollte als Erlebniserzählung bearbeitet werden. Der Schüler hielt sich jedoch zu sehr an den Ablauf des Geschehens und berichtet überwiegend sachlich und genau, wie es zu dieser Verletzung kam. Nur die wörtlichen Reden, Empfindungen, die er erwähnt, und einige Stellen vermitteln Eindrücke und etwas Spannung. Ein Aufsatz, der mehr Bericht ist als Erzählung!

Aufgabe

Du sollst Deinem Arzt, der Deine Wunde versorgt, *berichten*, wie Du Dir diese Verletzung zugezogen hast. Forme diesen Aufsatz in einen klaren Bericht um!
Deinen Freunden *erzählst* Du sehr eindrucksvoll (vielleicht mit einigen Übertreibungen!), wie Du Dich bei Deinem Ferienfreund verletzt hast. Du willst etwas bewundert werden wegen der Schmerzen, die Du aushalten mußtest! Fertige aus diesem Aufsatz eine spannende, eindrucksvolle Erzählung an (Höhepunkt ausgestalten, Eindrücke, Empfindungen wiedergeben!)

Beinahe wäre ein Unglück geschehen

Meine Mutter war seit einer Woche an einer Grippe erkrankt. Ich sollte für sie Medizin aus der Apotheke besorgen. An der Garage wuchtete ich das Tor nach oben und schob mein Fahrrad heraus. Ich schwang mich darauf und flitzte los. Mit der Medizin in der Tasche befand ich mich bald wieder auf dem Rückweg. Ich war gerade um die Kurve des Genfer Platzes gefahren und blickte auf den Tachometer. Er zeigte 40 Kilometer an. Durch meine Augenwinkel erspähte ich plötzlich einen schwarzen BMW, der schnell auf der Gegenfahrbahn dahinraste. Ich beachtete ihn deshalb nicht weiter. Auf einmal bog der Wagen blitzschnell ab, um in eine Garage zu fahren. Ich erschrak schrecklich. Mich durchzuckte nur ein Gedanke: Schnell bremsen! Ich legte mich mit meinem vollen Körpergewicht auf die Rücktrittbremse und zog mit aller Gewalt die Handbremse. Die Stahlsehne war bis zum Zerreißen gespannt. Die Reifen quietschten. Doch der nasse Boden ließ das schnelle Stehen nicht zu.[1] „Hoffentlich geht das gut!“ dachte ich. Ich glitt mit meinem Rad bis auf wenige Zentimeter an das Fahrzeug heran. Doch endlich stand ich. Für mich waren es schreckliche Sekunden. Mir war nichts geschehen, und mein Rad war auch nicht verbeult. Mir fiel ein Stein vom Herzen. Ich sah, daß eine Frau am Steuer saß. Ich schimpfte ihr wütend nach und schrieb mir die Nummer auf.[2] Also[3] konnte ich meiner Mutter die Medizin unbeschädigt übergeben. Auch wenn ich noch einmal Glück gehabt hatte, der Schreck saß[4] mir noch heute in den Gliedern. Nun konnte ich wieder aufatmen.

---

1. So kann man nicht ausdrücken, daß das Fahrrad wegen des nassen Bodens nicht schnell zum Stehen kam.
2. Der Schüler schrieb sich die Nummer des Autos auf, schreibt dann aber nicht, ob er etwas unternahm.
3. Diese Satzverbindung erweckt den Eindruck, daß er die Medizin unbeschädigt übergeben konnte, weil er die Nummer aufgeschrieben hatte.
4. Falsche Zeitstufe! „Der Schreck sitzt mir noch . . .“

Bemerkung

Der Verfasser kommt unwillkürlich in den Berichtstil, da dieser Vorfall im Verkehr den Gedanken an eine Zeugenaussage nahelegt. Der Schreiber durchbricht jedoch den Berichtstil einige Male, indem er seine Befürchtungen und Gedanken aufschreibt. Aber auch diese Elemente können in einem Bericht notwendig sein.
Thema: Unglück! Hier wird von einem Unfall erzählt, der beinahe passierte.

Beinahe wäre ein Unglück geschehen

An einem heißen Nachmittag war ich mit meiner kleinen Schwester Diane auf unserem Balkon. Wir befanden uns[1] allein in der Wohnung. Ich spielte mit Diane mit[2] ein paar Bausteinen, die ich mit großer Mühe[3] zu Türmen aufstellte, die Diane dann lachend umstieß. Als ich wieder einen Turm gebaut hatte, fiel mir ein, daß im Kühlschrank eine Tafel Schokolade von mir lag. Ich sauste in die Küche und holte sie. Auf dem Balkon riß ich das Papier auf und warf es über das Geländer, das aus einem niedrigen Betonsockel und einem ebenso niedrigen Gitter darauf bestand. Ich brach einen Teil der Schokolade für Diane ab und drückte ihn[4] ihr in die Hand. Nachdem sie das Stückchen gegessen hatte, bemerkte ich, daß ihr Mund und ihre Finger ganz verschmiert waren. Ärgerlich lief[5] ich in das Badezimmer, holte einen Waschlappen, befeuchtete ihn und schlenderte[5] wieder zurück. Von der Wohnzimmertür aus konnte ich sehen, wie sich Diane, auf dem Betonsockel stehend, über das Gitter beugte und drohte, vom Balkon zu fallen. Starr vor Entsetzen blieb ich stehen, stürzte aber sogleich auf den Balkon, um Diane festzuhalten. Ich wollte eben nach ihr greifen, als sie auch schon fiel. Entsetzt starrte ich ihr nach, wie sie, mit den Armen ringend,[6] die fünf Stockwerke, die unsere Wohnung von dem Boden trennten, herabstürzte.[7] Und während ich noch überlegte, ob ich träume oder wache, sause ich auch schon aus der Wohnungstüre und flitze die Treppen hinunter zu einer Bekannnten, der ich das Ereignis schilderte.[8] Diese rannte zum Telefon und wählte eine Nummer und befahl irgend jemandem, sofort herzukommen. Bald hörte ich das Ta-Tü eines Krankenwagens, der sich in rasender Fahrt unserem Haus näherte. Wie durch einen Schleier hörte ich die Stimme meiner Bekannten, die mir einen Sessel anbot. Erschöpft sank ich in den Stuhl und schlief gleich darauf ein.[9] Als ich wieder aufwachte, hörte ich die Stimme meiner Mutter, die mit der Bekannten sprach. Später erfuhr ich,[10] daß Diane sich im Krankenhaus befand. Ihr war nichts passiert, denn sie fiel[11] auf eine Wiese, die eine schiefe Ebene bildet. Man untersuchte Diane nur vorsichtshalber.[12] Als sie nach einer Woche wohlbehalten zu uns zurückgebracht wurde, fiel uns nur eine kleine Narbe am linken Ellenbogengelenk auf.

---

1. Der Ausdruck „sich befinden" soll möglichst selten verwendet werden.
2. Die Wiederholung der Präposition „mit" wirkt nicht gut.
3. Übertriebener Ausdruck!
4. Das Fürwort sollte sich auf Schokolade beziehen!
5. Beide Aussagen passen nicht zusammen. Man fragt nach dem Grund.
6. Besser „mit den Armen um sich schlagend"!

7. Unterscheide: Für einen Zuschauer auf der Straße stürzt das Kind herab. Für den Bruder auf dem Balkon stürzt das Kind hinab!
8. Dieser Ausdruck ist zu schwach! Hier müßte das erschrockene Stammeln irgendwie zum Ausdruck kommen.
9. Daß der Bruder in diesem Augenblick einschlief, ist unwahrscheinlich. Glaubhafter wäre, daß er die Besinnung verliert, ohnmächtig wird.
10. Dieser Satz ist in seiner Ausdruckskraft viel zu schwach für das Ereignis.
11. Falsche Zeitstufe: Das Kind war gefallen (Vorvergangenheit).
12. Unvollständige Aussage!

Bemerkung

Wenn der Schüler diesen Vorfall selbst erlebte, ist es verständlich, daß er beim Niederschreiben nicht an die Forderungen dachte, die an eine Erlebniserzählung gestellt werden. Man kann deshalb diesen Aufsatz nur in der Wortwahl und im sprachlichen Ausdruck beurteilen, nicht aber beanstanden, daß etwa der Höhepunkt nicht genügend herausgearbeitet wurde.
Das Thema wurde in dieser Form den Schülern gestellt. Die Formulierung erscheint für dieses Erlebnis zu schwach.

Scherben bringen Glück!

Deine Schwester zerbrach eine Tasse. Du lachtest sie aus. Erzähle dieses Erlebnis!

Eines Tages sagte meine Mutter zu meiner Schwester: „Heute bist du zum Geschirrspülen dran, und dein Bruder trocknet ab!" „Aber . . .", wandte ich ein. „Kein Aber", fiel mir meine Schwester Roswitha ins Wort, „marsch an die Arbeit!" Murrend ging ich in Richtung[1] Küche. „Immer ich", brummte ich. Plötzlich fiel mir etwas ein, und ich kehrte zurück.[2] „Mama, kann ich so lange dableiben, bis Roswitha das Geschirr gespült hat?" „Na gut", erwiderte meine Mutter. Frohlockend[3] setzte ich mich auf das Sofa, um einen Roman zu lesen. Als ich den Krimi ungefähr[4] fertiggelesen hatte, sagte meine Mutter: „Geh' jetzt in die Küche, deine Schwester wird fertig sein!„ Plötzlich ein Schrei, ein Klirren! Meine Mutter und ich sprangen gleichzeitig auf und stürzten in die Küche. Was wir da sahen, brachte mich zum Lachen. Meine Schwester saß auf dem Boden und sammelte[5] die Überreste von einem Glas. „Tröste dich, Scherben bringen Glück!" sagte ich hämisch. Jetzt lachte auch meine Mutter. Als ich aus der Küche gehen[6] wollte, sagte meine Mutter: „Nein, du bleibst hier und trocknest das Geschirr ab!" Widerspruchslos ging[6] ich an die Arbeit. Jetzt war meine Schwester dran zu lachen. „Siehst du, wer zuletzt lacht, lacht am besten."[7] Aber schon nach zehn Minuten war ich fertig und konnte meinen Kriminalroman weiterlesen.

---

1. Besser: „. . . in die Küche".
2. Wohin? Unpassender Ausdruck!
3. Ausdruck!
4. Dafür: „. . . ziemlich . . ."!
5. Schlechter Ausdruck; man sammelt Briefmarken, Münzen usw., aber keine Scherben!
6. Wiederholungen im Ausdruck vermeiden!
7. Der Zusammenhang ist nicht klar!

Bemerkung

Der Schüler hat ein nettes Erlebnis gestaltet, aber die sprachliche Darstellung müßte treffender, anschaulicher sein. Auch der Höhepunkt könnte spannender gestaltet werden.

Übermut tut selten gut

An einem schönen Sommertag gingen mein Vati, meine Mutti, mein Bruder, eine Bekannte und ich im Forstenrieder Park spazieren. Ich hüpfte schon die ganze Zeit, weil ich mich auf die Ferien freute.[1] Wir wanderten vergnügt auf einem kurvenreichen Waldweg. Ich beschloß, mit der Bekannten in den Wald zu laufen, einige Wegbiegungen abzukürzen und dann hinter Tannen versteckt zu warten, bis die anderen kamen, und, um sie zu erschrecken, wie die Wildschweine zu grunzen. Wir rannten in den Wald mit der Ausrede, Pilze zu sammeln. Ich suchte gerade den Weg, während Rosi hinter mir herlief. Heftig schnaufend, erreichten wir die Lichtung und lauschten angespannt, ob die anderen bald kämen. Ein erschreckter Schrei meiner Bekannten: „Hans, schau mal dort!" „Sei doch still, du warnst doch die anderen". Wütend drehte ich mich um. Mir wurde vor Schreck eiskalt. „Schnell auf einen Baum!" rief Rosi. Ich konnte jedoch nicht auf die Fichten klettern, denn sie waren bis zu den Wurzeln mit Ästen bewachsen.[2] Ein riesiger Eber mit großen Hauern stand unmittelbar vor uns. Langsam, den Blick immer auf das Borstentier[3] geheftet, stolperten wir rückwärts. Nach zehn Metern drehten wir uns um und rannten davon. Mit fliegendem Atem erzählte ich meinem Vati unser Abenteuer. „Ja, ja, das kommt davon, wenn man zu übermütig ist", sagte er. Es wurde aber doch noch ein schöner Tag. „Mach aber ja keine Dummheiten, du bist den ganzen Tag schon so aufgezogen!" rief meine Mutti mir nach. „Nein, nein, ich bin doch immer so brav!" entgegnete ich.

---

1. Die Sätze stehen ohne Verbindung nebeneinander.
2. In diesem Fall wäre doch das Klettern möglich!
3. Nicht ein ausgefallenes Wort wählen, nur um das Wort Eber nicht wiederholen zu müssen!

Bemerkung

Daß jemand im Forstenrieder Park von einem Eber bedroht wird, ist sehr selten, kommt jedoch vor, wenn die Wildschweine Junge haben. Der Schüler hat das Erlebnis lebendig erzählt. Einige Stellen klingen aber etwas unglaubwürdig (Bekannte will sofort auf einen Baum klettern; Junge konnte nicht auf Baum klettern, weil bis zum Boden Äste waren). Die sprachliche Darstellung ist anschaulich; die Spannung ist deutlich herausgearbeitet.
War es wirklich Übermut, der zu dieser Bedrohung führte?

Übermut tut selten gut

An einem sonnigen Nachmittag im Spätherbst trieb ich mich mit meinen drei Freunden in einem nahen Laubwald herum. Wir hatten keine Hausaufgaben auf, und so waren wir guten Mutes. Jeder hatte sein aufgeklapptes Federmesser[1] in der Hand. Da bemerkten wir eine stämmige, alte Buche. „Wollen wir wetten, daß ich bis an die Spitze klettern kann?" fragte ich meine Freunde. „Das schaffst du nie", antwortete einer und grinste. Dann zeigte er auf eine Stelle des Baumes, an der nur ein kleiner, dünner Ast zu sehen war. Ein anderer meinte daraufhin: „Wie willst du denn über dieses Stück klettern?" Ich überlegte kurz und meinte dann: „Ist doch ganz einfach. Ich mache es, als kletterte[2] ich an einem Tau hoch. Der Baum ist ja nicht sehr dick." Ehe einer der Freunde etwas antworten konnte, hatte ich meine Jacke auf den Boden geworfen, das Messer eingesteckt. Ich zog mich am untersten Ast hoch und kletterte immer weiter am Baum hinan.[3] Als ich ungefähr ein Viertel des Weges[4] hinter mich gebracht hatte, mußte ich verschnaufen. Ich hielt mich am Stamm fest. „Na, wie geht es?" rief Anton, der Jüngste, herauf. „Willst du nicht doch wieder herunterkommen?". Aber ich

wehrte ab. Plötzlich bemerkte ich, wie der Stamm zitterte. Ich schaute nach unten. „Hört gefälligst auf!“[5] plärrte ich hinab und wollte gerade weiter hinauf. Ich faßte nach einem höheren Ast, doch da war es schon geschehen. Es krachte und knackste im Geäst. Mir wurde schwindelig und übel zumute. Unter mir hörte ich die Freunde voller Übermut lachen. Wieder knackste es, diesmal aber unter mir. „Jetzt kommt er bestimmt zurück“, hörte ich jemand sagen. Dann sah ich nichts mehr, hörte nichts mehr. Auf einmal spürte ich einen harten Schlag auf den Hinterkopf. Drei Schreie, und dann war tiefe Stille. Nach einer Zeit sah ich Antons Gesicht über mir. „Was ist denn geschehen?“ fragte ich mit zitternder Stimme. „Du, . . du . . .!“ stotterte er. „Du bist vom Baum gefallen“, flüsterte ein anderer und seufzte tief. „Kannst du gehen?“ „Ich werde es probieren“, hauchte ich. Sie trugen mich danach, schleiften mich zwischendurch keuchend und schwitzend nach Hause zum Arzt. Der mußte leider feststellen, daß ich mir den Arm gebrochen hatte.
Ach, wäre ich doch nicht auf die alte[6] Buche geklettert, und hätten die Freunde den Baum nicht geschüttelt!

---

1. Unter einem Federmesser versteht man eine ganz kleine Klinge, die zum Radieren verwendet wird.
2. Falsche Zeitstufe bzw. falsche Konjunktivform!
3. Ausdruck!
4. Den senkrechten Baumstamm kann man doch nicht als „Weg“ bezeichnen.
5. Hier ist unklar, was der Schreiber meint.
6. Es kann keine alte Buche gewesen sein, wenn er wie an einem Tau hochklettern will.

Bemerkung

Es muß noch nicht Übermut sein, wenn ein Junge auf einen Baum klettert. Übermütig waren die Begleiter, die den Baum schüttelten, während der Freund oben war. Das Ergebnis ist recht gut gestaltet, inhaltlich und sprachlich.

Glück im Unglück

Die letzten Sommerferien verbrachte ich auf einem Bauernhof. Der Bauer hatte zwei Buben in meinem Alter, mit denen ich manches Abenteuer bestand. Wir spielten wieder einmal in der Scheune. Plötzlich rief Helmut, der Jüngste von uns dreien: „Kommt her, da lehnt eine Leiter!“ Peter und ich wurden neugierig und gingen zu Helmut. „Die lehnt ja an der Dachluke“, freute sich Peter, „klettern wir hinauf!“ Wir stiegen die Leiter hinauf. „Und was machen wir jetzt?“ fragte ich. Helmut hatte eine Idee: „Wißt ihr was, wir kraxeln das Dach hinauf, auf den Giebel!“ „Ich glaube, du hast ne Schraube locker“, erwiderte Peter. „Das Dach ist ganz schön steil, was meinst du, was los ist, wenn einer von uns ausrutscht und . . .“ „Aber wenn wir es schaffen, dann könnten wir allen anderen erzählen, daß wir schon auf dem Dach waren. Dann könnten wir uns noch auf dem Hahn aus Stein am Giebel „verewigen“ und die Aussicht genießen, aber ihr seid ja Feiglinge und traut euch nicht, mit euch kann man so etwas nicht machen“, unterbrach ihn Helmut. Das war „zuviel“. Das wollten wir uns nicht nachsagen lassen. Und so kletterten wir auf das Dach. Helmut zuerst, mit dem Gedanken, so steil und gefährlich war das Dach nun auch wieder nicht. Auf allen vieren erklommen wir den Giebel und fanden, als wir oben waren, daß es gar nicht so schwer gewesen war, das Dach zu besteigen. Wir freuten uns, daß wir es geschafft hatten, jeder kritzelte seinen Namenszug mit Kugelschreiber auf den Hahn aus Stein, dann besichtigten wir die Gegend. Langsam dachten wir an den Abstieg. Von oben bemerkten wir, daß alles anders ausschaute als von unten, auch das Dach. „Ganz schön steil ist das Dach, das merkt man erst recht oben, findet ihr nicht auch?“ sagte ich. Da saßen wir nun, mutverlassen, keiner traute sich mehr hinunter. Was nun? Helmut machte einen Vorschlag: „Wir rufen laut unsere Eltern, die holen uns herunter . . .“. „Und verabreichen uns nachher eine Tracht Prügel und Stubenarrest“, fuhr Peter fort. Wir warteten auf eine neue Idee. Aber es kam uns keine mehr. „Wir sind heil heraufgeklettert, also werden wir auch hinunterklettern“, sprach Peter, „es bleibt uns gar nichts anderes übrig, ich klettere zuerst!“ Auf allen vieren rückwärts kriechend kam unser „Mutigster“ Stück für Stück der Dachluke näher. Geschafft! Der nächste war Helmut. Er nahm die gleiche Methode wie Peter. Langsamer, aber doch sicher erreichte er die Luke. Nun war ich an der Reihe. Ich wollte am schnellsten unten sein und meine Kletterkunst zeigen. Ziemlich flink kletterte ich abwärts. Ein lockerer Ziegel. Ich trat darauf. Ich kam ins Rutschen. Ich versuchte, mich noch irgendwo festzuklammern, vergeblich. „Jetzt ist es aus“, dachte ich. Ich rutschte über das Dach hinaus – genau auf einen – mit Heu beladenen Heuwagen. Ich fiel mitten hinein und blieb unverletzt. Da rannten schon meine Freunde daher. „Ist dir was passiert?“ fragten sie mich, als sie mich im Heu sahen. „Nein, ich glaube nicht“, antwortete ich noch ziemlich verdattert. „Aber eines sag ich euch: auf ein Dach klettere ich nie wieder, auch nicht für 1000 Mark.“

Bemerkung

Durch viele wörtliche Reden wirkt diese Erlebniserzählung lebendig. Man kann sich vorstellen, wie die Jungen aufs Dach kletterten und sich nicht mehr herunterzusteigen getrauten. Das Erlebnis wird glaubwürdig und eindrucksvoll erzählt, ohne sprachliche Übersteigerungen.
Paßt der Inhalt wirklich genau zum Thema? Ist es ein Unglück, wenn Jungen waghalsig, leichtsinnig sind?

So eine Frechheit!

Ich hatte mein Fahrrad sauber geputzt und wollte nur noch das Klebebild holen, das den Sattel schmücken sollte. Aber als ich wieder aus dem Haus kam, konnte ich es kaum fassen:[1] mein Rad war weg. „Um Gottes willen! Ich hätte es doch absperren müssen“, murmelte ich erschrocken. „Was soll ich jetzt nur tun?“ Vielleicht wollte sich jemand nur einen Scherz erlauben und hatte mein Rad irgendwo im Hof versteckt. Voller Hoffnung suchte ich den Hof ab, sah in alle Hausgänge und – stand nicht hinter dem Lastwagen ein Rad? Sofort rannte ich hin, aber wieder nichts! Das war das Rad unseres Nachbarjungen. Wenn mein Rad nun wirklich gestohlen war? Aber wo sollte es sonst sein? Ich wagte nicht, daran zu denken. Verzweifelt sah ich nochmals in alle Hausgänge; doch nichts! Mein schönes Rad war gestohlen. Ich wußte mir keinen Rat mehr. Doch plötzlich – war das nicht . . .? Das ist doch die Höhe! „Dem werd' ich ganz schön[2] was erzählen!“ Durch die Einfahrt radelte Peter grinsend auf mich zu, und das auf meinem Rad! „Was fällt dir denn ein!“ schimpfte ich los, „Entführt mir einfach mein Rad, und schau, du hast es wieder ganz schmutzig gemacht!“ „Nun sei doch nicht gleich beleidigt, ich wollte dir doch nur einen Schrecken einjagen, weil du dein Rad nicht abgesperrt hattest!“ sagte Peter. Doch dafür hatte ich kein Verständnis. Ich jagte ihn durch den ganzen Hof, konnte ihn aber leider nicht erwischen. Noch lange ärgerte ich mich über die Frechheit.

---

1. Stilistischer Hinweis: „. . . Haus kam, war mein Rad weg. Ich konnte es kaum fassen: Mein Rad war weg.“ (Die Wiederholung wirkt besonders eindringlich.)
2. „Dem werde ich etwas erzählen!“

Bemerkung

Das tägliche Erlebnis, daß sich Schüler gegenseitig necken, ist hier sehr lebendig dargestellt. In dem Bestreben, alle Gefühle und Gedanken bei dem vermeintlichen Verlust des Fahrrads wiederzugeben, kam der Schüler ohne Anleitung von der Erlebniserzählung zur Schilderung. Dieses Beispiel zeigt, daß die Schilderung für den Schüler aus der Situation herauswachsen kann und ihm nicht wesensfremd ist.

So eine Frechheit!

Als ich letztes Jahr die Ferien bei meinem Onkel verbrachte, bauten wir ein Seifenkistel.[1] Wir wollten damit am Seifenkistelrennen der Stadt teilnehmen. Unsere schärfsten Konkurrenten waren die Buben des benachbarten Bauern, die den wunderbaren Pokal mit allen Mitteln zu gewinnen suchten. Sichtlich[2] ermüdet von der langen Arbeit am Kistel, schlichen wir uns ins Bett. Ich mochte etwa zwei Stunden geschlafen haben, als mich ein lautes, knarrendes Geräusch aus dem Schlaf riß. Ich horchte. – Nichts! Kein Laut war zu hören. Doch halt, was war das? Die Tür zum Schuppen ächzte erbärmlich. Jetzt war auch Peter aufgewacht. „Wer macht denn da solchen Krach!" maulte er verschlafen. Wieder knackste es. Waren das etwa –? Nein! Oder doch?
Wir schlichen aus den Betten und lugten vorichtig zum Fenster hinaus. Zwei Gestalten machten sich am Schuppen zu schaffen, in dem unser Kistel stand. „Das sind doch nicht etwa –?" dachte ich. Doch! Jetzt sahen wir es[3] genau. Es waren die Reindlbuben. Schnell zog Peter die Taschenlampe hervor, hielt sie auf den Schuppen und schaltete sie an. Gespenstig war der Schuppen beleuchtet. Erschreckt ließen die zwei Burschen, es waren natürlich die Reindls, ihr Einbrecherwerkzeug liegen und suchten das Weite. Nun liefen wir hinunter und brachten das Seifenkistel in die Garage, sperrten gleich zweimal zu und gingen zu Bett. Noch beim Einschlafen murmelte Peter: „So eine Frechheit!"
Zum Schluß sei noch erwähnt, daß wir den tollen Pokal vor den Reindls gewonnen haben, nicht zuletzt dank dem großen Schloß am Schuppen.

---

1. Dieses selbstgebaute „Fahrzeug" wird im allgemeinen „Seifenkistl" genannt.
2. „sichtlich ermüdet" kann nur ein Zuschauer feststellen, selbst spricht man von „merklich, sehr ermüdet."
3. „wir sahen sie genau"!

Bemerkung

Eine Erzählung, die durch wörtliche Reden sehr lebendig wirkt! Erzählschritte und Höhepunkt sind gut herausgearbeitet. Der Aufsatz beginnt allerdings wie ein Bericht.

Wie wir einmal einen Riesenspaß hatten

Am letzten Tag im Skilager veranstalteten wir einen bunten Abend. Nach dem Abendessen wurden alle Tische und Stühle in den Gang hinausgestellt. Dann ging es los.[1] Wir setzten uns auf die Bänke, die noch im Zimmer standen. Zuerst schüttete Peter Limo auf den Boden. Danach wurden zwei Freiwillige gesucht. Der eine mußte sich vor die „Lacke“ setzen und mit zwei Holzstäben in die Pfütze klopfen. Ein anderer mußte mit einem Putzlumpen das Limo aufwischen. Doch der Witz dabei war etwas ganz anderes. Ein Schüler schob den Karl, den mit[2] den zwei Holzstäben, von hinten her in die Pfütze. Die ganze Klasse brüllte vor Lachen. Danach wurden[3] wieder drei Freiwillige gesucht und vor die Tür gestellt. Dann wurde[3] dem Heinz ein Pfeiferl hinten an die Hose geheftet. Jetzt wurde[3] einer der drei Freiwilligen hereingerufen. Der Karl sagte: „Wir geben hier ein Pfeiferl herum. Du mußt es finden, und der Heinz hilft dir dabei.“ Wir taten so, als wenn wir es herumreichen würden. Heinz ging rückwärts zu uns her, und einer blies dann immer[5] hinein.[4] Der Heinz rief dann immer:[5] „Da ist es! Komme[5] schnell[5] her!“ Und der Freiwillige kam[5] dann[5] immer schnell[5] angewetzt.[6] Einmal machten[7] wir es zu auffällig, doch wir hatten noch einmal Glück. Wir hielten uns die Bäuche vor lauter Lachen. Doch dann[5] rutschte Heinz einmal aus. Verdammter Mist! Hat er es nun gesehen oder nicht? Er[8] sagte zu Heinz: „Drehe dich bitte einmal um.“ Da war es dann[5]geschehen.[9]
Der Abend wurde noch recht lustig. Manchmal auch naßkalt.

---

1. Nichtssagende Wendung! Was ging denn los?
2. Schlechte Satzverbindung!
3. Passiv nicht häufen!
4. Unklare Beziehung! Wo bläst einer hinein?
5. Störende Wiederholungen im Ausdruck vermeiden!
6. Das ist ein zwar unter Jungen häufig verwendeter Ausdruck, aber kein treffender, kein guter Ausdruck!
7. Vermeide das nichtssagende Wort „machen“!
8. Unklare Beziehung! Wer ist mit „er“ gemeint?
9. Was war denn geschehen?

Bemerkung

Dieser Schüler glaubte, er müsse den Verlauf des ganzen Abends erzählen. Deshalb führt er mehrere Spiele an, ohne eines davon eindrucksvoll und spannend zu gestalten. Statt einer Erlebniserzählung mit einem ausgestalteten Höhepunkt schrieb der Schüler eine Aufzählung mehrerer Teilerlebnisse. Die sprachliche Darstellung ist eintönig und trocken. Ein Beispiel, wie eine Erlebniserzählung *nicht* aussehen soll!

Wie ich einmal fürchterlich erschrocken bin

Es geschah in einer Vollmondnacht im März. „Gute Nacht, Mutti!" rief ich, und meine Mutter schloß die Tür. Schnell zog ich mich aus und legte mich ins Bett. Sofort schlief ich ein. Plötzlich wurde ich aus dem Schlaf aufgeschreckt. Ich hörte ein deutliches Knacken und dann ein Rauschen. Ganz still verhaltend,[1] horchte ich. Wieder das Knacken. Langsam und ganz leise stieg ich aus dem Bett und schaute auf meine Armbanduhr, die auf dem Tisch lag. „Dreiviertel elf!". Ich schlich zur Tür und öffnete sie ganz sachte. Ich[2] hatte sie etwa halb geöffnet, als das helle Mondlicht in den Flur fiel. Erschreckt blieb ich stehen. Zitternd starrte ich zu dem Mann, der an der Garderobe stand. Aber er rührte sich nicht. Während ich dies feststellte, erschrak[3] ich noch mehr. Ich stand eine Weile da und wagte kaum zu atmen. Immer noch verhielt er sich ruhig. Da faßte ich mir ein Herz und huschte zum Lichtschalter. Ich knipste das Licht an. Doch was war denn das? Fast hätte ich laut aufgelacht, beherrschte mich aber, um meine schlafenden Eltern nicht zu wecken. Der Mann, den ich gesehen hatte, war nur der Mantel und der Hut meines Vaters, die sich beide im Flurspiegel spiegelten. Und plötzlich wußte ich auch, woher das Knacken kam. Es war der Aufzug gewesen. Ich legte mich wieder ins Bett. Am nächsten Tag erzählte ich aber meinen Eltern nicht, was mir der „Mondscheinmann" für einen Schrecken eingejagt hatte.

---

1. Ungünstige Konstruktion mit dem Partizip I! Es müßte mindestens heißen: „mich ganz still verhaltend . . ." Besser aber: „Ich verhielt mich ganz still und horchte"
2. Gleiche Satzanfänge können manchmal, wenn sie bewußt geschrieben werden, eine gute Wirkung erzielen.
3. Man kann erschrecken, aber dann nicht „noch mehr erschrecken".

Bemerkung

Eine schöne Geschichte, gut erzählt! Die kleinen sprachlichen Schwächen hätten sich vermeiden lassen.

Wie ich einmal fürchterlich erschrocken bin

Vor einiger Zeit fuhren[1] meine Eltern an einem Dezemberabend zu Verwandten auf Besuch. Ich lag noch wach im Bett und konnte nicht einschlafen. Plötzlich vernahm ich verdächtige Geräusche an unserer Wohnungstür. Erschreckt setzte ich mich auf und lauschte angestrengt in die Dunkelheit. „Meine Eltern wollen doch[2] erst gegen 22 Uhr zurück sein“, grübelte ich, denn mein Wecker zeigte erst 20 Uhr. Da![2] Schon wieder hörte ich ein Geräusch. Da[2] machte sich doch[2] jemand an der Tür zu schaffen! Mucksmäuschenstill drückte ich mich in die Kissen. Ich spürte, wie mir ein kalter Schauer über den Rücken kroch. „Sind das vielleicht Einbrecher?“ schoß es mir durch den Kopf, während mir der kalte Schweiß ausbrach. Fest umklammerte ich mein Kopfkissen. Jetzt drang das Klappern eines Schlüsselbundes an mein Ohr, ein Schlüssel rastete ein, das Schloß klickte und . . . Nein! Ich zitterte wie Espenlaub. Da! Das Licht wurde im Vorzimmer angeknipst, schwere Schritte näherten sich meinem Zimmer und blieben in der Tür stehen. „Jetzt sieht mich der Gauner“, dachte ich, nach Luft ringend. Doch, was war das? Mir stockte fast der Atem. War denn das die Möglichkeit? Erleichtert streckte ich mich. Ich hörte die wohlbekannte Stimme meines Vaters: „Peter!“ „Ja“, sagte ich, tief Luft holend. „Ihr habt mir aber einen schönen Schrecken eingejagt!“ Jetzt schlief ich endlich still und ruhig ein.

---

1. Falsche Zeitstufe, denn die Eltern waren schon fort, als Du nicht einschlafen konntest! Richtig: „. . . waren . . . gefahren“!
2. Wiederholungen im Ausdruck vermeiden!

Bemerkung

Eindrucksvoll und treffend gibt der Schüler in dieser Erlebniserzählung seine Befürchtungen, Eindrücke wieder. Der Höhepunkt ist spannend gestaltet und spiegelt die Angst und den Schrecken wider. Eine Erzählung, die ein alltägliches Erlebnis spannend und anschaulich darstellt!

Aufgabe

Du bist abends einmal erschrocken; gestalte dieses Erlebnis spannend und eindrucksvoll, wie du es deinen Freunden erzählen würdest!

Wie ich einmal einen großen Schrecken erlebte

Die letzten Pfingstferien verbrachte ich mit meinen Eltern im Bayerischen Wald. Eines Morgens, als das Wetter schön war, schlug mein Vater vor, das neue Freibad in Regen zu besuchen. Mutti und ich waren einverstanden.
Mutti packte die Badesachen und ein Handtuch in einen Plastikbeutel. Ich nahm noch eine Decke mit. Gemeinsam verließen wir das Hotel, stiegen in unser Auto, und Vati fuhr los. Eine halbe Stunde später erreichten wir den Parkplatz vor dem Schwimmbad. Mutti nahm die Badesachen aus dem Auto, während Vati die Eintrittskarten löste. An einem hübschen Platz auf der Liegewiese breitete ich die Decke aus, und wir zogen uns um. Anschließend brausten wir und stiegen ins beheizte Schwimmbecken. Erst schwammen wir um die Wette. Dann tauchte Vater mich unter. Verärgert verließ ich das Wasser, und Vater lachte mich aus: „Du bist aber ein Feigling“. Während meine Eltern sich noch im Wasser tummelten, entdeckte ich auf der gegenüberliegenden Seite ein Sprungbecken mit einem Fünfmeter-Turm. Da dachte ich bei mir: „Jetzt kann ich es meinem Vater beweisen, daß ich Mut habe.“ Ich ging zurück zum Schwimmbecken und rief meinen Eltern zu: „Ich springe jetzt vom Fünfmeter-Brett. Schaut bitte zu!“ Während meine Eltern aus dem Wasser stiegen, lief ich schon voraus und kletterte auf den Sprungturm. Oben angekommen, erblickte ich meine Eltern und einige Jungen, die gespannt zu mir heraufsahen. Am liebsten wäre ich wieder umgekehrt, aber ich wollte nicht feige sein. „Es wird schon gut gehen“, dachte ich und sprang kerzengerade in die Tiefe. Im Wasser erlebte ich eine eiskalte Überraschung: das Sprungbecken war nicht beheizt. Ich schnappte nach Luft und meinte, daß mein Herz stehenblieb. Erschrocken rief meine Mutti: „Hast du dich verletzt?“ „Nein“, entgegnete ich, „aber das Wasser ist so kalt!“ Während ich aus dem Wasser stieg, hatte mein Vati eine Tafel entdeckt, auf der folgendes stand: „Sprungbecken unbeheizt, Wasser sechzehn Grad“. Mein Vater lachte: „Das Wasser war nicht vorgewärmt. Das war sicher eine kalte Dusche für dich.“ Zusammen suchten wir unseren Platz auf. Ich trocknete mich ab und zog mich an. Eine ganze Weile fror ich noch. Erst bei der Heimfahrt erwärmte ich mich im Auto.
Immer, wenn ich seitdem ein Sprungbrett sehe, muß ich an diesen kalten Schrecken denken.

Bemerkung

Im ersten Teil des Aufsatzes führt der Schüler zu viele für das eigentliche Erlebnis (Schrecken!) belanglose Einzelheiten an (Einpacken der Badesachen, Lösen der

Eintrittskarte usw.). Das Erlebnis selbst ist lebendig und anschaulich gestaltet; den Höhepunkt hätte der Schüler allerdings spannender ausarbeiten können (nicht sofort mitteilen, daß das Wasser so kalt war!).

Im Wartezimmer des Zahnarztes

Du warst beim Zahnarzt und erzählst Deinem Freund in einem Brief, wie Du Dich vor dem Zahnziehen gefürchtet hast.

Zum ersten Male in meinem Leben fühlte ich den berüchtigten Zahnschmerz, aber mit einer Heftigkeit, die mich zum Rasen brachte. Nach langem Drängen der Mutter, ich solle zum Zahnarzt gehen, gab ich schließlich nach. Auf dem Weg blieb ich an jeder Ecke stehen, um den Besuch so lange wie möglich hinauszuschieben. Ich hatte nämlich fürchterliche Angst vor Bohrer und Zange. Aber es half nichts, der Schmerz ließ nicht nach, und so mußte ich den Leidensweg schon zu Ende gehen.
Nun saß ich im Wartezimmer des Arztes. Ich fühlte mich gar nicht wohl in meiner Haut und betrachtete meine Leidensgenossen näher. Mir gegenüber lehnte eine ältere Frau im Korbsessel, unmittelbar neben mir saß auf der Bank ein jüngerer, gut gekleideter Herr in steifer Haltung, eifrig in eine Zeitschrift vertieft. Weiter sah ich in diesem kahlen Raum einen alten Mann in ärmlicher Kleidung, der im Stuhl eingenickt war. Da ging plötzlich die weißlackierte Tür auf, und ein Fräulein in weißem Kittel holte die ältere Frau in den Behandlungsraum. Mit schmerzlich verzogenem Gesicht verließ sie nach kurzer Zeit wieder die „Folterkammer". Das steigerte meine Angst noch mehr. Um mich abzulenken, nahm ich die Zeitschrift zur Hand und blätterte wahllos darin herum. Zum aufmerksamen Lesen oder genauen Betrachten der Bilder war ich nicht in der Lage. Als ich wieder etwas aufsah, bemerkte ich zu meinem Schrecken, daß ich außer dem alten Mann allein im Zimmer war. Da ging nach einiger Zeit wieder die Tür auf, der Herr, der neben mir gesessen hatte, trat heraus, und – das Herz schien mir zu stocken – das Fräulein nickte mir freundlich zu. Mir aber war das gar nicht zum Lachen zumute. Schweren Herzens folgte ich ihr. Das Fräulein führte mich zu einem weich gepolsterten Stuhl und drückte mich unsanft in das Polster.
Eine halbe Stunde später sah alles ganz anders aus. In meinen Zahnreihen klaffte zwar eine Lücke, der Schmerz aber war vorbei. Als Andenken an diese wenig

schönen Stunden hatte ich den ganzen Tag über einen scheußlichen Geschmack im Munde.

Bemerkung

Was ein Junge oder ein Mädchen empfindet und denkt, wenn es im Wartezimmer des Zahnarztes sitzt, ist im Aufsatz recht treffend erzählt. Aber auch die Erleichterung, nachdem der Zahn gezogen ist, wird spürbar. Obwohl wörtliche Reden in diesem Aufsatz fehlen, ist diese Erzählung anschaulich und spannend gestaltet.

Aufgabe

Du solltest schon lange zum Zahnarzt gehen, schobst diesen Gang jedoch immer wieder hinaus. Endlich wurde der schlechte Zahn gezogen. Erzähle dein Erlebnis (spannend, anschaulich!) deinem Freund, deiner Freundin! Du kannst auch einen Brief schreiben!

Der Reinfall

An einem schönen Samstagmorgen fuhren mein Vater und ich zu unserem Fischweiher in der Nähe von Freising, um einen großen Sonntagsbraten herauszuangeln. Dort eingetroffen,[1] packten wir unsere Angeln aus. Wir befestigten Köder und warfen dann die Schwimmer aus. Ich sagte: „Petri Heil!" baute mir am Wasser einen Stuhl auf und machte es mir bequem.
„Schau mal!" rief mein Vater plötzlich, „da oben fliegen drei Bussarde!" Er deutete auf die in der Luft kreisenden Vögel. Ich konnte nichts sehen, weil mein Vater genau zwischen mir und den Vögeln stand. Darum[2] lehnte ich mich auf die andere Seite, um[2] auch etwas zu sehen.
Mit einem Schrei fiel ich ins Wasser, schluckte nicht wenig[3] und kletterte nach längeren Bemühungen[4] aus dem kalten Wasser.
Jetzt mußten wir leider heimfahren, denn ich hatte nichts Trockenes zum Anziehen.

---

1. Diese Konstruktion ist in Schüleraufsätzen sehr beliebt, wirkt aber umständlich und schwerfällig. Besser: „Dort packten wir . . ."

2. Doppelte Begründung unbedingt vermeiden!
3. Nichtssagender Ausdruck!
4. Zu schwach ausgedrückt!

Bemerkung

Schade, daß diese schöne Geschichte so unzulänglich geschrieben ist! Daß ein Angler ins Wasser fällt und wie er mühsam wieder aus dem Teich klettert, müßte als Höhepunkt ausführlich und anschaulich erzählt werden. Es stimmt mit der Wirklichkeit nicht überein, daß Vater und Sohn bei diesem „Reinfall“ kein Wort sprachen.

Aufgabe

Versetze Dich in die Lage des Jungen und erzähle mit wörtlichen Reden, was die beiden Angler „sagten“, als der Junge im Wasser lag!

Angst

Ich verbrachte meine[1] Ferien in einem kleinen Bauernhof. Eines Tages bat mich mein Vater: „Holst du mir Zigarren beim ‚Roten Ochsen‘?“ „Ja, natürlich!“ In diesem Moment schlug die Kirchenuhr 20 Uhr. Ich zog mich an und ging los.
Bei diesem naßkalten Wetter war die Straße menschenleer, es herrschte überall tiefste[2] Dunkelheit, und kein Stern erleuchtete den Himmel. Der eisige Wind pfiff um die wenigen Häuser des kleinen Ortes und ließ die entlaubten Bäume erschauern.[3] Ich tappte vor mich hin und konnte kaum etwas sehen, denn alles hatte die schwarze Nacht verschlungen. „Ah – was war das eben? Klang es nicht so, als ob jemand einen Stein rollen ließ?“ Es lief mir eiskalt den Rücken hinunter. „Wer mag das sein?“ dachte ich und versuchte krampfhaft, etwas zu erkennen. Mir trat kalter Schweiß auf die Stirn. Ganz langsam bewegte sich ein – wie mir schien – großer dunkler Gegenstand auf mich zu. Einen Augenblick blieb ich wie erstarrt stehen. „Jetzt nichts wie weg“, dachte ich und lief die Straße abwärts. Doch nach wenigen Metern blieb ich stehen. Ich sah nichts. Plötzlich hörte ich das Geräusch eines Motors. Ein Auto fuhr die einsame Straße herab und beleuchtete für einige Sekunden die Friedhofsmauer und den Gehsteig. In diesem Moment sah ich, wer mir den Streich gespielt hatte. Das Friedhofstor hatte sich in seinen Angeln gedreht und mich dadurch erschreckt. Ich lief weiter und

erreichte bald das kleine Wirtshaus, in dem ich mich für einige Minuten ausruhen konnte.[4]

---

1. Der Verfasser schreibt nur von sich, und dann stellt sich heraus, daß auch sein Vater dabei ist.
2. Vermeide überflüssige Superlative! „Eine tiefe Dunkelheit“ ist dunkel genug!
3. Unklar, in welcher Jahreszeit diese Ferien sind! „Entlaubte Bäume“ können nicht „erschauern“.
4. Wieso kann er sich im Wirtshaus ausruhen?

Bemerkung

Eine im ganzen recht ordentliche Arbeit, in der der Erzähler die wörtliche Rede durch die „gedachte Rede“ recht geschickt ersetzt!

Der Aufstieg zur Hammerspitze

Am 10. August sagte mein Vater: „Morgen werden wir auf die Hammerspitze gehen!“ Mein Vater, meine Mutter und ich machten Urlaub im kleinen Walsertal. Im Tal gab es nur drei Orte. Wir wohnten in Hirschegg, das genau in der Mitte liegt. Wir waren 1067 m – die Hammerspitze 2345 m hoch. Am nächsten Morgen gingen wir um 8.00 Uhr los. Da mein Vater nicht in guter Kondition war, fuhren wir mit der Seilbahn. Nach 20 Minuten erreichten wir die Bahn. Es war eine Bahn, die über 40 Gondeln hatte und dauernd fuhr. Nachdem wir bezahlt hatten, stiegen wir in die Gondel 27 und schwebten los. Wir fuhren von 1000 auf 1800 m. Als wir oben waren, schauten wir uns um. Es waren viele Leute da, doch niemand ging zur Hammerspitze. Wir hatten einen Rucksack mit Broten, einer Feldflasche mit Apfelsaft und Anoraks. Wir mußten erst durch einen Talkessel und 150 m hinunter.[1] Dann ging es dauernd hinauf.[2] Erst auf Wegen und kleinen Wiesen, dann auf Felsenboden. Auf einer Wiese machten wir Rast. Wir waren ungefähr 2000 m hoch. Mein Vater filmte die Umgebung, und ich fotografierte. Plötzlich sagte mein Vater: „Dort, Gemsen!“ Ich nahm das Fernglas, meine Mutter schaute so.[3] Ich konnte vier Stück erkennen. Mein Vater filmte sie mit dem Teleobjektiv. Nach einiger Zeit gingen wir weiter. Mein Vater filmte die Tiere noch dreimal. Auf dem Pfad war ich ein paarmal ausgerutscht, es war jedoch nicht schlimm. Meine Mutter und ich mußten ab und zu stehenbleiben, da mein Vater öfter verschnaufen mußte. So stiegen wir 200 m höher. Der Weg war rot gezeichnet. Dann wurde[4] es[5] ein blauer Punkt, also wurde[4] der Weg schwieriger. Er wurde[4] immer schmaler. An der rechten Seite ging es hinauf, links hinunter. Wir konnten uns an einem Seil festhalten. Dann hatten wir um 1 Uhr den Gipfel erreicht. Wir aßen Brote und tranken Apfelsaft. Nach einer Stunde Pause ging es[6] weiter. Nach zwei Stunden Abstieg erreichten wir eine Hütte. Dort bekamen wir Skiwasser zu trinken. Etwas später marschierten wir wieder los. Wir mußten erst durch einen Wald, dann durch ein Flußtal und auf der anderen Seite wieder hinauf. Um 6.00 Uhr hatten wir unser Hotel erreicht. Mein Vater fragte den Chefkoch, der auch der Besitzer war, was es zu essen gäbe. Er sagte: „Ich habe für euch Ragout fin." Nach einer halben Stunde gingen wir zum Essen. Abends spielten wir Rommée.

---

1. Sprachlich schlecht formuliert!
2. Schlechte sprachliche Formulierung; dafür: „Dann führte der Weg lange Zeit bergauf."
3. Ungklare Ausdrucksweise; dafür: „Meine Mutter hielt mit bloßem Auge Ausschau nach den Gemsen."
4. Passiv nicht häufen!
5. Schief ausgedrückt, denn der rote Punkt „wurde" nicht zu einem blauen Punkt!
6. Weshalb diese unpersönliche Ausdrucksweise? Besser: „Brachen wir wieder auf; machten wir uns wieder auf den Weg."

Bemerkung

Dieser Aufsatz vermengt die Aufsatzform des Berichts mit der der Erzählung. Der Aufsatz ist an sich ein Bericht; auch die sprachliche Darstellung ist sehr sachlich. Die wörtlichen Reden gehören jedoch in eine Erzählung und stören in einem Bericht. Die sprachliche Darstellung ist an mehreren Stellen ungenau und nicht treffend genug.

Aufgabe

Arbeite diesen Aufsatz in einen guten Bericht um und verbessere dabei die als sprachlich schlecht bezeichneten Stellen!

Nur ein Schulausflug!

Nach einer langen Dampferfahrt quer über den Ammersee und einer ausgiebigen Wanderung gelangten wir ans Ziel des Schulausfluges der Klasse 5a: ein abgelegenes Wirtshaus, zwei Stunden Fußmarsch von Dießen. Es war 11.30 Uhr. Als wir uns im weichen Gras niedergelassen hatten, holten wir den Reiseproviant aus den Rucksäcken. Nachdem wir gegessen hatten, erlaubte uns Frau Lange, unsere Klaßlehrerin, 1 Stunde Streifzüge in die nähere Umgebung.
Meine Freunde Stephan, Peter, Heinz und ich waren uns einig. Wir wollten das kleine Wäldchen am Hang erkunden. Dort angekommen, sahen wir ein paar gefällte Bäume, und zu unserer großen Freude einen ausrangierten Traktor. „Mann, schau dir den verbeulten Auspuff an!“ rief Stephan mir zu. Sofort schwangen wir uns auf den alten Fahrersitz, über den sich eine Plane wölbte. Sie war befestigt an einem verbogenen Gestänge. Wir bestasteten die großen Gummireifen und probierten, ob die Bremse noch funktionierte. Ein großes Schwungrad an der Seite des Motors weckte mein Interesse. „Hallo, Heinz komm einmal her und hilf mir, das Rad zu drehen!“ Nun stemmten wir uns mit unserem ganzen Gewicht in den Hebel, um das Schwungrad zu bewegen. Und vor Freude schrien wir auf, als der Traktor zu rollen[1] begann. Heinz und ich schwangen uns hinauf, während Peter und Stephan schon lenkten. „Hurra, wir fahren!“ riefen wir aus und lachten. Das alte Gefährt rollte nur langsam, doch weil der kleine Weg Gefälle hatte, nahmen wir rasch an Fahrt zu. Peter sagte lustig: „Nun können wir testen, ob die Bremse funktioniert!“ Sie funktionierte nicht. Nun wurde mir übel, und ich glaube meinen Freunden auch. Immer schneller wurde die Fahrt. Mir kam es vor wie hundert.[2] „Abspringen!“ schoß es mir durch den Kopf. Und nun schrie ich es auch schon aus. Ich hechtete mich in den weichen Waldboden und blieb einige Sekunden benommen liegen. Meine Freunde taten es mir nach, und so kam es, daß uns nichts passierte, als der Traktor gegen die Baumstämme prallte. „Das waren wohl die letzten Meter, die der alte Knabe vor seiner Verschrottung zurücklegte!“ meinte Peter.[3]
Kam das Thema Schulausflug in der Schule zur Sprache, erzählten wir nichts – aber wir dachten an unseren Oldtimer, dem wir aus eigener Kraft die letzten Meter abverlangt hatten.

---

1. Rollte der Traktor mit oder ohne Motorkraft?
2. Unvollständige Aussage! Der Schreiber meint vermutlich „100 km in der Stunde“.
3. Nach dieser Aufregung und lebensgefährlichen Situation ist der Ausdruck „meinte Peter“ viel zu schwach.

Bemerkung

Einleitung und Schluß sind gut ausgeführt, die Einleitung ist jedoch zu lang. Der Schüler kommt in deutlichen Erzählschritten zum Höhepunkt, der ausführlich erzählt wird. Eine recht erfreuliche Arbeit!

Bernstein!

Es geschah in den vorjährigen Sommerferien. Unsere Familie war mit mir für drei Wochen auf die Nordseeinsel Langeoog gefahren. Der 15. Urlaubstag begann wie jeder andere mit Vorfreude auf die kommenden Stunden am Meer. Wir standen um 7 Uhr auf, tranken Kaffee und schickten uns an, zum Badestrand zu kommen. Eine halbe Stunde später waren wir auch schon über die Dünen hinweg auf dem Weg zum Wasser. Es war gerade Ebbe, und die Priele lagen frei. Am größten setzte sich mein Bruder Markus nieder und fing an, einen Staudamm zu bauen. Neben Krebsen, Würmern und Algen förderte er auch alle möglichen Muscheln zutage. Wir hatten uns schon ein Stück von ihm entfernt, als er plötzlich aufgeregt rief: „Seht mal, ich habe einen ganz leichten, gelben Stein gefunden!“ Ich lief sofort zu ihm und murmelte erstaunt: „Tatsächlich Bernstein!“ Jetzt kamen meine Mutter und der Käpt'n, unser Familienoberhaupt, zur Fundstelle, auch sie waren erstaunt. „Das ist tatsächlich Bernstein!“ Wie oft hatten wir in den vergangenen Tagen nach dem seltenen Material gesucht, von dem andere Feriengäste schon einige Splitter gefunden hatten. Nun hatten auch wir das Glück gehabt. Noch in der gleichen Stunde fanden wir weitere kleinere Stückchen des uralten Baumharzes. Wir trugen das Geschenk des Meeres wie Goldstückchen zu unserem Ferienhäuschen und legten es in Mutters Schmuckkästchen. So sehr wir auch suchten, wir fanden später kein Krümelchen mehr.

Bemerkung

Eine kleine Geschichte, nett und anschaulich erzählt! Auch die sprachliche Gestaltung ist recht ordentlich.

Im Urlaub

Am letzten Tag unseres diesjährigen Urlaubes in Österreich ereignete sich eine lustige Geschichte.
Ich hatte zusammen mit meinem kleinen Bruder ein nettes Zimmer mit Balkon. Nachdem wir abends noch etwas gelesen hatten, legten wir uns ins Bett und machten das Licht aus. Einige Zeit später vernahm ich ein merkwürdiges Tropfen. „Horch mal, dieses seltsame Geräusch", sagte ich zu meinem Bruder. „Ach, laß mich in Ruhe, wahrscheinlich regnet es", murmelte er. Zufällig tastete ich auf seine Bettdecke, ich erschrak, denn die Decke war tropfnaß. „Schnell, steh auf, deine Decke ist naß!" rief ich. Als wir das Licht anknipsten, sahen wir große Wasserflecken an der Decke[1], und von der Lampe tropfte unaufhörlich Wasser. Ich schlüpfte eiligst[2] in meine Hose und Jacke und lief zu meinen Eltern in das Gästezimmer. „Es tropft von der Decke herunter, unser Bett ist schon ganz naß!" rief ich. „Es regnet ja gar nicht", erwiderte mein Vater.
Der Wirt und meine Eltern[3] kamen dann jedoch mit nach oben und konnten sich selbst von der Bescherung überzeugen. Sofort wurden die Betten weggezogen und ein großer Eimer unter die Lampe gestellt. Wir bekamen für diese Nacht ein anderes Zimmer zugewiesen. Anderntags stellte sich heraus, daß im Zimmer über uns das Dienstmädchen das Waschbecken verschlossen hatte[4] und das Wasser hatte laufen lassen, wodurch eine riesige[5] Überschwemmung entstand.

---

1. Hier ist vermutlich nicht die Bettdecke, sondern die Zimmerdecke gemeint.
2. Vermeide die überflüssigen Superlative! „Eilig" genügt!
3. Vermutlich überzeugen sich zuerst die Eltern von der Richtigkeit der Erzählung, bevor sie den Wirt weckten. Solche Ungenauigkeiten beeinträchtigen die Glaubwürdigkeit einer Erzählung.
4. Ungenauer Ausdruck!
5. Übertriebener Ausdruck! Wenn die Überschwemmung eines Zimmers schon als „riesig" bezeichnet wird, bleibt für die Überschwemmung einer ganzen Landschaft keine Steigerung des Ausdrucks mehr.

Bemerkung

Eine gut und anschaulich erzählte Geschichte! Auch im sprachlichen Ausdruck recht ordentlich!

Verirrt!

Jeden Sonntag fahren meine Eltern, meine Brüder und ich in den nahen Wald. „Spielen wir Jägerball!" schlug meine Mutter diesmal vor.
Wir waren sofort damit einverstanden. Meistens verstecken wir uns beim Jägerball unter den jungen Nadelbäumen. Leider hatte ich heute ein weißes Hemd an, und so mußte ich mich doppelt gut verstecken. Also schlüpfte ich in der Nähe eines größeren Platzes in der Mitte des Jungwalds unter einen Baum.[1] Doch schon hörte ich die Schritte meines Vaters. Ich versteckte mich darum noch besser in dem großen Wald.[2] Plötzlich sah ich nur noch die jungen Bäume. Ich wußte nicht, in welcher Richtung ich wieder aus dem Wald kommen könnte. Also kehrte ich um, denn ich meinte, dort wäre der große Platz. Doch nach einer Weile merkte ich, daß auf dieser Seite auch nicht der große Platz oder das Ende des Jungwalds sein konnte. Also ging ich nach links, kam aber so auch nicht weiter.[3] Allmählich wurde ich ängstlich. Ich würde mich doch nicht etwa verirrt haben! „Wo seid ihr denn?" schrie ich. Keine Antwort. Also wollte ich jetzt immer geradeaus gehen, denn irgendwo mußte der Wald ja aufhören. Meine Angst stieg immer mehr. Wiederholt schrie ich, aber nie hörte ich eine Antwort. Nach einer halben Stunde war ich wieder am selben Platz, an dem ich mir vorgenommen hatte, geradeaus zu gehen. Ich war also im Kreis gegangen.[4] Meine Angst war bis hier schon unbeschreibbar groß geworden. Nun wollte ich mich rechts halten. Bald kam ich auf einen kleinen Weg, und schon[5] hörte ich Stimmen. Und nach fünf Minuten war ich am Waldrand. „Wo bist du denn gewesen? Wir haben dich schon lange gesucht!" schrien mir meine Brüder sofort entgegen. Ich wollte nicht gern zugeben, daß ich mich verirrt hatte. Also sagte ich einfach: „Im Wald."
Trotz meines verschwiegenen Abenteuers spielten wir alle froh bis zum Abend weiter.

---

1. Sinn wird nicht ganz klar!
2. Gemeint ist hier ein Waldstück mit hohen Bäumen. Unzulänglicher Ausdruck!
3. Unverständlich, warum er hier nicht weiterkam!
4. Der Schüler hat hier eine bekannte Tatsache, daß man z. B. im Nebel unwillkürlich einen Kreis geht, in sein Erlebnis eingefügt. Hier wirkt es aber unwahrscheinlich.
5. Der Ausdruck ist hier falsch, denn er hört „endlich" Stimmen.

Bemerkung

Dem Schüler ist es nicht ganz gelungen, die Angst, die er hatte, auch glaubhaft auszudrücken. Er schreibt zu sachlich und zu wenig erlebnisbetont. Andererseits hat er seine Gedanken und Befürchtungen im Aufsatz ausgesprochen. Das spricht wieder für die Arbeit.

Flucht!

In den vergangenen Pfingstferien, die ich mit meinen Eltern in Niederbayern verbrachte, ging ich mit meinem Freund Klaus zum Äpfelbraten. „Die Äpfel holen wir uns von einer Kuhweide hier in der Nähe. Da sind ein paar Apfelbäume", schlug Klaus vor. Ich war einverstanden, und wir gingen los. Als wir angekommen waren, sagte ich zu Klaus: „Du stehst Schmiere, und ich laufe zu dem Baum da drüben und hole uns die Äpfel!" „In Ordnung", antwortete er. Klaus sah noch schnell nach, ob jemand kam, dann robbte ich unter dem Stacheldrahtzaun durch und ging zum Baum. Ich kletterte hinauf und nahm wahllos einige Äpfel in die Hand. „Genügen fünf Äpfel?" fragte ich. „Ja, die reichen für uns zwei", antwortete Klaus. Als ich hinuntergesprungen und ein paar Schritte gegangen war, rief Klaus plötzlich: „He, paß auf, hinter dir . . ." Ich drehte mich um und sah eine schnaubende Kuh auf mich zukommen. „Hau ab du Mistvieh! Ksch, verschwinde!" schrie ich und warf ihr die Äpfel entgegen. Sie blieb zwar einen Augenblick stehen, aber dann senkte sie die Hörner und kam mir mit einem lauten „Muh" entgegen. Da zog ich es vor, zu fliehen, und rannte zum Zaun. „Drück den Stacheldraht runter, drück ihn runter!" rief ich keuchend. Hinter mir hörte ich die Kuh wütend schnauben. „Jetzt hat sie mich, jetzt hat sie mich", dachte ich, „wenn ich bloß noch bis zum Zaun komme". Aber schon war ich am Stacheldraht. Ein Hechtsprung, und ich war gerettet. Aber der Appetit auf Bratäpfel war mir vergangen.

Bemerkung

Ein kleines, aber eindrucksvolles Ferienerlebnis. Der Aufsatz zeigt, daß Rahmenthemen wie „Ferienerlebnis" nicht überholt sind, sondern zu recht guten Gestaltungen führen, wenn den Schülern freie Wahl innerhalb des Rahmenthemas gelassen wird. Die Überschrift ist dann, wie in diesem Aufsatz, selbst zu finden.

Besuch auf dem Flugplatz

Vor einigen Monaten besuchten wir, mein Vater und ich, den Flughafen München-Riem. Wir gingen auf die Zuschauertribüne und beobachteten die Startvorbereitungen einer Maschine.
Plötzlich fragte mich mein Vater: „Hast du Lust, einen Alpenrundflug zu machen?“ „Ich weiß nicht recht“, antwortete ich unbeholfen. „Na, komm schon!“ rief mein Vater, und wir kauften uns zwei Karten für einen Alpenrundflug. Mit gemischten Gefühlen stieg ich in das kleine Motorflugzeug. Die Maschine hob vom Boden ab, und nach wenigen Minuten waren wir über München. Mir war das Herz in die Hose gerutscht, und ich fragte leise: „Ob wir auch wieder heil ankommen?“ „Aber ja“, antwortete mein Vater. Dann verlor ich langsam meine Angst. Immer näher kamen die Alpen. Wir flogen zuerst über Garmisch-Partenkirchen, später über Innsbruck. Das Abendrot schimmerte von den schneebedeckten Gipfeln zurück. Ein wundervolles Erlebnis! Ich rief: „Papi, schau, dort unten ist das Schneefernerhaus.“ Ja, wir waren gerade über der Zugspitze. Wir drehten unsere Runden über den Gipfeln der Alpen, doch langsam wurde es Zeit, wieder an die Rückkehr zu denken. Später[1] waren wir wieder über München. Es war hellbeleuchtet. „Ein wundervolles Stadtbild“, murmelte mein Vater. Ich dagegen dachte schon an die Landung. Ob diese wohl klappen würde? Nun waren nur noch wenige Augenblicke bis zur Landung. Ich war sehr gespannt. Jetzt, mit einigen Sprüngen landeten wir sicher auf der Erde. Glücklich stieg ich aus der Maschine. Im Auto fragte mich mein Vater „War's schön?“ „Und wie!“ entgegnete ich, und wir fuhren frohen Herzens heim.

---

1. Der Ausdruck ist zu unbestimmt.

Bemerkung

Ein nettes Erlebnis, das auch ganz ordentlich erzählt wird! Der Stoff könnte von einem besseren Aufsatzschreiber selbstverständlich zu einer großartigen Erzählung gestaltet werden.
Sicher war ein Rahmenthema gestellt worden, und der Schüler sollte die Überschrift selbst finden. Für diesen Aufsatz ist die Überschrift nicht gut formuliert.

Aufgabe

Suche eine bessere Überschrift zu diesem Aufsatz!

Baumhaus gebaut

In den Sommerferien fuhr ich für 14 Tage nach Benediktbeuren zu meinem Freund Manfred. Als ich dort ankam, sagte Manfred: „Grüß dich! Wie geht es dir?“ „Gut“, erwiderte ich, „und dir?“ „Auch! Aber komm erst mal zum Essen.“ Ich begrüßte seine Eltern. Dann aßen wir. Manfred erzählte: „Du, der Karl, ich meine den Schmidt, der und ich bauen ein Baumhaus. Das Holz haben wir vom Sägewerk. Wir haben aber erst den Boden fertig. Willst du uns helfen?“ „Okay“, erwiderte ich, „wo steht es denn?“ „In Karls Garten. In einem schwierig zu erkletternden Baum. Bist du ein guter Kletterer?“ „Ja, da brauchst du keine Sorge zu haben! Wann fangen wir an?“ „Übermorgen, denn morgen besuchen wir meinen Opa im Krankenhaus.“ „Das ist mir egal“,[1] sagte ich. Wir schauten noch eine Fernsehsendung an, bevor wir ins Bett gingen.[2] Nach einem langweiligen Tag besprachen wir noch, wie wir das Holz transportieren könnten. Am nächsten Tag gingen wir zu Karl. Ich begrüßte ihn, und wir redeten ein bißchen. Dann machten wir uns an die Arbeit. „Ich hole Nägel im Dorf, während ihr Holzbretter herbeischafft“, sagte Karl. Mit einem Schubkarren brachten wir die Bretter. Inzwischen war auch Karl mit den Nägeln da. Dann stiegen wir auf den Baum, der unten sehr wenig, oben aber stark verzweigt war. Wir blieben oben auf dem Boden ein wenig sitzen und genossen die Aussicht. Dann stieg Manfred wieder hinunter. „Mach das Seil an dem dritten Ast da drüben fest! Es ist der dickste“, sagte Karl zu mir. Manfred machte[3] unten das Seil an einem dicken Brett fest, und Brett für Brett kam herauf. Dann wurden sie festgenagelt. Immer mehr[4] wuchs das Haus. Eine Woche war nun um. Es fehlte nur noch das Dach. Aber es regnete drei Tage lang. Dann endlich machten wir die restliche Arbeit.[5] Nun war es fertig! „Wir könnten eigentlich noch ein paar Sachen reinstellen“, schlug ich vor. Mit einer Strickleiter, die wir selbst bastelten, und dem „Flaschenzug“ transportierten wir uns lauter ausrangierte Stücke[6] ins Baumhaus. Wir hatten sogar ein Fenster, so daß wir lesen konnten. „Du, hier oben könnten wir auch schlafen“, schlug Karl vor, aber Manfreds Mutter erlaubte es nicht. „Schade“, sagte ich. „Naja, es ist nicht zu ändern.“ Aber wir lasen und spielten, bis dann leider der Tag kam, an dem ich heim mußte. Ich ärgerte mich. Aber alles Gute hat sein Ende. „Wiedersehen“, sagte ich zu meinen Freunden und deren Eltern. Dann fuhr ich mit dem Zug heim. Das Baumhaus ist eine schöne Erinnerung an meine Ferien 1972.

---

1. Mißverständlich! Das kann sich auch auf den Besuch beim Opa beziehen.
2. Für den Gang der Erzählung unwesentlich!

3. Nicht immer das Verlegensheitwort „machen“ verwenden!
4. Ausdruck!
5. Der Schüler kommt aus dem Erzählen ins sachliche Berichten!
6. Im Ausdruck recht nachlässig!

Bemerkung
Der Erzählung fehlt der Höhepunkt, auf den der Schüler hinarbeiten müßte. Der Schreiber verläßt die erlebnisbetonte Erzählweise und kommt ins sachliche Berichten. Der Ablauf wird berichtet, nicht ein Erlebnis gestaltet.

Die Flugreise von Indien nach Deutschland

„Nun gib schon den Koffer her!“ rief mein Bruder mir zu. „Immer mit der Ruhe“, sagte meine Mutter, „wir kommen noch früh genug ins Flugzeug“. Zwei Minuten später stiegen wir die Treppe hinauf ins Flugzeug. Ich reservierte mir gleich einen Fensterplatz. Bald rief die Stewardeß durch den Lautsprecher: „Achtung, Achtung, bitte schnallen Sie sich an, wir starten in wenigen Minuten.“ Nach ein paar Minuten, wir merkten es kaum, begann die „Air India“ anzurollen. Sie wurde immer schneller und schneller, und bald erhob sie sich in die Luft. „Toll, was?“ sagte ich zu meinem Bruder. Wir flogen immer höher, schließlich waren wir über den Wolken. Mein Bruder wunderte sich schon darüber, was das sei: „Was ist denn das weiße Zeug unter uns?“ fragte er. „Das sind die Wolken“, erwiderte meine Mutter. Etwa kurz vor 11 Uhr nachts rief der Lautsprecher, daß das Flugzeug in einer Stunde in Bombay zwischenlande. Um Mitternacht landeten wir. „Schnell, raus!“ rief ich. Endlich waren wir draußen. „Wir müssen hier übernachten, morgen mittag fliegen wir mit der Lufthansa weiter“, sagte meine Mutter. „Dort drüben ist ein Gasthaus“, äußerte sich mein Bruder, denn er war sehr hungrig. Nach einem reichen Mahl sagte meine Mutter: „Jetzt aber ins Bett, ich bin schon müde“, und wirklich, sie gähnte. Als wir im Bett waren, schliefen wir sofort ein. Am nächsten Morgen wurden wir zeitig geweckt. „Los, los, aufstehen, es ist schon 10 Uhr, um 12 Uhr fliegen wir weiter.“ Sofort waren wir aus den Federn. „Nicht mal in Ruhe schlafen kann man“, brummte ich. Nachdem wir gefrühstückt hatten, gingen wir zum Besucherbalkon. Nach einer halben Stunde kam die Maschine der Lufthansa geflogen. Wir stiegen ein und schnallten uns an. Wieder sagte der Lautsprecher: „Achtung,

Achtung, wir fliegen ab." Nach ein paar Stunden landeten wir in München-Riem. Ein Freund meines Vaters holte uns ab.

Bemerkung

Ein seltenes Erlebnis, das dieser Schüler erzählen kann. Aber hat er es wirklich erzählt? Hat er nicht den Ablauf der Reise eigentlich berichtet, nur die einzelnen Szenen dabei erzählt? Aber das Thema verführt zu dieser Gestaltung. Der Schüler kann nichts dafür, auf dem Flug gab es keinen „Höhepunkt". Wenigstens erfahren wir nichts von einem Höhepunkt des Fluges. Vielleicht hat der Schreiber nur nicht daran gedacht, daß er diesen oder jenen Zwischenfall ausführlich spannend und mit Höhepunkt hätte erzählen können. Man sieht, auch eine Flugreise von Indien nach Deutschland wird nicht immer zu einer guten Erlebniserzählung, während ein anderer Schüler vielleicht den Weg von der Wohnung zur Straßenbahn zu einer großartigen Erzählung gestalten kann. Nicht nur „*Was* erzähle ich?", sondern „*Wie* erzähle ich spannend und lebendig?"

Ein Ausflug, an den ich mich noch oft erinnere

Bei herrlichem Sonnenschein in den letzten Sommerferien radelte ich mit meinem Bruder in den Forstenrieder Park. An dem Fahrrad meines Bruders baumelte eine Provianttasche, die mit Brot für die Wildschweine gefüllt war. Nach kurzer Zeit kamen wir am Eingangstor zum Park an, wo wir unsere Räder abstellten. Von hier aus marschierten wir zu Fuß weiter. Endlich erreichten wir den Futterplatz der Wildschweine. Gespannt wartete ich auf die quiekende Frischlingsschar. Es war jedoch nichts zu hören. Doch plötzlich vernahm ich ein deutlich hörbares Grunzen; und schon kamen hinter den Tannen die ersten „Steckdosenköpfe" der gestreiften Ferkel zum Vorschein. Hinterdrein stampften die Bache und der Eber. Sofort griff mein Bruder zur Provianttasche und holte einen Bissen Brot heraus. Mit dem lockte er die Schweine in unsere Nähe. Jetzt nahm auch ich einige Brocken aus der Tasche und versuchte damit ebenfalls, die Frischlinge zu füttern. Als diese jedoch den Leckerbissen erblickten, sprangen sie mit einem Satz an mich heran. Mir wurde ganz schwach, als ich bemerkte, daß ich von den grunzenden und quiekenden Geschöpfen umringt

war. Ich schrie meinem Bruder um Hilfe[1], doch der konnte in dieser Situation wenig unternehmen. „Was soll ich bloß machen, um aus dieser Lage zu entkommen[2]?“ dachte ich mir[3] ängstlich. „Das beste ist, ruhig stehenzubleiben, bis die Schweine ihren Schmaus beendet haben“, spöttelte Gerhard. Aber für solche Witze hatte ich zu dieser Zeit kein Verständnis. Endlich kam Gerhard ein rettender Gedanke, er schüttete die Proviánttasche aus und rannte vorsichtshalber schnell weg. Grunzend und quiekend trampelten die Ferkel zu dem Haufen, den mein Bruder eben aufgeschüttet hatte. Das bedeutete meine Befreiung.
Heute muß ich noch oft an dieses aufregende Erlebnis im Forstenrieder Park denken.

---

1. „Ich rief meinen Bruder zu Hilfe.“ Oder: „Ich bat meinen Bruder zu helfen.“
2. „. . . aus dieser Lage zu kommen“.
3. Das Wort „mir“ ist hier überflüssig.

Bemerkung

Das Erlebnis ist lebendig gestaltet, aber der Höhepunkt ist nicht spannend genug erzählt. Einige wörtliche Reden könnten die Erzälung beleben.

Ein schöner Drachen

Mein Vater und ich hatten einen tollen Drachen gebaut. Ich bettelte schon jedes Wochenende, ob ich den Drachen endlich fliegen lassen dürfe. Endlich war es soweit, und mein Vater rief nach dem Essen in mein Zimmer: „Junge, heute können wir den Drachen fliegen lassen, es geht ein leichter Herbstwind. Also komm!“ Ich jubelte, zog mich in Windeseile um und flitze sofort mit dem Drachen und der langen Drachenschnur in der Hand die Treppen hinunter. Mein Vater kam nach und meinte lachend: „Wenn du so rennst, kommt der Drachen sicherlich nicht heil auf der großen Spielwiese vor dem Sportplatz an.“ So verlangsamte ich mein Tempo. Bald waren wir auf der Wiese. Als wir alles vorbereitet hatten und ich zwanzig Meter Schnur ausgelassen hatte, hielt mein Vater den Drachen an der Unterseite über seinen Kopf. Ich fing an, quer durch die Wiese zu laufen. Einmal drehte ich mich um und schrie lachend: „Papa, wie der Vogel fliegt, schau nur!“ „Ja, ich sehe ihn, das hast du gut gemacht . . . – Und wie er steigt, einfach wunderbar!“ Der Drachen schraubte sich immer höher, jetzt war die Schnur zu Ende. „Schau, er hält sich oben, der Vogel!“ Aber es sollte noch anders werden. Der Drachen nämlich senkte sich, hob sich, und senkte sich wieder.[1] „Komisch, welche Bewegungen der Vogel nun auf einmal vollführt!“ „Du mußt die Schnur mehr nachlassen, Junge, der Wind wird immer schwächer.“ „Geht nicht, die Schnur ist zu End ... – Der Drachen!!!“ Der Drachen trudelte nur kurz, doch schon sauste er zur Erde nieder. Hart schlug er auf dem Boden auf und blieb zweihundert Meter vor uns liegen. „Oh, schade! Ist er zerbrochen, Papa?“ „Das Papier ist zerrissen!“ „Na ja, das geht noch, das kann man wieder reparieren“, meinte ich besorgt.[2] So gingen wir wieder heim und freuten uns doch, daß der Drachen am Anfang so schön geflogen war. Zu Hause erzählte ich gleich alles meiner Mutter.

1. Vielleicht sollte man schreiben: „Der Drachen steigt und fällt“.
2. Das Wort „besorgt“ paßt nicht zur Aussage, die sorglos wirkt.

Bemerkung

Die Geschichte ist lebendig und anschaulich erzählt, der Höhepunkt ist durch die wörtliche Rede recht spannend gestaltet.

Beim Drachensteigen

An einem Freitag im letzten Herbst kauften meine Eltern mir einen Drachen. Da es schon spät war, beschlossen wir, ihn erst am nächsten Tag steigen zu lassen. Der Himmel war bedeckt, aber herrlicher Wind blies, als ich mit meinem Vater auf unsere Wiese[1] ging. Wir wickelten die Drachenschnur einige Meter aus, schauten, ob kein Baum in der Nähe war, und wollten nun den Drachen steigen lassen. Mein Vater hielt ihn hoch, und ich sollte mit der Schnur rennen. Mein Vater sagte: „Los, renne doch schon, wie lang willst du noch warten?“ Ich sauste los. Der Drachen stieg wenige Meter in die Luft. „Renne schneller, du siehst doch, daß er wieder fällt!“ rief mir mein Vater zu. „Ich kann doch nicht mehr!“ rief ich zurück. Fast bis zum Boden stürzte der Drachen wieder. „Schneller!“ schrie mein Vater sogleich. Ich bekam den Drachen wieder einige Meter hoch. Mir war schon ganz heiß. Plötzlich schoß der Drachen noch einmal in die Luft und trudelte. „Vorsicht!“ schrie mein Vater. Aber schon war es zu spät. Der Drachen sauste in den Boden, rutschte noch ein wenig und blieb liegen. Wir rannten sofort zur Unfallstelle und sahen, daß eine Stange gebrochen und das Papier zerrissen war. „Schade, da haben wir aber Pech gehabt, bei den anderen steigen die Drachen besser!“ sagte ich zu meinem Vater, als wir den Drachen aufhoben. Betrübt gingen wir heim und versuchten, den Drachen zu reparieren. Am nächsten Tag wollten wir unser Glück noch einmal versuchen.

---

1. Hier wird nicht deutlich, wie der Begriff „unsere Wiese“ zu verstehen ist. Das sogenannte besitzanzeigende Fürwort zeigt nicht immer den Besitz an, z. B. unsere Schule, mein Omnibus, unsere Spielwiese!

Bemerkung

Eine lebendige Erlebniserzählung mit ausführlichen Gesprächen zwischen Vater und Sohn, die auch den Höhepunkt herausarbeiten.

Wie ich einmal kontrolliert wurde

Ich stieg, wie jeden Schultag, ohne Bedenken in die Straßenbahn ein. Bei der nächsten Haltestelle betrat mein Freund Peter den Wagen. Wir plauderten erst noch über die Schulaufgabe in Latein, die wir bald überstehen müssen. Dann zogen wir unsere Bücher aus der Mappe und wollten lernen. Bei der nächsten Haltestelle stieg eine Frau mit einem kleinen Kind ein. Sie blieb erst eine Haltestelle sitzen. Doch plötzlich hob sie das Kind von ihrem Schoß und sagte zu ihm: „Bleib schön brav sitzen, ich komme gleich wieder!“ Zu den übrigen Insassen gewandt, zog sie einen Ausweis hervor und sprach: „Fahrscheinkontrolle! Zeigen Sie doch bitte ihre Fahrscheine vor!“ Als sie zu mir kam, faßte ich ohne irgendwelche Bedenken in die Mappe und wollte meine Monatskarte herausziehen. Ich fand sie sonst, ohne in den Schulranzen zu sehen. Also tastete ich in das Fach: Nichts? Verwundert bückte ich mich hinab und durchsuchte die Seitentasche. Aber ich konnte auf den ersten Blick feststellen: Sie war nicht vorhanden! Ich durchwühlte meine Mappe. Doch vergeblich! Von oben klang die drängende Stimme der Kontrolleurin zu mir herab. „Na, wird's bald?“ fragte sie scharf. Mir stand der Schweiß auf der Stirn. Nun schaltete sich auch mein Freund Peter, der seine Karte schon vorgezeigt hatte, in die Sucherei ein. Wir schoben jedes Buch beiseite. Aber die Karte war nicht zu finden! Ich war verzweifelt! Auf einmal schweifte mein Blick auf den Boden. Plötzlich erspähte ich etwas Blaues, das mit Fußabdrücken „verziert“ war. Ich sah genauer hin, und da konnte ich erkennen, daß es meine Karte war. Erleichtert wischte ich mir den Schweiß von der Stirn. Voll Freude hob ich sie auf und zeigte sie der Kontrolleurin. Jetzt wußte ich auch, warum die Karte neben dem Schulranzen gelegen war. Ich hatte meine Bücher zu hastig aus der Mappe gezogen, und dabei war sie herausgerutscht.

Bemerkung

Die Formulierung des Themas kann zum Berichten verleiten. Der Schüler hat mit einigen wörtlichen Reden immer wieder zum Erzählstil zurückgefunden. Unser Rat: Themen, die mit „Wie ich einmal . . .“ formuliert sind, können als Erlebniserzählung und als Bericht geschrieben werden. Wird eine Erlebniserzählung verlangt, dann muß der Schüler ganz bewußt dem Berichtstil ausweichen. Der Gefahr, statt zu erzählen einen sachlichen Bericht zu liefern, entgeht er am leichtesten, wenn er viele wörtliche Reden anführt.

Gottseidank!

Eines Tages beschlossen mein Freund Stephan und ich, einen Fahrradausflug nach Wolfratshausen zu machen.
Als wir am nächsten Morgen den wolkenlosen Himmel sahen, konnten wir es kaum erwarten, uns auf unsere Drahtesel zu setzen.
Endlich war es so weit. Wir bepackten die Räder mit unserem Proviant und fuhren los. Nach einer schönen Fahrt erreichten wir Wolfratshausen. Dort teilte mir mein Freund mit: „Meine Eltern sagten, ich solle gleich zu Hause anrufen, wenn wir am Ziel sind.“ Also stellten wir unsere Fahrräder an ein Geländer, sperrten sie ab und suchten eine Telefonzelle. Gleich in der Nähe unserer Räder sahen wir eine. Wir gingen hinein, legten unsere Sachen auf die Ablage, auf der das Telefonbuch liegt, und Stefan hob den Hörer ab, aber es gab kein Freizeichen. „Kein Ton zu hören“, verkündete Stefan. „Das Telefon ist wahrscheinlich außer Betrieb.“ „Da müssen wir wohl eine andere Telefonzelle suchen“, sagte ich. Wir nahmen unsere Sachen und gingen. Nach ungefähr fünfhundert Metern sahen wir eine Post. „Da gibt es bestimmt ein Telefon“, bemerkte ich. Als wir in der Post waren, strebten wir geradewegs einer freien Telefonzelle zu. „Ich warte hier

draußen und passe auf unser Gepäck auf, während du telefonierst!" rief ich Stefan zu, der gerade die Tür der Zelle hinter sich schloß. Nach einer Weile hing Stefan den Hörer auf und kam zu mir. „Fahren wir etwas außerhalb der Stadt und picknicken dort", schlug mein Freund vor. „Gut", entgegnete ich, „gehen wir zu unseren Rädern." Als wir die Fahrräder erreichten, blieb mir vor Schreck fast der Atem stehen. „Mein Fahrradschlüssel ist weg!" schrie ich. „Was, dein Schlüssel ist weg?" fragte Stefan. „Du hast ihn doch immer in der Hosentasche gehabt. Schaue lieber noch einmal überall nach!" „Ich kann ihn nicht finden." „Wir müssen überall suchen, wo wir gegangen sind", überlegte Stefan, „am besten ist es, wenn wir uns teilen. Du gehst zur Post, und ich schaue bei dem defekten Telefon nach. In zehn Minuten treffen wir uns hier." Also ging ich los und suchte, auch dort, wo der Schlüssel kaum sein konnte. Aber ich suchte erfolglos. „Hoffentlich hat Stefan den Schlüssel gefunden", dachte ich mir, während ich mich dem Treffpunkt näherte. Dort angekommen, sah ich Stefan freudestrahlend auf seinem Fahrrad sitzen. „Ich habe den Schlüssel!" rief er mir zu. „Er war zwischen den Blättern des Telefonbuchs."
Wir freuten uns nun sehr auf das Picknick. Während der Fahrt nahm ich mir vor, meinen Fahrradschlüssel in Zukunft immer anzubinden.

Bemerkung

Bei dieser ausführlich geschriebenen Geschichte bestand die Gefahr, das Ganze zu berichten. Mit vielen wörtlichen Reden, wie sie auch in der Wirklichkeit stattfinden, ist eine anschauliche Erzählung mit gut gestaltetem Höhepunkt entstanden. Ein nachahmenswertes Beispiel!

So ein Feigling!

„So, jetzt springen wir einmal vom großen Sprungbrett“, schlug Herr Springer, unser Turnlehrer vor. „Also bitte aufstellen, meine Herren!“ Wir befolgten diesen Befehl sofort, denn sonst würde unser Lehrer nie mehr mit uns ins Hallenbad gehen.
Aber ganz wohl war einigen von uns doch nicht, denn der Sprungturm war immerhin drei Meter hoch.
Besonders der Schüler Sommer war sehr ängstlich und stellte sich ganz hinten als letzter an. Aber Keil, unsere mutige Sportkanone, wollte der erste sein, der springt. So nahm er also einen Anlauf, lief das lange Sprungbrett entlang und . . . ein toller Hecht. Und Spieß machte das gleiche, fast genauso graziös wie Keil. Ja, das waren Kerle! Aber Sommer, der schaute dauernd auf die Uhr, denn er hoffte, die Stunde würde bald herum sein, und er werde nicht mehr drankommen. Inzwischen war die Hälfte der Klasse schon gesprungen, als einige vor Sommer aus der Reihe traten und ihm lachend den Vortritt lassen wollten: „Na, Sommer, kannst es wohl gar nicht erwarten dranzukommen? Na ja, wir wollen ja nicht so sein, du kannst ruhig vorgehen!“ Und damit traten sie einfach hinter ihn. Nun konnte er sich nicht mehr drücken, jetzt war er an der Reihe zu springen. Langsam stieg er die Leiter zu dem Brett hinauf, nahm einen Anlauf und lief, doch kurz vor dem Absprung kehrte er wieder mit hängendem Kopf zu den anderen zurück. Diese jedoch riefen: „Du Feigling! Traust dich nicht einmal aus dieser lächerlichen Höhe ins Wasser zu springen!“ Doch der Lehrer spornte Sommer an: „Komm, da ist doch gar nichts dabei! Da gehst du jetzt ans Ende des Brettes, machst die Augen zu und gehst noch einen Schritt vor!“ „Nein, Herr Springer, das kann ich nicht, das ist mir zu hoch! Ich springe vielleicht das nächste Mal, aber heute fehlt mir der Mut dazu.“ Und traurig stieg Sommer die Leiter wieder herunter und ging mit schlechtem Gewissen zur Umkleidekabine, denn die Stunde war vorbei. „Na, vielleicht ist er noch zu jung dazu, aber ich glaube, im nächsten Jahr wird er bestimmt springen!“ und Sommer, der von allen als Feigling bezeichnet worden war, hat sich vorgenommen, endlich einmal seine Feigheit zu überwinden, die vielleicht auch damit zusammenhängt, daß Sommer nicht ganz schwindelfrei ist. Aber das kann natürlich auch nur eine Ausrede sein . . .

Bemerkung

Ein Erlebnis, wie es der Schulalltag häufig mit sich bringt! Ist das Erlebnis gut erzählt? Der Leser möge die Forderungen, die an die Erlebniserzählung gestellt werden, nochmals überdenken und dann selbst entscheiden.

Ihr wart gut heute!

Die Geschichte, die Sie jetzt lesen werden, handelt von einem Fußballspiel, in dem ich selbst mitgespielt habe. Unsere Mannschaft hatte im Halbfinale des Georg-Hahn-Pokals den TSV 1860 München als Gegner. Das Wetter war ideal, wir konnten in stärkster Besetzung antreten, und ganz Solln drückte uns die Daumen. Die Voraussetzungen für ein gutes Spiel waren also gegeben. „Hoffentlich können wir es auch liefern", dachte ich. Als wir einliefen, kam die Sonne ein bißchen zum Vorschein, und unser Spielführer Christian, der inzwischen die Platzwahl gewonnen hatte, ließ gegen die Sonne spielen, später stand sie zu hoch, denn es war erst 10.30 vormittags. Der TSV 1860 stellte sich in blauen Dressen vor, wir in weißen.
Anstoß. Der Gegner startete den ersten Angriff über den linken Flügel, ihr Außenstürmer hatte Stefan überspielt, kam an die 16-Meter-Grenze und gab den Ball weit nach hinten, von dort kam der Mittelläufer der „Löwen", umspielte Klaus, kam zum Schluß, und der Ball zischte in die Torecke. 0 : 1! Das fing ja gut an.
Anstoß für uns. Tommy und Moritz stoßen[1] an und versuchen einen Angriff durchzuführen, doch es ist zwecklos! Der linke Läufer der „Sechziger" nimmt ihnen den Ball ab, läßt mich stehen und flankt in die Mitte, der Mittelstürmer des Gegners dreht sich blitzschnell um und prallte aufs Tor. Peter springt zu spät: 0:2! Wir führten[2] wieder den Anstoß aus, der Vorsprung ließ die „Löwen" etwas offener spielen, und wir hatten hin und wieder die Möglichkeit, einen saftigen Schuß aufs gegnerische Tor loszulassen. Dann, es waren etwa 15 Minuten gespielt, als Stefan einen Abschlag von Peter erreichte und ihn an Tommy weitergab, von ihm kam der Ball zu mir, ich sah, daß mich keiner angriff, und rannte aufs Tor zu, umspielte schnell noch einen Gegner und will[3] schießen, als der Ball aufhüpft, und ich erwische ihn nur mit dem Schienbein. Der Ball hüpft aufs Tor zu, der Torwart der „Löwen" wirft sich ihm entgegen, und wie ein Kobold hüpft der Ball über die Schulter des Torhüters und zappelte im Netz. Die „Sechziger" stehen wie versteinert, während meine Mitspieler mir gratulierten,[4] aber besonders stolz war ich nicht auf mein Tor: 1 : 2 also nur noch!

Aber unsere Freude währte nur kurz, vom Anstoß erhält[5] der beste Mann der „Löwen", ihr Libero, den Ball, umspielt vier meiner Mitspieler, steht dann allein vor unserem Torhüter Peter, der herausstürzt, und über ihn hinweg schießt der Mittelläufer zum 1 : 3 ein. Halbzeitpfiff, beim Stande von 1 : 3 laufen wir auf den Spielfeldrand zu, wo unser Trainer sitzt.
Nach dem Wiederanpfiff starten wir eine Großoffensive, unser Sturm legt los, daß dem Gegner Hören und Sehen vergeht, und nach 5 Minuten steht es nur noch 2 : 3 nach einem Tor von Christian, dem ein mustergültiger Doppelpaß zwischen Tommy und Klaus vorausgegangen war. Nach dem Anstoß kommen[5] die „Löwen" nicht weit, denn Tommy fuhr[6] dazwischen und gab den Ball zu mir, die Entfernung zum Tor betrug noch gut 30 Meter, ich lief trotzdem los, trieb den Ball ca. 10 Meter und hätte abgeben müssen, aber das herrliche Tor des Libero der „Löwen" zum 1 : 0 ließ mich nicht ruhen, und ich knallte aus vollem Lauf los. Ich fiel hin und sah den Ball in den Himmel steigen. „Mist!" dachte ich, „da hast du schön darübergeblitzt", aber das sah nur aus meiner Wurmperspektive so aus, der Ball schlug nämlich hoch im rechten Eck ein. Es stand 3 : 3! Die „Löwen" legten zwar am Schluß der zweiten Halbzeit noch richtig los, aber wir mauerten, was das Zeug hielt, und konnten das 3 : 3 halten. Unser Trainer empfing uns in der Umkleidekabine. Er strahlte und sagte: „Ihr wart gut heute, macht mir die Freude und spielt öfter so!" Er drehte sich um und stapfte die Treppen hinauf. Wir hatten eigentlich mehr Lob erwartet, aber wir wußten, er freut[7] sich über dieses Spiel mehr als über manches andere.

---

1. Der Schüler wechselt hier die Zeitstufe, das heißt er geht von der Erzählzeit Präteritum in die Zeit des Schilderns, des Präsens, über. Das ist nur für den Höhepunkt einer Erzählung angebracht, nicht aber willkürlich.
2. Hier geht der Schüler wieder zum Präteritum über.
3. Hier wieder Präsens!
4. Hier wieder Präteritum!
5. Von hier ab Höhepunkt im Präsens möglich.
6. Dieser Zeitwechsel ist nicht angebracht.
7. Im gleichen Satz Präteritum und Präsens zu verwenden, ist unmöglich.

Bemerkung

Der Erzählung merkt man den leidenschaftlichen Einsatz des Schreibers bei dem geschilderten Fußballspiel an. Der häufige Wechsel in der Zeitstufe ist falsch, zeigt aber, daß der Schüler immer wieder in die Schilderung überwechseln will, weil ihm der Erzählstil für das, was er sagen will, nicht ausreicht.

Schritte im Keller

Eines Abends saßen meine Eltern und meine Geschwister gemütlich beisammen. Sie schauten sich den „Kommissar“ an. Weil mich der Film nicht ineressierte, spielte ich inzwischen Cowboy. Mit meinem Indianergeheul wurde ich beim Spielen immer lauter. Mein Vater schickte mich[1] in den Keller, um eine Flasche Wein zu holen, was eine Strafe für mein lautes Geschrei sein sollte. Ich nahm den Schlüssel und dachte bei mir: „Besser Wein holen, als eine Ohrfeige bekommen!“
Ich war gerade dabei, die Türe aufzusperren, durch die man zu den einzelnen Kellerräumen kommt. Da hörte ich Schritte. „Ach du liebe Zeit“, dachte ich mir, „das wird doch nicht ein Einbrecher sein.“ Ich stellte mir schon vor, wie mein neues Fahrrad gestohlen wird. Wie versteinert stand ich hinter der Tür. Immer wieder diese Schritte! Der Mensch ging dauernd hin und her. Durch das Schlüsselloch konnte ich nichts sehen als einen Schimmer, der von meiner Taschenlampe oder Kerze kommen konnte. Was sollte ich nun tun? Ein Feigling wollte ich nicht sein. Ängstlich hörte ich wieder auf die Schritte. Sie warer langsam. Vielleicht war es schon ein alter Mann, vor dem ich weglaufen könnte? Ich sperrte auf, machte Licht und ging zu unserem Keller. Aber niemand war zu sehen. „Dieter“, denk’[2] ich, jetzt spinnst du!“ Doch plötzlich sah ich im Keller gegenüber einen Mann. Er war aus unserem Haus. Er tat so, als ob er den Raum aufräumen wollte. Aber ich wußte Bescheid. Mutti hatte mir einmal erzählt, daß dieser Mann[3] nicht rauchen und trinken darf, weil es seine Frau nicht mag. Deshalb war er im Keller und machte Ordnung – mit Schnaps und Zigaretten.[4]

---

1. Hier fehlt die Überleitung! Vielleicht: „Als Strafe für mein lautes Geschrei. . .“
2. Ein solcher Wechsel in der Zeitstufe, hier vom Präteritum zum Präsens, ist in der Erlebniserzählung möglich, aber nur, um den Höhepunkt wirksamer werden zu lassen. Aber eine einzige Präsensform ist wohl ein Versehen, nicht Absicht.
3. In der Wohnung?
4. Die Erzählung bricht hier ab. Das kann bei manchen Erzählungen recht wirkungsvoll sein, wie hier. Im allgemeinen schließt man die Erzählung mit einem Schlußsatz, der an die Einleitung anknüpft und dadurch eine Art Rahmen gibt.

Bemerkung

Der Schüler schreibt nicht nur die Ereignisse, erzählt nicht nur das äußerlich Erlebte, sondern läßt uns auch miterleben, was er denkt und fühlt, welche Befürchtungen er hat, welche Überlegungen er anstellt. Er vollzieht, von ihm

selbst unbemerkt und unbeabsichtigt, den Übergang von der Erzählung zur Schilderung.
Diese Arbeit ist ein Beweis dafür, daß die Schilderung nicht eine „unzumutbare, fast immer zu Kitsch verführende Aufsatzart“ ist.

Als ich einmal Angst hatte

An einem sonnigen Sonntagnachmittag spielten meine Geschwister und ich in dem nahe unserem Haus gelegenen Wald. Ich war der Indianer und meine Geschwister die Cowboys, die ich überfallen sollte. Sie hatten mir zwei Minuten Zeit gegeben, um mich zu verstecken. Zielstrebig lief ich auf eine Lichtung zu, die mit hohem Farn bewachsen war. Ich pirschte mich in die Mitte und blieb abwartend stehen. Von hier aus hatte ich den Weg im Auge, ohne gesehen zu werden. Da sah ich auch schon meine Geschwister. Vorsichtig gingen sie, sich nach allen Seiten umsehend, den Weg entlang. Bei dem Anblick hätte ich beinahe laut gelacht, aber das hätte mich verraten. Ich wollte gerade weitergehen, als ich unmittelbar in meiner Nähe etwas rascheln hörte. Vor Schreck blieb mir fast das Herz stehen. „Oh Gott!“, dachte ich, „wenn das eine Bache mit Jungen ist“. – Von meinem Opa wußte ich, daß Wildschweine dann besonders aggressiv sind, um ihre Jungen zu verteidigen und deshalb sogar Menschen angreifen würden. – Bei diesem Gedanken kroch panische Angst in mir hoch. Fieberhaft überlegte ich mir, wohin ich laufen konnte, wenn es so wäre. Aber ich sah nur den undurchdringlichen und hohen Farn um mich herum. Bis zu dem nächsten rettenden Baum waren es noch gut 500 Meter durch Farn und Gestrüpp. Kalter Schweiß trat mir auf die Stirn. Plötzlich zuckte neben mir ein Kopf hoch und zwei große braune Augen sahen mich erschrocken an. Ich weiß bis heute nicht, wer mehr erschrocken war, die Hirschkuh oder ich. Jedoch nach ein paar Schrecksekunden bahnten wir beide uns eilig den Weg aus dem Farn. Ich war erleichtert. Am Weg angekommen, lief ich, als ob es um mein Leben ginge. Völlig außer Atem erreichte ich meine Geschwister. Erschrocken fuhren die beiden herum. Noch völlig aufgelöst erzählte ich ihnen von meinem Abenteuer mit der Hirschkuh, und wir liefen alle drei nach Hause. Auch wenn wir heute Pioniere spielen, mache ich einen großen Bogen um dieses Farnfeld.

A. L.

Bemerkung

Diesen Aufsatz und die beiden nächsten sollen die Leser selbst beurteilen, in der Art, wie sie an den bisherigen Aufsätzen gezeigt wird.

Waldgeister

An unserem Wandertag unternahmen wir einen Ausflug nach Reidelbach. Im Wald durften wir Versteck spielen. Meine Freundin und ich wollten uns ein besonders gutes Versteck suchen. Dabei gerieten wir immer tiefer in den Wald hinein. Nach einer Weile standen wir vor einem Hochsitz, der noch ganz in Ordnung zu sein schien. Bianka rief: „Komm mit, das ist ein ideales Versteck". Flink kletterten wir nach oben und öffneten die Tür. Wir beschlossen, uns ganz ruhig zu verhalten und abzuwarten, bis die anderen in unsere Nähe kommen würden.
Aber es kam niemand. Langsam wurden wir unruhig. Vielleicht vermißten sie uns gar nicht oder haben uns nicht finden können und haben gedacht, wir wären schon vorgegangen. Wir bekamen Angst. Ich sagte: „Du, Bianka. . . Doch weiter kam ich nicht, denn unter uns schien sich jemand am Holz zu schaffen machen. Ob es etwa ein wildes Tier war, das uns witterte? – Wir wagten nicht, aus dem kleinen Fenster zu gucken, Bianka klammerte sich an mich. Plötzlich war das reibende Geräusch weg. Doch da war jemand auf der Leiter. Vor Angst wagten wir kaum noch zu atmen. Was würde nun passieren? Da öffnete sich die Tür und vor mir stand. . . mein Opa!
Verwundert starrte er mich an „Was macht ihr denn hier?", fragte er völlig verstört. Wir waren sehr erleichtert, als wir ihn sahen, und erklärten ihm alles schnell. Dann gingen wir mit ihm nach Hause; denn mein Opa hatte dieses Jagdrevier gepachtet und kannte sich daher gut aus. Und das war unser Glück! Heute noch erzählt er, mein Opa, wie erstaunt er gewesen war.

A. L.

Petri Heil!

Am 11. März 1981 bekamen wir von unserem Nachbarn einen 6 Wochen alten Hund geschenkt. Er war damals etwa so groß wie ein ausgewachsener Terrier. Wir wußten noch nicht, was wir mit ihm noch alles erleben würden. Drei Wochen später bekamen wir Besuch von Freunden meines Vaters, die in unserem Teich angeln wollten. Aber es bissen keine Fische an. Meine Mutter gab ihnen Fleischwurst als Köder, unter der Bedingung: „Seid vorsichtig, denn sonst hängt der Hund an der Angel!" Jetzt ging es Schlag um Schlag. Ein Fisch nach dem anderen wurde aus dem Wasser gezogen. Aber die Angler wurden unvorsichtig.

Und da war es auch schon passiert. Michael holte aus, um die Angel ins Wasser zu werfen, da schnappte Billy, unser Hund, zu. Er verschlang die Fleischwurst mitsamt dem Angelhaken und 30 cm Angelschnur.
Als Michael merkte, daß die Angel Widerstand leistete, drehte er sich verwundert um und sah die Bescherung. Er ließ die Angelrute fallen, und Billy sauste damit ab. Wir versuchten den Hund zu fangen, ohne ihn zu verletzen. Wir standen tausend Ängste aus, daß die Angelrute sich irgendwo festhakte und Billy sich den Magen aufriß. Endlich gelang es uns. Sehr vorsichtig versuchten wir den Angelhaken zu lösen. Umsonst! Was nun? Nach einigem Überlegen sahen wir keinen Ausweg mehr, den Hund zu retten. Traurig schnitten wir die Angelschnur im Hals, so weit es eben ging, ab. Sie waren alle davon überzeugt, daß Billy keine zwei Tage mehr überleben würde. Wir wollten ihn operieren lassen, doch unser Tierarzt war nicht zu Hause. So entschlossen wir uns, den nächsten Tag abzuwarten und zu hoffen. Da hatte meine Mutter plötzlich eine Idee. Bei Menschen, die etwas verschluckt hatten, half oft rohes Sauerkraut. Das wollten wir auch an Billy probieren. Zwei Mann hielten ihn fest, zwei stopften ihm eine Portion Sauerkraut ins Maul. Er schaute uns etwas seltsam an, doch tapfer schluckte er es hinunter, als wüßte er, worum es ging. Ohne weiteren Zwang fraß er auch den Rest auf, ca. 1 Kilo.
Unser Hund lebt heute noch, er ist groß und kräftig geworden. Doch von dem Angelhaken haben wir nie mehr etwas gemerkt.

A. L.

Erlebniserzählungen und jede Art der Phantasieerzählungen findet Ihr im Band 1 der **MANZ AUFSATZ BIBLIOTHEK „die Erzählung“.**

Die Erlebniserzählung

Ein Erlebnis erzählen

Wie ich einmal ein Tier fütterte
Kampf mit Hornissen
Der Scheck
Die tollste Fahrt meines Lebens
Ein eigenes Auto
Geld für Bonbons
Ein Kind erinnert sich
Tiger gibt es überall
Eine tolle Hundeschnuppergeschichte
Willst du Gold?
Ich gab nicht auf!
Ein Nachmittag im November
Zwei Lichter im Nebel
Auf dem Fährschiff
Muh! Muh!
Mein Frosch Oskar
Zwischenfall im Tierpark
Das klapprige Rad
Zwei Schreie
Wer ist Emil?
Wo ist Emil?
Eine Geburtstagsüberraschung
Pussy – Erinnerungen
Der fliegende Otto
Zu früh gefreut!
Deutschstunde im Besenschrank
Auf dem Weg zur Arbeit
Selbst ist der Mann!
Vom Stolz
Zwei Bücher unterhalten sich

Phantasieerzählungen

Die Traumnacht
Willibald der Wurm
Die verhexte Schreibmaschine
Ein schreibender Kakerlak
Ein Wanderzirkus braucht Hilfe
  So fing alles an
  Wer bekommt welches Tier?
  Marc und der Kakadu
  Rasende Reporter
  Pimpchen, die Mäusedame
  Ich war Marinelli
Wie wäre es, wenn . . .
Variationen zu einem Thema
  Anfang einer Drachengeschichte
  Der rosafarbene Drache
  Versuch, einen Drachen zu fangen
  Nächtlicher Überfall
  Die Moritat vom tapferen Drachentöter

Ausgestalten eines Erzählkerns

Braunbär auf der Suche nach Ruhe
Interview über einen Bären
Schrotkörnchen in Orangen
Schrot oder Quecksilber
Vier Buben und ein Hund . . .
  Der Fischer . . . erzählt
  Einer der Buben erzählt
  Vier Buben und ein Hund
  Wasser! Wasser!
  Schiff in Sicht
  Odyssee in einer Kunststoffkiste
Tiger ausgebrochen

Im Manzbuch 249 **„Meine Schulaufsätze“** (5./6. Jahrgangsstufe)

Erlebniserzählungen

Regen aus heiterem Himmel
Wie ich einmal ein Tier fütterte
Meine zwei Hasen
Als ich vor einem Tier Angst hatte
Kabine 151, C-Deck / In der Schlafkabine
Theoderich läßt grüßen!

Fabeln

Der Pfau und die Maus
Emsig und Dösig
Der Käfer und der Mustang
Der Frosch und die Maus oder
Der betrogene Betrüger

Phantasieerzählungen über Sprichwörter

Wer drei Hasen nachjagt, wird keinen fangen
Es ist nicht alles Gold, was glänzt
Jeder Vogel liebt sein Nest
Auf Regen folgt Sonnenschein
Aufsatzwettbewerb Vater & Sohn

Fortsetzungsgeschichten

Das neue Fahrrad
Seifenkistenbau
Drachen bauen
Verlaufen!

Ausgestalten eines Erzählkerns

Nie wieder!
In der letzten Sekunde!
Die Rettung
Der Unfall
Kampf der Störche gegen einen Marder
Spiel im Schnee

3. Phantasieerzählungen

Die Phantasieerzählung ist als selbsterfundene Geschichte bei den Schülern sehr beliebt, ist aber schwieriger, als die meisten annehmen. Bei der Phantasieerzählung kommt es auf den guten Einfall an. Dieser soll anschaulich und in den Einzelheiten glaubwürdig ausgestaltet werden. Man erwartet ein in sich einheitliches Phantasieerlebnis. Auch die Phantasieerzählung muß eine Entwicklung und einen gewissen logischen Zusammenhang zeigen.
Außer der „freien Phantasieerzählung" kann auch ein Erzählkern zu einem glaubwürdigen Geschehen, ausgestaltet, eine begonnene Erzählung fortgesetzt werden, logisch und glaubwürdig, kann eine Reizwortkette zu einer Phantasieerzählung anregen, können Fabeln und Märchen geschrieben, Lügengeschichten erdacht werden, die allerdings nicht glaubwürdig, aber in sich logisch sein müssen.

Beispiel einer modernen Münchhausengeschichte:

„Einmal wurde ich in mein Holzbein gebissen. Das Bein schwoll so sehr an, daß ich es schließlich mit einem Holzfuhrwerk zur Sägemühle brachte, wo daraus genügend Bretter zum Bau eines Hauses mit fünf Zimmer geschnitten wurden."

Bildgeschichten können wohl kaum zu den Phantasieerzählungen gerechnet werden, da die in Bildern vorerzählte Geschichte nur in eigenen Worten nacherzählt werden soll.

Fehler bei der Phantasieerzählung:

1. zügelloses Austoben der Phantasie,

2. eine Reihe unwahrscheinlichster Erlebnisse,

3. bloßes Aufzählen von Unmöglichkeiten.

Spaziergang auf dem Mond

An meinem letzten Geburtstag wurde mein größter Wunsch wahr. Ich bekam eine Rakete.
Ich bedankte mich bei meinen Eltern und fragte: „Mutti, kannst du mir bitte meine Torte einpacken? Ich möchte zum Mond fliegen." „Natürlich, warte nur, ich packe sie gleich ein!" Ich nahm die Torte, verabschiedete mich und kletterte an der Rakete zur Pilotenkanzel empor: „3–2–1–0 Start!" sagte ich mir vor und drückte auf den Startknopf. Unter ohrenbetäubendem Krach hob die Rakete ab. Ich war sehr erschrocken, doch ich erholte mich bald wieder, und als ich auf die Erde sah, konnte ich nichts von unserem Haus entdecken, denn ich war schon zu weit entfernt. Nach einigen Stunden Flug und einer weichen Landung betrat ich den Mond. Anfangs hatte ich etwas Angst, aber das legte sich bald. Oh, wie staunte ich.[1] Der Krater, auf dem ich stand, war mindestens 3 Kilometer breit und ebenso tief. Als ich um den Krater herumgegangen war, sichtete ich überraschenderweise eine Herde Mondkälber, bewacht vom „Mann im Mond". Ich schlich leise heran, um eins der Kälber zu fangen. Wenn ich gewußt hätte, wie das ausgeht, ich hätte es bestimmt sein lassen. „Nur ruhig", warnte ich mich, als ich mit zittrigen Fingern die Schlinge am Lasso knüpfte. Ich warf dem nächststehenden Kalb das Lasso über den Kopf. Aufgeschreckt alarmierte es die übrigen Kälber, und plötzlich sah ich mich einer Herde wilder Kälber gegenüber, die auf mich losstürmten. Ich nahm das Lasso, an dem das Kalb hing, und lief, so schnell ich konnte, zu meiner Rakete. Schnell warf ich die Türe zu, aber das Lasso hatte sich eingeklemmt. Ich achtete nicht weiter darauf und kletterte zur Pilotenkanzel hinauf. Als ich startete, ließ ich eine verdutzte Kälberherde und den „Mann im Mond" zurück.
Als ich wieder auf der Erde ankam, merkte ich, daß das Kalb unter der Raketendüse hing und nun gebraten war. Es schmeckte sehr gut, bis auf die versengten Haare.

---

1. Dieser Ausdruck paßt nicht in die erstaunliche Geschichte. Besser: Wie staunte ich!

Bemerkung

Sehr gute Erfindung im Stile von Münchhausens Geschichten! Die Arbeit ist ein Beispiel dafür, wie bereits bekannte Erzählungen in eine neue Erzählung eingebaut werden können. Der überraschende Schluß gefällt besonders gut.

Reise mit Jules Verne

Vor ein paar Tagen bekam ich Lust, mit Jules Verne eine Reise zu machen. Mittels des Zeitrings von „Grüner Leuchte“ kam ich nach Paris, wo Herr Verne lebte. Da ich nach der neuesten Mode ging (Hosen oben eng und unten weit – Polohemd) wurde ich sehr bestaunt.
Bald war ich bei dem berühmten Erfinder[1] angelangt. Er empfing mich persönlich und ging gleich auf meinen Vorschlag ein, mit mir eine Reise zu machen. Dann fragte er nach dem Reiseziel. „Mein lieber Alfred, wohin soll denn die Reise gehen? Zum Mond, zum Mars oder gar zur Venus?“ „Nein, nein!“ wehrte ich ab, „nur ein bescheidener Flug um die gute alte Erde!“ Er war sofort Feuer und Flamme. „Wunderbar, ein einmaliger Gedanke! Welches Raumschiff nehmen wir? Super 2000, Super 1000 oder Super X? Nehmen wir Super 2000, es ist das beste von allen dreien.“
Bald war alles hergerichtet: Das Raumschiff hatte genügend Treibstoff, die Abschußrampe war aufgebaut[2] und die Fenster des Raumschiffes waren geputzt worden. Nun konnte es losgehen. „DREI – ZWEI – EINS – NULL“, mit einem riesigen Feuerstrahl hinter sich[3] hob das Raumschiff vom Boden ab.
Als wir 20 km vom Boden entfernt waren, riß mein Begleiter das Steuer herum, und wir begannen, in einer Umlaufbahn die Erde zu umkreisen. Mit einem Riesenteleskop konnten wir die Menschen genau beobachten. Wir flogen über Deutschland, Polen, die riesige UdSSR, weiter über Amerika und landeten schließlich wieder in Paris. Als ich ausgestiegen war, bedankte ich mich bei Jules Verne, mußte versprechen, oft wiederzukommen, fand „Grüne Leuchte“, der auch nach Paris gekommen war, ließ mich wieder in die Gegenwart versetzen und ging, nachdem ich dieses Abenteuer allen Freunden und Bekannten[4] erzählt hatte, nach Hause und ruhte mich aus.

---

1. Jules Verne kann man nicht als Erfinder bezeichnen.
2. Komma vor „und“, weil ein neuer Hauptsatz folgt!
3. Besser: „Mit einem riesigen Feuerstrahl hob das Raumschiff ab.“
4. Die Reihenfolge stimmt nicht: Erst zu Hause wird erzählt.

Bemerkung

Der Schreiber hat Bücher von Jules Verne gelesen und ganz geschickt dieses Wissen in seine Phantasieerzählung eingebaut. Der Geschichte fehlt jedoch der Höhepunkt. Der gute Anfang wird nicht entsprechend ausgebaut, es kommt nichts Neues dazu. Im Stil nähert sich der Schreiber einem sachlichen Bericht, nachdem er in der ersten Hälfte des Aufsatzes durch wörtliche Rede die Erzählung etwas belebte.

Als Gast in einer Raumstation

Das alles passierte im Februar des Jahres 2137. Mein Vater war Kapitän des Raumschiffes „Puma“ der Weltraumpolizei. Ich wollte ebenfalls Kapitän werden und stand vor der Prüfung zum Bordmechaniker. Da lud mich Vati ein, mit auf die Raumstation B 7 zu kommen, die um die Venus kreist. Da[1] bis zur Prüfung noch 11 Tage Zeit blieben, fuhr ich gerne mit. Ich nahm mir vor, die Raumstation genau anzusehen. Mitten in der Nacht, es war genau 23.15 und 3 Sekunden, starteten wir. Nach 3 Stunden Flug landeten wir auf der Plattform der Raumstation. Der Kapitän begrüßte uns: „Ah, Käpt'n Miller, lassen Sie sich auch wieder mal blicken? Und das hier ist Ihr Sohn, von dem Sie mir schon so oft erzählt haben.“ „Sie haben recht, Käpt'n Benz. Er steht vor der Prüfung zum Bordmechaniker und möchte sich darum hier umschauen.“ „Schon gut, er kann hin, wo er will.“ Nun sollte ich das erste Mal eine echte Raumstation besichtigen. Aber zuerst hatte ich gewaltigen Hunger. Der Kapitän drückte auf einen Knopf, und ein Tisch mit ausgezeichneten Speisen wuchs aus dem Boden. Nach dem Essen zeigte man uns die Schlafkammern. Es waren hübsche, kleine Kojen. Einen Tag brauchte ich zum Besichtigen der Einrichtungen.[2] Doch am Abend dieses Tages kam ein Funkspruch. Wir müßten unverzüglich zur Erde zurückkehren.[3] Da half nun alles nichts, hinein ins Raumschiff und zurück. Das war mein Erlebnis auf der Raumstation an der Venus.[4]

---

1. Das Verbindungswort „da“ sollte selten verwendet werden, auf keinen Fall in zwei aufeinanderfolgenden Sätzen.
2. Statt einer phantasievollen Erzählung über die Einrichtungen des Raumschiffs steht nur der nüchterne Satz „einen Tag brauchte ich zum Besichtigen der Einrichtungen“.
3. Warum Vater und Sohn unverzüglich zur Erde zurückkehren müssen, würde den Leser interessieren.
4. Solche Schlußsätze zerstören die Stimmung, die in einer Phantasieerzählung aufgebaut werden sollte.

Bemerkung

Die Idee gefällt, aber in der Durchführung wird die Idee nicht ausgestaltet. Der größte Teil des Aufsatzes ist Einleitung. Der Aufenthalt in der Raumstation wird mit wenigen Sätzen in sachlichem Stil behandelt, obwohl das der Höhepunkt des Aufsatzes sein sollte.

Mein Wunschtraum: Warum ich mich unsichtbar machen möchte (Brief an einen Freund)

Nürnberg, den 3. 12. 82

Lieber Rolf!

Von Dir, meinem besten Freund, hätte ich eigentlich mehr Verständnis für meine Andeutung erwartet, die ich in meinem letzten Brief machte. Auch wenn Du meinen Wunschtraum, mich jederzeit unsichtbar machen zu können, für unsinnig und phantastisch erklärtest (und ich Dir eigentlich beistimmen müßte), so fände ich es doch herrlich, eine Tarnkappe zu besitzen. Es gibt dafür viele Gründe. Überlege doch mal, lieber Rolf, welche Vorteile mir eine solche Tarnkappe jetzt und im späteren Leben verschaffen könnte! Wenn der Lehrer sein Notenbüchlein zückt, so könnte ich ihm über die Schulter schauen und wüßte, wie die Lage in diesem oder jenem[1] Fach ist. Selbst in der Lehrerkonferenz würde mir durch meine Unsichtbarkeit irgendeine Möglichkeit erwachsen[2], mein Zeugnis zu verbessern. Daheim könnte ich z. B. abends so lange vor dem Fernseher sitzen, wie ich will, während meine Eltern glauben, ich schliefe bereits. Überhaupt könnte ich viele Dinge tun, ohne dafür getadelt oder bestraft zu werden: Ohne Bezahlung ins Kino und Theater gehen, schwarz Trambahnfahren, umsonst große Reisen machen u. v. m. . . Sag selbst, Rolf, wäre das nicht ein toller Spaß! Aber nicht nur zu meinem Spaß und meinem Vorteil würde ich die Tarnkappe verwenden, sondern auch um anderen Leuten zu helfen und ihnen damit eine Freude zu machen. Wie ein guter Geist könnte ich durch die Straßen der Stadt wandeln und unerkannt gute Taten vollbringen: Einer alten Frau die schwere Tasche mittragen[3], damit sie ihr leichter scheint, einem alten Mann seinen Karren schieben helfen, ein kleines Kind ungefährdet über die Straße bringen. Sicher könnte ich auch Diebstähle oder gar schwerere Verbrechen verhindern. Wie schön wäre es, wenn ich durch meine Unsichtbarkeit ein Kind aus den Händen eines „guten Onkels“ befreien dürfte. Und so würde mich eine Tarnkappe noch bei vielen anderen Gelegenheiten in die Lage versetzen, Gutes zu tun.

Allerdings darf eines nicht übersehen werden: Wenn man sich unsichtbar machen könnte, wäre die Versuchung sehr groß, dies für Verbrechen auszunützen. Diebstahl, Einbruch, Raub und sogar Mord könnten ungesühnt begangen werden. Ich bin mir durchaus im klaren, Rolf, daß der Besitz einer Tarnkappe ein großes Maß an Verantwortungsbewußtsein verlangt. Ich traue mir dies schon zu, aber wer kennt sich selbst genau?

Drum, wenn ich es recht bedenke, ist es doch gut, daß es die Tarnkappe nicht gibt. Aber du mußt mir schon erlauben, mir auszumalen, wie es wäre, mich unsichtbar machen zu können.
Um Dein Verständnis bittet daher, verbunden mit den besten Grüßen an Dich und Deine Eltern

Dein Freund
Klaus

---

1. Das ist eine formelhafte Wendung, die hier nicht zutrifft.
2. Diese Aussage ist zu allgemein gehalten. Der Schreiber müßte sich doch vorstellen können, was für Möglichkeiten er hätte.
3. Die hier angeführten „guten Taten" könnte man auch ausführen, ohne unsichtbar zu sein.

Bemerkung

Die Einkleidung des Wunschtraumes in einen Brief wirkt recht natürlich. Die Motivation kommt der Erzählung zugute. Vor allem die Einleitung und die Begründung der Erzählung gefallen sehr.
In einem Brief erscheint auch die Aufzählung mehrerer Möglichkeiten sinnvoll, während sonst bei der Phantasieerzählung wie bei einer Erlebniserzählung ein einziges Erlebnis erwartet wird. Von dieser Forderung her fehlt der vorliegenden Arbeit der Höhepunkt. Der Aufsatz behandelt die Vorteile und Nachteile, die dem Menschen erwüchsen, wenn er eine Tarnkappe besäße. Am Schluß wägt der Schreiber die beiden Gesichtspunkte gegeneinander ab und kommt zu einer eigenen Schlußfolgerung. Damit ist die Arbeit über eine kindliche Phantasieerzählung hinausgewachsen und eine Art Erörterung geworden.

Mein Wunschtraum: Warum ich Sherlock Holmes sein möchte (Brief an einen Freund)

Lieber Wolfgang,

ich habe gerade ein Buch über Sherlock Holmes ausgelesen: Dieser geniale Detektiv fasziniert mich so, daß ich mir schon die ganze Zeit vorstelle, ich wäre der Sherlock Holmes der Zukunft.
Ich sehe mich in meinem mit neuesten Errungenschaften[1] ausgestatteten Büro in der Baker Street sitzen. In einem Wandschrank neben mir sind zahlreiche Akten aufgereiht: Sie enthalten alle von mir aufgeklärten Verbrechen, von

Freund Watson säuberlich aufgezeichnet. Mancher dieser Fälle hat in der Weltpresse Aufsehen erregt. – Mir gegenüber sitzt, wie schon oft, ein aufgeregter Besucher. Er kommt aus Paris. Es ist einer meiner Klienten, denen kein Weg zu weit und keine Kosten zu hoch sind, um mir sein[2] Anliegen vorzutragen. Aber weißt Du, ich übernehme natürlich nur solche Fälle, die mir interessant genug erscheinen. Als Sherlock Holmes verfüge ich über unerhörte Menschenkenntnis, ungewöhnliche Intelligenz und übernatürliches Erinnerungsvermögen an oft belanglos erscheinende Einzelheiten oder längst zurückliegende Vorkommnisse. Wohl würden mir bei der Aufklärung der Fälle die modernsten Hilfsmittel zur Verfügung stehen: Computer, eigener Flugplatz[3] auf dem Hausdach und ähnliche Dinge. Aber was nützte mir das alles, wenn ich nicht meine ausgezeichnete Kombinationsgabe und mein Einfühlungsvermögen in Menschen der verschiedensten Gesellschaftsschichten hätte. Es macht mir auch nichts aus, oft nächtelang vor dem Kamin zu sitzen und nachzudenken.
Kaum habe ich einen kniffligen Fall gelöst, drängt es mich, das nächste vielversprechende Problem zu enträtseln. Es bereitet mir immer ein diebisches Vergnügen, den Schlichen der gerissensten Verbrecher auf die Spur zu kommen. Wie Du Dir denken kannst, macht es mir Spaß, wenn Scotland Yard mich ab und zu um Hilfe bittet.
Alles in allem wirst Du jetzt sicher verstehen können, warum es mein Wunschtraum ist, der Meisterdetektiv Sherlock Holmes zu sein.
Wie wär's Wolfgang, möchtest Du mir als Dr. Watson Gesellschaft leisten?

Servus
Dein Freund Raimund

---

1. Das ist zu allgemein ausgedrückt!
2. Die Beziehung des Fürworts ist unklar.
3. Gemeint ist wohl ein eigener Landeplatz für Hubschrauber.

Bemerkung

Abgesehen von der recht guten Einkleidung des Wunschtraumes in einen Brief, ist die Anknüpfung an die Lektüre eines Buches eine bemerkenswerte Einleitung, die auch im Schluß wieder aufgenommen wird. Auch in diesem Aufsatz wird nicht ein einziges Erlebnis der Phantasie dargestellt. Der Schreiber versetzt sich in seiner Phantasie in die Rolle einer anderen Person, des Buchhelden. Wie das durchgeführt wird und am Schluß auch der Briefpartner einbezogen wird, ist sehr ansprechend.

Ein Reiseerlebnis des Peter Munk

Auf seinen Reisen durch Europa kam Peter Munk, nachdem er das Steinherz vom Holländer-Michel empfangen hatte, auch nach der riesigen italienischen Stadt Mailand. Dort quartierte er sich in einem reichen Wirtshaus ein, wo er fast jeden Nachmittag Karten spielte. Die Bettler, die ihn, den vermögenden Herrn, um ein kleines Almosen baten, wies er mit Gewalt[1] ab.

Eines Tages fuhr Peter in seinem von zwei Pferden gezogenen Wagen durch einen Wald am Stadtrand, in dem eine Horde Räuber ihr Unwesen trieb. Die Halunken hatten Peter schon erspäht und teilten sich im voraus Peters Besitz. „Ich will seinen Hut!“ rief einer. Ein anderer begehrte seine Kleider. Einige stritten sich um Peters Kutsche. Der Hauptmann der Räuber mit Namen Rinaldo Rinaldini verlangte Peters Geld für sich allein. Inzwischen war Peter herangekommen. Da sprangen die Schurken aus ihren Verstecken hervor, und bevor Peter überhaupt begriffen hatte, was geschehen war[2], hatten sie ihn umringt. „Steig herab von deinem Wagen und ergib dich uns!“ befahl der Hauptmann barsch. Doch Peter war wie gelähmt. „Nun hab ich erst so kurz ein Leben mit viel Geld geführt, soll ich es gleich wieder verlieren?“ dachte er und sah bestürzt auf seinen Besitz, der neben ihm in der Kutsche lag. Darum zögerte er und überlegte, wie er am besten entkommen könnte. Allmählich wurden die Räuber ungeduldig, und Hauptmann Rinaldo sprang auf den Wagen hinauf. „Was wollt ihr?“ fragte Peter, um Zeit zu gewinnen, denn es war klar, was die Gauner für einen Wunsch hatten. Vielleicht gingen ein paar Leute vorbei[3], die ihm helfen würden. „Was wir wollen? Dich und dein Geld, du Geizhals! Du kannst uns auch etwas davon geben“, erwiderte Rinaldo. Aber Peter hoffte immer noch auf Flucht. Jetzt riß der Anführer einen Dolch aus dem Gürtel und zückte ihn gegen Peter. „Läßt du uns dein Geld nicht freiwillig, so stirb.“ Mit diesen Worten holte Rinaldo aus und stieß die Waffe in Peters Herz. Der Dolch prallte jedoch an Peters Stein[4] ab, der sogar für den Dolch zu hart war, und zerbrach durch die Wucht des Stoßes in zwei Stücke. Als die Räuber das sahen, schrien sie entsetzt: „Hilfe! Ein Zauberer will unser Verderben!“[5] und flohen in den Wald hinein. Rinaldo schaute seinen zerbrochenen Dolch und den erstaunten Peter an und suchte dann auch das Weite.

Peter fuhr darauf in seine Unterkunft zurück. Der Räuberhauptmann aber eilte in die Stadt und erzählte jedem von dem vermeintlichen Zauberer. Bald wußte ganz Mailand von dem mißlungenen Überfall, und Peter mußte verkleidet fliehen, denn jeder Zauberer, der ergriffen wurde, wurde damals gehenkt. So war dieser Räuberstreich doch nicht so glücklich für ihn ausgegangen, wie es zunächst aussah. Leider hatte ihm sein Steinherz geholfen[6], so daß Peter diesen Sündenanlaß auch noch lobte.

---

1. Dieser Ausdruck ist nicht anschaulich genug!
2. Hier stimmt die Zeitstufe nicht! Es müßte heißen: ... was geschah ...
3. Im Ausdruck recht schwach! Dafür: „Er hatte die Hoffnung, daß zufällig Leute vorbeikommen könnten ..."
4. Besser: „Steinherz!"
5. Dieser Ausruf ist unglaubwürdig, wenn man sich in die Rolle der Räuber versetzt!
6. Dieses Wort trifft hier nicht zu, denn „helfen" hat etwas Aktives an sich.

Bemerkung

Die Arbeit ist ein Beispiel dafür, wie im Anschluß an eine Klassenlektüre die eigene Phantasie eine Erzählung aufbauen und weiterführen kann. Von einigen stilistischen Schwächen abgesehen, ist der Aufsatz gelungen.

Goldrausch

Als Erfinder der Lebensverlängerungspille sollte ich einen wertvollen Preis erhalten. Drei Stunden vor Verleihung der Auszeichnung legte ich mich noch ein wenig schlafen, weil ich bei der Preisverleihung einen sachlich-nüchternen Eindruck machen wollte.
„... verleihen wir Ihnen als Dank für die Erfindung des Jahrhunderts, der Lebensverlängerungspille, die Gabe, daß alles, was Sie berühren, Gold werden solle", sagte der Weltpräsident. Dann berührte er mit einem Stock meine rechte Hand. – Sie wurde bis zum Handgelenk aus purem Gold. Ich konnte sie noch genauso bewegen wie vorher, aber sie war aus Gold. „Hier, probieren Sie ihre Fähigkeit aus!" sprach der Weltpräsident und reichte mir eine Schale mit Obst. Ich berührte zuerst die Schale, dann das Obst: alles wurde zu Gold. „Phantastisch!" rief ich. „Alles, was Sie berühren, wird zu Gold, aber berühren Sie nichts Lebendiges, sonst ..." Ich wollte nichts mehr hören, ich wollte jetzt Gold machen. Ich rannte hinaus. „Halt! Bleiben Sie! Ich muß Ihnen noch etwas Wichtiges dazu sagen ...", hörte ich den Präsidenten noch rufen. Aber ich wollte meine Fähigkeit sofort ausprobieren, so schnell wie möglich reich werden. Ich wollte sofort die ganze Straße zu Gold machen, aber da fiel mir noch rechtzeitig ein: „Wenn ich Sachen, die mir nicht gehören, zu Gold mache, gehören sie auch nicht mir, wenn sie aus Gold sind. Nein, ich werde nur meine eigenen Sachen zu Gold machen!" Zu Hause angekommen, fing ich mit der

„Arbeit" an. Ich berührte: den Rasen des Gartens, die Sträucher und Bäume, die Hauswände, Tische, Bücher, Hefte, Flaschen, Fußböden, Blumen, die Badewanne, meinen Kananrienvogel, den Käfig, fast alles, und alles wurde zu blankem, echtem Gold.
Da kam mein Freund Franz vorbei: „Hallo, Fritz, was machst du denn da?" fragte er. „Ich mache alles zu Gold!" schrie ich vor Begeisterung und klopfte ihm auf die Schulter. Während ich ihm noch auf die Schulter klopfte, merkte ich, daß er eine sehr harte Schulter bekam . . . er war zu Gold geworden. Er war stumm und starr. Entsetzen befiel mich. Ich wollte ihn ins Haus tragen, aber er war zu schwer. Mir kam ein Gedanke. Ich lief zum Präsidenten und wollte ihn um Rat fragen. Ich klopfte an die schwere Holz . . ., nein Goldtüre. Ein ernster Mann öffnete: „Was wollen Sie?" – „Zum Präsidenten!" keuchte ich. „Tut mir leid, Herr Präsident ist leider vor einer halben Stunde verschieden." „Nein!" schrie ich. Ich lief fassungslos davon. Es fing zu regnen an. Auch die Regentropfen, die mich trafen, wurden zu Goldkörnern. Ich rannte nach Hause, riegelte die Tür hinter mir zu und setzte mich auf das Sofa, natürlich aus Gold. Ich bekam Hunger. Meine Augen erblickten ein übriggebliebenes Wurstbrot. Ich griff es, und es war Gold. Hastig nahm ich mit der linken Hand eine Semmel – sie wurde zu Gold. Ich probierte, eine andere Semmel zu essen, ohne sie mit den Händen zu berühren. Ich biß hinein – und hatte einen Goldklumpen im Mund. Ich spuckte ihn aus. Ich spuckte das Gold an, schrie, schimpfte, fluchte grausig, nichts half. „Durst!" Ich packte eine Flasche mit Bier und wollte trinken. Aber sie wurde samt Bier zu Gold. Ich heulte, ich schrie: „Ich muß verhungern, verdursten, ich will nicht, ich, der Erfinder der Lebensverlängerungspille, der noch gute 3000 Jahre vor sich hat . . . Nein, nein! . . . Hilfe!" Da wachte ich auf. Ich sah meine Hand an. Gott sei Dank, nicht aus Gold! Nur ein Alptraum! Völlig verschwitzt stieg ich aus dem Bett. „Was, halb vier Uhr? Die Ehrung beginnt in zehn Minuten! Ich komme zu spät . . . Nein lieber nicht! Ich bleibe lieber zu Hause!"

Bemerkung

Die Beurteilung dieses Aufsatzes kann ohne weiteres dem Leser selbst überlassen werden. Vielleicht kennt der Leser auch da und dort die Quellen, aus denen diese recht geschlossen wirkende und sehr anschaulich geschriebene Erzählung geschöpft hat. Manche „Erfindung" des Schreibers wird dem Leser bekannt vorkommen. Die Verarbeitung solcher Erlebnisse aus Lektüre und Fernsehen ist durchaus annehmbar. Sie sollen allerdings wirklich selbständig verarbeitet sein.

Fabeln

Katze und Adler

Eine Katze sah einen Adler fliegen und bat ihn, auch sie diese Kunst zu lehren. Der Adler belehrte sie: „Ich kann dir das Fliegen nicht beibringen, selbst wenn ich wollte, denn du hast ja keine Flügel, mit denen du dich in die Lüfte erheben kannst." Die Katze aber ließ sich durch diese Worte nicht von ihrem Entschluß abbringen und bat: „Ach bitte, ich möchte so gerne einmal die Welt von oben sehen. Du könntest mich doch in deine Fänge nehmen, mit mir bis in den Himmel hinauffliegen und mich dann fallen lassen, so werde ich schon irgendwie das Fliegen lernen." Jedoch der Adler tröstete sie: „Du kannst auf dem Lande leben. Darum brauchst du doch nicht auch noch das Fliegen zu lernen." Doch die Katze drang weiter auf ihn ein: „Auf dem Lande habe ich doch so viele Feinde."
„Glaubst du denn, daß du in der Luft vor ihnen sicher sein wirst?" spottete der Adler.
Die Katze versprach: „Ich möchte es ja auch nur einmal probieren."
Der Adler sagte zwar, dies sei viel zu gefährlich, nahm sie aber dann doch endlich in seine Fänge, trug sie hoch in die Luft und ließ sie dann fallen. Trotz ihrer Bemühungen zu fliegen, schlug sie auf einen Stein auf und ward zerschmettert. Seitdem hat nie mehr eine Katze versucht zu fliegen.

Bemerkung

Das Schreiben einer eigenen Fabel muß sich selbstverständlich an den großen Vorbildern orientieren. Das ist auch in dieser Arbeit spürbar. Es ist verständlich, daß der Verfasser nicht die Kürze erreicht, die bei den großen Fabeldichtern bewundert wird. Aber es ist doch bemerkenswert, wie das Wesen der Fabel erfaßt und nachgestaltet wird. Auch das Wort „ward" statt „wurde" ist bewußt eingesetzt, um der Fabel etwas Altertümliches zu geben. Der Schlußsatz ist besonders gelungen.

Aufgabe

Versuche, diese Fabel noch kürzer und treffender zu schreiben!

Der Kater und der Vogel

Einmal schlich sich ein Kater zu einem Vogelkäfig, öffnete ihn, ergriff den Vogel und trug ihn zu seinem Versteck im Stadtpark. Dort wollte er den Vogel verspeisen. Als aber der Vogel jammerte, er würde gern noch einmal vor seinem Tod singen, denn er sei ein guter Sänger, sagte der Kater, daß er es ihm erlaube. Der Vogel sang so lieblich, daß der Kater ihn auf den Boden setzte, gähnte, sich hinlegte und einschlief. Langsam ließ der Vogel seinen Gesang leiser werden und hörte schließlich ganz auf zu singen. Nun flog der Vogel zurück zu seinen Brüdern und Freunden.

Bemerkung

Diese Nachbildung einer bekannten Fabel ist in ihrer Kürze und zutreffenden Wortwahl kein schlechtes Beispiel. Im letzten Satz wird allerdings der gute Eindruck zerstört, da der Schreiber inzwischen die Einleitung vergessen hat und den Vogel nicht mehr zu seinem sicheren Käfig zurückfliegen läßt.
Die Fabel macht deutlich, oder sie will deutlich machen, daß der Vogel im Käfig geschützt und in der Freiheit gefährdet ist. Was der Schreiber mit der Fabel wirklich will, bleibt unklar, da er vergessen hat, die für die Fabel typische „Moral von der Geschicht'" anzufügen.

Der Bär und das Kaninchen

Es ging einmal ein Bär über ein Feld und blieb an einem Bach stehen. Als er ein Kaninchen, das geschützt[1] im Feld auf der anderen Seite saß, erblickte, fragte er es, ob es keine Lust habe, zu ihm zu kommen, da hier viel bessere Nahrung sei. Das Kaninchen überlegte und antwortete, daß das alles ihm gut gefiele, fragte aber auch noch, ob der Bär es vor Feinden schütze. Der Bär sagte, daß das selbstverständlich sei. Das Kaninchen hopste zufrieden über den Bach[2], aber kaum war es drüben, fraß es ein Bussard, und der Bär schaute zu, als ob nichts passiere.

Moral:
Die Moral von der Geschicht':
Großen Tieren traut man nicht.

1. Hier wird nicht klar, wieso das Kaninchen auf der einen Seite des Baches besser geschützt ist als auf der anderen Seite.
2. Wie kommt das Kaninchen über den Bach?

Bemerkung

Die an sich gute Erfindung der Fabel ist zu wenig durchdacht und wirkt an den beiden Stellen, die in den Anmerkungen erwähnt sind, unglaubwürdig und unmöglich. Andererseits ist die Moral der Fabel sehr gut ausgedrückt. Auch die Verdichtung der Aussage als typisches Merkmal der Fabel ist erfaßt, allerdings nicht ganz bewältigt.

Streitgespräch in einer Fabel

Eines Morgens schlich ein hungriger Wolf durch den Wald, um sich Futter zu suchen. Da[1] kam er auf eine große Wiese, die er langsam überquerte. Plötzlich sah er ein großes Stück Fleisch. Schon wollte er reinbeißen[2], als eine dunkle Stimme erklang[3]: „Halt!“ Der Wolf blickte auf und sah einen Löwen, der zornig fortfuhr: „Was fällt dir ein, mein Fleisch zu verzehren!“ Erstaunt entgegnete der Wolf: „Aber es ist doch mein Fleisch, ich habe es gefunden, also gehört es mir!“ Der Löwe fuhr wutentbrannt fort: „Es ist mein Eigentum, ich habe es gestern auf dem Nachhauseweg verloren!“ Der Wolf erwiderte: „Wieso hast du es dann gestern abend nicht mehr gesucht?“ „Wie sollte ich es denn gestern nachts suchen? Es war ja schon dunkel. Deswegen habe ich mich ja heute morgen schon in der Dämmerung auf die Suche gemacht“, entgegnete der Löwe. Der noch lange nicht überzeugte[4] Wolf begann abermals: „Aber ich habe es als erster gefunden. Ich schlage vor, wir teilen es uns, dann hat jeder etwas!“ „Nein, nein, es gehört mir“, erwiderte der Löwe siegesgewiß und erläuterte: „Komm mit, Wolf, es müssen noch Spuren von mir dort drüben am Bach sein[5], an dem ich gestern meinen Durst stillte.“ Der Wolf wollte sich davon überzeugen, und so gingen sie gemeinsam zum Bach. Dies bemerkte der Fuchs, der die beiden Streithähne schon eine Zeit beobachtet hatte. Da er auch noch nicht gefrühstückt hatte, nahm er die Gelegenheit wahr, sich zu dem im Augenblick unbewachten[6] Fleisch hinzuschleichen[7] und es mitzunehmen.[8] Einstweilen[9] kamen die beiden vom Bach zurück, wo der Wolf tatsächlich Spuren eines Wolfes[10] gesehen hatte. Der Wolf sagte: „Es könnten aber auch die Spuren eines anderen Wolfes[11] sein!“

„Natürlich, aber“, da blieb ihm das Wort im Halse stecken. Erregt begann er[12]: „Wo ist denn das Fleisch? Es hat doch vorhin neben dem Baume gelegen?“ „Ja“, entgegnete der Wolf verdutzt. „Es war ein Dieb am Werk![13] Aber das ist deine Schuld, hättest du meinen Vorschlag, das Fleisch zu teilen[14] angenommen, hätte jetzt jeder etwas!“ Nun stritten sie sich[15] wer Schuld an dem Diebstahl trage, während der Fuchs seelenruhig das Fleisch im Schatten eines Baumes verzehrte.

---

1. In diesem Zusammenhang ist der Satzbeginn mit „da“ recht unpassend.
2. Ausdruck der Umgangssprache!
3. Der Ausdruck ist nicht treffend genug.
4. Solche verlängerte Partizipien als Beifügungen wirken umständlich.
5. Diese Erfindung überzeugt nicht!
6. Vergleiche Anmerkung 4!
7. Besser: „. . . sich zu dem Fleisch zu schleichen . . .“
8. Dieser Ausdruck wirkt farblos, wenn man bedenkt, daß es sich um einen Fuchs handelt.
9. Dieser Satzanfang stimmt inhaltlich nicht!
10. Hier bringt der Schreiber die Tiere durcheinander und stört damit das Verständnis der ganzen Geschichte.
11. Hier hat der Schreiber seinen Irrtum noch nicht bemerkt.
12. Unklar, wer spricht! Auch der Ausdruck „begann er“ ist in diesem Zusammenhang wenig wirksam.
13. Dieser Ausdruck fällt nicht in der Erregung des Augenblicks, sondern bei ruhiger Überlegung. Hier ist der Ausdruck unzutreffend.
14. Der Ausdruck „das Fleisch zu teilen“ ist ein erweiterter Infinitiv und muß zwischen Kommas gesetzt werden.
15. Hauptsatz und Gliedsatz müssen hier durch Komma getrennt werden.

Bemerkung

Die Erfindung dieser Fabel ist schwach. Das Ergebnis nach dem Sprichwort „Wenn zwei sich streiten, freut sich der Dritte“ wird hier nicht erwartet, sondern eher der Ausspruch „Macht geht vor Recht“. Schließlich gilt der Löwe in der Fabel als der Stärkere. Die Darstellung ist auch zu weitschweifig und zeigt wenig Typisches für den Fabelstil.

Aufgabe

Versuche die Fabel nach Deiner persönlichen Ansicht umzuschreiben, im Ausdruck treffender zu gestalten und durch Kürzen der Fabel eine straffere Gedankenführung zu erreichen!

Reizwortgeschichten

Ölofen – Besuch – Feuerlöscher

Meine Eltern und ich kamen aus Kaltern/Südtirol. Wir machten Zwischenstation bei meiner Tante, um dann nach München weiterzufahren.
Wir saßen gerade in der Küche und unterhielten uns. Meine Tante ging ins Wohnzimmer und fragte meinen Onkel: „Hast du den Ofen gefüllt?" „Ja", antwortete er. Meine Tante kam wieder in die Küche und bot an: „Setzt euch doch ins Wohnzimmer, da ist es schön warm." Sie ging als erste hinein. Plötzlich schrie sie: „Der Ofen, der Ofen!" Wir rannten ins Wohnzimmer. Aus dem Ofen kam Öl, er war vollgetankt und aufgedreht. Der Ofen brodelte und zischte immer mehr. „Ich hole schnell den Schaumlöscher aus dem Auto", sagte mein Vater, denn aus dem Ofen schlugen schon einige Flammen. Doch der Schaumlöscher half nicht, denn als mein Vater draufdrücken wollte, rempelte ihn jemand, und er ging zu früh los. Meinem Onkel fiel ein: „Der Huber versteht doch was von Öfen, den holen wir." Dieser kam, ließ das Öl ab, und der Ofen beruhigte sich langsam. Zum Glück haben meine Tante und mein Onkel jetzt einen neuen gekauft.

Bemerkung

Aus den drei Reizwörtern hat der Schüler eine glaubwürdig erscheinende Phantasieerzählung angefertigt. Der Einfall dieses Aufsatzes ist gut; der Schüler hat ihn anschaulich und spannend gestaltet. Den Höhepunkt hätte er etwas spannender ausgestalten können.

Aufgabe

Schreibe eine spannende Phantasieerzählung zu folgenden Reizwörtern: Ruderboot – Freunde – Nichtschwimmer! oder: Goldhamster – Lichtschacht – Nachbarstochter!

Onkel – Geschenk – Schlüsselbund

Eines Abends klingelte das Telefon. Meine Mutter hob den Hörer ab. „Ach, Onkel Max, du bist es!" sagte[1] sie erfreut. Einige Zeit hörte ich nicht, was sie sagte[1], doch dann verstand ich sie wieder: „Ja, wir kommen bei euch vorbei." Mein Vater war auch damit einverstanden. Eiligst zog sich meine Mutter an. Ich mußte meinen Eltern versprechen, brav zu sein und niemanden ins Haus zu lassen. Dann fuhren sie los. Ich schaute zuerst fern, dann aber wurde es mir langweilig, immer in den Fernseher zu schauen. Auf einmal hörte ich den Schlüsselbund meiner Eltern klirren. Schnell knipste ich den Fernsehapparat ab und kuschelte mich ins Bett.[2] Nun traten meine Eltern ins Zimmer. Aber was war denn das? Ich traute meinen Augen nicht. Das gibt es doch gar nicht! Onkel Max hatte mir eine vierspurige Autorennbahn und dazu fünf Rennwagen geschenkt.[3] Das war die schönste Überraschung, die ich je erlebt hatte. Und bis heute freue ich mich immer sehr, wenn ich zu Onkel Max darf.

---

1. Wiederholungen im Ausdruck vermeiden!
2. War er schon im Schlafanzug? Mußte er sich nicht erst ausziehen?
3. Was er geschenkt bekam, hätte der Schüler nicht sofort sagen sollen!

Bemerkung

Der Schüler hat aus den drei Reizwörtern ein glaubwürdiges Phantasieerlebnis gestaltet. Allerdings hätte er es etwas lebendiger erzählen können; vor allem hätte der Höhepunkt spannender gestaltet werden sollen.

Riese – Frosch – Wasserfall

Im Tierreich regierte ein grausamer Riese mit Namen Zitterbacke. Er hatte große grüne Augen und eine verbeulte Glatze. Da kam der Frosch Blähhals auf die Idee, Zitterbacke von seinem Thron zu stürzen. So sprang er zum benachbarten Wasserfall, dem einzigen im Reich, und bat ihn um Hilfe. Der Wasserfall war übrigens ein sehr reißender Wasserfall. Das Wasser schoß tosend hinab. Dieser Wasserfall nun gab Blähhals den Rat, daß Zitterbacke hier zum Wasserfall gelockt werden müsse, um dann auf den glatten Steinen hinzufallen und sich das Genick zu brechen.

Am nächsten Tag schoß Blähhals zum König und sprach: „Würdest du Dickwanst gegen mich einen Wettlauf bis zum Wasserfall mitmachen?" Zitterbacke bejahte diese Frage mit einem kurzen Kopfnicken. Danach gingen sie zum vorbereiteten Start[1], den zwei Wetterfichten darstellten. Vor dem Start meinte der Riese noch: „Gegen dich grünen, glitschigen und großäugigen Frosch gewinne ich doch allemal, du halbe Portion, du!" Danach starteten sie[2] und gleich am Anfang schon hatte Blähhals große Mühe mitzukommen. Doch plötzlich tauchte vor Zitterbacke der Wasserfall auf, er glitt aus und brach sich das Genick. Als die Tiere dies erfuhren, waren sie sehr glücklich, feierten Blähhals und ernannten ihn zum König.

---

1. Startplatz.
2. Komma vor „und", wenn ein neuer Satz folgt!

Bemerkung

Der Schüler, der diesen Aufsatz schrieb, hat aus den drei Reizwörtern eine reizende Fabel geschrieben und sie lebendig erzählt. Als Vorübung hatte die Klasse im Deutschunterricht Fabeln behandelt und diese Gattung sowie deren Aufbau und Gestaltungsmerkmale besprochen.

Aufgaben

Ihr lest und besprecht im Unterricht mehrere Fabeln; dadurch wirst Du angeregt, selbst eine Fabel zu folgenden Reizwörtern zu schreiben:
a) Papagei – Taube – Kinderschar
b) Dachziegel – Wetterhahn – Wind
c) Karpfen – Hecht – Angler
d) Gemse – Esel – Felsen!

Polizist – weiße Maus – Ruine

Es war einmal Felix, eine kleine weiße Maus. Sie hatte rötliche Augen und einen sehr langen Schwanz. Ihr Mauseloch war in einem hohlen Baum in der Nähe der Ruine. Die weiße Maus machte soeben ihren Abendspaziergang und hielt nach Futter Ausschau. Als sie herumschnupperte und dabei zum Himmel sah, bemerkte sie einen kleinen Fleck, der sich, immer größer werdend, rasch der Erde näherte. Er landet unweit von ihr, und da sah sie, daß es ein kleines Raumschiff

war, das ungefähr zwei- bis dreimal so groß wie Felix war. Ihm entstieg ein bauner Hamster und ging auf die Maus zu. Dann sagte er: „Da staunst du, was? Ja, ich bin der Hamsterprofessor Nagi. Ich will mich zu meinen Versuchen in ein altes, verlassenes Haus zurückziehen." Die weiße Maus fühlte sich geehrt, den berühmten Hamster kennenzulernen und piepste: „Prima, ich weiß zwar kein einziges verlassenes Haus in der Gegend, aber eine alte Ruine." „Doch beeilen wir uns", fuhr sie fort, „denn ich glaube, Kater Murr von der Katzenpolizei ist in der Nähe." Der Hamster war froh, einen Ortskundigen gefunden zu haben, und folgte dem Rat seines weißen Freundes, indem er ihn in das Raumschiff brauchte und zu der Ruine flog. Murr war ebenfalls zu der Ruine unterwegs, wo er sich ungefähr ein Dutzend Mäuse erhoffte. Er dachte sich grimmig: „Einmal muß ich ja diese schlaue Maus Felix erwischen. Ich werde mich diesmal von hinten an sie heranschleichen, mit einem Satz zu ihr hinspringen, um sie dann als Leibspeise zu verzehren." Solche Pläne hatte er, als er sich lautlos der Ruine näherte. Nagi hatte die Zwischenzeit genutzt und auf Wunsch der Maus eine Feder mit Auslöser zu ihrem Schutz erfunden. „Es soll eine Überraschung für Murr sein. Ich binde die Feder an meinem Rücken fest und wenn ich auf den Knopf drücke, springt sie auf und Murr ins Gesicht", kicherte Felix. Sie machte sich fertig und wartete auf den Kater, der sich bald darauf anschlich; die Maus jedoch hatte ihn schon gesehen, als der Katzenpolizist auf sie zusprang. Nun drückte Felix im richtigen Augenblick auf den Knopf, und die Feder versetzte dem Kater einen kräftigen Schlag auf die Nase.
Er zog sich miauschreiend zurück, und die Maus und der Hamster lachten Murr aus. Der Katzenpolizist ging jetzt zum Eingang der Ruine und wartete auf die beiden. Nun drang auf einmal Geschepper an sein Ohr. Er sah in die Ruine, da rollten Blechbüchsen an ihm vorbei und blieben genau vor dem Loch der Maus stehen. Ehe er sich versah, hüpften Nagi und Felix aus den Büchsen in das Mauseloch hinein. Er fauchte grimmig und dachte sich dabei: „Sie haben mich wieder hereingelegt, die zwei sind mir überlegen. Ich ziehe nach Katzenhausen, dort wird wenigstens etwas für arme Kater getan." Er lief schleunigst heim, packte seine Sachen und zog nach Katzenhausen. Felix und Nagi lachten ihn nochmals aus und bauten sich eine große Höhle, wo der Hamsterprofessor immer mit seinem Gehilfen experimentieren konnte. Sie lebten in der neuen Wohnung zufrieden und glücklich bis an ihr Lebensende.

Bemerkung

Diese in eine Fabel gekleidete Phantasieerzählung ist spannend und lebendig gestaltet. Wörtliche Reden beleben die Erzählung. Die Gestaltungsgesetze der

Fabel (Tiere können sprechen, verhalten sich wie Menschen, eine gewisse belehrende Absicht) sind dem Schüler bekannt. Besonders treffend sind die Einfälle dieser Erzählung.

Schneemann – Kirchturm – Weihnachtsgans

Der Kirchturm auf dem Marktplatz eines kleinen Dorfes sah jedes Jahr vor Weihnachten, wie die Menschen herumhasteten. Viele von ihnen trugen ihre Weihnachtsgänse nach Hause. Eines Tages dachte sich der Turm: „Ich möchte auch einmal eine solche Weihnachtsgans verspeisen." Plötzlich sah er einen Schneemann auf dem Marktplatz stehen. „Hallo Schneemann!" rief er, „kannst du mir eine Weihnachtsganz besorgen?" Der Schneemann antwortete: „Ich werde es versuchen!" Der Schneemann ging zu einem Händler, aber der hatte nur noch lebendige Gänse, und der Schneemann kaufte die allergrößte. Mit dieser stieg er nun auf den Turm. Es war ein sonniger Wintertag, und als der Schneemann höher kam, wurde es immer wärmer. Da fing er an ein wenig zu schmelzen, und seine Kräfte wurden immer weniger. Der Kirchturm sah ihn mit der Gans die Stufen heraufkeuchen und freute sich schon sehr auf den saftigen Braten. Da verließen den Schneemann die Kräfte endgültig, und die Gans entflog durch ein offenes Turmfenster. Traurig sagte der enttäuschte Turm in der Mundart seiner Dorfbewohner: „Ja mei, jetzt hob i heier hoid wieder koa Gans, aber auf an Schneemo ko ma si bei der Witterung ja net verlassen!" Als die Sonne sah, wie der hilfreiche Schneemann dahinschmolz, versteckte sie sich schnell hinter einer Wolke, und der Schneemann kam wieder zu Kräften.

Bemerkung

Dieser Schüler hatte einen netten Einfall und hat ihn frisch und lebendig gestaltet. Die zahlreichen wörtlichen Reden beleben die Erzählung und lockern sie auf. Der Schluß dieser Geschichte endet etwas unvermittelt; der Schüler hätte noch erzählen bzw. anfügen sollen, was der Schneemann tat, ob er wieder heruntersteig oder zur Turmspitze weiterstieg.

Schneemann – Kirchturm – Weihnachtsgans

Ein Schneemann stand verlassen vor der Kirche auf dem Marktplatz. Die Kinder, die ihn gebaut hatten, hatten ihm den Namen Franz Kugelbauch gegeben. Der Kirchturm ließ von Zeit zu Zeit eine Ladung Schnee auf Franz Kugelbauch fallen. Wütend rief dieser hinauf: „He, langer Lulatsch, laß das sein!" Lachend entgegnete der Kirchturm: „Du ärgerst dich ja nur, weil du nicht so groß bist wie ich!" „Warte nur, eines Tages werde ich größer sein als du!" schimpfte Franz Kugelbauch. So endete die Streiterei. Der Schneemann überlegte, wie er den Kirchturm überlisten könne. Da kam Petania, die Gans des Huber-Bauern, dahergewatschelt. Sie war davongelaufen, da sie nicht als Weihnachtsgans verspeist werden wollte. Dem Schneemann kam eine Idee. Er rief: „Petania! Petania! Ich habe dem Kirchturm gesagt, daß ich eines Tages größer sein werde als er, kannst du mir helfen?" „Ja, gern! Aber wie denn?" erwiderte Petania. Franz Kugelbauch sagte: „Nimm mich auf deinen Rücken und flieg mit mir auf die Kirchturmspitze!" Gesagt, getan. Der Kirchturm mußte zuschauen, wie die Gans den Schneemann auf seiner Spitze absetzte. Triumphierend rief Franz: „Nun bin ich doch größer als du!" Der Kirchturm dachte: „Warte nur, bis die Frühlingssonne kommt! Dann wird dir dein Übermut schon vergehen!"

Bemerkung

Auch dieser Schüler hatte einen originellen Einfall, um aus den drei Reizwörtern des Themas eine nette, lebendige Phantasieerzählung zu gestalten. Dieser Aufsatz zum gleichen Thema zeigt, wie verschiedene Einfälle zum selben Thema gleich gut sein und gleichwertig gestaltet werden können. Der Schüler muß nur Phantasie haben und sich davor hüten, der überschäumenden Phantasie freien Lauf zu lassen, denn die Erzählung soll ja in sich glaubwürdig bleiben.

Gewitter – Fichte – Baden

An einem schwülen Sommertag fuhren mein Vati und ich nach Kloster Schäftlarn an die Isar zum Baden. Wir sonnten uns, aber plötzlich rief mein Vater: „Du, schau mal, da zieht ein Gewitter auf." Wirklich, am Horizont ballten sich schwarze Gewitterwolken zusammen. „Ach, so schnell kommt das nicht herauf!" entgegnete ich. Aber da zuckte schon ein Blitz am Himmel, gleich darauf folgte Donnern, und die ersten dicken Regentropfen fielen. In Windeseile packten wir die Handtücher und das Gewand ein und rannten in der Badehose unter eine Fichte. Immer öfter blitzte es und donnerte es, als mein Vati mich am Arm packte und mir ins Ohr rief, um das Donnergrollen zu übertönen: „Komm, wir rennen zu dem Schuppen und stellen uns dort unter." Heftig schnaufend, langten wir tropfnaß im Schuppen an. Plötzlich zuckte ein Blitz durch die Dämmerung. Gleich darauf zerriß der Donner die Luft. Es roch nach verbranntem Holz. Nochmals erhellte ein Blitz die Dunkelheit. Da sahen wir es! „Das ist doch nicht möglich", murmelte ich. „Gott sei Dank, daß wir hierhergelaufen sind." Ein Blitz hatte in die Fichte eingeschlagen, wo wir uns vorher untergestellt hatten. Langsam zog das Gewitter ab, und ein Platzregen setzte ein. Triefend langten wir bei unserem Auto an und waren froh über den für uns glücklichen Ausgang des Gewitters.

Bemerkung

Der Schüler gestaltete aus den drei „Reizwörtern" eine recht brauchbare Erzählung. Den Höhepunkt hätte er jedoch spannender und eindrucksvoller ausführen können.
Vermutlich erinnerte sich der Schüler an das Erlebnis, hat also nicht aus der Phantasie eine Geschichte zu den drei Wörtern, sondern eine Erlebniserzählung geschrieben.

Fortsetzungsgeschichten

Auf einem Stück abgerissener Zeitung las ich folgenden Text:

Ein Nilpferd ging vor das Arbeitsgericht

Frankfurt (ap) – Die späten Nachtstunden hat sich ein Nilpferd ausgesucht, um vor das Arbeitsgericht zu ziehen. Nach

Was war da passiert? Ich ließ meine Phantasie spielen und dachte mir aus, was da geschehen sein könnte.
Um 1 Uhr nachts meldete ein Taxifahrer über Funk: Sonderbarer Fall! Ich sehe in der Nähe des Arbeitsgerichts ein Tier, ein großes Tier. Ich kann nicht erkennen, was für ein Tier es ist. Groß und massig. Gebt das mal der Polizei durch!" Man wird einen Streifenwagen losgeschickt haben. „Großes, massiges Tier?" brummte der Fahrer. „Das kann doch nur ein Elefant sein, aber wo käme denn der her?" – „Schließlich kennt doch jeder einen Elefanten!" – „Jetzt sind wir gleich da! Ja, da ist etwas Massiges. Was kann denn das sein? Richte mal den Suchscheinwerfer darauf." – „Das ist doch – ein Nilpferd. Ein ausgewachsenes Nilpferd grast auf der Wiese vor dem Arbeitsgericht, mitten in Frankfurt!" – „Max 3 an Zentrale: Es ist ein Nilpferd, einwandfrei! Woher es kommt und wem es gehört, weiß ich auch nicht. Es ist ganz friedlich, beachtet uns nicht." – „Da muß doch ein Zirkus in der Nähe sein, das Biest ist ausgerissen, hat wohl Hunger nach einer frischen Großstadtweide gehabt." Der Streifenwagen fand den kleinen Zirkus, und einer der Polizisten pochte an die Tür eines Wohnwagens. „Was ist los?" schrie eine Stimme von innen. „Hier Polizei! Fehl Ihnen ein Nilpferd?" – „Wir haben zwar ein Nilpferd in unserem Wanderzoo, aber das liegt friedlich im Stallzelt." – „Meinen Sie? In Wirklichkeit grast Ihr Tier vor dem Arbeitsgericht. Holen Sie es dort, sonst beschwert es sich noch beim Arbeitsgericht." – „Das war eine Überraschung für den Mann! Wir aber beobachten das Nilpferd vom Streifenwagen aus, damit wir evt. Passanten warnen können. Nicht daß es einen Zusammenstoß gibt zwischen einem Nilpferd und einem menschlichen Dickkopf."

Das ist meine Fortsetzungsgeschichte. Und jetzt, nachdem sie geschrieben ist, finde ich auch den Rest der Zeitungsnachricht. Hier ist er. Seht mal nach, ob meine Phantasie zu wild war.

Angaben der Polizei von gestern machte ein Taxifahrer gegen 1.00 Uhr Meldung, daß er im nördlichen Innenstadtbereich „ein massiges Tier" gesehen habe. Eine Funkstreife „nahm an der angegebenen Stelle die Suche auf", hieß es im Polizeibericht wörtlich, „und entdeckte vor dem Arbeitsgericht auf einer Wiese ein ausgewachsenes Nilpferd, das grasend in Richtung Oberfinanzdirektion zog". Obwohl sich anschließend drei weitere Streifenwagen an der Safari beteiligten, nahm das Tier „wenig Notiz von seinen ‚Treibern'", sondern graste munter weiter. Die Polizei fand heraus, daß das Nilpferd zu einem Zirkus gehörte, der in der Nähe sein Winterquartier aufgeschlagen hatte. Der Dickhäuter wurde wieder eingefangen.

MM 22/11/85

Affe klopft an Haustür

Heilbronn (AP)

Sechs Schimpansen, die aus einem Privatzoo bei Schweigern im Kreis Heilbronn ausgebrochen waren, hielten am Donnerstag Polizei und Bewohner des württembergischen Ortes stundenlang in Atem. Während die vom Betreiber des Kleintierparks alarmierte Polizei noch auf dem Weg war, erreichte das zuständige Revier bereits der erste Notruf von Bewohnern eines nahegelegenen Hauses, vor ihrer Haustür stehe ein Affe und begehre klopfend Einlaß. Ein anderes Tier belagerte den Kindergarten, der auf polizeiliche Anordnung über die inzwischen längst abgelaufene Betreuungszeit hinaus seine Tür verschlossen halten mußte. Nachdem zwei Schimpansen freiwillig „nach Hause" zurückgekehrt waren, erging es einem weiteren schlecht: Ein Pressephotograph, der versuchte, aus allernächster Nähe eine Art Paßbild zu schießen, wurde von dem Affen angegriffen und am rechten Arm verletzt. Das Tier wurde von einem Polizisten erschossen. Die anderen drei Schimpansen wurden nach mühseliger Jagd mit Betäubungsgewehren zur Strecke und zurück in den Zoo gebracht.

SZ 27/7/84

Wir wollen aus dem sachlichen Bericht mehrere Erzählungen gestalten. Deshalb geben wir den einzelnen Affen Namen.

1. Affe: Joko
2. Affe: Koko

3. Affe: Lana
4. Affe: Roger
5. Affe: Vicky

6. Affe: Jack

Was erlebten Joko und Koko, Lana und Roger, Vicky und –Jack?

Joko an der Haustür

Einer Schimpansenfamilie war es gelungen, die Tür ihres Käfigs zu öffnen und ihrem Zoo zu entfliehen. Im Affengalopp genossen sie ihre Freiheit. Jeder wollte sein eigenes Abenteuer erleben. Nachdem sie eine Weile in den Alleebäumen herumgeturnt hatten, wurde Joko neugierig, wer denn in dem Wohnhaus an der Straße wohnen könnte.
Er klopfte an die Haustür. „Sieh mal nach, wer da klopft, statt die Türklingel zu benützen. Schau aber zuerst durch das Guckloch!" sagte die Mutter zur Tochter. Mit weitaufgerissenen Augen und verwirrt kam das Mädchen zurück: „Du Mama, da ist ein Affe draußen, der will herein! Horch, jetzt klopft er schon wieder!" – „Mach keine dummen Witze, Kind!" zürnte die Mutter, ging aber doch zur Tür! „Tatsächlich, ein Affe! Nicht öffnen!" – „Vielleicht ist er bösartig!" – „Da rufe ich die Polizei an!" entschied die Mutter. „Eins, Eins, Null!" – „Ja, hier Schweiger, Arnulfstraße 12. Vor unserer Haustür steht ein Affe und klopft. Was sollen wir tun? Kommen Sie sofort!" – „Sie wissen es schon? Der erste der Ausreißer, sagen Sie. Sechs, um Gottes willen! Jetzt fangen Sie einmal den vor unserer Haustür! Danke! – Es kommt gleich jemand vom Zoo." „Er klopft immer noch. Ein hartnäckiger Bursche!" – „Vielleicht hat er Hunger. Soll ich ihm eine Banane hinausreichen?" – „Auf keinen Fall. Der soll warten, bis seine Wärter kommen." – Ein Auto fährt vor, zwei Männer steigen aus und gehen mit einem Bündel Bananen auf den Schimpansen zu. Joko, komm! Joko, komm! Joko geht auf die beiden Wärter oder auf die Bananen zu, und sie werfen ihm ein Netz über den Kopf. Joko ist wieder gefangen.
Der erste der Ausreißer war glücklich wieder eingefangen worden und wartete nun in seinem Käfig auf seine Familie.

Wie erging es dem zweiten Affen, Koko?

Wir wollen es erzählen.
Koko war in das Gelände des Kindergartens geraten, sah neugierig zum Fenster hinein und sah viele Kinder beim Spielen. Er wollte mitspielen und klopfte deshalb ans Fenster. Ein Kind starrte plötzlich hinaus und deutete mit dem

ausgestreckten Arm hinaus. Die anderen Kinder folgten der Blickrichtung und schrien auf: „Ein Aff! Ein Aff!" – „Ruhe!" rief die Kindergärtnerin, schwieg aber dann betroffen, als sie den Affen am Fenster erblickte. „Der tut Euch nichts, Kinder! Nicht fürchten! Warum weinst Du denn, Angelika? Er ist doch draußen! Wir lassen ihn nicht herein. Ich werde mal die Polizei anrufen." – „Eins, eins, null!" – „Hier ist der Kindergarten, Schwester Marga! Zu unseren Fenstern schaut ein Affe herein. Er rennt von einem Fenster zum anderen. Die Kinder fürchten sich!" – „Halten Sie Türen und Fenster geschlossen, auf keinen Fall öffnen. Er ist einer von sechs Affen, die ausgebrochen sind. Behalten Sie die Kinder im Haus, auch über die Betreuungszeit hinaus." – „Ich möchte heim zu meiner Mutti!" – „Das geht jetzt nicht, Kind! Wir wollen warten, bis der Affe weg ist." – „Jetzt ist er an diesem Fenster, Tante!" – „Lassen wir jetzt den Affen, bis es ihm langweilig wird, wir singen ein Lied!"
Nach langem Warten merkten die Kinder, daß draußen vor den Fenstern Leute angekommen waren. Hinter einem Auto stand ein Mann mit einem Gewehr. „Der erschießt unseren Affen!" schrie Martin. – Nein, er betäubt ihn nur! Seid ruhig! – Blaf! tat das Gewehr, und der Affe, der arme Koko, sank müde zur Seite. Zwei Wärter trugen ihn zum Auto, und die Gefahr für die Kinder war vorbei. Sie konnten nun von ihren Eltern abgeholt werden und plapperten von ihrem Affen noch, bis sie einschliefen.

Aber der dritte Affe? Und der vierte Affe?

Was geschah ihnen? Wir wollen erzählen.
Die beiden Affen waren noch jung. Sie hielten sich an der Hand und schauten verwundert auf das tolle Treiben der Älteren. Sie fühlten sich einsam. Wo war denn ihre Betreuerin Berta? Die liebe Berta. Nirgends zu sehen. „Wir wollen sie suchen?" – Etwas traurig marschierten sie in Richtung Zoo zurück, die Strecke, die sie vorher so übermütig gehopst waren. Und Berta schaute nach ihnen aus, schlug in die Hände und rief ganz glücklich: „Lana und Roger kommen zurück. Freiwillig!" Sie lief ihnen entgegen, und die Äffchen sprangen ihr auf die Arme und auf die Schulter und waren ganz aufgeregt. „Jetzt gehen wir zurück und ihr bekommt euere Bananenmilch. Ihr seid ja so erschöpft von der Aufregung. Aber jetzt seid ihr ja wieder bei mir!"
Schmatzend tranken sie ihre Bananenmilch und kuschelten sich in die Arme von Berta.

Die arme Vicky

Jetzt ist der fünfte Affe an der Reihe, die Äffin Vicky. Sie hatte ein schweres Geschick, das ich erzählen will.
Vicky war von Baum zu Baum geturnt, beobachtete die aufgeregten Menschen mit sichtbarem Vergnügen, und sie sprang immer auf den nächsten Baum, wenn ihr der Feuerwehrmann mit der Leiter zu nahe kam.
Was war denn das? Da kam ein junger Mann ganz nahe an sie heran und hatte eine Leica vor dem Gesicht. Er wollte sozusagen ein Paßbild von Vicky schießen. Aber Vicky wollte nicht fotografiert werden. „Nein! Nein!" schrie sie in ihrer Affensprache. Aber der Pressefotograf verstand die Affensprache nicht, kam immer näher und näher. Da sprang ihn Vicky an. Der Mann hielt schützend seinen Arm vor das Gesicht, und da krallte sich Vicky am Arm fest, biß vielleicht auch hinein. So genau wußte das Vicky nicht in der Aufregung. Sie ließ ihn ja wieder los und entfloh auf den Baum. „Der Affe ist gefährlich! Da hilft nichts als erschießen. Der greift die Menschen an." Der Polizist hob sein Gewehr und zielte, zielte genau, denn dieses gefährliche wilde Tier durfte nicht länger die Menschheit gefährden. Er schoß, und nach einer Weile fiel Vicky vom Baum. Tot!
Vicky mußte den Ausflug in die Freiheit mit dem Leben bezahlen. Vicky kehrte nicht zu den anderen Ausreißern zurück. Sie wurde vermißt. Die Affen verstanden wohl, daß sie getötet worden war.

Und jetzt der sechste Ausreißer. Wo ist der sechste Affe?
Wo ist Jack?
Ich will es von Euch wissen. Schreibt es mir.

4. Berichte

Im Bericht, einer der wichtigsten Aufsatzarten der sachlichen Darstellung, soll der Bearbeiter in sachlicher Sprache über Tagesereignisse, Veranstaltungen, Ausstellungen und Theaterbesuche berichten. Das eigene Erleben tritt zurück hinter der rein sachlichen Darstellung. Der Leser soll einen Sachverhalt ganz genau erfahren, der Schreiber will belehren und erklären. Der Bericht will nicht unterhalten wie die Erlebniserzählung und will nicht Eindrücke vermitteln wie die Schilderung oder das Stimmungsbild. Der Bericht wird in der Vergangenheitsform (im Präteritum) geschrieben.

Grundregeln für den Schülerbericht

1. Berichte nur Tatsachen!
   Der genaue Ablauf eines Ereignisses soll festgehalten werden. Objektivität ist das oberste Gebot. Der Berichterstatter tritt zurück, seine persönliche Meinung ist nicht gefragt. Tatsachen, und nur die Tatsachen!
2. Ordne die Tatsachen!
   Die Tatsachen sollen in einer logischen Reihenfolge vorgebracht werden.
3. Berichte nur die wichtigsten Tatsachen!
   Du sollst nur das Notwendige berichten, d. h. die Tatsachen, die für das Verständnis des Vorgangs notwendig sind.
4. Beachte den Zweck deines Berichts!
   Die Entscheidung darüber, welche Tatsachen wichtig sind, hängt vom Zweck des Berichts ab. Soll der Bericht eine Schuldfrage klären helfen oder Grundlage einer geschäftlichen Entscheidung sein?
5. Berücksichtige den Empfänger des Berichts!
   Wenn der Adressat eines Berichts eine Versicherung ist, wird die Auswahl der Tatsachen eine andere sein, als wenn der Adressat ein Arzt ist.
6. Schreibe in einer knappen Form!
   Dem gestrafften Inhalt soll der knappe Stil entsprechen. Satzbau und Wortwahl sollen auf die Sachlichkeit und Objektivität des Berichts Rücksicht nehmen.

Die häufigsten Fehler beim Bericht sind:

1. Der Schreiber kommt ins Erzählen oder Schildern, d. h. er kann seine Gefühlsregungen nicht unterdrücken.

2. Die richtige Reihenfolge wird nicht eingehalten.

3. Es wird ungenau oder gar falsch berichtet.

4. Die sprachliche Darstellung ist unklar oder eintönig.

Für den Bericht, wie er jeden Tag von uns gefordert werden kann, sind Zweck und Adressat besonders wichtig. Deshalb sollen diese Bezüge auch für den Bericht in der Schule beachtet werden. Ein Unfallbericht soll den objektiven Tatbestand bringen. Das ist der Zweck des Berichts. Aber je nach dem Adressaten (Arzt, Versicherung, Polizei usw.) wird eine bestimmte Auswahl der Tatsachen erwartet.
Der Arzt erwartet in einem Unfallbericht zu lesen, was für das Unfallopfer in körperlich/seelischer Beziehung wichtig ist. (Der Bericht des Arztes wird sich nur auf den Gesundheitszustand beziehen.) Den Arzt interessiert nicht, ob die Ampel Rot oder Grün anzeigte, ob seinen Patient eine Schuld am Unfall trifft oder nicht.

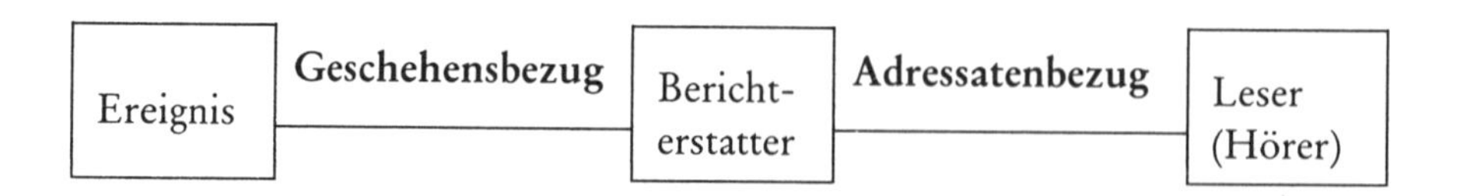

Die sechs W-Fragen des Berichts:

Wann war das Ereignis?
Wer war daran beteiligt?
Was ist geschehen?
Wo ist es geschehen?
Wie ist es geschehen?
Warum ist es geschehen?

Namen und Daten sind geändert und entsprechen nicht der Wirklichkeit.

Bericht an den Schuldirektor

Am 29. 5. 85, während der Pause, spielte ich mit meinen Freunden Erich Huber, Hermann Mayer, Peter Müller und Hubert Alexander im oberen Teil des Westhofes Fangen. Gegen Ende der Pause mußte ich fangen, doch die meisten liefen[1] mir immer davon, so daß ich keinen erwischen konnte. Schließlich stand Erich Huber vor mir; als er weglaufen[1] wollte, lief[1] ich hinterher, ich holte ihn bald ein. Darauf hielt ich ihn fest und stellte ihm das Bein. Erich fiel auf den rauhen Asphaltboden und schürfte sich die Haut an Händen und Füßen auf. Danach bekam ich Angst und lief[1] in die Toilette, wo ich mich einsperrte, bis die Pause zu Ende war.

---

1. Wiederholungen im Ausdruck (Verb!) vermeiden!

Bemerkung

Dieser Bericht gibt den Vorfall sehr knapp und klar wieder. Allerdings geht daraus nicht hervor, wodurch dieser Bericht an den Direktor der Schule veranlaßt wurde. Das hätte der Schüler im Bericht noch erwähnen sollen.

Bericht an den Klaßleiter über einen Vorfall

Am Montag, den 26. 2. 1985 um 7.50 Uhr ging ich mit meinen Freunden Rainer Sieber und Fred Rober die Wackersberger Straße in Richtung Harras. Dabei warfen wir Schneebälle an die gegenüberliegenden Hausmauern. Dann sah ich ein offenstehendes Fenster und warf kurzerhand, ohne zu überlegen, einen Schneeball hinein. Dabei sah mich ein größerer Schüler unserer Schule, der mir vorwarf, daß es eine Gemeinheit sei, in die Wohnung eines Blinden einen Schneeball zu werfen.
Ich hatte nicht daran gedacht, daß in diesen Häusern Blinde mit ihren Familien wohnen.

Am nächsten Tag sah ich den Schüler mit einem Lehrer sprechen. Um 10.45 Uhr kam der betreffende Schüler mit Herrn Direktor Reiser in unser Klassenzimmer. Herr Reiser holte mich heraus und führte mich in sein Direktionszimmer. Dort fragte er mich nach Namen und Klasse und warum ich den Schneeball in das Fenster geworfen habe. Ich antwortete ausweichend und verlegen. Darauf sagte Herr Reiser, er gebe mir entweder einen Arrest über den Klassenleiter oder eine Direktoratsstrafe. Danach entließ er mich. In der Pause besprach ich die Angelegenheit mit unserem Klassenleiter und bat ihn um Vermittlung. Er riet mir, mich bei der Familie des Blinden zu entschuldigen und zu fragen, ob mein Schneeball Schaden angerichtet habe. Am nächsten Tag gab mir mein Klaßleiter die Arrestaufgabe für Mittwoch, den 7. 3. 1985, einen Bericht über diesen Vorfall und einen Entschuldigungsbrief an die betroffene Frau zu schreiben.

Dieter Ruscher

Entschuldigungsbrief

München, den 7. 3. 1985

Sehr verehrte Frau Bauer!

Hiermit möchte ich mich dafür entschuldigen, daß ich vor einigen Tagen in Ihr offenes Fenster einen Schneeball geworfen habe. Es war eine unüberlegte Tat, und ich bedauere sie sehr. Wenn ich einen Schaden verursacht haben sollte, werde ich dafür aufkommen.
Hochachtungsvoll
Dieter Ruscher

Bemerkung

Hier haben wir einen Bericht, wie er manchmal im Alltag geschrieben werden muß, nicht nur als Aufsatzübung in der Schule.

Aufgabe

a) Lies den Bericht und den Brief besonders kritisch und halte in Stichworten fest, was Deiner Ansicht nach fehlt oder nicht richtig dargestellt ist!
b) Schreibe in wenigen Sätzen nieder, wie Du in einem solchen Fall handeln würdest und was Du schreiben würdest!

Bericht über einen Unfall

In München am 20. Dezember 1985 um 15 Uhr ungefähr[1] kam ich an der Kreuzung Kapuziner-/Lindwurmstraße vorbei. Dabei sah ich einen Postwagen, der mit hoher Geschwindigkeit von der Kapuzinerstraße her in Richtung dieser Kreuzung[2] fuhr. Das Postfahrzeug überquerte rasend[3] die vertieften[4] Straßenbahnschienen, die sich in der Lindwurmstraße an dieser Kreuzung befinden[5]. Dadurch hob sich das Heck dieses Wagens, und er kam ins Schleudern, weil er gleich darauf in der Heinrichstraße um die Kurve fahren[6] mußte. Das Heck dieses Postwagens traf[7] einen entgegenkommenden VW Passat beim[7] vorderen Kotflügel. Darauf[8] bremsten beide Fahrzeuge. Die Insassen der beiden Unglückswagen kamen ohne Verletzungen davon.[9] Der Schaden der beiden Autos war nicht groß. Der Kotflügel des Volkswagens war eingedrückt. Der Postwagen hatte seitlich am Heck einen großen Kratzer. Der Verkehr wurde durch diesen Unfall nicht stark behindert.[10] Die verständigte Polizei regelte[11] den Zusammenstoß. Es stellte sich heraus, daß der Postwagenfahrer der Schuldige war, weil er mit zu hoher Geschwindigkeit gefahren ist.[12]

---

1. Unklarer Satzbau! Besser: „Am 20. Dezember 1985 kam ich gegen 15 Uhr in München an der Kreuzung . . . vorbei."
2. Schwerfällige Ausdrucksweise!
3. Wenig treffend! Besser: „. . . fuhr mit großer Geschwindigkeit . . ."
4. Nicht gebräuchlicher Ausdruck!
5. Schlechter Ausdruck!
6. Dafür: „nach rechts (links?) abbiegen mußte."
7. Dafür: „. . . streifte, prallte gegen . . ." Welchen Kotflügel?
8. Doch wohl vorher schon!
9. Reihenfolge!
10. Wieso nicht? Standen die Fahrzeuge nicht in der Kreuzung?
11. Unsinn! Die Polizei kann höchstens den Verkehr an der Unfallstelle regeln. Außerdem wird im Aufsatz nicht erwähnt, daß die Polizei verständigt wurde.
12. Falsche Zeit! Richtig: „gefahren war"!

Bemerkung

Inhaltlich fehlen einige wesentliche Zusammenhänge; auch die Reihenfolge der Vorgänge ist nicht immer beachtet. Die sprachliche Darstellung ist an einigen Stellen zu wenig treffend. Ein ungenauer, lückenhafter Bericht!

Unfallbericht

Ich verbrachte meine Ferien im August 1985 mit meinen Eltern bei meiner Großmutter in Oberspechtrain. Am 17. August, nach dem Mittagessen, machten wir einen Spaziergang auf einem nahegelegenen Feldweg in Richtung Loizenkirchen. Etwa 200 m vor der Einmündung des Feldweges in die Ortsverbindungsstraße Oberspechtrain–Loizenkirchen sah ich gegen 14 Uhr ein aus Richtung Unterspechtrain kommendes blaues Kraftfahrzeug, Typ „Ford Fiesta". Das Fahrzeug näherte sich mit langsamer[1] Geschwindigkeit, ca. 40 km/h, einer an einem 3 m hohen Abhang vorbeiführenden leichten Linkskurve. Dabei verlor der Fahrer die Herrschaft über sein Fahrzeug. Er fuhr in der Kurve nach rechts über die 3 m hohe Böschung. Das Fahrzeug überschlug sich und blieb auf dem Dach liegen.
Der Fahrer des Wagens, ein älterer Herr, kroch scheinbar[2] unverletzt aus dem fast unbeschädigten Auto und ging zum nahegelegenen Bauernhof, um Hilfe zu holen. Wir gingen in der Zwischenzeit zu dem Wagen und warteten, um helfen zu können. Der Wagen hatte ein Dingolfinger Kennzeichen. Im Fahrzeug befand sich ein Angelgerät. Nach fünf Minuten kam der Fahrer aus dem Bauernhof, um wieder zum Unfallort zurückzukommen. 50 m vom Hof entfernt auf dem Verbindungsweg zur Straße blieb der Mann stehen, setzte sich hin und fiel dann ganz um[3]. Wir liefen zu ihm; mein Vater rief ihn an, er gab jedoch kein Lebenszeichen von sich.
Im gleichen Augenblick fuhr der Bauer mit dem Traktor aus dem Hof, um den Wagen zu bergen. Mein Vater bemühte sich um den Leblosen. Der Bauer, der gerade eintraf, verständigte Polizei und Krankenwagen. Nach 15 Minuten kamen beide Fahrzeuge mit Blaulicht aus Richtung Dingolfing. Für den Verunglückten kam jede Hilfe zu spät. Er war, wie der Arzt später bei der Obduktion feststellte, durch den Schock einem Herzschlag erlegen. Meine Eltern wurden von der Polizei als Zeugen vernommen. Der Bauer zog mit dem Traktor das Unfallfahrzeug aus dem Graben, die Polizei stellte es sicher. Der Tote wurde kurze Zeit darauf vom Sanitätsauto in einem Blechsarg abtransportiert.

---

1. Besser: „mit geringer Geschwindigkeit"!
2. Richtig: „anscheinend"! Ein im süddeutschen Sprachgebrauch häufiger Fehler, daß „scheinbar" (nicht wirklich, vorgetäuscht) mit „anscheinend" (vermutlich, offensichtlich) verwechselt wird.
3. Schlechter Ausdruck; außerdem fehlt die Beziehung für „ganz", denn vorher war der Mann nicht „teilweise" umgefallen. Besser: „Stürzte dann zu Boden"!
4. Ein Sanitätsauto führt keinen Blechsarg mit!

Bemerkung

Ein klarer, genauer Unfallbericht, der jederzeit die Grundlage für ein Unfallprotokoll oder die Niederschrift einer Zeugenaussage sein könnte!

Ein Unfall

Am Samstag, dem 16. Januar 1985, ereignete sich am Baldeplatz in München gegen 15.30 Uhr ein folgenschwerer Verkehrsunfall. Ein Autofahrer aus Freising fuhr[1] mit seinem alten, hellgrünen Ford die Auenstraße in Richtung Baldeplatz herauf. Da die Straße frei war, fuhr[1] er mit überhöhter Geschwindigkeit, um noch bei Gelb über die nächste Kreuzung zu kommen. Kurz vor der Ampel sah er einen dunkelblauen Volkswagen Polo mit einem Münchner Kennzeichen, der bei Gelb schon anfuhr, von rechts aus der Kapuzinerstraße auf die Kreuzung zukommen. Der junge Freisinger hupte, um den VW-Fahrer auf sich aufmerksam zu machen. Dieser glaubte jedoch, noch rechtzeitig den Baldeplatz überqueren zu können, und beschleunigte[2] seine Geschwindigkeit. Der Fordfahrer erkannte diese Absicht und wollte seinen Wagen nun plötzlich abbremsen. Er konnte aber nicht mehr zeitig genug anhalten und rammte den Volkswagen an der hinteren linken Türseite. Dadurch wurde der VW um ungefähr 120 Grad gedreht und mit dem Heck an eine gegenüberstehende Verkehrsampel geschleudert. Die meisten Beteiligten[3] blieben unverletzt, jedoch der Fahrer des Volkswagens erlitt durch den Aufprall an der Windschutzscheibe schwere Schnittverletzungen am Kopf und blutete stark. Sofort hatte sich eine Menschenmenge um den Unfallort versammelt.
Bereits nach wenigen Minuten war die Polizei an der Unfallstelle. Diese verständigte dann einen Notarztwagen, der den leichtverletzten Fahrer des hellgrünen Ford[4] in das nächste Krankenhaus brachte. Die drei Insassen des Volkswagens wurden kurz darauf mit einem Malteser Krankenwagen abtransportiert, um mögliche Knochenbrüche oder innere Verletzungen feststellen zu können.
Die Funkstreifenbeamten des Unfallaufnahmewagens fotografierten den Unfallort. Sie rekonstruierten den Unfallhergang durch Messen und Aufzeichnen der Bremsspuren. Danach schafften zwei Abschleppfahrzeuge die schwer beschädigten Autos weg. Der Sachschaden war sehr beträchtlich, da die beiden Wagen fast schrottreif waren.

1. Mit dem Prädikat abwechseln!
2. Besser: „. . . erhöhte, vergrößerte seine Geschwindigkeit".
3. Unklar, wer mit „Beteiligten" gemeint ist, denn bisher ist im Bericht nur von den Fahrern der beiden Pkws die Rede. Außerdem widerspricht diese Feststellung dem, was im folgenden Abschnitt berichtet wird.
4. Vorher vom verletzten Fahrer des VW berichtet!

Bemerkung

Dieser Aufsatz berichtet ausführlich und klar über den Unfallhergang, so daß jeder, der den Bericht liest, weiß, wie es zu diesem Unfall kam. Unklar bleibt jedoch, wer mit den „meisten Beteiligten" gemeint ist und welcher Fahrer schwere Schnittverletzungen erlitt; vom Notarztwagen versorgt wird nämlich der leichtverletzte Fahrer des Ford; vom VW-*Fahrer* wird nicht berichtet, daß er vom Notarzt versorgt wurde.

Ein Unfall beim Spiel

Am Montag, dem 30. September, ging ich etwa gegen 17.00 Uhr für meine Mutter einkaufen. Als ich aus der Brehmstraße auf die Schönstraße kam, sah ich Markus, Christoph und Wolfgang. Sie spielten Verkehrspolizei. Markus stand mitten auf der Straße, während die anderen beiden immer von einer Straßenseite auf die andere liefen. Durch den Berufsverkehr war die Straße sehr belebt.[1] Einige Autofahrer drohten den Kindern mit erhobener Hand. Als Markus und Wolfgang daraufhin von[2] der Straße rannten, lief Christoph, der auf der rechten Straßenseite stand, quer über die Fahrbahn. Dabei achtete er nicht auf den Verkehr und rannte blindlings in ein Auto. Die Reifen quietschten.[3] Christoph prallte gegen die Kühlerhaube und wurde auf den Gehsteig geschleudert. Dort schlug er mit dem Kopf auf den Randstein auf. Bewußtlos blieb er mit einer Wunde am Kopf liegen. Der Autofahrer stieg ganz verstört aus seinem Wagen und beugte sich über den verletzten Jungen. Passanten riefen die Funkstreife und den Unfalldienst.[4] Markus wurde in eine Klinik gebracht.[5]

---

1. Dafür: „. . . war sehr dichter Verkehr, fuhren sehr viele Autos."
2. Besser: „. . . von der Straße auf den Fußweg rannten, . . ."
3. Hier vermittelt der Aufsatz einen Eindruck; ein Bericht soll jedoch sachlich sein, nur Feststellungen treffen. Hier: Der Fahrer bremste sofort. Außerdem wird nicht festgestellt, ob bzw. wann das Auto zum Stehen kam.
4. Auch hier wird nicht festgestellt, ob bzw. daß Funkstreife und Rettungswagen eintrafen.
5. Von wem? Vom Polizeifahrzeug? Vom Rettungswagen? Von einem Autofahrer, der zufällig vorbeikam? Ferner berichtet der Schüler nicht, was die Polizisten am Unfallort machten, daß sie den Unfall aufnahmen, ein Protokoll anfertigten, den Autofahrer vernahmen, Zeugen vernahmen.

Bemerkung

Dieser Bericht ist ein erster Versuch in dieser Aufsatzform und als solcher im ganzen brauchbar. Inhaltlich sind einige Stellen ungenau berichtet, einige für den Zusammenhang des Unfallgeschehens wichtige Einzelheiten fehlen (Fahrzeugtyp, Farbe, Kennzeichen). Die sprachliche Darstellung ist sachlich.

Ein Auffahrunfall

Am 8. September 1985 fuhr ich mit meinen Eltern im Auto meines Onkels von Rosenheim nach München. Wir benutzten die Landstraße über Grafing. Auf der Straße war sehr starker Verkehr. Zwischen Ostermünchen und Aßling überholte uns gegen 17.00 Uhr mit großer Geschwindigkeit ein schwarzweißer Ferrari. Die Landstraße war an dieser Stelle sehr unübersichtlich. Am Steuer des Wagens saß ein junger Mann. Neben ihm sah ich ein junges Mädchen mit blondem Haar. Das Auto hatte ein Rosenheimer Kennzeichen. Die Nummer habe ich mir nicht gemerkt. Hundert Meter vor uns fuhren dicht hintereinander zwei Volkswagen. Als der Ferrari diese überholte, sah ich auf einmal ein Personenauto, das uns schnell entgegenkam. Der Ferrari mußte rasch auf die rechte Fahrbahn wechseln. Er schnitt dabei den vorderen Volkswagen. Dieser mußte scharf bremsen. Der darauffolgende Volkswagen fuhr auf den vorderen auf. Beide Volkswagen hielten an. Der Ferrari fuhr weiter. Wir blieben am Unfallort stehen und stiegen aus. Beide Volkswagen waren beschädigt. Ihre Stoßstangen waren stark verbogen. Bei dem vorderen VW waren beide Rücklichter und am hinteren beide Scheinwerfer zertrümmert. Aus den beiden Fahrzeugen stiegen drei Männer aus. Einer von ihnen blutete etwas im Gesicht. Mein Onkel fuhr in die nächste Ortschaft und verständigte die Polizei. Nach fünfzehn Minuten kam ein Streifenwagen und nahm den Unfall auf. Nach meiner Meinung hat der weiß-schwarze Ferrari den Unfall verursacht. Schuldig ist aber auch der Fahrer des zweiten Volkswagens, weil er zu wenig Abstand gehalten hat.

Bemerkung

Ein ausführlicher Bericht, der festhält und wiedergibt, was wichtig ist. Die sprachliche Darstellung ist sachlich und klar.

Wie ein Radfahrer verunglückte

Am 16. Juni 1985 erlebte ich an der Kreuzung Orleáns- und Rosenheimer Straße um 16.35 Uhr einen schweren Unfall. Ein schwarzer Volkswagen mit offenem Dach und dem Kennzeichen M – YP 771 wollte die Rosenheimer Straße stadteinwärts fahren. Da ich an dem Eingang der Hypo-Bank stand, der genau an der Ecke ist, konnte ich den Unfall gut beobachten.[1] Zufällig blickte ich auf die Ampel und sah, daß sie für die Rosenheimer Straße auf Rotlicht geschaltet war. Doch da brauste[2] der Volkswagen mit hoher Geschwindigkeit über den Zebrastreifen. Ein Radfahrer, der vermutlich bei Gelblicht gestartet war und die Rosenheimer Straße in Richtung Balanstraße überqueren wollte, wurde von dem schwarzen VW am Vorderrad erfaßt. Den jungen Radfahrer schleuderte es durch die Luft, und er blieb wenige Meter vor dem Auto regungslos liegen. Die Fahrerin des Volkswagens bremste[3] so stark, daß sie mit dem Kopf gegen die Windschutzscheibe schlug. (Wie ich es von meinem Platz sah, hatte das schwarze Auto eine Bremsspur von ca. 6 m, doch dies kann ich nicht beschwören.) Die Autofahrerin stieg aus und brach bewußtlos zusammen. Die Frau hatte keinen Beifahrer.[4] Der junge Radfahrer hatte eine schwarze Aktenmappe auf dem Gepäckträger, die ihm beim Zusammenstoß herunterfiel.[5] Das Vorderrad des Fahrrads war völlig beschädigt.[6] Der rechte vordere Scheinwerfer des VW war in Scherben zersprungen.[7] Ein Passant alarmierte die Polizei, die etwa zehn Minuten später eintraf.[8]

---

1. Reihenfolge! Diese Feststellung müßte nach dem ersten Satz getroffen werden, denn im Bericht über den Unfallhergang stört sie.
2. Das ist keine sachliche Feststellung! Dafür: „fuhr"!
3. Falsche Zeitstufe! Die Autofahrerin „hatte so stark gebremst", denn das geschah, bevor der Radfahrer am Boden lag!
4. Besser: „Die Frau saß allein im Wagen."
5. Falsche Zeitstufe! „heruntergefallen war"!
6. Unsinn! Dafür: „. . . war völlig verbogen".
7. Nicht gebräuchlicher Ausdruck!
8. Hier müßte berichtet werden, was die Polizisten taten, was mit dem Radfahrer und der Autofahrerin geschah, denn sie waren beide verletzt.

Bemerkung

Der Bericht ist brauchbar, aber der Schlußteil ist unvollständig, denn die ärztliche Versorgung der Verletzten, deren Abtransport ins Krankenhaus gehören noch zum Bericht.

Mein Fahrradunfall

Am 20. Oktober 1985 fuhr ich mit dem Fahrrad durch Forstenried zur Reinigung Christ. Auf dem Rückweg raste ich auf dem Fahrradweg neben der Straßenbahnlinie 8 durch die Olympia-Unterführung auf die Neurieder Haltestelle zu. Im Tunnel ist zwischen den Straßenbahnschienen und dem Fahrradweg ein hohes Eisengitter angebracht. Ich sauste mit einer Geschwindigkeit von 40 km in der Stunde durch die Mitte des Tunnels, als ich in einiger Entfernung, aber noch unten in dem Tunnel, einen Straßengulli auf dem Fahrradweg erblickte. Ich habe mir angewöhnt, alle Gullis zu umfahren. So auch hier. Kurz vor dem Gulli machte ich eine kleine Linkswendung. Gerade durch diesen Schlenker sprang die Fahrradkette vom hinteren Zahnrad und schleifte auf dem Boden entlang. Auf einmal brauchte ich keine Kraft mehr zum Treten aufzuwenden, und die Pedale sausten plötzlich frei vom Kettenzug, wie von selbst. Ich merkte, daß ich aus dem Gleichgewicht geriet. Ich riß daher den Lenker nach rechts herum und gleich darauf wieder in die entgegengesetzte Richtung, um in gerade Fahrt ausrollen zu können. Aber durch diese scharfe Kurve berührte die eine Pedalspitze den Boden. Das Rad kam ins Schleudern. Ich schwenkte weiter nach links und sauste in voller Fahrt quer über den Fahrradweg auf das Straßenbahngitter zu. Mit weit vorgebeugtem Kopf versuchte ich noch einmal in gerade Fahrt zu kommen, doch es war schon zu spät. Ich knallte mit dem Backenknochen und der linken Schulter an einen Eisenstab. Gleichzeitig stieß auch der linke Griff des Lenkrades an das Gitter. Dadurch wurde das ganze Rad parallel zum Gitter gerissen. Beide Räder rutschten zur Seite, und ich hing nun halb auf dem Boden, halb auf dem Fahrrad sitzend, längs zum Gitter auf dem Weg. Im ersten Moment glaubte ich, es sei nichts geschehen. Ich konnte alles noch gut bewegen. Trotzdem half mir ein Italiener beim Aufstehen, und ich mußte mein Rad die letzten Meter nach Hause schieben. Der Sattel war zerbrochen und die Gabel angebrochen. Zu Hause merkte ich, daß ich mir eine sehr tiefe Platzwunde zugezogen hatte. Nachdem ich mich etwas erholt hatte, ging ich zu einem Arzt, der die Wunde nähte.

Bemerkung

Im Gegensatz zu den vorausgehenden Aufsätzen berichtet dieser Schüler über einen Unfall, bei dem er selbst verletzt wurde. Dadurch weiß er vielleicht auch mehr Einzelheiten als die Verfasser der anderen Berichte. 40 km/h dürften etwas viel sein! Daß er geblutet hat, dürfte der Schüler bzw. der Italiener auch gemerkt haben!

Verkehrssünder

Am Donnerstag, dem 24. Oktober, beobachtete ich von 15.00–17.00 Uhr den Straßenverkehr an der Kreuzung Bayer-/Paul-Heyse-Straße. Während dieser Zeit kam es zu folgenden Übertretungen: 15.12 Uhr: Ein Autofahrer beachtete beim Rechtsabbiegen einen geradeausfahrenden Radler nicht. Es kam zu einem Zusammenprall. Der Radfahrer stürzte und zog sich Schürfwunden an Armen und Beinen zu. Hose und Jacke waren zerrissen. Die herbeigerufene Funkstreife leistete „Erste Hilfe". Das Fahrrad wurde schwer beschädigt. Es war nicht mehr fahrtüchtig. Der Kraftfahrer, der wahrscheinlich einen hellblauen BMW 525 fuhr, beging Fahrerflucht. Seine Autonummer konnte ein Passant feststellen. Mehrere Zuschauer stellten sich als Zeugen zur Verfügung. 15.38 Uhr: Vor der Bayerpost parkte ein PKW trotz Halteverbot. Der schon langsam rollende Verkehr geriet dadurch immer mehr ins Stocken. Eine Verkehrsstreife beorderte einen Abschleppwagen herbei. Der PKW wurde abgeschleppt. 16.15 Uhr: Ein Fußgänger überquerte bei „Rot" die Fahrbahn und zwang einen LKW, Kennzeichen A – SY 337, zu plötzlichem Bremsen. Das dahinterkommende Fahrzeug, ein weißer Mercedes 220 D, amtliches Kennzeichen M – CD 566, konnte nicht mehr rechtzeitig anhalten. Er prallte auf den LKW auf. Die Kühlerhaube des PKW wurde zusammengedrückt. Der Fahrer blieb unverletzt, seine Beifahrerin wurde durch das scharfe Bremsen gegen die Frontscheibe geschleudert. Die Frau erlitt eine Gehirnerschütterung. Ein herbeigerufener Krankenwagen brachte sie in die Klinik. Am LKW entstand Sachschaden. (Kotflügel rechts hinten eingedrückt, Brems- und Stoplicht abgerissen.) Der LKW konnte seine Fahrt, nach Unfallaufnahme durch die Polizei, fortsetzen. Der PKW mußte abgeschleppt werden. Der Fußgänger, der den Unfall verursacht hatte, flüchtete und konnte nicht mehr ermittelt werden.

Verkehrssünder

Am Montag, dem 21. Oktober 1985, etwa gegen 16.45 Uhr verstieß eine PKW-Fahrerin gegen das Gesetz.[1] Sie kam mit einem blauen Volkswagen Polo von der Wittelsbacher Brücke beim Baldeplatz und wollte nach links in die Auenstraße einbiegen. Bereits auf der Wittelsbacher Brücke steht für die vom rechten Isarufer kommenden Kraftfahrzeuge ein Hinweisschild, daß Linksab-

bieger einen Bogen um die Verkehrsinsel fahren müssen, um in die Auenstraße zu gelangen. Die ungefähr vierzigjährige Besitzerin des Pkws hatte auch auf das weitere Schild am Baldeplatz nicht geachtet. Ich konnte das polizeiliche Kennzeichen WM – YX 010 erkennen. Die vordere Stoßstange des Wagens war, offensichtlich von einem Auffahrunfall her, leicht verbeult. Da ich auf der Trambahninsel stand, sah ich, daß der Volkswagen schon mit Winterreifen fuhr. Der PKW hatte eine ausgezogene Autoradioantenne, dagegen kein Deutschlandschild. Da sich der Verkehr durch diese Übeltäterin[2] staute, wollten die anderen Fahrer ihr durch Hupen klarmachen, daß das Linksabbiegen verboten war. Sie verstand das jedoch nicht. Ein Schutzmann, der durch den Lärm aufmerksam wurde, notierte sich die Nummer des Wagens. Die Schuldige hatte inzwischen begriffen und fuhr in der Kapuzinerstraße geradeaus weiter. Sie wird höchstwahrscheinlich nicht ohne eine Strafe davonkommen.
Nicht nur Autofahrer, sondern auch die Fußgänger sind manchmal Verkehrssünder. An demselben Tag etwa gegen 17.00 Uhr rannte ein Mann bei Rotlicht über den Baldeplatz, um noch mit der stadteinwärts fahrenden Straßenbahn mitzukommen. Ein heranbrausender roter Taunus mit schwarzem Dach mußte deshalb sehr stark bremsen, und da es bereits ein wenig regnete, schleuderte der Wagen gegen den Randstein. Das polizeiliche Kennzeichen des Wagens war M – AU 648. Es entstand kein Sachschaden. Der Fahrer des PKWs kam mit dem Schrecken davon. Der Verkehrssünder trug einen grünen Sportanzug und einen Trachtenhut mit einem Gamsbart. Die Straßenbahn, die er erreichte und mit der er stadteinwärts flüchtete, hatte die Nummer 789.

---

1. Besser: „. . . gegen die Straßenverkehrsordnung."
2. Dieser Ausdruck ist zu stark! Dafür: „. . . durch diese Fahrerin, die sich verkehrswidrig verhielt, . . ."

Bemerkung

Diese beiden Berichte unterscheiden sich von den anderen Berichten in diesem Buch dadurch, daß sie eine Art Niederschrift führen, welche Übertretungen bzw. Mißachtungen der Straßenverkehrsordnung sich an bestimmten verkehrsreichen Plätzen Münchens in einem gewissen Zeitraum abspielten. Diese Berichte sind eine Art „Verkehrsprotokoll" über das Verhalten von Verkehrssündern.

Überhöhte Geschwindigkeit

Es war vergangenes Jahr, Anfang November, als ich mit meiner Mutter wieder einmal zu meiner Tante nach Landshut fuhr. Da auf der Autobahn München–Nürnberg sehr viel Verkehr war, benutzten wir die Freisinger Landstraße. Es fing schon zu dämmern an, als wir die Hälfte der Strecke zwischen München und Freising zurückgelegt hatten.
Kurz vor Freising überholte uns ein Alfa Romeo mit sehr hoher Geschwindigkeit. Ich sagte zu meiner Mutter noch: „Mensch, hat der ein Tempo!" Etwa 200 m vor uns begann er dann plötzlich zu schleudern. Meine Mutter bremste sofort ab. Das hintere Teil des Alfa schleuderte mit seiner ganzen Wucht gegen den linken Kotflügel eines entgegenkommenden Opel Kadett. Der Alfa Romeo brach in der Mitte auseinander, so daß das rückwärtige Teil in die Wiese flog. Das Vorderteil rollte mit dem Fahrer noch etwa 100 m weiter. Nachdem der Fahrer sein halbes Fahrzeug endlich zum Stehen brachte[1], floh er in den naheliegenden Wald. Einige Autofahrer, die bereits angehalten hatten, wollten dem Flüchtenden nach, aber er war schon in der Dunkelheit untergetaucht. Der Fahrer des Kadett war bewußtlos. Verzweifelt versuchte die mitfahrende und nur leicht verletzte Ehefrau, die verklemmte Wagentüre zu öffnen. Sofort kamen ihr einige Männer zu Hilfe. Doch auch diesen gelang es nicht, den Verletzten zu bergen. Die Kinder, die auf dem Rücksitz saßen, hatten nur Prellungen und kleine Kratzer. Sie weinten und beteten um ihren bewußtlosen Vater. Meine Mutter nahm sie mit in unser Auto und versuchte sie zu trösten.
Nach einiger Zeit kamen die Polizei und der Notarztwagen. Die Polizisten öffneten sofort die verklemmte Türe mit einem Stemmeisen. Den Schwerverletzten legten sie auf eine Bahre und versuchten ihn mit künstlicher Beatmung noch zu retten.
Doch leider war es zu spät.

---

1. Zeitstufe: „gebracht hatte"!

Bemerkung

Dieser Bericht führt die wichtigen Vorgänge auf; einige Stellen muten jedoch etwas unglaubwürdig an (Auseinanderbrechen des „Alfa Romeo", Fahrer flüchtet [unverletzt?] in den Wald, „Kadett" beschädigt?). Am Schluß des Berichts hätte noch mitgeteilt werden müssen, was mit dem Fahrer des „Kadett" geschah, daß die Polizei den Unfall aufnahm und Zeugen vernahm.

Wie ich meinen Rucksack packte

Am 6. Februar 1985 durften wir in das Skilager unserer Schule in der Wildschönau (Tirol) fahren. Sechs schöne Urlaubstage standen unseren Lehrern und uns bevor. Am Vorabend packte ich meinen Rucksack. Um nichts zu vergessen, schrieb ich zuerst alles Notwendige auf einen Zettel. Da es Winter war[1], mußte ich besonders an eine Ersatzhose, ein Paar Bergschuhe und drei Paar Strümpfe denken. Außer dem Waschzeug brauchte ich noch ein Paar Ersatzschuhbänder, drei Garnituren Unterwäsche, zwei Rollkragenpullover, einen Trainingsanzug, Schuhputzzeug, ein Paar Ersatzhandschuhe, Nähzeug, einen Schlafanzug, Verbandszeug, Hausschuhe, Taschentücher, eine Taschenlampe und ein Handtuch. Nachdem ich alle Dinge zusammengesucht hatte, ordnete ich die Sachen so auf meinem Tisch, wie sie der Reihe nach eingepackt werden sollten. Nun konnte ich mit dem Packen beginnen.[2] Um die Trägerseite vom Rucksack möglichst flach zu halten, legte ich ihn mit dieser Seite auf den Tisch. Nun begann[2] ich mit den weichen Sachen, damit der Rücken gut gepolstert wurde. Auf den Boden schichtete ich Unterwäsche, Schlafanzug und Rollkratenpullover und breitete darauf die Strümpfe aus. Um die Kleinigkeiten, wie Schuhbänder, Verbands- und Nähzeug, immer griffbereit zu haben, steckte ich sie in den Kulturbeutel. Nun legte ich den Trainingsanzug und den Kulturbeutel auf die Strümpfe. Außer den Hausschuhen und den Ersatzhandschuhen paßte nichts mehr hinein, sonst wäre der Reißverschluß nicht mehr zugegangen. Das Schuhputzzeug und die Taschentücher steckte ich in die Außentasche. Schon wollte ich den Rucksack wegstellen, doch da sah ich noch die Ersatzhose und die Bergschuhe. Was tun? Nach einigem Überlegen band ich die Schuhbänder so zusammen, daß die Stiefel links und rechts[3] herunterhingen. Nun faltete ich die Hose zweimal um die Schnürsenkel[4], so daß diese die Hose festhielten. Zum Schluß brauchte ich nur noch die Klappe zu schließen und es konnte losgehen.

---

1. Nicht weil es Winter ist, braucht der Schüler eine Ersatzhose, sondern weil er damit rechnen muß, daß er beim Schifahren im tiefen Schnee und durch Stürze naß nach Hause kommt und die Schihose über Nacht nicht trocknet. Falsche Begründung!
2. Unnötige Wiederholungen im Ausdruck vermeiden!
3. Am Rucksack! Hier fehlt die Feststellung, wo bzw. wie der Schüler die Schuhe am Rucksack befestigt!
4. Unklar! Wie kann der Schüler die Hose zweimal um die Schnürsenkel falten?

Bemerkung

Dieser Aufsatz zeigt deutlich den Unterschied zwischen einer Beschreibung und einem Bericht; während die Beschreibung eine Anleitung gibt, wie man etwas machen muß bzw. kann (daher Präsens!), berichtet dieser Aufsatz, wie der Schüler einmal (einmaliger Vorgang zu einem bestimmten Zeitpunkt, daher Präteritum!) seinen Rucksack packte. Dabei berichtet er auch, was er falsch machte oder vergaß. („Schon wollte ich den Rucksack wegstellen, doch da sah ich noch die Ersatzhose . . ."!)

Wie ich meinen Koffer packte

Nach den schneereichen Winterferien wurde uns Schülern in der Schule mitgeteilt, daß wir mit der ganzen Klasse zu einem Skikurs in die Wildschönau fahren würden. Vor der Reise holte ich meinen Koffer und bereitete mir die meisten Wäsche- und Kleidungsstücke vor.[1] Fröhlich über die neue Abwechslung nahm ich die Liste, worauf alles Wichtige stand, was man für eine Reise braucht.[2] Nach diesen nötigen Vorbereitungen begann ich mit der Hauptarbeit, dem Einpacken, und kreuzte jedesmal das an, was ich gerade einräumte.[3] „Am wenigsten würde ich den Trainingsanzug brauchen"[4], dachte ich, und so verstaute ich ihn unten im Koffer. Dann folgten ein Schuhnecessaire mit Schuhcreme und Bürstchen, ein Beutel mit Nähzeug und Sicherheitsnadeln und meine Taschenlampe mit Reservebatterien. In dem kleinen Nebenfach brachte ich Taschenmesser, Taschentücher und die Geldbörse unter. Auf das Putzzeug kamen[5] dann zwei Flanellhemden, zwei Paar Wollsocken und ein Anorak mit Kapuze. Notwendig brauchte ich einen Wollpullover und Skihandschuhe, so[6] kamen sie auf den Anorak. Die Sonnenbrille und die Rennbrille wurden an den linken Rand[7] gelegt. Jetzt folgten noch zwei Paar warme Strümpfe und Reserveunterwäsche. Die Hausschuhe verstaute ich in einer Plastiktüte und legte sie an den rechten Rand.[7] Nun fehlte noch das Waschnecessaire. Es enthielt einen Behälter mit Rexonaseife, zwei Waschlappen, Zahnbürste, Zahnpasta, meine Klammern, die ich wegen der Zahnregulierung jede zweite Nacht tragen muß, zwei Handtücher und Tabletten gegen Schlafstörung. Dieses Necessaire packte ich noch auf die anderen Kleidungsstücke und schnürte alles fest. Dann klappte ich den Kofferdeckel zu und sperrte mit einem Schlüssel zu. Jetzt stellte ich den Koffer beiseite und freute mich auf den nächsten Tag.

---

1. Unklare Darstellung! Wollte der Schüler sagen, daß er die Wäsche- und Kleidungsstücke wusch, ausbürstete, bügelte? Doch wohl eher, daß er alles bereitlegte, was er mitnehmen wollte!
2. Reihenfolge beachten! Diese Liste müßte der Schüler *vor* dem Herrichten der Wäsche erwähnen!
3. Unpassender Ausdruck, denn man räumt Schränke, Regale ein, nicht einen Koffer. Der Schüler wollte den Ausdruck „packen, einpacken" nicht wiederholen und wählte den falschen Ausdruck. Dafür: „in den Koffer legte."

4. Keine wörtlichen Reden im Bericht verwenden!
5. Schlechter Ausdruck! Besser: „legte ich".
6. Besser: „Deshalb . . ."!
7. Unklare Ausdrucksweise! Besser: „. . . verstaute (legte) ich an der linken (die linke) Seite des Koffers."

Bemerkung

Im ganzen ein recht brauchbarer Bericht, der alles anführt, was im Koffer verstaut wurde. Die sprachliche Darstellung ist an einigen Stellen nicht treffend genug, sie ist aber sachlich.

Wie ich meine Tasche packte

Am 12. 2. 1985 mußte ich meine Tasche zur Heimfahrt von der Wildschönau packen. Ich richtete[1] sie der Reihe nach so ein[1], wie ich es mir zu Hause aufgeschrieben hatte. Unten legte ich mein Spiel hinein. An die rechte Seite schob ich das Schuhputzzeug. Darauf kam der Beutel mit schmutziger Wäsche. Neben meine Taschentücher auf der linken Seite stopfte ich Socken, Strümpfe und Skihandschuhe. Das Hemd wurde auf die linke Seite gedrückt, so daß es weniger Platz brauchte.[2] Darauf schichtete ich die Badetasche, in der zwei Handtücher, zwei Waschlappen, Seife, Zahnbürste, Pflaster und Nähzeug waren. Nun versuchte ich auch noch, meinen Pullover und mein Ersatzpaar[3] Schuhe unterzubringen. Einen Schuh steckte ich auf die linke, den anderen auf die rechte Seite. Den Pullover preßte ich regelrecht hinein.[4] Zu guter Letzt war doch alles verstaut. Ich machte die beiden Schlösser zu und versuchte, den Reißverschluß zu schließen. Dies gelang mir erst nach viel Mühe. Am Schluß, als ich den Reißverschluß schon zuhatte, merkte ich, daß ich die Hausschuhe noch anhatte. Ich öffnete also den Verschluß wieder und drückte nun mit Gewalt die Hausschuhe hinein.[4] Nun mußte ich den Reißverschluß nochmals zuziehen, was jetzt viel schwieriger war. Ich habe es aber doch noch geschafft, und meine Methode bewährte[5] sich. Ich hatte nichts vergessen.

---

1. Unpassender Ausdruck! Man richtet ein Zimmer, eine Wohnung ein, aber nicht eine Tasche, einen Koffer!
2. Unklar, denn derselbe Gegenstand braucht immer den gleichen Raum! Der Schüler meint vielleicht, daß er in der Mitte der Tasche mehr Platz hatte.
3. Besser: „. . . mein Paar Ersatzschuhe . . ."!
4. Wo? In die Schuhe? In die Mitte zwischen die Schuhe?
5. Falsche Zeit! Dafür: „. . . hatte sich bewährt."

Bemerkung

Auch das letzte Stück dieses Aufsatzes („Am Schluß, als ich den Reißverschluß schon zuhatte, merkte ich, . . .“) ist wieder kennzeichnend für einen Bericht, da er keine Anleitung sein soll, wie man packt; vielmehr berichtet der Schüler, wie er damals seine Tasche packte und was er dabei alles tat – auch falsch machte!

Mein erster Flug

Es war 11.00 Uhr in der Wartehalle der Lufthansa in München-Riem. Jetzt sollte unsere Maschine ankommen. Aber es dauerte noch bis 12.00 Uhr – kein Wunder, denn die Fluglotsen streikten gerade, und das ausgerechnet an Pfingsten, wo ich zum erstenmal fliegen durfte. Um 12.00 Uhr knackte der Lautsprecher: „Achtung, Achtung, erster Aufruf für den Flug LH 626 München–Frankfurt. Ich wiederhole: Achtung, Achtung, erster Aufruf . . .“ Den Rest des Satzes hörte ich in der Frage meines Vaters untergehen, ob ich die rote Tasche tragen möchte. Danach stiegen wir in den wartenden Bus, der uns zur Maschine bringen sollte. Es war eine B-727, in die wir über eine Gangway gelangten. Als wir ins Innere des Jets gelangten, lagen die Küche und dahinter die ca. 150 Sitze der Economy-Klasse vor uns. Fast jeder aus unserer sechsköpfigen Familie hatte einen Dreiersitz[1] und ein Fenster. Mein Vater und ich saßen links in der dritten Reihe, Christian links in der vierten, meine Mutter und Rainer rechts in der dritten und Andreas rechts in der vierten Reihe. Um ca. 13.00 Uhr wurden die Motoren[2] angelassen und die Bremsklötze weggezogen. Das Flugzeug rollte zur Startbahn, aber wir mußten noch warten, bis die anderen Flugzeuge vor uns gestartet waren. Nun blinkte vor uns die Leuchtschrift „No smoking“ und „fasten seat belt“ auf. Es war soweit! Die Motoren wurden jetzt wahrscheinlich geschoben.[3] Die Boeing rollte mit immer stärkerer Beschleunigung, bis sie nach ca. 1500 bis 2000 m steil abhob. Jetzt wurden sicher die Fahrgestelle eingezogen. Etwas komisch ist das Gefühl schon, wenn die Maschine mit etwa 800–1000 km/h in einem Winkel von 25 oder mehr Grad dem Himmel entgegenrast, aber auf dem Rückflug hatte ich mich schon daran gewöhnt.[4] In 4400 m Höhe zog die Boeing dann ihre Bahn. „Also, Christian, wollen wir?“ fragte ich meinen Bruder, der sich gerade die wunderschöne Wolkenlandschaft ansah. „Was wollen wir, ach ja, also gut“, erwiderte er. Wir lösten unsere Gurte und standen auf. „Wo wollt ihr denn hin, Jungs? – Ach so, ja!“ erkundigten sich unsere Eltern.

„Also, Christian, frage!" flüsterte ich meinem Bruder zu. Da ist der Erste, hoffentlich . . ., dachte ich. Den Rest konnte ich nicht weiterdenken, denn der Erste Steward fragte, was wir hier wollten. „Wir wollten nur einmal fragen, ob wir ins Cockpit dürfen!" antworteten wir darauf. „Moment", sagte der Steward. Dann verschwand er hinter der Tür und nach Sekunden kam er wieder und – wir durften. Zunächst sah ich das, was ich auf Photos schon oft gesehen hatte. Aber als ich mich umdrehte, sah ich immer mehr Instrumente. Vorn, oben, rechts, links und hinten neben dem Eingang, überall waren Armaturen angebracht. Es mußten ca. 100–200 gewesen sein, aber sie wurden ja auch von 3 oder mehr Besatzungsmitgliedern bedient und abgelesen. Gleich rechts sitzt der Funker, vorn links der Pilot, vorn rechts der Co-Pilot und gleich links der Navigator, der aber auf Kurzstrecken nicht mehr anzutreffen ist. Als wir uns alles angesehen hatten, setzten wir uns wieder in unsere Sitze, erzählten unseren Eltern davon, aßen etwas, schnallten uns an und warteten auf die Landung. Wir landeten verhältnismäßig gut, allerdings gefiel mir die Landung des zweiten Fluges etwas besser.

---

1. Unklar! Hatte jeder von der Familie allein einen Dreiersitz oder saß jeder mit zwei anderen Fluggästen auf einem Dreiersitz?
2. Düsenflugzeuge haben keine Motoren, sondern Triebwerke!
3. Unklare Feststellung! Vielleicht: Die Schubwirkung der Triebwerke war zu spüren!
4. Diese Feststellung gehört nicht in den Bericht über diesen Flug!

Bemerkung

Dieses Thema sollte von den Schülern als Erlebniserzählung bearbeitet werden; der Schüler schrieb jedoch statt dessen einen Aufsatz, der weitgehend ein Bericht ist und der Reihe nach alle Einzelheiten dieses Fluges festhält, ohne Spannung, Höhepunkt herauszuarbeiten. Nur die wörtlichen Reden deuten darauf hin, daß eine Erlebniserzählung gefordert war. Dieses Beispiel zeigt, daß sich der Schüler klarmachen muß, welche Aufsatzart verlangt ist und worauf er dabei achten muß, bevor er den Aufsatz niederschreibt!

Wie ich einmal meine Rennbahn aufbaute

Kurz vor Weihnachten[1] baute ich unsere Carrera-Rennbahn im Keller auf. Zunächst holte ich die Gleisstücke, Wagen, Boxen und die Zuschauertribüne, die in einer Schachtel verpackt waren, vom Schrank herab. Für die gesamte Anlage brauchte ich etwa zwei Quadratmeter Fläche auf dem Fußboden, wofür ich einen Tisch und vier Stühle beiseite stellen mußte. Zunächst[1] entnahm ich der Schachtel die Teilstücke der Fahrstrecke und legte sie lose aneinander. Zuerst[1] versuchte[2] ich ein großes Oval. Es zeigte sich aber, daß sich in diese Form die Steilkurve schlecht einfügen ließ. Deswegen[1] versuchte[2] ich die Bahn nierenförmig zu gestalten. Die Teile der Steilkurve mußten[2] zuerst zusammengesetzt werden. Ich mußte[2] beim Zusammenschieben der Streckenteilstücke besonders darauf achten, daß sowohl die Plastiklaschen als auch die zwei mal drei Metallkontaktstreifen in die vorgesehenen Nuten richtig und fest eingriffen. Dann drückte ich die Sicherheitsspangen in die ausgestanzten Löcher am oberen und unteren Rand der Teilstücke. Die fertig montierte Steilkurve setzte ich nun auf die passenden grauen Plastikstützen. An den fertigen Bogen schloß ich an der linken Seite ein längeres gerades Teil an. In dessen Mitte baute ich das Anschlußstück für die Geschwindigkeitsregler und die Stromzuleitung vom Transformator ein. Nun steckte ich die übrigen Teilstücke in der geplanten Form zusammen. Ich schob die Stecker der Geschwindigkeitsregler in die Ösen der Kontakte und verband den Transformator mit der Fahrstrecke und dem Stromnetz. Dann prüfte[2] ich den Schleifkontakt des Modellautos und die Reifen und setzte den Wagen in die Spur. Zum Prüfen[2] schaltete ich den Umformer auf Stufe eins und drückte die Fahrtaste des Geschwindigkeitsreglers langsam durch. Der Wagen fuhr an. Daran sah ich, daß die Rennbahn richtig aufgebaut war. Zum Abschluß stellte ich an beide Schienenseiten außen die Zuschauertribüne und innen die Reparaturboxen auf.

---

1. Im Satzbau abwechseln; nicht mehrere aufeinanderfolgende Sätze mit der Umstandsbestimmung beginnen!
2. Wiederholungen im Ausdruck vermeiden!

Bemerkung

Dieser Aufsatz berichtet über eine Tätigkeit, die dem Jungen vertraut ist, die technisches Geschick und Überlegung erfordert und den heranwachsenden jungen Leuten Spaß macht und sie interessiert. Deshalb gelingen solche Berichte vielen Schülern gut. Allerdings scheitern viele Schüler an solchen Berichten, da sie technisches Verständnis voraussetzen. Dieser Bericht führt alle wichtigen Vorgänge und Handgriffe an und gibt an mehreren Stellen auch Gründe an, weshalb das so oder zu diesem Zeitpunkt gemacht werden muß. Eine inhaltlich wie sprachlich (trotz einiger Wiederholungen in Ausdruck und Satzbau!) wirklich anerkennenswerte Leistung!

Wie mir einmal ein schöner Linolschnitt gelang

Vor einem Jahr sollten wir im Zeichenunterricht einen Linolschnitt anfertigen. Dazu kaufte ich ein Stück Linoleum mit den Maßen 17 mal 13 Zentimeter. Ich zeichnete mehrere Rechtecke mit den gleichen Maßen auf ein Blatt Papier und versuchte nun, einen Hasen im Wald zu malen.[1] Beim erstenmal wurde der Hase zu plump, beim zweitenmal wurden die Bäume zu breit, und erst beim drittenmal gelang mir eine gute Zeichnung. Ich holte das Linoleumstück herbei und bemalte[2] es mit weißer Kreide. Nun übertrug ich die Zeichnung auf dem Blatt Papier auf das Linoleumstück, indem ich sie einfach mit Bleistift abmalte.[3] Jetzt holte ich eine Packung, in der alles enthalten war, was man für einen Linolschnitt brauchte: vier Schnittmesser, ein Federhalter, Druckerschwärze, eine Glasplatte und eine Walze. Ich nahm den Federhalter und das Messerchen, das eine v-förmige Schneide hat, aus dem Kasten und steckte dieses in den Federhalter. Ich schnitt die Stellen aus dem Linoleum, an denen ich Bleistiftstriche aufgetragen hatte[4], außer den feinen Konturen, wie zum Beispiel das Fell des Hasen oder die Nadeln der Tannen, die ich mit dem Konturenmesser ausschnitt. Ich wusch die Kreide ab, die zum besseren Erkennen des Bleistiftes[5] gedient hatte, und trocknete das Linoleum wieder ab. Ich legte mir jetzt eine Glasplatte zurecht, trug Druckerschwärze auf, fuhr mit der Walze über die Glasplatte und danach über das Linoleum. Das wiederholte ich so lange, bis die ganze Linolplatte[6] mit Druckerschwärze bedeckt war. Ich drückte ein paar Minuten lang mit der ungedruckten[7] Seite nach unten auf ein vorher bereitgelegtes Blatt. Zuletzt nahm ich die Platte[6] von dem Papier herunter. Vor mir lag meine Zeichnung, bloß seitenverkehrt.

---

1. Falscher Ausdruck; gemeint ist „aufzeichnen"! Zum Malen braucht man Farben!
2. Schiefer Ausdruck!
3. Falscher Ausdruck (siehe 1.!); außerdem ist unklar, wie der Schüler das machte. Fuhr er die Umrisse auf dem Blatt Papier nach, nachdem er das Blatt auf das Stück Linoleum gelegt hatte? Zeichnete er vom Blatt ab, das er dann nur als Vorlage benützte?

4. Nicht ganz klar, welche Stellen das sind, ob es ganze Flächen oder nur Linien sind!
5. Nicht des Bleistifts (Gegenstand!), sondern der Bleistiftstriche!
6. Schlechter Ausdruck, denn Linoleum ist biegsam!
7. Unklarer, mißverständlicher Ausdruck! Abgedruckt wird auf dem Papier nur, was erhöht stehenbleibt.

Bemerkung

Dieser Bericht ist inhaltlich brauchbar, aber dem Schüler fehlt die nötige Gewandtheit, um sprachlich klar und eindeutig auszudrücken, was er berichten will.

Wie ich beim Autowaschen geholfen habe

Am ersten Werktag nach den Osterfeiertagen befahl mir mein Vater, ich solle ihm beim Autowaschen helfen. Dazu benötigten wir einen langen Gartenschlauch, einen Plastikeimer, einen Schwamm, eine Tube Rei, ein Fensterleder, ein paar alte weiche Lumpen und eine Dose Autowaschpolitur. Zuerst wurden alle Fenster und Türen des Autos verschlossen.[1] Ich holte den Schlauch aus der Garage, schloß ihn am Wasserhahn an und drehte diesen auf. Nach einiger Zeit kam das Wasser, und ich fing an, den Wagen abzuspritzen. Ich begann bei der vorderen Stoßstange, bespritzte dann den Kühler und die Windschutzscheibe. Das Dach spritzte mein Vater ab und ich dann wieder[2] den übrigen Wagen. Als wir mit dem Abspritzen fertig waren, füllte mein Vater den Plastikeimer mit Wasser und gab einen Schuß Rei hinzu. Wir nahmen uns beide einen Schwamm und schäumten das Auto ein. Ich mußte fast jede Minute den Schwamm wieder im Eimer auswaschen. Nach dem Einschäumen wurde das Auto wieder[2] abgespritzt. Ich nahm mir das Fensterleder und machte es im Eimer, in dem jetzt klares Wasser war, naß, damit es elastisch wurde, wrang es kräftig aus und zog es in seiner ganzen Breite über die nassen Autoteile[3], immer in einer Richtung. Ich mußte[2] es oft auswringen, damit es die Feuchtigkeit besser aufnahm. Darauf mußte[2] der Wagen noch ungefähr eine Viertelstunde trocknen. Nach dieser Zeitspanne nahm mein Vater die Autowaschpolitur, einen Lumpen und schmierte den Wagen mit der Politur ein. Nach 10 Minuten, als die Politur eingezogen war, nahm ich mir auch einen Lumpen und polierte die eingeschmierten Teile gleichmäßig in kreisenden Bewegungen. Nach dieser Arbeit war das Auto fertig gewaschen.

1. Richtig „geschlossen“, denn „verschließen“ bedeutet abschließen, zusperren!
2. Wiederholungen im Ausdruck vermeiden!
3. Unpassender Ausdruck!

Bemerkung

Im Gegensatz zur Beschreibung auf Seite 177 gibt dieser Bericht keine allgemeine Anweisung, wie man ein Auto waschen kann bzw. muß; dieser Aufsatz berichtet, wie Vater und Sohn das Auto gewaschen haben, wie sie vorgegangen sind.

Ein Fußballspiel

Die Spiele der Münchner Fußballiga werden meistens an Samstagnachmittagen ausgetragen. So auch das Spiel des Vereins, in dem ich als Torwart spiele. Diesmal hatten wir, der „1. FC Armin“, gegen den „SC Garching“ zu spielen. Meiner Mannschaft hätte ein Unentschieden genügt, um eine Runde weiterzukommen. Also traten wir am Samstag, dem 16. 12. 83, um 15.00 Uhr auf gegnerischem Platz an. Unsere Mannschaft war etwas geschwächt, da unsere Abwehrstütze, Robert Schlenz, nicht einsatzfähig war. Der Rasen war sehr schwer, und man rutschte auch mit den Fußballschuhen. Zu alledem sah man wegen des Nebels nicht einmal das gegnerische Tor.
In der ersten Halbzeit fielen vier Tore. Allerdings nur gegen uns. Zwei wurden durch Ecken von der linken Seite verursacht: Der Ball kam meist sehr hoch, ungefähr auf dem Elfmeterpunkt. Ich verließ mich auf meinen linken Außenverteidiger, mit dem ich ausgemacht hatte, daß er seinen Mittelstürmer hauteng decken sollte. Er hielt sich jedoch nicht daran und ließ dem Stürmer freie Schußbahn, und ich hatte keine Chance abzuwehren.
Bei einem Gegenzug kamen wir zwar auch zu einem Treffer, der aber nicht gewertet werden konnte, da der Schütze in Abseitsstellung zum Schuß gekommen war.
Durch den 4:0-Rückstand in der ersten Halbzeit waren wir sehr unsicher in die zweite Halbzeit gegangen. Die Aussicht auf ein Unentschieden oder gar auf einen Sieg war uns jetzt ganz und gar genommen worden. Während bei uns ein Fehlpaß auf den anderen folgte, spielten die Garchinger auf Eleganz, daß es eine Augenweide war, ihnen zuzuschauen. Mit der Zeit klappte es auch bei uns wieder

besser, so daß wir etwas Hoffnung schöpften. Aber diese wurde jäh zunichte gemacht, als die Garchinger nach einem Fehlpaß unsererseits den Ball erspielten, bis vor unser Tor stürmten und den Ball unhaltbar in die linke untere Ecke schossen. 5:0. Unfaßbar! Damit das halbe Dutzend voll war, fiel nach ungefähr zehn Minuten das 6:0; nach einem Fehlpaß unseres Rechtsaußen holten sich die Garchinger den Ball, er wurde ihnen jedoch wieder abgenommen. Durch den Abwehrstoß war die Gefahr aber nur kurzweilig gebannt, denn unser Mittelstürmer wollte stur mit einem Alleingang zu einem Torerfolg gelangen. Prompt wurde ihm der Ball abgenommen, und nun war der Torerfolg auf seiten des Gegners. Durch geschicktes Zusammenspiel wurden alle Spieler meiner Mannschaft ausgespielt. Mein augenblickliches Glück war es, daß der Stürmer nun sein Können mit einem Gewaltschuß zeigen wollte, so daß ich noch einmal abwehren konnte. Doch beim Nachschuß hatte ich keine Chance. 6:0. Die Laune meiner Mannschaft war dementsprechend auf dem Nullpunkt. Auch mir unterlief bei diesem Spiel ein Tor nach sich ziehender Fehler[1], nämlich das 7:0. Bei einem Abschlag erkannte ich den freistehenden Linksaußen nicht, sondern schoß einfach in das Feld hinaus. Nun kam der Schuß zu einem Garchinger, und von diesem nun bekam ich den Ball unhaltbar nach einem wunderschönen Alleingang in die linke obere Ecke geschossen. Mit diesem Tor endete das Spiel. Zum Glück, weiterspielen hätten wir in dieser Verfassung nicht mehr können. Nach diesem Spiel, das eher einer Schlammschlacht als einem Fußballspiel glich, war auch der Traum vom Münchner Fußballmeister ausgeträumt, da es kaum möglich ist, daß wir im Rückspiel mit 7:0 gewinnen.

---

1. . . . ein Fehler, der ein Tor zur Folge hatte: das 7:0.

Bemerkung

Dieser Aufsatz berichtet sehr ausführlich und genau über ein Fußballspiel, an dem der Schüler selbst teilgenommen hat. Wir erfahren alles Wichtige; die sprachliche Darstellung ist sachlich, gelegentlich nicht ganz treffend. Lobend hervorzuheben ist, daß der Schüler, obwohl er selbst in diesem Spiel mitspielte und die Spannung des Spiels miterlebte, nicht in die Erzählung oder Schilderung verfallen ist, sondern einen klaren, sachlichen Bericht geschrieben hat.

Was ich mit Tieren erlebte

In unserem letzten Urlaub in Italien beschlossen meine Eltern und ich, an einem zum Baden nicht geeigneten Tag die Delphinschau in Riccione zu besuchen.

Da wir die genauen Anfangszeiten nicht kannten, fuhren wir so früh los, daß wir noch eine halbe Stunde Zeit hatten. Mein Vater löste die Eintrittskarten, und wir betraten den Zuschauerraum, der das etwa 12 m große, kreisrunde Becken umgab, das mit so klarem Wasser gefüllt war, daß die Beobachtung der beiden Delphine auch unter Wasser gut möglich war. Die Delphine schwammen schon munter darin umher. Ihre fast silberne Vorderseite hob sich besonders vom übrigen, hellgrauen, torpedoförmigen Körper ab. Der Kopf endete in einer langgestreckten, rundlichen Schnauze.[1]

Endlich begann die Vorstellung. Die Delphine wurden als „Toni" und „Pepi" vorgestellt. Pepi läutete an einer Glocke, während Toni träge im Wasser herumschwamm. Der Wärter rief einen Arzt herbei, der Toni untersuchte. Dabei stellte dieser fest, daß die Flossen angeblich eingerostet seien. Er schuf sogleich Abhilfe mit einer Ölkanne, deren Inhalt er zwischen die Vorderflossen laufen ließ. Dann putzte er ihm noch die Zähne mit einer übergroßen Bürste. Nach der Prozedur war Toni gleich wieder munter. Jetzt sprangen beide gleichzeitig durch zwei Reifen. Danach sollte Toni zuerst einen Ball in vier Meter Höhe, dann einen in fünf Meter Höhe treffen. Toni tauchte tief unter, mit schnellen Schwanzschlägen durchstieß er die Wasseroberfläche, schlug in der Luft noch einmal und traf den Ball tatsächlich in beiden Höhen. Da ich ganz nahe am Rande des Beckens saß, wurde ich sehr naß, denn beim Eintauchen spritzte es gewaltig. Nun wurde ein Notenständer mit einer Tonleiter aufgestellt und die beiden stießen wirklich Töne aus, die in verschiedener Höhe lagen. Als Belohnung bekamen sie je einen Fisch. Nun mußte Pepi kegeln. Er bekam einen leichten Ball ins Becken geworfen, den er so geschickt wieder herausschleuderte, daß er einige der aufgestellten Kegel traf. Als nächstes wurden Ringe ins Becken geschleudert, die von Pepi und Toni auf eine Stange aufgehängt werden mußten, denn wer die meisten zuerst aufgehängt hatte, bekam beide Fische als Lohn. Die Ringe hatten einen so großen Durchmesser, daß sie über die Schnauzen der Delphine rutschten. Das Aufhängen war das schwierigste für die beiden. Sie mußten nämlich hochspringen und dabei den Ring über die Stange streifen, was ihnen nicht immer gelang. Endlich hatte Pepi es geschafft. Von zehn Ringen hatte er sechs über die Stange gestreift. Er bekam zwei Fische, den einen aber überließ er Toni, was mich verwunderte.

Nun kündigte der Wärter die Hauptattraktion an, die darin bestand, daß die beiden miteinander tanzen sollten. Sie faßten sich an den Vorderflossen und balancierten, nur auf der Schwanzflosse stehend, kreuz und quer zur Musik durch das Becken. Nun spielten sie noch Fußball, indem sie die inzwischen hereingeworfenen Bälle in der Luft mit der Schwanzflosse trafen, wobei sie einen halben Salto rückwärts schlagen mußten. Sie schossen so hart, daß die Bälle nur so herumflogen.
Leider näherte sich die Vorstellung ihrem Ende und zum Abschied gaben Pepi und Toni dem Wärter ihre rechte Vorderflosse. Nun warf der Wärter ihnen noch einen ziemlich großen Fisch hinein, den Pepi am Kopf und Toni am Schwanz mit der Schnauze faßten und in der Mitte auseinanderrissen und gierig ihren Teil verschlangen.
Dieses schöne Ferienerlebnis habe ich lange nicht vergessen und denke noch heute daran.

---

1. Der Schüler gibt hier eine kurze Beschreibung der beiden Delphine. Das ist durchaus sinnvoll, denn damit kann sich auch der Leser vorstellen, wie die Tiere aussahen, von deren Vorstellung der Schüler anschließend berichtet.

Bemerkung

Der Schüler berichtet ausführlich und klar über den Verlauf dieser Vorstellung mit Delphinen. Die sprachliche Darstellung ist sachlich, aber nicht eintönig. Ein klarer Bericht!

Aufgaben

1. Fertige aus diesem ausführlichen Bericht eine Erlebniserzählung, denn Dein Freund möchte einen Eindruck gewinnen, wie solch eine Tiervorstellung auf die Zuschauer wirkt.
2. Deine Tante möchte gerne wissen, was Dich im Urlaub besonders interessiert und begeistert hat. Schreibe ihr einen Brief und berichte darin über eines Deiner Ferienerlebnisse (stundenlanges Warten an der Grenze, schrittweises Fahren in Kolonne, Schwimmwettbewerb, Festzug, Sportveranstaltung u. ä.)!

Bericht über Sonntag, den 20. Oktober 1985

Vormittag: Nach dem Frühstück ging ich um 10 Uhr 20 mit meinem Vater in die Kirche. Als wir um 12.00 Uhr die Kirche verließen, fuhr mein Vater mit mir in die Stadt, wo wir uns einige Geschäfte anschauen wollten. Unterwegs sahen wir einen kleinen Unfall, bei dem aber niemand zu Schaden kam, außer einer kleinen Beule im Kotflügel.[1] Um 12 Uhr 40 fuhren wir wieder nach Hause.[2]
Nachmittag: Als wir gegessen hatten, kam mein Freund Hermann und lud mich ins Kino ein. Ich willigte ein und schaute mir von 2 Uhr 10 bis 5 Uhr 10 einen sehr schönen Farbfilm an. Mein Vater holte meinen Freund und mich nach dem Film ab und fuhr mit uns in ein Café. Gegen 6 Uhr 30 kamen wir zu Hause an.
Abends: Vor dem Abendessen spielte ich mit meinem Vater eine Partie Schach. Dann aßen wir zu Abend. Ich schaute noch ein wenig die Sportnachrichten an und ging dann in mein Zimmer. Vor dem Schlafengehen schaute[3] ich noch zum Fenster hinaus. Der Himmel war sternenklar, aber es war so kalt, daß ich das Fenster gleich wieder schloß, mich ins Bett legte und sofort einschlief. So verbrachte ich den Sonntag, den 20. Oktober 1985.

---

1. Unsinnige Beziehung „... niemand außer einer Beule im Kotflügel ...“!
2. Mittagessen erwähnen!
3. Wiederholung im Ausdruck vermeiden!

Bemerkung

Das ist ein sehr knapper Bericht, der den Tagesablauf eines Sonntags in kurzen Umrissen festhält; eine gute Vorübung für schwierigere Berichte!

Die Deutschstunde am 20. 3. 1985

Am 20. 3. 1985 hatten wir am Vormittag von 9–9.45 Uhr Deutsch bei Herrn X. Y. Wir waren schon in der Klasse und bemerkten drei Stühle an der Wand[1], die sonst nicht dort standen. Aber schon kam Herr X. Y. mit drei Ausländern herein. Es waren eine Dame und zwei Herren. Die Dame aus Chile, die Herren aus Vietnam und Afghanistan. Nachdem wir unsere Gäste begrüßt hatten, besprachen wir unsere Hausaufgabe. Es war aufgewesen[2], einen Aufsatz zu schreiben über: „Wie man eine Puppe herstellt“, „Beschreibe eine fertige

Marionettenpuppe!" und „Berichte über den Versuch, eine Puppe selbst herzustellen!" Zum ersten Thema lasen wir Dieters und Manfreds Aufsätze vor. Dieter hatte eine genaue Beschreibung geschrieben, nach dem man eine Marionette leicht herstellen könnte. Manfreds Bericht war nicht so gut, weil er viele persönliche Eindrücke geschrieben hatte. Zum zweiten Thema wurde Ludwigs Aufsatz vorgelesen. Er war sehr gut. Er hatte die Marionette in ihren Einzelheiten genau beschrieben. Zum dritten Thema lasen wir Reginas und Gerdas Berichte vor. Zu Reginas Bericht sagte Herr X. Y., daß so viele Rechtschreibfehler darin seien, daß sie ihn bis zum Freitag noch einmal schreiben solle. Gerdas Bericht war recht gut, so daß er kaum kritisiert wurde. Nun faßten wir noch einmal zusammen, was an den einzelnen Aufsätzen gut oder schlecht war. Dann läutete es. Wir verabschiedeten uns von den Ausländern und gingen hinunter in den Zeichensaal zum Zeichnen.

---

1. An welcher Wand?
2. Süddeutsch-mundartlicher Ausdruck!

Bemerkung

Dieser Bericht über eine Deutschstunde hält in kurzen Zügen den Verlauf dieser Stunde fest. Der Schüler berichtet klar über diese Stunde, so daß man weiß, was besprochen wurde.

Bericht über einen Brand

Ich verbrachte meine Sommerferien bei meinen Großeltern am Chiemsee. Im Garten arbeitend[1], sah ich plötzlich eine große Rauchwolke. Ich lief in die Richtung des Rauches.

Nach einiger Zeit sah ich einen brennenden Heustadel. Die Männer der freiwilligen Feuerwehr des Ortes holten das Vieh aus dem Stall, der unterhalb[2] des Stadels lag.

Die Feuerwehrleute versuchten nach der Rettung der Tiere, die Holzwände des Stadels mit langen Stechstangen aufzureißen, um das Heu, das in Brand geraten war, besser löschen zu können.

Über Funk wurden mehr Löschzüge angefordert, denn die Männer hatten Mühe, das Feuer vom Wohnhaus fernzuhalten.

Nach ungefähr einer Viertelstunde waren die gesamten Löschzüge der freiwilligen Feuerwehr des Landkreises Traunstein am Brandherd. Es wurden zwei Abteilungen gebildet. Die eine Abteilung sollte versuchen, das Feuer von vorne zu bekämpfen, die andere Abteilung von der Seite.
Das Feuer griff jetzt auch auf den Dachstuhl über. Immer mehr Feuerwehrschläuche mußten eingesetzt werden, um die brennenden Dachbalken zu löschen. In diesem Augenblick[3] ging das Wasser der Tankwagen zur Neige. Deshalb legte man eine Schlauchleitung zum nahegelegenen Dorfbach und pumpte das Wasser zum Brandherd. Durch diese Verzögerung brannte der Dachstuhl völlig ab. Das Feuer breitete sich jedoch nicht weiter aus, denn die Feuerwehr bekam den Brand allmählich unter Kontrolle. Sie konnte aber nicht verhindern, daß die Heuernte den Flammen zum Opfer fiel. Der Heustadel brannte bis auf die Grundmauern ab.
Wie man später erfuhr, war die Ursache des Brandes das Heu, das der Bauer falsch gelagert hatte. Das Heu hatte sich durch die Hitze, die im Heustadel herrschte, selbst entzündet. Der Schaden wurde auf rund 80 000 DM geschätzt.

---

1. Im Deutschen sind solche Partizipialkonstruktionen nicht gebräuchlich.
2. Nicht ganz klar, ob der Stall etwas weiter unten an einem Hang stand oder ob das Heu über dem Stall eingelagert war, der „Heustadel" also auf den Stall aufgesetzt war.
3. Ein bestimmter Augenblick ist im Aufsatz nicht genannt; daher besser: „Nun, da, plötzlich"!

Bemerkung

Dieser Aufsatz berichtet sachlich und klar über einen Brand. Einleitung und Schluß runden diesen Bericht ab. Allerdings fehlen die für einen Bericht nötigen genauen Zeitangaben (Datum, Uhrzeit, Dauer der Löscharbeiten). Der Satzbau ist an einigen Stellen etwas eintönig. (Die Sätze beginnen wiederholt mit der Umstandsbestimmung, dem Adverbiale.)

Raubtiere brachen aus – Panik in Rom

dpa **Rom**

Aus einem Zirkus in Rom brachen drei Tiger und ein Löwe aus. Polizei jagte die Raubtiere durch die Straßen.

Schreiende Menschen flohen in ihre Häuser oder kletterten auf Bäume. Autofahrer stoppten mitten auf der Straße und suchten in Häusern Schutz.

Die Polizei mußte das ganze Stadtviertel absperren. Dann erschossen Scharfschützen einen Löwen und zwei Tiger, fingen das vierte Tier mit Betäubungsmunition.

Eine Nachricht beantwortet kurz die Frage: „Wer hat was, wo, wie, wann und warum getan?"
Ist die „Nachricht" länger als 20 bis 30 Zeilen, wird ein „Bericht" daraus.

Diese „Nachricht" folgt in ihrem Text genau dem Ablauf der Ereignisse:
1. Raubtiere brachen aus
2. Panik in Rom
3. Ergebnis der Jagd

Ein kurzer sachlicher Bericht über ein Geschehen.

Vorschlag: Untersuche bei solchen Zeitungsberichten, wie sie aufgebaut sind.

Der nächste Bericht über das gleiche Ereignis ist länger, bringt mehr die näheren Umstände und Einzelheiten. Er ist nach dem Prinzip des Nachrichtendreiecks aufgebaut, d. h. das Ergebnis wird am Anfang gebracht, so daß der eilige Leser nicht mehr weiterlesen muß, er erfährt alles im ersten Satz – und in der Überschrift. Für eine Erzählung wäre damit alles im ersten Satz „verraten", die Erzählung wäre ohne Spannung.
Wie müßte man vorgehen, wenn man aus den Tatsachen dieses Berichts eine Erzählung gestalten möchte?

Löwe stirbt im Kugelhagel

Tod durch 250 Schüsse – Jagdszenen in Rom

Rom (dpa) – Großwildjagd in Rom: Mit dem Tod von zwei Tigern und eines Löwen endete am Samstag auf den Straßen von Rom eine unvorhergesehene Treibjagd von Polizei, Carabinieri und Feuerwehrleuten. Nur ein Tiger, der mit den anderen Tieren aus einem kleinen Vorstadt-Zirkus geflohen war, konnte nach einem Betäubungsschuß eingefangen und damit vor dem Tod bewahrt werden.

Das Wichtigste und auch das Ergebnis werden vorausgenommen. (Der Leser weiß jetzt alles.)

Die fünfstündige Safari löste in dem betroffenen Stadtviertel der italienischen Hauptstadt Panikszenen aus. Menschen flohen in die Häuser, verschanzten sich in Bars oder retteten sich vereinzelt sogar auf Bäume, während die Tiere durch die Straßen streiften. Autofahrer ließen entsetzt ihre Fahrzeuge mitten auf der Straße stehen und suchten das Weite.

Hintergrundinformationen, nähere Umstände, Einzelheiten.

Die Ordnungskräfte empfahlen den Bewohnern, in den Häusern zu bleiben und vor allem ihre neugierigen Kinder zu bremsen. Inzwischen wurde versucht, die Raubtiere in die Enge zu treiben. Zunächst mußte ein Tiger daran glauben: Eine Polizeistreife durchsiebte das Tier mit Schüssen aus Maschinenpistolen.

Wenn der Platz knapp ist, könnte der Bericht abgebrochen werden.

Eine Stunde später starb ein zweiter Tiger im Kugelhagel. Zirkusangestellte versuchten gleichzeitig, den Löwen „Moru" zu beruhigen, indem sie ihm ein Lama zum Fraß vorwarfen. Doch es nützte nichts: Auch dieser König der Tiere wurde Opfer der Ordnungshüter, die nun offenbar das Jagdfieber gepackt hatte. An die 20 Polizisten und Scharfschützen feuerten rund 250 Kugeln auf „Moru" ab.

Weitere Einzelheiten werden mitgeteilt.

Beifall der vielen Schaulustigen, die trotz der Warnungen das Geschehen verfolgten, hatte es dagegen eine halbe Stunde vorher gegeben. Einem Tierwärter gelang es, den dritten entflohenen Tiger mit einem Betäubungsschuß einzuschläfern.

Hier schleicht sich in den objektiven Bericht die Meinung des Reporters ein. Aus seiner Wortwahl kann man herauslesen, daß er mit dem „Jagdfieber" nicht einverstanden ist.

Drama am Picknick-Platz

Fuchs mit Kinderwagen getötet

Dachauer Familienvater muß sich tollwütigen Tieres erwehren

GROSSBERGHOFEN – Mit dem Kinderwagen hat ein beherzter Familienvater bei Großberghofen im Landkreis Dachau einen offensichtlich tollwütigen Fuchs zur Strecke gebracht. Der Realschullehrer aus Dachau war mit seiner

Frau – die drei- und fünfjährigen Töchter an der Hand, sowie das siebenmonatige Baby im Kinderwagen – am Samstag gegen 16.30 Uhr bei dem Weiler Rienshofen in der Nähe des Riensbaches spazierengegangen. Ein Picknick hatten sich die Kinder gewünscht und weil das gewöhnliche Ausflugsziel der Familie bei Deutenhausen/Kreuzholzhausen seit einiger Zeit Tollwutsperrbezirk ist, fuhr man in Richtung Rienshofen.

Auf einer großen Waldwiese strebten die Dachauer gerade einem Baumstumpf zu, auf dem sie ihre Brotzeit auspacken wollten, als sie einen Fuchs gewahr wurden, der schnurstracks auf sie zulief. Die Erwachsenen dachten sofort an Tollwut. Die Mutter brachte die zwei älteren Töchter ans andere Ufer des kleinen Baches, der Vater, mit einem schweren Rucksack auf dem Rücken und ohne Stock oder Stiefel, sah keine andere Möglichkeit, als sich mit dem massiven schweren Kinderwagen des Tieres zu erwehren, das sich zielstrebig näherte. Mit der sieben Monate alten Tochter im Wagen – sie herauszunehmen, fehlte die Zeit – schob der Lehrer diesen dem Fuchs mit voller Kraft entgegen. Das Tier war darauf nicht gefaßt und verbiß sich im Gestänge, erzählt der Familienvater. Er habe dann den Fuchs mit dem Wagen zur Uferböschung geschleift und dem Tier dort die Luft abgedrückt. Der inzwischen von der Frau mit Hilfe eines Bauern ausfindig gemachte und telephonisch herbeigerufene Jagdpächter hatte Mühe, das tote Tier aus dem Gestänge zu lösen, so hatte es sich darin verbissen. -esk-

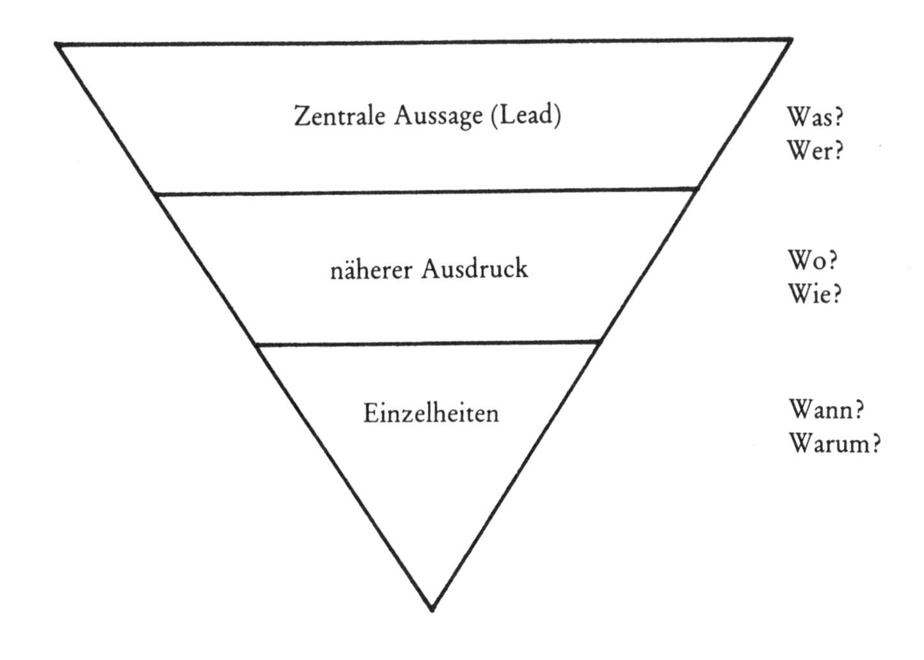

Vater bezwang tollwütigen Fuchs

Dachau (red) – Gerade hatte es sich eine Dachauer Familie auf einer Waldwiese bequem gemacht, um gemütlich Picknick zu machen. Da erblickte sie einen Fuchs. Das Tier kam immer näher Der Familienvater, ein Lehrer, zögerte nicht lange. Bei dem Tier Tollwut vermutend, brachte er Frau und Kinder in Sicherheit. Dann stand er allein mit dem Fuchs in der Waldlichtung. Der Lehrer packte blitzschnell den Kinderwagen der kleinen Tochter und schubste ihn mit aller Kraft dem Fuchs entgegen. Das Tier verbiß sich und der Mann tötete es. Der Kinderwagen wurde noch an Ort und Stelle verbrannt. Der Fuchs hatte tatsächlich Tollwut, wie das Landesuntersuchungsamt Südbayern später feststellte.

Die Überschrift informiert den Leser über Ereignis und Ergebnis.

Die Nachricht berichtet sachlich objektiv über den Ablauf der Ereignisse von Anfang an. Die Einleitung könnte auch die einer Erzählung sein, aber der Stil bleibt sachlich. Es wird kurz und genau berichtet. Kein Wort über die Sorge und Angst der Eltern, über die Reaktion der Kinder! Kein Ausruf, kein Angstschrei, wie er bei einer Darstellung in der Erlebnissprache kommen müßte.

Zeitstufe: Präteritum, die Zeit des Berichtens.

Im Band 2 der **MANZ AUFSATZ-BIBLIOTHEK „der Bericht“** findet Ihr viele Beispiele für den Unfallbericht, den Polizeibericht, für Berichte aus dem Schulleben, Kulturberichte und Forschungsberichte, Berichte über Umweltschutz und Katastrophenberichte, Berichte über Rettungsaktionen und aus dem häuslichen Leben, über Krankheitsfälle und Berichte aus der Freizeit, auch Sportberichte, Wetterberichte und Reiseberichte – und Ihr findet auch Protokolle.
In folgenden MANZ-Büchern sind Berichte und Beschreibungen, auch Gegenüberstellungen enthalten:

MANZ-Buch 249 **„Meine Schulaufsätze“** (5./6. Jahrgangsstufe)

Berichte	*Berichte nach Bilderfolgen*
Wie ich einmal den Tisch deckte	Das fesselnde Buch
Wie ich einmal ein Hinterglasbild malte.	Was auf schneebedeckter Straße passierte.
Wie ich an einem Münztank tankte	Unbeabsichtigte Helden
Bericht über einen Unfall	Unfall durch Bananenschale
	Waldbrand
	Unfall beim Fußballspielen

Im MANZ-Buch 611 **„Meine Schulaufsätze“** (7./8. Jahrgangsstufe)

Dackel rettet Familie	Erzählung/Bericht/ Zeitungsbericht
An den Gendarmerieposten in . . .	Erzählung/Bericht
„Beppo“ von Barbara Imgrund	Text für einen Bericht
Das himmlische Geschenk	Bericht aus einer Erzählung
Unser Wandertag	
Asklepios	Ichbezogener Bericht
Der Nabel der Welt	Bericht/Beschreibung
Das Orakel von Delphi	Reportage
Die Sibylle von Cumae	Bericht/Beschreibung

5. Die Beschreibung

Das Beschreiben

<table>
<tr><td colspan="3">eines Gegenstandes</td><td colspan="3">eines Vorganges</td></tr>
<tr><td colspan="3">Ein Gegenstand soll so genau beschrieben werden, daß eine richtige Vorstellung entsteht, daß er evtl. erkannt werden kann. (Verlustanzeige!)

Sachsprache – Präsens</td><td colspan="3">Ein Vorgang ist so zu beschreiben, daß er wiederholt werden kann (Gebrauchsanweisung, Arbeitsanleitung!)

Sachsprache – Präsens</td></tr>
<tr><td colspan="2">einer Person</td><td colspan="2">eines Bildes</td><td colspan="2">eines Textes</td></tr>
<tr><td colspan="2">Eine Person ist so zu beschreiben, daß der Leser sich die Person vorstellen kann, daß sie nach der Beschreibung erkannt werden kann. (Steckbrief!)

Sachsprache – Präsens</td><td colspan="2">Ein Bild kann sachlich beschrieben werden, nach Art, Größe, Inhalt, so daß der Leser sich das Bild vorstellen kann. Diebstahl – Ankauf!

Sachsprache – Präsens</td><td colspan="2">Ein Text wird in seinem Stil, seiner Eigenart, seinem Zweck, seinem Inhalt beschrieben.

Sachsprache – Präsens</td></tr>
</table>

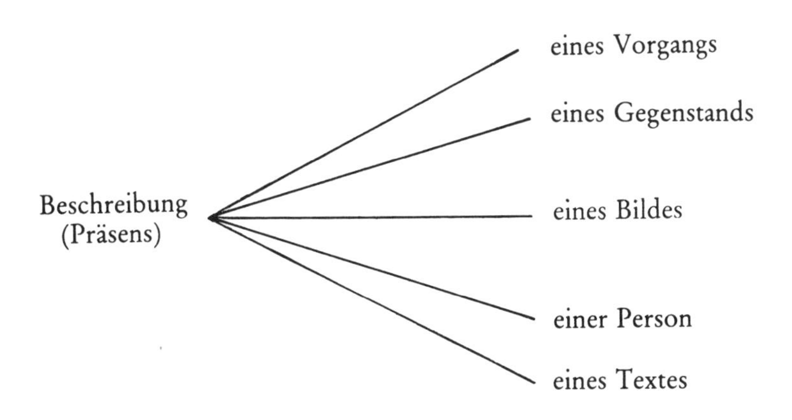

Die Beschreibung eines Vorgangs (mit Handlungsfolge):

Vorgangsbeschreibung

Ziel:

will ein zeitliches Nacheinander vor Augen stellen

Sprache:

sachlich (keine persönliche Anteilnahme; keine Wertung, keine Stimmung)

Erforderlich sind:

1. gründliche Kenntnis des Vorgangs und der notwendigen Fachausdrücke,
2. lückenlose Darstellung der einzelnen Phasen des Vorgangs,
3. übersichtliche Gliederung in Abschnitten, die dem Ablauf des Vorgangs folgen.

Stilmittel:

Subjekt: häufig „man", Passiv, Verben der Bewegung, Substantivierung des Verbs und des Adjektivs, Partizip, Satzgefüge, Erklärung durch Gliedsätze, Bild und Vergleich.

Zeitform:

Präsens wegen der immer wiederholbaren Handlungsfolge.

Praxisbezogene Bezeichnungen für die **Vorgangsbeschreibung:**

Arbeitsanweisung
Gebrauchsanweisung
Arbeitsanleitung
Arbeitsverlauf
Arbeitsvorgang
Spielanweisung
Spielregeln

Vorgangsbeschreibungen

Bei der *Beschreibung von Vorgängen,* eigenen und fremden Tätigkeiten, wird ein wiederholbarer Vorgang sachlich beschrieben.
Der Schüler muß den Ablauf von Vorgängen sorgfältig und gewissenhaft in allen Einzelheiten beschreiben und auf eine genaue zeitliche Folge bedacht sein. Ein Außenstehender soll den Ablauf nachvollziehen können. Deshalb muß die Vorgangsbeschreibung wie eine Gebrauchsanweisung klar, straff und durchsichtig geschrieben werden. Sie braucht trotzdem nicht eintönig oder langweilig zu sein. Treffende Wendungen, Abwechslung im Ausdruck, passende Bilder und Vergleiche machen auch die Vorgangsbeschreibung anschaulich.
Um den Unterschied zwischen Vorgangsbeschreibung und Bericht deutlich zu machen, bringen wir einige Themen:

Bericht	*Vorgangsbeschreibung*
Wie wir unser Wohnzimmer tapezierten	Wie man ein Zimmer tapeziert
Wie ich neulich einen Drachen baute	Wie man einen Drachen baut
Wie ich mein Aquarium einrichtete	Wie ein Aquarium eingerichtet wird
Wie ich gestern unsere Hecke schnitt	Wie eine Hecke geschnitten wird
Wie wir unseren Ziergarten anlegten	Wie ein Ziergarten angelegt wird
Der Schreiber *berichtet* (im Präteritum) über eine einmalige Tätigkeit oder ein besonderes Ereignis.	Der Schreiber *beschreibt* (im Präsens) eine Tätigkeit, einen Vorgang, die jederzeit nachvollzogen werden können.

Gemeinsam ist beiden Stilformen die sachliche Sprache.
Die Vorgangsbeschreibung wird in der Sachsprache abgefaßt; als Zeit verwendet man die Zeitstufe der Gegenwart, das Präsens, da diese Aufsatzart eine nicht zeitgebundene Anleitung und Beschreibung gibt, wie ein Vorgang abläuft bzw. ablaufen kann, sollte.

Zubereitung einer „Forelle blau“

Kochen ist meine große Leidenschaft. Heute habe ich ein schwieriges Gericht auf meinem Speiseplan: „Forelle blau“.
Als erstes kommt eine etwas unangenehme Arbeit. Ich muß den Fisch ausnehmen und innen sauber putzen.[1] Außen aber spüle ich die Forelle vorsichtig ab[2], damit ich den Schleim nicht verletze. Ist dies geschehen, bereite ich als Kochwasser einen Sud vor. Er besteht aus leichtem Salzwasser[3], einem Scheibchen Zitrone und einem Schuß Essig, denn bei feinen Fischen nimmt man kein Gewürz, um den Eigengeschmack zu erhalten.
Nun stelle ich den Topf auf den Herd und schütte den Sud in den Topf. Wenn der Sud darin zu kochen beginnt, lege ich die Forelle achtsam hinein. Jetzt etwa 10 Minuten zugedeckt ziehen lassen[4], aber nicht sprudeln.[4] Forellen sind gargekocht, wenn die Augen wie weiße Perlen heraustreten. Meine Forelle ist nun fertig. Behutsam hebe[5] ich sie auf eine vorgewärmte Platte und garniere sie noch mit etwas Petersilie und einer Scheibe Zitrone. Das Gericht sieht herrlich und lecker aus.
Ich wünsche mir guten Appetit und lasse es mir köstlich munden.[6]

---

1. Wie wird das gemacht? Was benötigt man dazu?
2. Womit? Mit warmem oder kaltem Wasser? Unter fließendem Wasser?
3. Wieviel Salz kommt ins Wasser? Wieviel Wasser braucht man?
4. Unvollständiger Satzbau! Dafür: „Jetzt muß ich die Forelle etwa 10 Minuten zugedeckt ziehen lassen, aber das Wasser darf nicht sprudeln.“
5. Womit? Mit zwei Löffeln? Mit Heber? Mit Zange?
6. Übersteigerter Ausdruck!

Bemerkung

Der Aufsatz gibt in groben Zügen eine brauchbare Kochanleitung für die Zubereitung einer Forelle. Aber viele Einzelheiten, die wichtig sind, werden übergangen oder sind ungenau dargestellt. Eine Vorgangsbeschreibung muß jedoch alle wesentlichen Handgriffe vollständig anführen.

Aufgabe

Deine Freundin hat bei Dir selbstgebackenen Kuchen gegessen, als sie bei Euch zu Besuch war. Er hat ihr ausgezeichnet geschmeckt; nun möchte sie diesen Kuchen für Mutters Geburtstag backen und bittet Dich, ihr zu schreiben, wie Du diesen Kuchen machst. Fertige für Deine Freundin eine genaue Vorgangsbeschreibung für die Zubereitung dieses Kuchens an! (Du kannst auch beschreiben, wie Du eine bestimmte Suppe, eine Vorspeise, eine besondere Spezialität zubereitest!)

Ein Experiment aus der Physik

Um die Theorie der Physik zu veranschaulichen, werden oft Versuche, wie zum Beispiel die experimentelle Bestimmung der Dichte von Eisen gemacht. Für dieses Experiment benötigt man eine Hebelwaage, ein Überlaufgefäß, einen Meßzylinder und einen Waagesatz. Zuerst wird in das Überlaufgefäß bis zum Auslaufrohr Wasser gefüllt und dieses[1] neben das Meßglas gestellt, so daß die überlaufende Flüssigkeit dort hineinfließt. Wenn dies geschehen ist, wirft[2] man das Eisenstück in das Überlaufglas. Während dem Eintauchen[3] des Körpers fließt Wasser in den Meßzylinder. Dieses entspricht dem Volumen des Metallstückes, und das Ergebnis kann, da das Glas geeicht ist, in cm^3 abgelesen und aufgeschrieben werden. Anschließend wird der Körper aus dem Überlaufgefäß geholt[4] und sorgfältig abgetrocknet.
Während dieser Zeit wird[5] die Hebelwaage und der Wägesatz hergerichtet. Nachdem die Waage richtig eingestellt worden ist, legt man das Eisenstück auf eine der beiden Waageschalen. Nun werden mit einer Pinzette die einzelnen Gewichtteile auf die zweite Schale geschoben. Diese Arbeit wird so lange fortgesetzt, bis der Zeiger in der Mitte der Hebelwaage senkrecht auf deren Sockel steht. Wenn dies eingetreten ist, nimmt man langsam alle Gewichte wieder von der Waage und notiert die aufgedruckten Grammangaben. Durch das Addieren der Gewichtsteile erhält man die Masse des Körpers in kg. Jetzt kann die Dichte von Eisen mit der physikalischen Formel ermittelt werden.
Dieser Versuch kann bei jedem Stoff durchgeführt werden und ist eine willkommene Abwechslung zur Theorie der Dichte.

---

1. Unklare Beziehung, denn „dieses“ bezieht sich auf das unmittelbar vorausgehende Wort (Wasser)!
2. Man wird das Eisenstück wohl nicht ins Glas mit Wasser werfen, sondern geben oder fallen lassen.
3. Genitiv statt Dativ! „Während der Körper eintaucht . . .“ (Verbalstil statt Nominalstil!)
4. Ungenauer Ausdruck! Womit „holt“ man das Eisenstück aus dem Glas? Man darf nicht durch Herausholen mit der Hand Wasser aus diesem Glas ins Meßglas fließen lassen, da das Meßergebnis dadurch ungenau bzw. falsch würde.
5. Das Prädikat (wird) bezieht sich auf zwei Subjekte, daher muß es im Plural stehen (werden). Ein häufiger Fehler!

Bemerkung

Diese Vorgangsbeschreibung ist klar und sachlich; sie beschreibt den im Unterricht durchgeführten Versuch.

Aufgabe

Beschreibe einen Versuch, den Ihr im Physik- oder Chemieunterricht vorbereitet und durchgeführt habt! Du kannst auch einen Versuch beschreiben, den Du selbst zu Hause gemacht hast. Achte dabei auf richtige Reihenfolge und Vollständigkeit der wichtigen Vorgänge und Handgriffe!

Ein Experiment

In diesem Jahr behandeln wir in Physik die Mechanik fester Körper. Die praktischen Versuche vertiefen das Gelernte. Ein interessantes Experiment ist die Bestimmung der Reibungskräfte.
Am besten eignet sich zu diesem Versuch ein glatter Tisch. Er sollte ganz eben sein, um das Ergebnis nicht zu verfälschen. Ein Holzquader mit beliebiger Größe, ein Plastikwagen und eine Rolle sind erforderlich. Man benötigt außerdem eine Hebelwaage mit Wägesatz und ein Plastikschälchen mit einer dünnen Nylonschnur. Begonnen wird mit dem Abwiegen der Versuchskörper. Man legt den Holzquader auf die eine Seite der Waage. Dann wird die andere mit Gewichten aus dem Wägesatz so lange beschwert, bis die Waage im Gleichgewicht ist. Es empfiehlt sich, die Summe der verwendeten Gewichte zu notieren. Dann wiegt man auch Schälchen und Faden. Die Rolle wird an die Tischkante montiert. Jetzt[1] muß man das eine Ende des Nylonfadens um einen Haken am Quader ziehen und verknoten. Es ist erforderlich, den Faden so über die Rolle zu legen, daß das Schälchen nach unten hängt. Jetzt[1] schiebt man den Quader zur gegenüberliegenden Tischkante. Das Schälchen hebt sich dabei.
Nun kann mit dem eigentlichen Versuch begonnen werden. In die Schale werden langsam, Stück für Stück, kleine Gewichte gelegt und der Quader dabei leicht angestupst, um die starke Haftreibung zu überwinden. Bewegt er sich gleichmäßig in Richtung Rolle, so sind das Gewicht der Eisenstücke und das des Schälchens so groß wie die Gleitreibungskraft, die den Körper bremst. Der Quotient aus dieser Kraft und dem vorher notierten Gewicht des Quaders ergibt nun die Reibungszahl. Diese sollte aufgeschrieben werden. Jetzt[1] wird das

Wägelchen gewogen. Auch sein Gewicht merkt man sich. Es empfiehlt sich, ihn[2] genauso wie den Quader mit dem Schälchen zu verbinden. Dieses wird jetzt[1] wieder mit Gewichten beschwert. Sobald sich der Wagen in Bewegung setzt, addiert man das Gewicht der verwendeten Eisenstücke und das des Schälchens. Die Reibungszahl muß berechnet werden.[3] Man kann sowohl Wagen als auch Quader mit Metallstücken beschweren, der Versuchskörper bewegt sich dann erst bei mehr Gewichten. Die Reibungszahl bleibt gleich.
Hat man keinen Fehler gemacht, so[1] müßte am Schluß die Reibungszahl des Wagens kleiner als die des Quaders sein. Ist dies der Fall, so[1] ist das Experiment gelungen, denn Rollreibung ist kleiner als Gleitreibung.
Ich bin sicher, daß solche Experimente das Gelernte verständlicher und den Physikunterricht interessanter machen.

---

1. Wiederholungen im Ausdruck vermeiden!
2. Falsches Beziehungswort! (das Wägelchen – es!)
3. Hier sollte noch einmal festgestellt werden, wie man diese Reibungszahl berechnet.

Bemerkung

Der Versuch wird in dieser Vorgangsbeschreibung ausführlich und verständlich beschrieben; auch wichtige Einzelheiten sind aufgeführt. Dieser Aufsatz ist eine gute Anleitung, wie man den dargestellten Versuch durchführen kann, so daß jeder weiß, worauf er bei diesem Versuch achten und wie er ihn vorbereiten muß.

Aufgabe

Ein Freund möchte gerne einen chemischen oder physikalischen Versuch durchführen, weiß aber nicht, wie der Versuch gemacht wird. Deshalb bittet er dich, ihm genau zu schreiben, wie man diesen Versuch durchführt. Schicke ihm eine genaue Anleitung!

Ein PKW wird gründlich gereinigt

Wenn man sein Auto selbst waschen will, müssen einige Dinge beachtet werden. Zunächst müssen die Utensilien vorbereitet und betriebsbereit[1] gemacht werden. Es werden ein Wasserschlauch, eine Autowaschbürste, Seifen und Konservierstäbchen, ein Staubsauger, ein Fensterleder, eine Kleiderbürste und eventuell Poliermittel benötigt.
Der Wagen muß an einen Platz gefahren werden, der möglichst nahe an der

Anschlußstelle eines Wasserschlauches liegt, wo Wasser gut abfließen kann. Dann kann man mit den Reinigungsarbeiten beginnen. Seifenstäbchen werden in die Waschbürste gesteckt, und das Wasser wird aufgedreht. Die Waschbürste muß gleichmäßig hin und her bewegt werden, da sonst sehr leicht Kratzer auf dem Lack entstehen. Es ist darauf zu achten, daß man mit dem Dach des Autos beginnt und nicht unten oder an den Seiten. Sonst läuft später das schmutzige Wasser vom Dach an den schon sauberen Seiten herunter. Bei Fenstern, Radkappen und Scheinwerfern darf kein rauher Schwamm verwendet werden, um festgeklebte Insekten oder Teer zu entfernen, da man auf Glas sonst Kratzer machen würde. Ist der Wagen von außen abgeseift und der große[2] Schmutz entfernt, spritzt man das Auto mit klarem Wasser ab. Dann wird das Auto mit Waschkonservierer behandelt. Hierzu wird ein Konserviererstäbchen in die Waschbürste gesteckt und das Auto wie beim Einseifen abgewaschen. Ist dieser Vorgang beendet, ledert man den Wagen mit einem feuchten Fenster- oder Autoleder ab. Auch hier ist beim Dach zu beginnen. Ist der Wagen einigermaßen trocken, läßt man ihn an der Luft nachtrocknen.
Nun beginnt die Reinigung des Innenraumes. Der größte[2] Schmutz wie kleine Steinchen und Dreck wird mittels eines Staubsaugers abgesaugt. Dann werden die Fenster, Armaturen und andere mit Leder oder Kunststoff bezogene Teile abgeledert oder eventuell bei großer Verschmutzung mit einem feuchten Lappen abgerieben. Die Polster werden mit einer Kleiderbürste abgebürstet. Bleiben nach dem Abledern der Fenster auf den Fenstern noch einige Flecken von Wasser, entfernt man sie mit ein bißchen Spiritus.
Ist die Innenreinigung beendet, kann man den Wagen noch polieren. Hierbei werden auch die Chromleisten mit einem Wattebausch und Autopolitur abgerieben und hinterher nachpoliert. Das ist aber nur bei jeder dritten oder vierten Wäsche nötig, da eine Politur ziemlich lange vorhält.
Wenn ein Auto einmal in der Woche gründlich gewaschen wird, wird man lange Freude an seinem Wagen haben.

---

1. Unpassender Ausdruck, denn betriebsbereit macht man gewöhnlich Maschinen oder Motoren.
2. Schlechter Ausdruck! Dafür: „. . . der Schmutz, der schlimmste Schmutz“.

Bemerkung

Diese Vorgangsbeschreibung ist ausführlich und genau; sie gibt Anweisungen, wie man ein Auto waschen kann, und weist auf alles hin, was man dabei beachten muß. An einigen Stellen führt der Schüler auch Begründungen an, weshalb man dies oder jenes in einer bestimmten Reihenfolge tun muß. Eine sorgfältige, klare Vorgangsbeschreibung!

Ein Auto wird gereinigt

Bevor man mit dem äußeren[1] Reinigen eines Autos beginnen kann, werden verschiedene Gegenstände benötigt: ein saugfähiger Schwamm und ein Lederlappen, einige Reinigungsmittel, ein mit Wasser gefüllter Eimer und Autowatte zum Polieren des Autos. Zuerst wird mit Wasser, das vorher mit einem Putzmittel versehen[2] worden ist, der gröbste Schmutz entfernt. Dabei beginnt man zuerst mit dem Wagendach und fährt dann damit fort, die Fenster und Türen, Kotflügel, Kühlerhaube und Kühlergrill und das Heck zu reinigen.[3] Besonders hartnäckiger Schmutz kann mit den dafür geeigneten Reinigungsflüssigkeiten oder Pasten beseitigt werden. Ist das beendet, wird mit einem Lederlappen[4], mit dem man die ganzen Teile[5] des Autos nachfährt, das Wasser aufgesaugt. Damit das Leder saugfähig bleibt, muß es von Zeit zu Zeit ausgewrungen[6] werden. Wenn das Gefährt[7] trocken ist, kann man mit dem Polieren des Autos beginnen. Dazu trägt man eine Paste möglichst gleichmäßig auf den Lack auf. Wenn nach etwa einer halben Stunde die Paste eingetrocknet ist, reibt man sie mit einer Watte weg. Den Chromteilen, Zierleisten, Stoßstangen und Radkappen aus Chrom, wird mit einem anderen Mittel wieder Glanz verliehen.[8] Jetzt kann mit der Reinigung des Innenraumes begonnen werden. Zuerst schafft man die Fußbodenmatten aus dem Auto und wäscht[9] sie gründlich ab. Dann beseitigt[10] man den Schmutz, der sich unter den Matten oder in den Ritzen festgesetzt hat. Sind die Sitze oder deren Bezüge angeschmutzt, werden diese gut abgefegt[11] und mit einem Fleckenmittel gereinigt. Schließlich putzt man noch die Innenwände[12] und das Armaturenbrett des Autos. Hinterbliebene[13] Schmutzstreifen an Fenstern oder an anderen Stellen können hinterher noch entfernt werden. So ist man nun wieder im Besitz[14] eines Autos, das wie neu aussieht und mit dem es wieder Spaß macht zu fahren.

---

1. Schlechter Ausdruck!
2. Dafür: . . ., in das vorher ein Reinigungsmittel gegeben worden ist, . . .
3. Wie, womit macht man das?
4. Besser: Fensterleder!
5. Gemeint sind die Karosserie, die Lackflächen! Außerdem müßte es heißen „alle Lackflächen“.
6. Besser nur ausdrücken, nicht wringen!
7. Dieser Ausdruck paßt hier nicht, denn es ist eine sachliche Beschreibung.
8. Wie macht man das?
9. Nur Gummimatten, nicht Teppichmatten!
10. Womit? Wie?
11. Womit?
12. Im Auto gibt es keine „Innenwände“! Gemeint sind wahrscheinlich die Türverkleidungen.
13. Dafür: „zurückgebliebene“! Hinterbliebene sind die Angehörigen von Verstorbenen.
14. Unpassender Ausdruck! Dafür: „hat man wieder . . .“!

Bemerkung

Der Aufsatz beginnt etwas unvermittelt; man vermißt eine Einleitung, die dem Schlußsatz entspricht. Sprachlich wenig gewandt; inhaltlich ungenau!

Aufgabe

Du möchtest deinem älteren Bruder dabei helfen, Roststellen an seinem Auto zu entfernen, sie zu verspachteln und wieder mit Lack auszubessern. Deshalb fragst du deinen Bruder, was du tun mußt. Fertige aus den Anweisungen deines Bruders eine Vorgangsbeschreibung an, damit du jederzeit nachschauen kannst, wenn du dich nicht auskennst!

Wie wir unser Auto waschen

Etwa alle drei Wochen müssen mein Vater und ich unser Auto waschen. Jeder schleppt zwei Eimer Wasser zu unserer Garage. Mein Vater fährt den Wagen heraus und zieht die Handbremse an.
Nun beginnen wir, zuerst den Wagen tüchtig naßzumachen und mit einem alten Schwamm den gröbsten Schmutz zu entfernen.[1] Mein Vater greift zu einem anderen Schwamm und überwäscht[2] mit frischem Wasser noch einmal alles[3] gründlich. Ich putze und poliere inzwischen alle Fensterscheiben innen und außen mit einem Fensterleder. Nun muß ich wieder neues[4] Wasser holen, weil das alte[4] fast verbraucht ist. Mein Vater schrubbt[5] in der Zeit mit dem nicht mehr ganz sauberen Rest des Wassers[5] die Radkappen. Wenn ich vom Wasserholen zurückkomme, muß ich die Glasscheiben vor den Scheinwerfern und die Rückspiegel innen und außen polieren. Mein Vater ist jetzt auch mit seiner Arbeit so weit.[6] Nun waschen wir die beiden Stoßstangen und die Nummernschilder. Das Wasser ist nun ein wenig abgelaufen, und wir beginnen, jeder mit einem Fensterleder, den Wagen zu polieren.[7] Ich übernehme den Kofferraumdeckel und die Kühlerhaube, mein Vater die beiden Längsseiten. Wenn wir das Auto poliert haben, hole ich aus dem Wageninneren die Fußmatten heraus und klopfe sie[8], bis sie sauber sind. Mein Vater überreibt dann den Wagen mit einer fettigen Creme[9], die wasserabstoßend ist.
Nun glänzt unser Auto wieder, und mein Vater fährt es in die Garage.

1. Ungenaue Darstellung: der Schwamm muß naß sein, der Schmutz wird durch leichtes Reiben auf der Lackschicht des Daches, der Motorhaube usw. entfernt; wo beginnt ihr?
2. Nicht gebräuchlicher Ausdruck!
3. Was ist mit „alles“ gemeint?
4. Schiefer Ausdruck, denn das Wasser stammt aus derselben Wasserleitung! Dafür: „Nun muß ich erneut Wasser holen, denn es war . . .“
5. Unsinniger Ausdruck, denn mit Wasser kann man nicht schrubben!
6. Unklare Beziehung, denn man weiß nicht, was mit „so weit“ gemeint ist; der Satz müßte weitergeführt werden mit „daß er . . .“!
7. Zunächst muß der Wagen mit dem Fensterleder abgetrocknet werden.
8. Die Matten dürfen aber nicht unmittelbar neben dem Auto ausgeklopft werden, sonst fällt der Staub wieder auf das frisch gewaschene Auto!
9. Doch wohl mit Hartwachs!

Bemerkung

Jeder Junge und jedes Mädchen weiß heute, wie man ein Auto wäscht. Außerdem ist hier keine feste Abfolge der einzelnen Tätigkeiten vorgeschrieben. Dennoch zeigt diese Vorgangsbeschreibung, daß wir, gerade weil uns allen dieser alltägliche Vorgang vertraut ist, genau aufpassen müssen, um eine brauchbare, klare Anleitung zu geben für jemand, der nicht weiß, wie man ein Auto wäscht. Manche Stellen in diesem Aufsatz sind unklar.

Aufgabe

Dein Vater oder dein Bruder möchte wissen, wie ein Auto in einer modernen Autowaschanlage gewaschen wird. Beobachte den Vorgang in einer Waschanlage genau und beschreibe zu Hause diesen Vorgang!

Der Friseur schneidet mir die Haare

Weil mir die Haare schon bis über die Ohren gewachsen sind, gehe ich heute zum Friseur. Im Salon setze ich mich auf einen bereitgestellten Stuhl und vertreibe mir das Warten mit Lesen von Zeitschriften, bis ich an die Reihe komme.
Endlich darf ich mich in einem breiten Sessel niederlassen. Vor mir erblicke ich einen riesigen blanken Spiegel und darunter ein blitzendes Spülbecken.[1] Daneben liegen verschiedene Scheren, mannigfaltige Kämme, zahlreiche Bürsten und ein Pinsel. Für die Haarschneidemaschine sind viele Aufsätze ausgebreitet. Auch stehen in einem Regal einige Fläschchen mit Haarwasser.
Zuerst reißt der Friseur eine weiße Halsmanschette von einer Rolle ab und klebt sie mir um den Hals.[2] Darauf bindet er mir einen weiten Umhang um, damit die abgeschnittenen Haare nicht auf meine Kleidung fallen. Der Friseur pumpt meinen Sessel mit Druckluft in die Höhe, und ich stelle meine Füße auf einen Schemel. Nun nimmt der Friseur einen Kamm und frisiert mich ordentlich, damit er weiß, wo der Scheitel liegt und nach welcher Seite mir die Haare fallen. Nachdem der Friseur ein passendes Messer in die Haarschneidemaschine eingesetzt hat, schneidet er mir die feinsten Härlein im Nacken, hinter und neben den Ohren ab. Nach abermaligem Umsetzen des Aufsatzes kommen die oberen Teile[3] des Kopfes dran, wobei die Maschine nur die längeren Haare greift. Jetzt entfernt der Friseur mit der Schere die zu lang gewordenen Haare meines Hauptschopfes.[4] Hierauf hält er einen Kamm oberhalb der Ohren in entgegengesetzter Haarrichtung und schneidet die über die Kammzähne stehenden Haare ab. Dabei gibt er mir an, in welche Richtung ich den Kopf drehen soll. Schließlich muß ich die Augen schließen, damit mir nichts hineinkommt[5], denn der Friseur schnippelt mir jetzt die Stirnhaare ab. Darauf benetzt er mein Haar mit Haarwasser aus einer Sprühdose. Hierauf kämmt er mich nochmals und bessert mit der Schere Fehler im Schnitt aus. Zum Schluß nimmt mir der Friseur Manschette und Umhang ab; ich steige vom Stuhl herab, bezahle und gehe wieder nach Hause.

---

1. Diese Einleitung und Vorbereitung für den eigentlichen Vorgang ist zu breit geraten und teilweise überflüssig!
2. Mißverständlich ausgedrückt, denn man könnte meinen, der Friseur klebt die Papiermanschette am Hals fest.
3. Unbeholfene Ausdrucksweise! Unklar!
4. Wie macht er das? Ungenaue Darstellung!
5. Besser: „Damit keine Haare in die Augen fallen."

Wie der Friseur die Haare schneidet

Meine Haare sind wieder lang. Deshalb laufe ich zum Friseursalon. Dort setze ich mich in einen Drehsessel. Der Friseur drückt mit dem Fuß auf einen Hebel an der Fußplatte des Sessels, und der Stuhl bewegt sich langsam bis zu einer bestimmten Höhe. Nun legt mir der Friseur eine Papierkrause um den Hals, bindet mir einen weißen Umhang um und stülpt die Halskrause darüber herunter. Darauf nimmt er die elektrische Haarschneidemaschine und steckt ein weitzahniges Messer darauf. Er schaltet die Haarschneidemaschine ein und kürzt rings um den Kopf die Haare. Später wechselt er das weitzahnige Messer gegen ein engzahniges aus. Damit kürzt er nochmals die Haare. Jetzt nimmt er eine Filierschere und lichtet systematisch meine Haare am Oberkopf. Danach arbeitet er mit Kamm und spitzer Schere. Er zieht mit dem Kamm einen Teil der Haare hoch und schneidet die Haarspitzen ab. Hierauf nimmt er den Frisierkamm und die Schere und schneidet die Haare über dem Gesicht. Hernach rasiert er mit einem Rasiermesser die feinen Härchen im Genick weg. Zuletzt kämmt er mich und bürstet alle Haare von Jacke und Gesicht. Ich bezahle und verlasse den Friseurladen.

Bemerkung

Diese Vorgangsbeschreibung führt die wichtigen Handgriffe und Tätigkeiten des Friseurs beim Haareschneiden an. Der Aufsatz ist inhaltlich klar und knapp, sprachlich sachlich dargestellt.

Wie man einen Puppenkopf bastelt

Man benötigt[1] den dicken Stiel eines Kochlöffels, ferner eine Zeitung und Kleister; dann eine Schüssel voll Wasser und eine Rolle Bindfaden. Außerdem braucht man noch ein Paket Plastika, ein Hölzchen zum Schaben, Wasserfarben und durchsichtigen Lack.
Zuerst schneidet man die Zeitung in Streifen von 1,5 cm Breite und zieht sie durch das Wasser. Dann nimmt man den Stiel des Kochlöffels und wickelt das in Streifen geschnittene Papier um ihn. Die Enden bestreicht man mit Kleister und klebt sie auf. Man wickelt so viel Papier herum, daß sich eine Kugel von ungefähr 12 cm Durchmesser bildet. Dann läßt man das Ganze etwas trocknen. Darauf umbindet man die Kugel mit dem Bindfaden, so daß das Papier nicht herabfallen

kann. Jetzt öffnet man das Paket Plastika und streut das Pulver in die Schüssel voll Wasser.[2] Die entstehende Masse muß gut durchgeknetet werden und darf nicht zu trocken sein. Man nimmt die Papierkugel und trägt eine dünne Schicht Plastika auf. Das[3] läßt man wieder trocknen. Jetzt beginnt man mit der Formung des Gesichts. Die Nase, Augen, Ohren, Stirn, der Mund usw. wird[4] sauber herausgearbeitet. Mit Hilfe des Stöckchens kann man besonders genau gestalten. Man muß darauf achten, daß die Haut nicht zu rauh wird, denn sonst entstehen Schwierigkeiten beim Bemalen. Wiederum muß man warten, bis der Kopf vollkommen getrocknet ist. Man läßt ihn am besten über Nacht auf dem Fensterbrett stehen. Danach[5] bemalt man die Figur mit Wasserfarben. Nicht zu dünnflüssig! Dann[5] kann man noch nach Belieben den Kopf mit Lack bepinseln. Darauf zieht man den Kochlöffelstiel vorsichtig aus dem Kopf heraus. Dann[5] entfernt man mit einer Schere oder einer starken Pinzette den Bindfaden und das Papier aus dem Kopf. Danach[5] steckt man ein Papprröhrchen vom Umfang eines Zeigefingers in das Halsloch. Hierauf befestigt man noch das Gewand der Puppe um ihren Hals, und fertig ist sie.

---

1. Ein Einleitungsgedanke fehlt, der Aufsatz fällt mit der Tür ins Haus. Bevor die benötigten Dinge aufgezählt werden, hätte der Schüler schreiben sollen, warum er einen Puppenkopf basteln will.
2. Hier müßte angegeben werden, wieviel Wasser man in die Schüssel geben muß, um das Pulver darin aufzulösen.
3. Worauf soll sich „das“ beziehen? Es müßte heißen „sie“ (die Masse)!
4. Mehrere Subjekte, daher muß auch das Prädikat im Plural stehen!
5. Wiederholungen im Ausdruck vermeiden! Außerdem sollte man darauf achten, daß der Satzbau nicht zu eintönig wird. (Diese Sätze beginnen alle mit der Umstandsbestimmung.)

Bemerkung

Diese Vorgangsbeschreibung ist brauchbar, aber einige Stellen sind etwas ungenau. Wenn jemand noch nie einen Puppenkopf hergestellt hat, muß er genau erfahren, wie lange die Plastikmasse weichen muß, bevor man sie auftragen kann, wieviel Wasser er zum Auflösen des Pulvers benötigt.

Wie man einen Kasperlkopf bastelt

Die Fertigung[1] von Puppen für Handpuppenspiele ist nicht besonders schwierig, wenn man die Herstellung kennt.
Will man einen Kasperlkopf basteln, so benötigt man Schere, Kochlöffel, Knetstab, Schüssel und Pinsel. Darüber hinaus sind Klebstoff, Zeitungspapier, Plastika, Wasser und Wasserfarben erforderlich. Zuerst werden mit der Schere von dem Zeitungspapier längliche Streifen von etwa fünf Zentimeter Breite abgeschnitten. Dabei ist es nicht notwendig, die Streifen ganz gerade zu schneiden. Die Menge der Streifen richtet sich nach der Größe des Kopfes, der gefertigt werden soll. Anschließend werden die Streifen in eine Schüssel mit Wasser gelegt. Dabei ist darauf zu achten, daß sie nicht zu lange im Wasser liegen. Sie reißen sonst ab. Man nimmt sie also nach kurzer Zeit[2] heraus und wickelt sie um das dünne Ende des Kochlöffels, bis eine rundliche Papierkugel entsteht. Der Kugel soll auch gleich ein kleiner Haaransatz[3] angefügt werden. Die letzten Streifen werden angeklebt, damit alles besser zusammenhält. Ist die Kugel soweit fertig, so stellt man sie ein bis zwei Tage zum Trocknen auf. Auf die trockene Kugel wird nun Pappmaché aufgetragen, das aus Plastika und Wasser bereitet wird, wie es die Gebrauchsanweisung vorschreibt.[4] Eine etwa fünf Millimeter dicke Schicht genügt. Aus dem restlichen Material wird mit dem Knetstab das Gesicht modelliert. Auch die Haare werden angedeutet. Es soll ein recht lustiges Kasperlgesicht werden. Auch eine große Nase darf nicht fehlen. Anschließend wird der Kopf erneut ein paar Tage getrocknet.
Ist er soweit gelungen, so greift man zu Wasserfarben und Pinsel. Die Haare werden dunkel bemalt. Kasperl erhält grüne Augen, eine rote Nase und ein lachendes Gesicht. Zum Schluß wird der Kochlöffel vorsichtig aus dem Kopf herausgezogen. Die Papierstreifen entfernt man durch die Öffnung im Hals.[5]
Dann wird der ganze Kopf gesäubert[6], und die Arbeit ist beendet.
Ist das Modell gut gelungen, so wird es dem „Meister" so große Freude bereiten, daß er sich sicher bald wieder an neuen Puppen versuchen wird.

---

1. Unter Fertigung versteht man heute meistens die Herstellung eines Gegenstandes in großen Stückzahlen.
2. Hier sollte angegeben werden, wie lange die Streifen etwa im Wasser bleiben sollen, denn „nach kurzer Zeit" ist ein sehr dehnbarer Begriff.
3. Wohl aus den Papierstreifen anzufertigen!
4. Diese Anweisung sollte die Vorgangsbeschreibung geben, denn die erwähnte Gebrauchsanweisung kann der Schüler nicht als bekannt voraussetzen.
5. Wie das geht, hätte näher beschrieben werden sollen; vor allem, worauf man dabei besonders achtgeben muß!
6. Wie? Womit? Worauf ist zu achten?

Wie man einen Kasperlkopf anfertigt

Um einen besonders schönen Kasperlkopf basteln zu können, braucht man etwas Geschick, eine Packung Plastika, ein bißchen Tapetenkleister, Bindfaden, einen Stock, eine Flasche, Zeitungen und Wasserfarben.
Zuerst muß man eine Papiermasse herstellen.[1] Sie wird aus Tapetenkleister und Zeitungen hergestellt.[1] Man rührt ein wenig Tapetenkleister mit Wasser an. Danach bestreicht man die Zeitungen damit und knüllt sie so lange zusammen, bis eine kleine Kugel entsteht. Wenn die Papierkugel den Durchmesser von ungefähr 15 Zentimetern hat, umwickelt man die Kugel mit Bindfaden, daß[2] sie fest bleibt. Dann nimmt man den Stock, der etwa 30 cm lang und 1 cm dick sein soll. Den schiebt man 4 cm in die Kugel hinein und legt die Kugel am[3] Stock weg. Wenn das geschehen ist, kann man[1] mit dem Kneten des Plastikpulvers beginnen, indem man[1] das ganze Pulver in eine große Schüssel schüttet[4]. Darauf gießt man etwa einen halben Liter Wasser. Das ganze Pulver muß unter Wasser sein. Nach 10 Minuten gießt man das Wasser weg. Jetzt kann man[1] mit dem Kneten beginnen. Der Teig, der aus dem Pulver entstanden ist, wird eine halbe Stunde lang auf einer Unterlage geknetet, bis er weich geworden ist.
Jetzt nimmt man wieder[5] die Kugel am Stock und steckt den Stock in die Flasche, daß nur die Kugel herausschaut. Nun bestreicht man die Kugel mit dem Plastikateig. Wenn das geschehen ist, formt man das Gesicht. Am unteren Ende des nun entstandenen Kopfes muß man einen Rand, der von dem Kopf wegsteht, lassen[6], weil man da dann später die Kleidung der Gestalt befestigt. Soll es ein Pirat werden, formt man ihm besonders grobe Gesichtszüge. Nach der Formung des Gesichts läßt man ihn etwa drei bis vier Tage auf dem Fensterbrett stehen. Wenn der Kopf trocken ist, muß man das Zeitungspapier im Inneren der Kugel herausholen[7], da der Kopf sonst beim Spielen auf der Bühne zu schwer ist. Selbstverständlich entfernt man auch den Stock.[8] Zum Schluß bemalt man den Kopf mit grellen dicken Farben.

---

1. Störende Wiederholungen im Ausdruck vermeiden!
2. Dafür: damit!
3. Unklare Ausdrucksweise!
4. Umgekehrte Reihenfolge!
5. Vorher wurde nicht erwähnt, daß man die Kugel am Stock nimmt; daher fehlt die Beziehung für „wieder“! Vielleicht: „. . . nimmt man die Kugel wieder am Stock . . .“!
6. Nachklappen des Prädikats vermeiden! Dafür: „. . . einen Rand lassen, der . . .“
7. Wie macht man das?
8. Worauf muß man dabei achten?

Bemerkung

Die beiden Aufsätze beschreiben brauchbar, wie man einen Kasperlkopf aus Pappmaché herstellt. Den Verfassern der Aufsätze ist dieser Vorgang jedoch so vertraut, daß beide wichtige Einzelheiten übergehen oder nur ungenau erwähnen. Dabei vergessen sie, daß jemand, der noch nie einen Kasperlkopf gebastelt hat, nach dieser Vorgangsbeschreibung in der Lage sein müßte, einen solchen Kopf herzustellen; dazu muß er auch die Einzelheiten erfahren.

Wie man einen Berg für eine Eisenbahnanlage bastelt

Als Modelliermasse für einen Berg benötigt man[1] Papiermaché. Dieses bereitet man zu, indem man zwei oder drei Sonntagsausgaben der „Süddeutschen Zeitung" in lauter kleine Fetzchen zerreißt, diese dann in einen Eimer mit Wasser schüttet und tüchtig durchknetet. Nun drückt man dieses glitschige Papiermus in einem Seiher so aus, daß man das meiste Wasser ausquetscht. Falls man keinen zu Hause hat, holt man sich jetzt in einem Farbgeschäft Tapetenkleister. Man rührt ihn dick an (nähere Gebrauchsanweisung meistens auf der Rückseite der Kleisterschachtel) und läßt ihn ziehen. Hernach vermengt man den Kleister mit der Papiermasse, knetet sie etwa zehn Minuten durch und läßt sie dann stehen.[2]
Inzwischen beginnt man mit dem eigentlichen Bergbau.[3] Hierfür benötigt man eine kräftige Schere, Uhu, einen dicken Bleistift, einige große Stücke dicken Pappkarton und Phantasie.
Auf den Pappkarton zeichnet man nun die Profile des Berges, schneidet sie aus und klebt sie auf die Eisenbahnplatte. Zwischen diese Profile stopft man zusammengeknülltes Papier, bis die Lücken zwischen den Profilen vollkommen ausgefüllt sind. Hierbei muß man auch schon an die Geländeform denken, die man später bilden will, das heißt, daß man z. B. Anhöhen, Mulden, Schluchten und Bachrinnen, mit Papierknüllen[4] errichtet.
Ist dies geschehen, so sucht man sich ein altes Bettlaken, reißt es in tellergroße Stücke, taucht diese in eine Schüssel mit dünn angerührtem Tapetenkleister und legt sie auf die „geknüllte Landschaft". Hat man das getan, so läßt man die Stoffetzen trocknen und trägt dann die vorher angefertigte Pappmaché auf. Das macht man am besten mit einer feinen Spachtel. Nach etwa zwei Wochen ist das Gebirge trocken, und man kann es ausschmücken und bemalen.

1. Der Aufsatz beginnt etwas unvermittelt; der Verfasser des Aufsatzes sollte am Anfang der Beschreibung feststellen, daß er einen Berg für seine Eisenbahn herstellen will oder daß man das und jenes benötigt, wenn man einen Berg für die Eisenbahn basteln will.
2. Wie lange?
3. Falscher Ausdruck, denn der Schüler meint die Anfertigung eines Berges aus Pappmaché; mit „Bergbau" bezeichnet man jedoch den Abbau, die Gewinnung von Bodenschätzen.
4. Nicht gebräuchlicher Ausdruck! Dafür vielleicht: „mit zusammengeknülltem Papier"!

Bemerkung

Nach dieser Vorgangsbeschreibung kann man einen Berg oder eine ganze Landschaft für seine Eisenbahnanlage anfertigen. Die Beschreibung ist knapp, sagt aber das Wichtigste, was man wissen muß. Einleitung und Schluß sollten den Aufsatz besser abrunden. Die Einleitung soll den Grund angeben, warum du diese Arbeitsanleitung schreibst.

Aufgabe

Dein Freund möchte gern einen Tunnel für seine Eisenbahnanlage herstellen. Fertige für ihne eine Vorgangsbeschreibung an und achte darauf, daß du alles erwähnst, was wichtig ist. Nicht weglassen, was *dir* selbstverständlich ist, weil du vielleicht schon oft mit Pappmaché gearbeitet hast!

Wie man einen Linolschnitt herstellt

Zu dieser[1] Arbeit benötigt man: weiches Linoleum (etwa halbe Heftgröße), eine Glas- oder Plastikplatte in der gleichen Größe, ein weißes Zeichenblatt DIN A 5, Walze und Druckerschwärze, Bleistift und Lineal, Handgriff mit Konturenmesser[2], Roller und Flachausheber.
Wenn dies alles bereitliegt, kann man beginnen. Man nimmt zuerst das Linoleum und zeichnet sich ein Motiv vor[3], z. B. eine Lokomotive. Nun graviert man mit dem Konturenmesser links und rechts der Bleistiftstriche eine Rille ein. Keinesfalls darf man ganz durchschneiden.[4] Darauf nimmt man den Riller und hebt die schmalen Zwischenräume[5] aus, welche von den Konturenmesserstrichen begrenzt sind. Anschließend überlegt man sich, was auf dem Druck schwarz oder weiß werden soll. Dabei ist zu beachten, daß der Linolschnitt nach dem Druck seitenverkehrt erscheint. Wenn dies geschehen ist, kratzt man mit

dem Flachausheber alles weg, was weiß bleiben soll. Dieser Abfall kommt in den Papierkorb.
Nun legt man die Schneidefedern[6] beiseite und geht an den Druck. Nachdem man etwas Druckerschwärze aus der Tube auf die Platte gedrückt hat, rollt man die Walze über die Schwärze und verteilt sie.[7] Anschließend schwärzt man mit der Walze das Linoleum gleichmäßig ein.[8] Dann legt man dieses auf das bereitliegende Zeichenblatt. Dabei muß beachtet werden, daß der Schnitt auf dem Blatt nicht verrückt wird. Man drückt ihn fest an und hebt anschließend das Linoleum vorsichtig weg. Jetzt ist der Druck fertig. Das Abdrücken des Linolschnittes kann beliebig oft wiederholt werden.

---

1. Der Leser weiß noch nicht, um welche „Arbeit" es sich handelt! Einleitung bzw. den ersten Satz der Einleitung nicht auf die Überschrift beziehen!
2. Besser: „Konturenmesser mit Handgriff"!
3. Auf der Ober- oder Unterseite (Vorder- oder Rückseite) des Linoleums?
4. Warum nicht?
5. Zwischen welchen Linien?
6. Sind Schneidefedern das gleiche wie Flachausheber? Bisher war im Aufsatz nicht die Rede davon, daß mit Schneidefedern gearbeitet wird.
7. Unklare Beziehung! Verteilt man die Walze oder die Druckerschwärze? Wo verteilt man sie?
8. Wie macht man das?

Bemerkung

Mehrere wichtige Stellen dieser Vorgangsbeschreibung sind unklar bzw. ungenau ausgeführt. Die sprachliche Darstellung ist sachlich. Eine Einleitung fehlt! Sie hat die Aufgabe, die Arbeit zu motivieren, den Grund anzugeben, warum man einen Linolschnitt anfertigt bzw. warum man diese Arbeitsanleitung gibt.

Aufgabe

Schreibe diese Vorgangsbeschreibung neu und ergänze dabei alles, was fehlt bzw. ungenau ausgeführt ist!

Gegenstands- und Raumbeschreibungen

Neben der Beschreibung von Vorgängen wird auch die Beschreibung von Gegenständen verlangt. Die Schüler sollen dadurch zu genauer Beobachtung (auch von Einzelheiten, die man bei flüchtigem Hinsehen nicht erkennt) erzogen werden. Die genaue Beschreibung eines Gegenstandes ist wichtig, wenn man etwas, das man verloren hat, im Fundbüro oder beim Finder abholen möchte. Auch wenn ein Hund entlaufen oder ein Vogel entflogen ist, muß man ihn genau und treffend beschreiben können, um das Tier durch eine Suchanzeige in einer Tageszeitung ausfindig zu machen.

Die Gegenstandsbeschreibung beginnt mit einfachen Gegenständen (häufig in der Form der Verlustanzeige). Gelegentlich wird sie auch in die äußere Form eines Rätsels gekleidet; der Gegenstand wird so beschrieben, daß die Leser ihn erraten können. Sie soll möglichst genau sein wie die gute fotografische Aufnahme eines Gegenstandes oder eine klare, sachliche Zeichnung. Voraussetzung für eine gute Gegenstandsbeschreibung ist – wie bei der Beschreibung von Vorgängen oder beim Bericht – die genaue Beobachtung. Flüchtiges, oberflächliches Betrachten genügt nicht.

Auch bei dieser Aufsatzart ist es wichtig, daß in der Sachsprache beschrieben wird. Die eigene Meinung, der persönliche Eindruck, Gefühlsäußerungen stören.

Gelegentlich kann ein Gegenstand nur richtig beschrieben werden, wenn man beschreibt, wie man mit diesem Gegenstand arbeitet. Die Zeitstufe für die Gegenstandsbeschreibung ist – wie bei allen Beschreibungen – die der Gegenwart, denn der beschriebene Gegenstand sieht immer gleich aus.

Während in der Vorgangsbeschreibung das zeitliche Nacheinander dargestellt wird, bildet in der *Beschreibung von Räumen, Gebäuden, Plätzen, Gärten* das Nebeneinander der Dinge im Raum eine Einheit. Die einzelnen Schritte der Arbeit müssen deshalb sorgfältig überlegt werden.

Man beginnt mit der Lage des Hauses oder des Raumes, beschreibt seine Größe oder Beschaffenheit, das Aussehen der Wände, die wichtigsten Einrichtungsgegenstände, dann folgt der Gesamteindruck des Raumes.

Wenn der Schreiber nicht nur den sachlichen Eindruck wiedergibt, sondern das gefühlsmäßige Erlebnis bringt, gerät er in die Schilderung des Raumes (Erlebnisdarstellung).

Ähnlich ist es bei der Beschreibung eines Tieres, einer Pflanze. Sachlich geschrieben, entspricht die Beschreibung etwa der Darstellung in einem Naturkundewerk. Wenn wir z. B. nicht nur das Äußere, sondern auch die

Verhaltensweise eines Hundes darstellen, kommen wir zur Schilderung. Oder: Eine Rose kann sehr sachlich genau beschrieben werden, aber auch erlebnismäßig geschildert werden.
Beschreibungen werden in der Gegenwartsform (im Präsens) geschrieben.

Die Beschreibung eines Gegenstandes (ohne Handlungsfolge):

Gegenstandsbeschreibung

Ziel:

will ein räumliches Nebeneinander vor Augen stellen

Sprache:

genau, anschaulich, schlicht

Erforderlich sind:

1. genaue Betrachtung des Gegenstands: des Ganzen, seiner Teile und ihrer Beziehungen zueinander (z. B. Uhr),
2. genaue Angaben über Größe, Form, Farbe des Gegenstandes und seiner Teile, so daß man ihn nachzeichnen könnte,
3. sinnvolle Gliederung, ausgehend z. B.: vom Ganzen zu den Teilen (Auto), vom Auffallenden zum Unauffälligen (Kleid), von außen nach innen (Orange), von innen nach außen (Brosche mit Edelsteinen).

Stilmittel:

klärendes Adjektiv, Bild, Vergleich.

Zeitform:

Präsens wegen der unmittelbaren sprachlichen Nachzeichnung des Gegenstandes.

Wo finden wir die **Gegenstandsbeschreibung?**

In Versandhauskatalogen
Warenkatalogen
Werbeanzeigen
Museumskatalogen
Fachbüchern aller Art

Ein Fahrzeug, das ich gern benutzen würde

Klein, rasant und sehr schnell – das sind die Hauptkennzeichen des Go-Karts. Eine Freude für den Fahrer, mit einer solchen Rakete in Miniformat zu fahren! Der Go-Kart läßt das Herz eines jeden Jungen schneller schlagen. Wenn man ihn erst einmal gefahren hat, so möchte man ihn immer und immer wieder fahren, bis schließlich der Wunsch aufkommt, einen eigenen Go-Kart zu besitzen. Warum soll ich da eine Ausnahme machen?
Der schnittige Kleinrennwagen, der etwa 1 m lang, 1 m breit und – abgesehen vom Fahrer – 35 cm hoch ist, kann auf geraden Strecken eine Spitzengeschwindigkeit von 120 km/h herausfahren. Er wäre also in der Lage, einen Gepard zu überholen. Der Rasenmähermotor des Go-Karts leistet bis zu 13 000 Touren. Wenn man den offenen Wagen von vorne betrachtet, sieht man eigentlich nicht viel mehr als das runde Nummernschild, zwei nicht ganz eine Elle durchmessende, aber ebenso breite Reifen, das Lenkrad und den überdimensional erscheinenden Fahrersitz. Hinter dem ledernen Fahrersitz, neben den Rädern, haben der bienenkorbartige Motor, der Tank und der Auspuff ihren Platz.
Das einzige, was man beim Go-Kart als Verkleidung bezeichnen könnte, ist der Boden des Flitzers. Dieser Boden besteht aus Leichtmetall und erstreckt sich vom Motor bis zur Vorderachse. Damit der Go-Kart bei Rennen kein Gramm zuviel Gewicht hat, ist der Boden sogar mit Löchern durchsetzt. Kein Wunder, wenn der Go-Kart-Rennsport immer mehr Freunde[1] gewinnt, zu denen auch ich gehöre; dies hat mich veranlaßt, einen Go-Kart zu beschreiben. Mit einem offenen Wagen, der kleiner ist als man selbst, mit 120 km/h dahinzubrausen, ist doch toll . . . oder? Ich finde, wir haben Arthur Ingels, dem Erfinder des Go-Karts, zu danken.

1. Sprachlich irreführend. Man könnte meinen, die Löcher im Boden bzw. das geringe Gewicht wären der Grund für die Beliebtheit dieses Fahrzeugs.

Gliederung

A) Die Kennzeichen des Go-Karts und warum ich ihn benützen oder gar haben möchte

B) Der Go-Kart
   1. Die Größe des Go-Karts, seine Geschwindigkeit und seine Leistung
   2. Die Ansicht des Wagens von vorne und hinten
   3. Alles über die „Karosserie" des Go-Karts

C) Was mich bewogen hat, den Go-Kart zu beschreiben und für was er verwendet wird (Rennen)

Bemerkung

Diese knappe, aber treffende Beschreibung läßt spüren, wie begeistert der Schüler von diesem Rennwagen ist. Das ist eine gute Motivation für die Bearbeitung eines Aufsatzthemas.

Die „Adler"-Lokomotive

Dein Freund kennt die Lokomotive „Adler" nicht; beschreibe sie ihm!
Zu meiner Modelleisenbahn gehört auch eine Nachbildung der ersten Lokomotive, die in Deutschland auf der Strecke Nürnberg–Fürth verkehrte, des „Adlers".[1]
Es ist ein kleines, maßstabgetreues Modell aus Plastik. Der Kessel und das Führerhaus bilden die Hauptteile der Lokomotive; außerdem ist noch ein Kohlenwagen angehängt. Die Lokomotive ist dreiachsig. Auf der ersten, der vorderen Achse sind zwei kleine Räder angebracht, auf der mittleren Achse zwei im Verhältnis dazu riesengroße Räder, auf der hinteren Achse wieder zwei kleine. Diese haben einen Durchmesser von etwa einem Zentimeter, die beiden großen einen von etwa drei Zentimetern. Mit Kohlentender ist die Lok etwa acht Zentimeter lang. Auf dem Kessel der Lok ist ein Schornstein von zwei Zentimeter Höhe angebracht, der sich oben trichterförmig öffnet. Der Führerstand wird von einem kleinen Gitter umschlossen. Im Führerstand sind zwei Hebel befestigt, einer zum Öffnen des Feuerlochs und einer für das Öffnen des Ventils, um den Dampf ablassen zu können.

Der Kohlenwagen ist durch eine Kupplung, die sich bei meinem Modell allerdings nicht öffnen läßt, mit der Lokomotive verbunden. Oben auf dem Tender liegen kleine Kohlen aus Plastik; sie sind festgeklebt. Der Kohlenwagen hat zwei Achsen mit Rädern von einem Zentimeter Durchmesser.
Da meine Heimatstadt Fürth ist, freue ich mich besonders über dieses Modell.

---

1. der „Adler"!

Bemerkung

Der Schüler hat dieses Modell kurz, aber klar beschrieben; allerdings hat er das Aussehen (Farbe, besondere Form, auffallende Merkmale) übergangen. Dadurch ist die Beschreibung unvollständig. Die sprachliche Darstellung ist sachlich und klar.

Aufgabe

Einer deiner Freunde wohnt in einer anderen Stadt und konnte dich in den Weihnachtsferien nicht besuchen. Er möchte jedoch unbedingt wissen, was für eine Lok du zu Weihnachten bekommen hast. Beschreibe sie ihm genau!

Meine Modelleisenbahn

Dein Vetter interessiert sich für deine Modelleisenbahn; beschreibe sie ihm!

Zu Weihnachten bekam ich eine Eisenbahnanlage. Die Geleise sind auf einem Brett montiert, das Brett ist 2,50 m lang und 1,50 m breit. An der Seite sind 17,5 cm hohe Holzleisten angebracht. An der linken vorderen Ecke befinden sich zwei Transformatoren. Sie sind rechteckig und blau lackiert. Oben an den Transformatoren ist ein roter Drehknopf, mit dem man die Geschwindigkeit der Züge regeln kann. Die Schaltpulte sind von gleicher Farbe wie die Transformatoren, haben jedoch auf der Oberseite vier rote und vier grüne Druckknöpfe. Mit ihnen wird die Anlage gesteuert.
Ich habe vier Kreise. Der zweite Kreis mündet in den äußeren und den inneren. Im rückwärtigen Teil sind zwei Kreuzungen montiert. Im inneren Teil der Anlage sind ein Abstellgleis und ein Ankopplungsstück. Außerdem stehen auf der Anlage noch vier Signale. Drei sind am zweiten Kreis, davon zwei vor den Kreuzungen angebracht. Das dritte Signal steht vor der Einmündung in den

inneren Gleisteil. Im dritten Kreis vor der Weiche zur Verbindung mit dem zweiten Kreis ist das vierte Signal aufgestellt.

Ich habe einen D-Zug. Die Dampflok wiegt mehr als ein halbes Kilogramm und ist 18 cm lang, 3,5 cm breit und 5 cm hoch. Sie ist schwarz, die zwölf Räder sind rot. Auf der Unterseite der Lok befindet sich, wie bei allen elektrischen Lokomotiven, der Stromabnehmer. An diese Schnellzuglok kupple ich den Kohlenwagen; er fährt auf acht Rädern, ist 10 cm lang, 4,5 cm breit und 3,5 cm hoch und schwarz lackiert. Außerdem gehört zu meinem Zug noch ein Personenwagen. Er ist dunkelgrün und hat ein silbriges Dach; seine Länge beträgt 25 cm, die Höhe 4,5 cm, die Breite 3 cm. Er hat ebenfalls acht Räder, außerdem vier Türen und zwanzig große Fenster. Der rote Speisewagen ist genauso gebaut wie der Personenwagen. Als letzter Wagen fährt der Postwagen. Er sieht aus wie die zwei vorher beschriebenen Wagen, hat jedoch elf kleine Fenster.

Die anderen Züge der Anlage transportieren Güter. Die eine Lok hat eine Länge von 21 Zentimetern, eine Breite von 3 Zentimetern und eine Höhe von 4 Zentimetern. Sie fährt auf acht kleinen Rädern. An der Lok ist ein Tankwagen angehängt; er ist ebenfalls schwarz. Der Tank selbst ist viereckig, die Kanten sind abgerundet. Auf der rechten Seite steht auf einem Schild „ARAL“. Nach diesem Tankwagen kommt ein Güterwagen für Kohle. Er hat die gleichen Maße wie der Tankwagen und ist 10 Gramm schwer. Der untere Teil ist schwarz, der obere rot. Der Aufbau besteht aus einer Kipplore, deren Inhalt man durch Hochziehen eines Stäbchens herausschütten kann. Außerdem gehört zu diesem Zug noch ein geschlossener Transportwagen. Er ist braun mit grauem Dach und trägt die Aufschrift „Stückgut-Schnellverkehr“. Er ist 10 cm lang. Die Ecken sind scharfkantig.

Der zweite Güterzug besteht aus einer Lokomotive und drei Wagen. Die Lok ist eine E-Lok und hat zwei Stromabnehmer, die auf dem Dach montiert sind. Die Farbe der Lok ist grün, das Dach ist silbergrau. Diese Lokomotive ist die schwerste von allen; sie wiegt 650 Gramm. Die Güterwagen sind gleich. Sie haben eine flache Form und sind 11,5 cm lang, 3,5 cm breit und 2 cm hoch. Alle drei sind braun. Im letzten Zug werden Personen befördert. Dessen Lokomotive ist 11 cm lang, 3,5 cm breit und 5,5 cm hoch. Sie ist schwarz und hat sechs rote Räder. Die drei Personenwagen haben ein überstehendes graues Dach; die Wagen selbst sind dunkelgrün. Vorne und hinten haben sie je eine Tür. An den Seiten sind zwölf Fenster. Am Rand der Plattform ist ein Geländer angebracht. Der gesamte Personenzug ist 48 cm lang. Die Anlage und die Züge sind von der Firma „Märklin“ hergestellt.

Bemerkung

Der Aufsatz führt zu viele belanglose Einzelheiten an, beschreibt Kleinigkeiten zu ausführlich. Dadurch verliert der Leser den Blick fürs Wichtige, für die Gesamtanlage. Aufgabe einer Beschreibung ist es unter anderem auch, Wichtiges von weniger Wichtigem bzw. Unwichtigem zu unterscheiden und dies auch in der Ausführlichkeit der Behandlung zu berücksichtigen. Die sprachliche Darstellung ist sachlich, aber etwas eintönig und trocken.

Die bauliche Anlage des Gymnasiums

Die Lage der Gebäude einer Schule gibt oft den Ausschlag[1], ob man sich darin wohl fühlt und gern arbeitet oder nur darauf wartet, sie bald wieder verlassen zu können. Besonders wichtig ist es[2] für ein Gymnasium oder eine andere höhere Schule, da neun oder noch mehr Jahre des Lebens darin verbracht werden.[3] Als Beispiel wäre die Anlage des . . . Gymnasiums zu nennen.[4]
Unsere Schule liegt an der Friedensburger Straße. Wir steigen die dreistufige Eingangstreppe hinauf, gehen unter einem überdachten Gang hindurch und befinden uns nun auf dem höher gelegenen Teil des westlichen Pausenhofes. Vor uns steht[7] ein mittelgroßer Baum, der zwischen den Steinplatten in die Erde gesetzt[5] wurde. In dem einzigen Gebäude, das hier[6] steht[7] und U-förmig gebaut ist, liegen die beiden Turnhallen, zwischen denen sich eine Freilichtbühne befindet. Wir wenden uns nun links nach Osten, und vor uns liegt der zentrale Teil der Schule. Den Kern bildet die große verglaste Aula[8], von der noch zwei Ausläufer[9], der eine nach Osten, der andere nach Westen, weggehen.[10] Zu diesen Ausläufern[9] und in den drei Stockwerken, die über der Pausenhalle[11] liegen, befinden sich die[12] zahlreichen Klassenzimmer, die durch die großen Kippfenster einen hellen und freundlichen Eindruck machen. Wir gehen jetzt durch die Pausenhalle hindurch, zu einer der drei Schwingtüren hinaus und stehen auf dem zweiten Pausenhof der Schule. Zur linken Seite befindet sich der östliche Ausläufer[9] und rechts ein kleiner Bau[13], in dem die Chemiesäle liegen[13], und der wie an das Hauptgebäude angestückelt erscheint. Der kleine Pavillon mit den Zeichensälen und Musikzimmern liegt im hinteren Teil des Hofes, der aus einer Grünanlage mit buschigen Bäumen und Blumen und einem Bassin mit einer Anzahl verschiedener Fische besteht. Das andere Rasenstück befindet sich rechts und wird von einer hohen Birke beherrscht. Der Boden des Hofes besteht aus

Betonkieselplatten. Auf ihm stehen einzelne große Blumentöpfe[14] und eine mächtige[15] Sonnenuhr aus weißem Marmor. Die ganze Schule macht sogar für[16] einen Schüler einen eher positiven als negativen Eindruck, da sie ziemlich modern ist und ein gutes Arbeitsklima sowie eine freundliche Atmosphäre bietet.

---

1. Weniger die Lage der Gebäude einer Schule als vielmehr die Ausstattung, die Ausgestaltung dieser Gebäude ist von Bedeutung für die Arbeitsfreude der Schüler und Lehrer.
2. Unklare Beziehung, man weiß nicht, was der Schüler mit „es" meint, worauf es sich bezieht!
3. Passiv vermeiden! Dafür: . . . die Schüler (junge Menschen) neun Jahre . . ."
4. Dafür: „Als Beispiel möchte ich . . . anführen, beschreiben."
5. Unbeholfen dargestellt; außerdem ist dieser Baum für die Beschreibung der baulichen Anlage dieses Gymnasiums nicht wichtig.
6. Die Beziehung von „hier" ist völlig unklar, außerdem falsch, denn die Turnhallen stehen nicht am Platz des Baumes, sondern am anderen Ende des Pausenhofes.
7. Wiederholungen im Ausdruck vermeiden!
8. Falscher Ausdruck! Mit Aula bezeichnet man heute gewöhnlich einen Festsaal in einer Schule. Was der Schüler meint, ist jedoch die Eingangs- bzw. Pausenhalle der Schule.
9. Falscher Ausdruck, denn unter Ausläufer versteht man einen Seitentrieb oder einen allmählich schmaler werdenden Berg.
10. Dieser Ausdruck ist nicht treffend.
11. Hier wird nicht klar, daß die eben erwähnte Aula diese Pausenhalle ist.
12. Falsch, denn über der Pausenhalle liegen im ersten Stock die Verwaltungsräume der Schule, darüber ist nur noch *ein* Stockwerk mit *einem* Klassenzimmer; im dritten Stockwerk sind noch drei Klassenzimmer untergebracht, aber deren Fenster gehen auf die Ostseite.
13. Falsch, denn die Chemiesäle liegen im Hauptgebäude!
14. Besser: Blumenschalen!
15. So „mächtig" ist diese Sonnenuhr nicht!
16. Besser: „. . . auf einen Schüler"!

Bemerkung

Diese Beschreibung ist sowohl inhaltlich als auch sprachlich ungenau. Man muß genau beobachten, bevor man einen Gegenstand oder einen Vorgang richtig und sorgfältig beschreiben kann. Schlage die Begriffe, deren Bedeutung dir nicht ganz klar sind, in einem Lexikon nach, ehe du sie im Aufsatz verwendest!

Unsere Realschule

Es ist eine Aufgabe unseres Staates, der Jugend Schulen zur Verfügung zu stellen.[1] Es spielt keine allzu große Rolle, ob es sich dabei um eine Grund-, Realschule oder ein Gymnasium handelt. Ein schönes Beispiel guter Planung und Ausführung gibt die . . . Realschule. Sie liegt im Süden Münchens, im Stadtteil Sendling, entlang der Friedensburger Straße. Betrachtet man die Anlage der Schule aus der Vogelperspektive, so liegen im Westen die Turnhalle[2], im Osten der Zeichenpavillon[3] und eine Gartenanlage, während Süden und Norden von Schulgebäuden, die durch einen Mitteltrakt verbunden sind und wie eine stilisierte Vier aussehen, begrenzt werden.

Unsere Schule ist ein Betonbau, der aber zum großen Teil von einer Art Klinkerbausteinen bedeckt ist[4], so daß nur Eckpfeiler, Reckstützen und Fensterumrahmungen auch von außen als Betonbau erkannt werden können.

Der Nordbau der Schule, in dem nur Klassenzimmer untergebracht sind, zieht sich entlang der Friedensburger Straße hin, ist aber durch einen mit Büschen bepflanzten Rasen ein Stück von ihr abgesetzt. Auf diesen Teil der Schule folgt der Mitteltrakt mit Eingangshallen, Haupttreppen, Sekretariat und sonstigen Verwaltungs-Räumen für Lehrer und Schüler. An ihn schließt sich dann wieder ein Unterrichtsbau an, in dem im Erdgeschoß Physik- und Chemiesäle liegen. Im Osten des Mitteltrakts befindet sich der kleine Pausenhof, dessen Abschluß ein Wasserbecken mit Garten[5] darstellt, an den wiederum sich im Süden der Pavillon mit Zeichen- und Musiksälen anschließt. An seiner Westseite ist eine kleine Rasenfläche mit Büschen bepflanzt bis zum Anschlußbau des südlichen Gebäudes, in dem Kartenräume[6] untergebracht sind. Im Westen des Hauptbaues liegt der große Pausenhof, dessen unterer Teil links ganz von der Schule begrenzt wird. Über einige Stufen kommt man in den höher gelegenen zweiten Teil des Hofs. Seinen Abschluß bilden die zwei Turnhallen. Sie sind mit der Schule durch einen überdachten Säulengang verbunden. Rechts neben dem Gang, in der Höhe der Stufen, liegen die Wohnung des Hausmeisters und ein Eingang[7], weiter im Süden die Fahrradständer und noch ein Eingang.

Von einigen kleinen Fehlern abgesehen, ist unsere Schule praktisch gebaut, hat eine gut durchdachte Anlage und ein modernes Äußeres.

---

1. Zu allgemein!
2. Diese Schule hat zwei Turnhallen!
3. In diesem Teil des Gebäudes sind auch die Musiksäle untergebracht.
4. Schlechter Ausdruck! Die Flächen zwischen den Betonpfeilern sind mit Klinkersteinen ausgemauert.

5. Ein Garten mit Wasserbecken!
6. Nur im ersten und zweiten Stock!
7. Wohin führt dieser Eingang?

Bemerkung

Beide Aufsätze beschreiben die bauliche Anlage dieser Schule nicht genau genug, jede der zwei Beschreibungen führt Beobachtungen an, die in der anderen Arbeit fehlen. Der zweite Aufsatz ist sprachlich besser ausgearbeitet.

Unser Klassenzimmer

Wenn man unser recht geräumiges Klassenzimmer mit seinen weißgetünchten Wänden durch die hohe, rotbraune Türe betritt, so fallen einem zunächst die drei Reihen Bänke auf. In der Mittelreihe stehen[1] sechs, außen je fünf Bänke hintereinander. Je zwei Stühle aus hellem Holz stehen[1] hinter einem der gleichfarbigen Pulte. Diese haben eine moderne Form und eine etwas dunkler gefärbte Platte. Vor der Fensterreihe steht[1] der Katheder, der eine Schublade und ein größeres Fach mit Schwenktüre, die beide verschließbar sind, hat.[2] Der Boden des Raumes besteht[3] aus dunkelblauem Linoleum, die Decke aus gebeizten Holzlatten, die in kurzen Abständen nebeneinander angeschraubt[4] sind. Über den beiden äußeren Bankreihen sind je zwei flache Glaslampen montiert. Vorne[1] sind die Tafelbeleuchtung, bestehend aus zwei Neonröhren und dem langgestreckten Abblendschirm, der das Licht nach vorne[1] auf die Tafel konzentriert, und die Aufhängvorrichtung für den Kartenhalter angebracht.[5] Links neben der Türe befindet sich eine Nische mit dem Waschbecken, neben dem zwei Handtücher, der Zeigestock und der Kartenhalter aufgehängt sind. Rechts vom Eingang steht in etwa zwei Metern Abstand der Schrank, dessen linke Hälfte verglast ist und als Schaukasten dient, während die rechte Seite von einer Schiebetüre aus mittelbraunem Holz gebildet[6] wird. Der Schrankkörper ist aus weiß lackiertem Holz hergestellt und steht auf einem Metallgestell. Zwischen Schrank und Türe sind der Lichtschalter für die Deckenbeleuchtung, der Thermostat und darüber ein eisernes Kruzifix an der Wand festgemacht. Darunter steht der Papierkorb. Nahe der Rückwand[7], in deren Mitte eine Steckdose eingelassen ist, hängen auf der Türseite zwei Glasrahmen mit je drei Linolschnitten. Den größten Teil der der Türe gegenüberliegenden Wand nehmen die beiden großen Fenster ein. Das hintere öffnet sich senkrecht[8]; das größere vordere ist unterteilt in ein ebensolches[9] wie das hintere und einen schmäleren Teil, der waagrecht aufgeht. Links, rechts und zwischen den beiden Fenstern hängt je ein grauer Vorhang. Neben der weißen Holzfassung[10] sind außen die beiden Vorrichtungen zum Herablassen der Rollos montiert. Unter der Fensterbank aus Marmor sind die beiden Heizkörper angebracht. Die Tafel an der Stirnwand des Zimmers ist mit einer Vorrichtung, mit deren Hilfe sie auf und ab bewegt werden kann, versehen.[2] Sie ist in drei Teile geteilt, von denen die beiden kleineren äußeren nach innen eingeklappt werden können. Unter dem mittleren Teil hängt[1] an einer verchromten Stange der Tafellappen, und in einer Art Schüssel liegt der Schwamm. Rechts, in der Nähe der vorher bereits erwähnten Nische, hängen[1] an der Wand unser Kalender und die Tafeldienstordnung. Darunter ist der Schalter für die Tafellampe befestigt.

---

1. Wiederholungen im Ausdruck vermeiden!
2. Das „Nachklappen" des Prädikats wirkt schlecht! Dafür: „Ein Pult, das . . . hat, die beide verschließbar sind."
3. Schlechter Ausdruck; dafür: „Der Boden . . . ist mit dunkelblauem Linoleum belegt, ausgelegt."
4. Unklar ausgedrückt! Gemeint ist, daß die Bretter parallel zueinander angeschraubt sind und zwischen den einzelnen Brettern jeweils ein Zwischenraum bleibt.
5. Wo? An der Wand oder an der Decke?
6. Sprachlich nicht treffend ausgedrückt! Die Tür „bildet" nicht „die Hälfte des Schrankes".
7. Beziehung ist nicht ganz klar (Rückwand des Klassenzimmers!)!
8. Besser: Ist ein Schwingfenster!
9. Schwerfällige Ausdrucksweise!
10. Unklare Beziehung! Welche Holzfassung ist gemeint! Wahrscheinlich spricht der Schüler vom Fensterrahmen.

Bemerkung

Der Schüler beschreibt sein Klassenzimmer recht genau und gruppiert seine Beobachtungen sinnvoll zusammen. Allerdings macht er im Aufsatz keine Abschnitte. Die sprachliche Darstellung ist sachlich, aber etwas eintönig und an mehreren Stellen wenig gewandt.

Aufgabe

Setze Abschnitte, wo in diesem Aufsatz neue Beobachtungen beschrieben werden! Verbessere diejenigen Stellen, die sprachlich ungenau bzw. nicht treffend genug dargestellt sind!

Das Klassenzimmer der 7a

Hinter einer der vielen gleichaussehenden Türen unserer Schule liegt im ersten Stock auf der Südseite unser Klassenzimmer.
Es hat die Form eines Rechtecks. In drei Reihen stehen sechzehn furnierte Holzbänke und doppelt so viele Stühle auf dem blaugrauen Linoleumboden. Vor der ersten Bank auf der Fensterseite steht das Lehrerpult mit einem etwas besseren Stuhl, als es die der Schüler sind. Zwei große Schwingfenster erhellen den Raum.
Bei starkem Sonnenschein läßt man außen die blauen Sonnenmarkisen herunter, und bei Filmen verdunkelt man, indem die drei grauen Vorhänge zugezogen werden. Unter der Fensterbank aus Marmor sorgen zwei Heizkörper für Wärme.
In der Mitte der östlichen Querwand des Zimmers steht die zusammenklappbare Wandtafel. Sie kann durch zwei Neonlampen, die an der holzverkleideten Decke angebracht sind, beleuchtet werden. Vier weitere Deckenlampen versorgen das Klassenzimmer mit Licht.
An der Wand auf der Türseite verschönern zwei Bilder den Raum. Ein danebenstehender Wandschrank besteht links aus einer Glasschiebetür und rechts aus einer Holzschiebetür.
Links und rechts von der Tür sind zwei gleich große Mauervorsprünge. Neben dem rechten steht ein Papierkorb, und darüber hängt ein Kreuz. Neben dem linken befindet sich eine Nische, in der ein Waschbecken in die Wand installiert ist. Daneben hängen noch einige Zeichengeräte.
Von unserem Klassenzimmer aus haben wir eine gute Aussicht auf den Pausenhof und den Goldfischteich.

Bemerkung

Inhaltlich ist diese Beschreibung eines Raumes sehr knapp; dadurch bleibt manches unklar und unvollständig. Einige Beobachtungen sind nicht ganz richtig, teilweise falsch wiedergegeben. Aber Einleitung und Schluß dieses Aufsatzes sind besser als bei dem vorausgehenden Aufsatz; sie runden diese Beschreibung ab. Sprachlich eintönig mit vielen Wiederholungen („stehen")!

Unser neues Klassenzimmer

Kommt man durch die rotbraune Türe in unser helles, freundliches Klassenzimmer, fällt sofort die helle Holzdecke auf. Sie verleiht dem großen Raum einen warmen Eindruck und bildet einen krassen Gegensatz zu den weiß getünchten Wänden. Der Fußboden ist mit unempfindlichem grau-blau meliertem Linoleum ausgelegt. An einer Längswand des Zimmers liegen drei große Doppelglasfenster. Unter einer durchgehenden Fensterbank befinden sich zwei lange Heizkörper. Vor die Fenster kann ein hellgrauer Vorhang gezogen werden, der auf einer Schiene läuft, die in die Holzdecke eingelassen ist. Für sonnige Tage sind außen an der Hauswand zwei blaue Markisen angebracht, die bei Bedarf mittels eines Gurts heruntergelassen[1] werden können. Die Bänke, an denen jeweils zwei Schüler sitzen, sind in drei Reihen angeordnet. Man sitzt auf rüsterfarbenen Stühlen, die farblich genau auf die Bänke und das Lehrerpult abgestimmt sind, das am Fenster[2] steht. Jeder Schüler kann von seinem Platz aus die große grüne Tafel sehen. Sie steht[3] auf einem gelben Holzsockel und kann durch eine Kettenvorrichtung hoch- und wieder heruntergeschoben werden. Neben der Türe, die wie in einer Nische liegt, befindet sich ein Waschbecken. Dort werden auch die Zeichengeräte für die Mathematik und eine Landkartenaufhängevorrichtung aufbewahrt. In unserem Klassenzimmer gibt es außerdem einen Schaukasten, in dem hinter einer braunen Schiebetüre auch eine kleine Bücherei liegt.[4] An der Decke sind vier symmetrisch angeordnete Lampen, die zusammen mit zwei Neonröhren über der Tafel das Klassenzimmer und die Tafel beleuchten. Der einzige Zimmerschmuck besteht aus einem Kreuz und zwei Wechselrahmen, die Schülerzeichnungen präsentieren.

---

1. Vor den Fenstern!
2. An welchem? Es sind doch drei Fenster!
3. Ungenauer Ausdruck, denn die Tafel ist nach oben bzw. unten verschiebbar!
4. Schwerfällige und sprachlich unzutreffende Darstellung, denn hinter der Tür „liegt" keine „Bücherei"; in diesem Schrank werden die Bücher der Schülerlesebücherei aufbewahrt.

Bemerkung

Auch dieser Aufsatz gliedert die Beobachtungen nicht. Die sprachliche Darstellung ist sachlich und meist klar. Nach dieser Beschreibung kann sich der Leser das Klassenzimmer vorstellen. Diese Beschreibung endet – wie auch das vorhergehende Beispiel – etwas unvermittelt; ein Schlußsatz fehlt.

Unser Wohnzimmer

Unser behaglichster Raum ist das Wohnzimmer. Es ist 6 Meter lang und 4 Meter breit. Trete ich ein, blicke ich auf das gegenüberliegende, durchgehende Fenster mit maisgelben Seidengardinen, das für reichlich Licht und Sonne sorgt. Der Heizkörper unter dem Fenster strahlt im Winter wohltuende Wärme aus. Die vielen Blumenstöcke auf dem marmornen Fenstersims und der sich neben dem Fenster emporrankende Philodendron verleihen dem Zimmer eine freundliche Note. Durch eine Tür an der linken Seite des Fensters gelangt man auf den Balkon. Er ist beinahe so breit wie das Zimmer und bietet uns im Sommer oft Gelegenheit zur geruhsamen Erholung. Das auffallendste Möbelstück ist ein geräumiger moderner Palisanderschrank an der linken Längsseite des Raumes. Auf ihm ruht ein präparierter Caiman von 1,2 Meter Länge, den mein Vater aus Venezuela mitgebracht hat. Ein Leuchtglobus, rechts daneben, hilft mir, das gerade im Erdkundeunterricht behandelte Land zu finden. Die offenen Fächer zieren bunt zusammengestellte Bücher, eine kunstvoll gefertigte Kerze und zwei, meist schnell geleerte Obstschalen. Das fliederfarbene Sofa an der rechten Längsseite des Zimmers umgibt halbkreisförmig den runden Tisch und ist genauso bequem wie die beiden gleichfarbigen Polstersessel mit den flauschigen bunten Kissen. Oft entbrennt bei uns ein erbitterter Kampf um den günstigsten Platz vor dem Fernsehgerät, das in der Ecke zwischen Schrank und Balkontüre auf einem Tischchen mit drehbarer Platte steht. Mit Wonne knabbern wir beim Fernsehen Salzstangen und Erdnußflips aus einer Kristallschale, die Mutti jeden Tag, frisch aufgefüllt, auf den Mosaiktisch stellt. Sehr ungemütlich wird sie aber, wenn sie am nächsten Tag die Krümel aus der Wolle ihres liebevoll gepflegten, russischgrünen Teppichs, der fast den ganzen Parkettboden bedeckt, entfernen muß. Sind meine Schwester und ich im Bett, schalten meine Eltern die ovale, gelblich getönte Deckenleuchte aus und knipsen die hohe Stehlampe neben dem Sofa an, um bei der Lektüre eines guten Buches etwas auszuspannen. Der feine Messingständer und das chinesische Muster des Seidenschirmes machen diese Lampe besonders reizvoll. Rechts neben der Türe, von der Küche aus schnell zu erreichen, steht auf einer Palisanderablage ein weißes Telefon. Erhält man auf diesem Wege schlechte Nachrichten, so bietet ein bräunlicher marokkanischer Ledersitz, an dessen Seite lange, lederne Fransen baumeln, Gelegenheit, sich hinzusetzen, um erst einmal tief Luft zu holen. Links neben der Türe hat ein Palisanderregal seinen Platz. Im untersten Fach befinden sich Radioapparat, Tonbandgerät und Plattenspieler. Darüber warten viele Lexika, Wörterbücher und sonstige Bildungsliteratur darauf, benützt zu werden. Ein aus südamerikanischen Hülsenfrüchten hergestelltes Bild, dessen Motiv ein Indio mit seiner Trommel bildet, hängt über dem Fernsehgerät. Zusammen mit den drei Aquarellen und dem mexikanischen Kupferrelief über dem Sofa erinnert es uns an die lange Zeit in Südamerika. Gerade dies ist es, was uns unser Wohnzimmer so liebenswert macht.

Bemerkung

Der Aufsatz zeichnet sich durch eine lebendige sprachliche Darstellung aus; einige Stellen nähern sich jedoch zu sehr der Erzählung. Leider macht der Schüler keine Abschnitte.

Aufgabe

Setze Abschnitte, wo neue Beobachtungen beschrieben werden!

Ein vertrauter Raum

Wenn man in unserem Einfamilienhaus die Treppe zum 1. Stock hinaufkommt, fällt der Blick unwillkürlich auf die Tür des Kinderzimmers. Hinter dieser befindet sich mein Bereich, der mir seit Jahren bestens vertraut ist. Ihn will ich im folgenden beschreiben.
Das Zimmer ist etwa 12 qm groß und hat eine längliche Form. Durch das große Fenster an der Straßenseite fällt viel Licht in den pastellgrün getünchten Raum. Eine Couch in unmittelbarer Nähe des Fensters bietet nicht nur bequeme Sitzgelegenheit, sondern kann auch zum Schlafen benützt werden, wenn sie ausgeklappt wird. Ein großer Teddybär, in der Couchecke sitzend, erinnert mich an mein 3. Lebensjahr. Zwischen Couch und zwei Stühlen steht ein kleiner rechteckiger Tisch. Hier erledige ich in der Regel meine Hausarbeiten oder lese ein interessantes Buch. Bisweilen sitze ich auch bei besonderen Anlässen mit Freunden zu einer fröhlichen Runde beisammen.
Die Wand über der Couch schmückt ein Bild des hl. Gerhard. Er ist mein Namenspatron. Seitlich von dem Bild rankt üppiger Efeu empor. Die gegenüberliegende Wand nimmt ein 2 m breites Sideboard ein; darüber befinden sich fast bis zur Decke in aufgelockerter Form Regale, die meine bescheidene Bibliothek aufnehmen. Zu meinem liebsten Besitz zähle ich 20 Bände Karl May,

von denen ich manche schon zum zweiten Mal gelesen habe. Besonders vertraut sind mir die ersten Bücher, die ich von meinen Eltern geschenkt bekommen habe: „Die Erlebnisse des Tigers Racki“ und „Max und Moritz“ von Wilhelm Busch. Die bunten Rücken der langen Bücherreihen ergeben ein farbenprächtiges Bild. Durch einige nette Plüschtierchen wird die Bücherwand belebt. In der Mitte auf dem Sideboard steht ein verhältnismäßig großer Globus, der mich schon oft von der großen, weiten Welt träumen ließ.
Neben der Couch steht ein mächtiger Schrank, der, wie alle anderen Möbel, in hellem Rüster gehalten ist. Auf dem Kleiderschrank befindet sich ein etwa 50 cm langer Alligator. Daneben erinnern einige Raritäten an verschiedene Wies'nbesuche. An der Kaminseite steht meine Liegestatt, die nahezu die ganze Breite des Zimmers einnimmt. Über ihr hängt ein japanisches Marienbildnis aus feinster Seide, oben und unten von je einem Bambusstab eingefaßt. Über dem Bettende tickt eine selbstgebastelte Kuckucksuhr, flankiert von Max- und Moritzköpfen, die mein Bruder in den letzten Sommerferien aus Lehm geformt, gebrannt und farbenfroh bemalt hat. Die beiden Schelmenköpfe mit ihrem verschmitzten Lächeln ziehen die Aufmerksamkeit jedes Besuchers auf sich.
Die Wand gegenüber schmückt eine Anzahl von Bildern, zum Teil eigene Erzeugnisse, die noch aus der Volksschulzeit stammen, zum anderen Teil handelt es sich um Erinnerungsphotos. Am Abend spendet eine Deckenlampe, die in einem ringförmigen Lampenkörper aus hellem Naturholz hängt, anheimelndes Licht. An beiden Seiten des Ringes sitzt je ein buntbemaltes Vögelchen mit weit geöffnetem Schnabel. Aus dem Heizschacht der zentralen Warmluftheizung strömt wohlige Wärme.
Ich freue mich über meine vier Wände mit den vielen großen und kleinen Dingen, die mir mit den Jahren sehr vertraut geworden sind.

Bemerkung

Der Aufsatz ordnet die Beobachtungen zu sinnvollen Gruppen zusammen und ist danach in Abschnitte gegliedert. Die sprachliche Darstellung ist lebendig und vermittelt einen guten Eindruck vom Raum, der in diesem Aufsatz beschrieben wird. Auch dieses Beispiel zeigt, daß eine Beschreibung sprachlich durchaus nicht trocken und langweilig wirken muß.

Das Dachzimmer

In unserem Haus liebe ich ein Zimmer ganz besonders: das Dachzimmer. Erst im vorigen Jahr bauten meine Eltern es für mich aus. Eine Wendeltreppe führt auf den Dachboden. Durch eine mit Holz verkleidete Wand wird der übrige Bodenraum vom Zimmer getrennt.[1] Wenn man die Glastür in der Trennwand öffnet, fällt einem sofort die große, dunkelbraune Korblampe auf, die von der Decke herabhängt. Gleich auf der rechten Seite ist der Kamin[1]. Er spendet nur sehr wenig Wärme. Dafür[2] sorgt aber ein kleiner Elektroofen, der in der rechten Dachschräge eingebaut ist. Dort haben auf einem Fensterbrett ein paar Blumenstöcke Platz gefunden. Unter dem großen Fenster, welches mir den Blick auf ein nahes Wäldchen nicht versagt[3], steht ein Schreibtisch. Wenn ich von der Schule nach Hause komme und gegessen habe, mache ich dort meine Hausaufgaben. In der Ecke zwischen Nord- und Westseite lädt eine gemütliche Bank zum Lesen ein. Links davon[4] läßt das ehemalige[5] Dachfenster ebenfalls Licht in den kleinen Raum. Daneben haben die Bücher auf einem Regal ihren Platz. Auf der Südseite trägt das Bett, das ich von einem Bauern geschenkt bekam, zur Gemütlichkeit bei.[6] Am Fußende bewahrt ein Nachttisch meinen Kleinkram auf. Hinter der Schlafstelle liegen meine Kleidungsstücke wohl verwahrt. Eine in die Wand eingebaute Lampe erlaubt mir das Lesen abends im Bett.[7] Der Fußboden ist mit einem Teppich belegt. Dadurch erhält das Zimmer einen ganz besonders heimeligen Charakter.

---

1. Sie Sätze stehen zu unvermittelt, d. h. ohne innere oder äußere Verbindung nebeneinander.
2. Das Wort bezieht sich nicht auf „Wärme"!
3. Schlechter Ausdruck! Warum negativ ausdrücken?
4. Die Beschreibung wird zum Aufzählen aller Gegenstände!
5. Nicht verständlich!
6. Das sollte näher ausgeführt werden! In diesem Aufbau wirkt der Satz unecht. Ist die Südseite für die Gemütlichkeit maßgebend oder das Bauernbett?
7. Die Sätze stehen ohne Verbindung da, einzeln, wie die Gegenstände.

Bemerkung

Die Arbeit zeigt, wie man ein gemütliches Dachzimmer durch Aufzählen der einzelnen Gegenstände zum Abstellraum dieser Möbel herabwürdigen kann. Die Einzelheiten werden nur aufgezählt, jede in einem Satz. Der Aufsatz ist damit ein Beispiel dafür, wie der Inhalt in den Sätzen zum Ausdruck kommt: einzelne Gegenstände in einzelnen Sätzen. Die Gegenstände werden nicht in Beziehung zueinander gebracht, die Sätze haben auch keine sprachliche Beziehung.

Im Band 3 der **MANZ AUFSATZ-BIBLIOTHEK „die Beschreibung"** findet Ihr eine Fülle von Beschreibungen (Vorgänge und Gegenstände), Gebrauchsanweisungen, Arbeitsanleitungen, Spielregeln, Bau- und Ortsbeschreibungen.

Im MANZ-Buch 611 **„Meine Schulaufsätze"** (7./8. Jahrgangsstufe) sind enthalten:

Schiffe aus der Bronzezeit	Bericht/Beschreibung
Ein Wikingerschiff	Beschreibung
Das Schiff des Kolumbus	Beschreibung
Die „Wasa"	Berichte
Die Fahrten des Polarschiffes „Fram"	Bericht
„KON-TIKI"	Ichbezogener Bericht
Codex Argenteus	Bericht
Die Silberbibel	Beschreibung
Uppsala	Bericht
Vadstena am Vättersee	Bericht mit Stellungnahme
Ein Mikro-Taxi	Beschreibung

Im Manzbuch 249 **„Meine Schulaufsätze"** (5./6. Jahrgangsstufe)

Beschreibung eines Vorgangs

Das Wasserrad
Der Weitsprung
Wie man Schuhe putzt
Wie man ein Düsenboot bastelt
Das Zauberkunststück
Wie man einen Plattenspieler bedient
Wie man einen Linolschnitt anfertigt
Die Hand als Greifinstrument
Die Maultrommel
Wie man Maultrommel spielt

Bericht und Beschreibung

Wie ich Geheimtinte herstellte
Wie man Geheimtinte herstellt kann
Wie ich meine ersten Kristalle züchtete
Wie man Kristalle züchten kann

6. Inhaltsangaben

Während die Nacherzählung in der Erlebnissprache (und zwar im Präteritum) der vorliegenden Erzählung geschrieben wird, muß die Inhaltsangabe in der Sachsprache (im Präsens) abgefaßt werden.
Die Inhaltsangabe soll:
1. alle wesentlichen Begebenheiten im Zusammenhang folgerichtig beschreiben,
2. leicht verständlich abgefaßt sein,
3. im Präsens geschrieben sein,
4. auf die Art der Darstellung und der Sprache hinweisen,
5. keine wörtlichen Reden enthalten (ausgenommen, wenn der genaue Wortlaut entscheidend ist),
6. die sprachliche Darstellung soll weder zu trocken noch eintönig sein.

Die kurze Einleitung bereitet den Leser darauf vor, welche Erzählung besprochen wird, der Schluß gibt eine knappe Gesamtwürdigung der Erzählung.
Eine Inhaltsangabe kann ganz knapp nur das Gerüst der Erzählung wiedergeben, kann aber auch ausführlicher in die Erzählung einführen.
Lesestücke und Abschnitte aus der Klassenlektüre werden im allgemeinen als Themen für Inhaltsangaben gestellt. Es können aber auch größere Lektüren als Themen gewählt werden, ähnlich wie in den Literaturgeschichten, die den Inhalt von literarischen Werken kurz anführen.
In der Oberstufe liegen der Inhaltsangabe meist Texte zugrunde, die zur Auswertung für den Besinnungsaufsatz geeignet sind, also Texte, in denen ein Problem unter verschiedenen Gesichtspunkten betrachtet wird oder die einen Begriff umfassend klären.

Gegliederte Inhaltsangabe

Die gegliederte Inhaltsangabe faßt zunächst den Text der Vorlage klar, möglichst knapp und ohne eigene Meinung zusammen; alle wichtigen Punkte müssen in dieser Zusammenfassung enthalten sein. Sprachliche Wendungen der Vorlage dürfen nicht übernommen werden. Im zweiten Teil der Arbeit muß der Bearbeiter die Frage erörtern, ob der Verfasser des Textes das Problem richtig erfaßt und bewertet. Außerdem erhält der Aufsatz eine Gliederung, bei der gedanklich-inhaltliche Punkte zusammengeordnet werden, auch wenn sie in der Vorlage getrennt stehen. Der Grundgedanke, das Kernproblem des Textes, muß dabei erfaßt und klar herausgearbeitet werden; dazu soll der Verfasser Stellung nehmen und seine Meinung begründen.

Häufige Fehler:

1. Die entscheidende Frage des Textes wird nicht erfaßt, der Text falsch gedeutet;
2. Wichtiges wird nicht von Unwesentlichem oder weniger Wichtigem unterschieden;
3. der Verfasser umschreibt den Text nur mit eigenen Worten oder erzählt den Inhalt nach.

Nacherzählung und	**Inhaltsangabe**
Eine Geschichte wird mit eigenen Worten **nacherzählt.** Meist wird dabei die Geschichte stark gekürzt. Die Nacherzählung hält sich an den Ablauf der Geschichte.	Der Inhalt einer Geschichte wird kurz wiedergegeben, entweder zur knappen Unterrichtung anderer oder zur eigenen Gedächtnisstütze. Die Inhaltsangabe hält sich **nicht** an den Ablauf der Erzählung.
Wörtliche Rede kann bei der Nacherzählung übernommen werden oder mit eigenen Worten gebracht werden. Ohne wörtliche Rede wird die Nacherzählung leicht zum sachlichen Bericht.	Wörtliche Rede wird in der Inhaltsangabe zur indirekten Rede im Konjunktiv. Nur besonders wichtige Redeteile können wörtlich wiedergegeben werden. Die Inhaltsangabe kann im Text oder im Schluß auch eine Deutung des Originaltextes enthalten.
Die **Nacherzählung** wird in der Erzählzeit, der Vergangenheitsform (**Präteritum**) geschrieben.	Die **Inhaltsangabe** ist eine Beschreibung und wird in der Gegenwartsform (**Präsens**) geschrieben.

Aufbau einer Inhaltsangabe (Vorschlag)	
A) Einleitung:	Verfasser, Inhalt, Herkunft und Art des Textes Inhaltliche Zusammenfassung in einen Satz
B) Hauptteil:	– Objektive Information über das Wesentliche des Textes – Herausarbeiten von Ursachen und Folgen – mit eigenen Worten, von der Vorlage unabhängige Sprache – Sachlicher Stil – ohne wörtliche Rede, ohne wörtliche Zitate – Umwandlung der wörtlichen Rede in indirekte Rede – Präsens
C) Schluß:	Deutung des Textes oder persönliche Stellungnahme zum Text

Mark Twain, Toms heimlicher Besuch

Tom Sawyer und Huckleberry Finn stehen im Mittelpunkt von Mark Twains Buch „Tom Sawyers Abenteuer". Der bekannte Schriftsteller läßt die beiden die Abenteuer seiner eigenen Kindheit erleben. Tom, der von Tante Polly, der Schwester seiner Mutter, aufgenommen wurde, und Huckleberry, der Obdachlose, wollen Seeräuber werden. Mit Joe Harper, dem dritten im Bunde, fliehen sie zur Jackson-Insel im Mississippi, da sie sich von einigen Erwachsenen ihres näheren Bekanntenkreises ungerecht behandelt sehen. Da sie erfahren, daß man sie für tot hält, will Tom auf eigene Faust erkunden, wie Tante Polly jetzt um ihn trauert. Als die erste Nacht hereingebrochen ist, watet und schwimmt er bis zur Sandbank vor der Insel hinüber. Obwohl er von der Strömung abgetrieben wird, erreicht er das andere Ufer glücklich und versteckt sich dort in dem im Dienst stehenden Boot. Er hat Glück, das Boot fährt bald los, und kurz vor St. Petersburg springt er ins Wasser und erreicht bald das Haus Tante Pollys.
Leise öffnet er die Tür und versteckt sich unter dem Bett. Nicht nur alle Familienmitglieder sind anwesend, auch Frau Harper, die andere Leidtragende, ist gekommen und trauert mit. Sie erzählen sich, wie brav die Jungen im Grunde

doch gewesen seien und wie unberechtigt alle ihre Strafen sie getroffen hätten. Danach weinen alle, außer Sid, dem Prügelknaben Toms. Tom erfährt auch noch, daß ihr Floß angeschwemmt worden sei, worauf man sie für ertrunken hält. Falls man die Leichen am Sonntag nicht gefunden habe, wolle man eine Trauerfeier halten. Darauf verläßt Frau Harper schluchzend das Haus. Tom hört, wie rührend Tante Polly für ihn betet, bevor sie schlafen geht. Nachdem alle schlafen gegangen sind, verläßt Tom das Versteck, küßt die schlafende Tante und macht sich von dannen. Er geht hinunter zur Fähre und findet den Wachhabenden schlafend. Um den Schläfer nicht zu wecken, rudert er behutsam stromaufwärts. Nachdem er eine halbe Meile gefahren ist, kommt er an der Landestelle des Bootes an. Dort bleibt er bis zum Morgengrauen. Jetzt springt er in den Fluß und erreicht die Insel. Die beiden Freunde hört er erzählen, daß sie schon fast glauben, er habe sich davongemacht. Darauf zeigt sich Tom und schmückt sein nächtliches Erlebnis prachtvoll aus. Anschließend bereiten sich die drei ein üppiges Frühstück, nach dem Tom ausruht. Die anderen „Seeräuber" setzen währenddessen ihre Inselerforschung fort. Der Sicherheit halber läßt er seine kümmerlichen Habseligkeiten, aus Spielzeug bestehend, zurück. So hat er ein Pfand zurückgelassen, wenn ihm etwas zustößt.
Vielleicht hätte Tom den nächtlichen Ausflug auch unterlassen, wenn er gewußt hätte, daß er es doch nicht so weit bringen würde, seiner Tante eine Nachricht zu hinterlassen.[1] Denn das war ja der Sinn des Unternehmens gewesen.

---

1. Diesen Plan des Jungen hätte die Inhaltsangabe schon früher erwähnen sollen!

Bemerkung

Diese Inhaltsangabe gibt den Inhalt ziemlich genau und klar wieder, so daß auch derjenige, der die Erzählung Mark Twains nicht kennt, weiß, was im 15. Kapitel dieser Erzählung geschieht. Der Hinweis darauf, daß Tom seiner Tante eine Nachricht hinterlassen wollte, hätte früher kommen sollen. Inhaltlich und sprachlich eine recht ansprechende Leistung!

Georg Britting, Brudermord im Altwasser

Georg Britting ist 1891 in Regensburg geboren und 1964 in München gestorben. Eine seiner Geschichten ist im Schullesebuch „Prisma 3“ im siebten Kapitel zu finden. Sie heißt „Brudermord im Altwasser“. In dieser Kurzgeschichte geht es darum, wie der Jüngste von den Hofberger Buben bei einem Unfall, den seine beiden Brüder verschulden, ums Leben kommt. Das geschah so: Jeden Tag im August gehen die drei Brüder, elf bis dreizehn Jahre alt, zu den Altwässern der Donau. Es sind grünschwarze, algenbewachsene Teiche. Sie raufen, schlagen sich, schleichen durch das Dickicht und vereinbaren wie jeden Tag, daß sie zu Hause über ihre Streiche schweigen wollen. Eines Tages stoßen sie bis zu einem unbekannten Weiher vor. Er ist größer als die ihnen bisher bekannten Tümpel. Da entdecken sie ein Boot, das an einem Pfahl angekettet ist. Sie reißen den Pflock aus dem Schlamm und werfen ihn samt Kette in das Boot und steigen ins Boot. Die Geschwister rudern in die Mitte des Weihers. Da beginnen die beiden Ältesten zu schaukeln. Dem Jüngsten macht das Wippen ebenfalls Spaß, doch plötzlich werfen sich die Älteren auf die Seite, wo der Kleinste steht, so daß er in das Wasser fällt. Der Elfjährige schreit, geht unter, pocht von unten gegen den Bootskiel und schreit und pocht schließlich nicht mehr. Die beiden anderen sind stumm und gelb von dem Schrecken, der sie überfällt. Sie rudern zurück an das Ufer und treiben den Pflock wieder an der alten Stelle in den Schlamm. Sie lassen den graugrünen Tümpel hinter sich, traben stadtwärts und vereinbaren wie immer, daß sie zu Hause schweigen werden. Am liebsten würden sie alles ungeschehen machen, aber das geht nicht, es ist geschehen.
Mir gefällt diese Geschichte nicht, da sie mir zu bedrückend und zu grausam erscheint. Besonders die Schilderung, wie die Jungen auf dem Wag nach Hause sind, scheint mir sehr erschütternd.

Bemerkung

Die Inhaltsangabe gibt die Handlung dieser Erzählung klar und gedrängt wieder. Die sprachliche Darstellung ist sachlich, aber dennoch nicht eintönig oder trocken. Als Einleitung weist der Schüler kurz auf einige Lebensdaten des Dichters hin, am Schluß des Aufsatzes führt er ein persönliches Urteil an, das allerdings zeigt, daß dem Schüler der eigentliche Sinn der Geschichte nicht ganz klar wurde.

Aufgabe

Durch diese Inhaltsangabe angeregt, möchtest du die Erzählung lesen, sie interessiert dich. Lies die Geschichte von Britting und lies dann noch einmal diese Inhaltsangabe durch; vergleiche sie mit der Handlung der Erzählung und überlege, ob der Aufsatz die Handlung vollständig bzw. genau wiedergibt! Was würdest du noch erwähnen, was weglassen? Warum?

Heinrich von Kleist, Das Bettelweib von Locarno

In unserem Lesebuch ist eine Geschichte aus dem 1. Band der Werke von Heinrich von Kleist. Sie heißt „Das Bettelweib von Locarno".
„Das Bettelweib von Locarno" handelt von einem Spuk in einem italienischen Schloß. Am Fuße der italienischen Alpen steht ein Schloß, das heute in Schutt und Asche liegt. Eine alte Frau wird von der Schloßherrin in ein Zimmer geführt.[1]
Als der Marchese heimkommt, fordert er die Frau auf, sich hinter den Ofen zu setzen. Diese rutscht aus und beschädigt[2] sich das Kreuz so schlimm, daß sie hinter dem Ofen stirbt.
Viele Jahre später kommt ein florentinischer Ritter, der das Schloß kaufen will. Er wird in das vorher erwähnte Zimmer geführt, um dort zu übernachten. Doch mitten in der Nacht kommt der Ritter bleich von seinem Zimmer und berichtet von einer unsichtbaren Gestalt, die in einer Ecke des Zimmers aufstand, durch das Zimmer ging und unter Ächzen und Stöhnen hinter dem Ofen zusammenbrach. Der Marchese lacht den Ritter aus. Am nächsten Tag jedoch reist jener[3] ab. Der Vorfall schreckt mehrere Käufer ab.[4] Der Marchese will der Sache auf den Grund gehen. Er ist ganz erschrocken, als um Mitternacht sich die unsichtbare Gestalt erhebt und hinter dem Ofen zusammenbricht.[5]
Am nächsten Morgen frägt ihn die Marquise, ob es wirklich spuke. Der Marchese antwortet mit Ja. Doch die Marquise will der Sache selbst noch einmal auf den Grund gehen.[6] Sie hört in der Nacht jedoch dasselbe Geräusch, wie ihr Mann berichtet hat. Sie verläßt schreiend das Zimmer und läßt anspannen. Als sie zum Tor hinausfährt, sieht sie das Schloß in Flammen aufgehen. Die Gebeine des Marchese liegen noch heute in der Ecke[7], wo er das Bettelweib von Locarno aufstehen ließ.
Der Sinn dieser Geschichte ist vielleicht, daß die Ungerechtigkeit[8] einzelner Menschen bestraft wird.

Obwohl die Sprache von Kleist schwer zu verstehen ist, gefällt mir die Geschichte sehr gut, denn sie ist spannend geschrieben.

---

1. Die zeitliche Beziehung ist nicht klar. Wann wurde diese alte Frau ins Schloß geführt – heute oder vor einigen Jahrhunderten?
2. Besser: „. . . verletzt sich . . .“
3. Wer reiste ab, der Marchese oder der Ritter? (Jener bezieht sich auf den Marchese!)
4. Hören die Käufer von diesem Vorfall oder erleben sie es selbst?
5. Was tut der Marchese deshalb?
6. Wiederholung im Ausdruck vermeiden!
7. Was geschah mit dem Marchese bei diesem Brand? Wo hielt er sich auf?
8. Welche Ungerechtigkeit hatte der Marchese begangen? Von einer Ungerechtigkeit des Marchese war bisher im Aufsatz nicht die Rede!

Bemerkung

Bei dieser Inhaltsangabe sind mehrere Stellen unklar; mehrmals fehlt der Zusammenhang, so daß man nicht weiß, was geschehen ist. Die sprachliche Darstellung ist sachlich und klar. Am Schluß der Inhaltsangabe versucht der Schüler, eine Sinndeutung der Erzählung zu geben; sie fällt allerdings sehr dürftig aus.

Günther Weisenborn, Zwei Männer

Günther Weisenborn erzählt in dieser[1] Geschichte über[2] das Schicksal zweier Männer, die sich in Argentinien auf einer Insel befinden. Der eine Mann, ein Indio, ist bei einem Farmer als Tagelöhner angestellt. – Nach einem Wolkenbruch stehen morgens die Teefelder unter Wasser, und der Paraná, ein Strom, bricht unter Donnern und Getöse in die Teeprovinz ein. Dieser Durchbruch soll für den Farmer und den Indio das Ende sein. Es gießt in Strömen, und beide Männer warten mit eiserner Haltung, wie in tausend anderen Gefahren, auf die Vollstreckung ihres Todesurteils[3], bei dem sie, ohne etwas dagegen zu tun oder sich zu wehren, zuschauen müssen. Das Wasser beginnt langsam zu steigen, lautlos und ohne daß man es merkt, höher und höher. Zuerst fällt das Hühnerhaus zusammen, dann macht sich das Wasser durch Zischen im Herd bemerkbar. Als es dunkel wird, befinden sich der Farmer und der Indio schon bis zum Bauch im Wasser. Während sie nun auf das Schilfdach klettern, schwimmen die Töpfe und Kästen aus dem Haus. Nachdem das Wasser das Dach erreicht hat, geben unter ihnen die Hausmauern nach und werden von dem Paraná umgestoßen. Jetzt treiben die Männer mit dem Strom des Todes ins Ungewisse, begleitet von Leichen, Möbeln und Tierkadavern. Gegen Morgen beginnt der Indio, sich mit sich selbst auseinanderzusetzen und er begreift, daß ein Mann größere Überlebenschancen hat als zwei. Der Indio denkt auch daran, seinen Herrn vom Dach herunterzustoßen, doch als dieser, nachdem sich schon einzelne Schilfbündel vom Dach lösen, sich mit ihm, seinem Tagelöhner, nach Brauch die letzte Zigarette teilt, schwindet in ihm das Gefühl der Feindschaft, und er sieht die gute Seite[4] seines Herrn. Er sieht, daß er selbst nichts mehr hat, denn er hat seine Frau und seinen Sohn verloren, und faßt den Entschluß, sein Leben für den Farmer zu opfern. Aber dies mißlingt ihm, denn er wird in demselben Moment, als er springen will, von seinem Herrn festgehalten und wieder aus dem Wasser gezogen. Sein Herr befiehlt ihm nun, seinen Mut nicht zu verlieren, und am nächsten Morgen treiben die beiden Männer an Land und können sich retten. Mit dem Vorsatz, morgen wieder von neuem anzufangen, legen sie sich als echte Freunde zum Schlafen hin.

---

1. In der Einleitung nicht auf die Überschrift beziehen!
2. Besser: „. . . Geschichte vom . . .“!
3. Durch wen zum Tod verurteilt? Irreführende sprachliche Darstellung!
4. Dafür: „. . . lernt seinen Herrn von seiner guten Seite kennen.“

Aufgabe

Lies auch die zwei folgenden Inhaltsangaben zum gleichen Thema und vergleiche, welche Gesichtspunkte jeweils in den drei Arbeiten fehlen!

Günther Weisenborn, Zwei Männer

Der Autor erzählt im Lesestück „Zwei Männer“ von einem Farmer, der seine Pflanzungen und sein Haus durch Hochwasser verliert, und von seinem Knecht, dem das Hochwasser Frau und Kind nimmt. Beide Männer halten in ihrer Not kameradschaftlich zusammen und wollen wieder neu beginnen.
Als endlich der sintflutartige Regenfall irgendwo in Argentinien aufhört, breitet sich vor den Augen des Farmers eine ungeheure Wasserwüste aus. Das vorher

grüne, mit Yebabüschen bepflanzte Land gleicht einem Meer. Traurig sitzt der Farmer, dem dieser fruchtbare Streifen gehört hat, auf einer Maiskiste, denn er weiß, daß er ruiniert ist. Außer ihm hat sich nur sein Peon retten können. Wahrscheinlich wartet die Frau des Farmers auf ihn und weiß nichts von all dem. In dieser Notlage will er, wie es so üblich ist, mit dem Peon die letzten Zigaretten teilen. Doch dieser unterbricht ihn: „Der Paraná! Der Strom kommt.“[1] Gegen diese Macht, das Hochwasser, können die beiden nichts ausrichten, und sie ziehen sich vor den steigenden Fluten ins Haus zurück. Doch das Wasser steigt weiter. Schließlich klettern sie auf das Dach. Mit einem Ruck wird das leichte Schilfdach angehoben und schwimmt mit der Besatzung, den beiden Männern, vorbei an den verschiedensten Tierkadavern, davon. Am nächsten Morgen befällt den Peon eine furchtbare Angst, denn einzelne Strohbündel brechen vom „Schiff“ ab. Wie lange wird das Dach noch aushalten? Soll er seinen Herrn hinunterstoßen und allein weiterfahren? Da bietet ihm der Farmer kameradschaftlich eine halbe Zigarette an. Sofort verschlägt[2] er[3] diese Gedanken. Während beide den Tabak kauen, sinkt das „Schiff“ immer tiefer. Da ihm sein Leben ohne Frau und Kinder, die ertrunken sind, wertlos ist, beschließt er, seinen Herrn zu retten, indem er sich ins Wasser stürzen will. Der Farmer bemerkt diese Absicht und hält ihn im letzten Augenblick zurück. Er schreit ihn an und beschimpft ihn als Wahnsinnigen. Am nächsten Morgen erreichen sie endlich Land und legen sich erschöpft in ein Maisfeld. Vorher beschließt der Farmer, wieder zurückzugehen und neu anzufangen. „Bueno“, sagt der Indio.

---

1. In der Inhaltsangabe sollen wörtliche Reden nicht verwendet werden! (Ausnahme, wenn der Wortlaut des Gesagten sehr wichtig ist!)
2. Schiefer Ausdruck! Dafür: „. . . verscheucht er . . .“!
3. Unklare Beziehung! „Er“ bezieht sich hier auf den Farmer!

Günther Weisenborn, Zwei Männer

In der Geschichte „Zwei Männer“ schildert Günther Weisenborn einen argentinischen Teepflanzer und dessen Peon, die auf einem Schilfdach treibend den Tod erwarten. Nach einem Wolkenbruch im Februar in Argentinien ist die Teeplantage des Pflanzers von Santa Sabina überflutet, und auch der Rancho seines indianischen Peon ist in dem neuen Meer versunken und mit dem Haus seine Frau. Nun sitzen die beiden vor dem Haus des Farmers auf einer Maiskiste, und der Pflanzer will gerade nach Mannes Art seine letzte Zigarette mit dem Peon

teilen, als dieser ihn auf das Nahen des Paraná, des großen Stroms, aufmerksam macht. Den Paraná fassen die Männer als ihr Todesurteil auf, gegen das sie nichts ausrichten können. Sie haben zwar schon mit Pumas, Schlangen und Jaguaren gekämpft, aber gegen das Wasser sind sie machtlos. Das Wasser steigt immer mehr, und bald treiben die Männer auf dem Schilfdach talabwärts.
Als der Indio erkennt, daß das Floß nicht mehr lange hält, will er seinen Herrn vom Floß stoßen[1], der aber schenkt ihm die Hälfte seiner letzten Zigarette, und die Feindschaft wird zur Treue.[2] Und da das Leben für den Indio nicht mehr verlockend scheint[3], versucht er, in das von Kaimanen wimmelnde Wasser zu springen, doch der Farmer zieht ihn wieder auf das Dach zurück und brüllt ihn an, nicht den Mut zu verlieren. Am Morgen treiben sie an Land und waten stundenlang, bis sie in ein trockenes Maisfeld kommen, wo sie sich schlafen legen. Doch bevor sie einschlafen, sagt der Farmer: „Morgen gehen wir zurück und fangen wieder an."[4] Darauf sagt der Indio nur „Bueno", und bald hört der Regen auf. So hat die Ausdauer des Farmers den Tod überwunden.

---

1. Weshalb will er seinen Herrn vom Fluß stoßen? Er möchte selbst überleben und hat bessere Aussichten, daß das Floß hält, wenn er nur allein auf dem Floß treibt!
2. Hier wäre der Grund anzugeben, weshalb der Indio treu zu seinem Herrn hält.
3. Warum nicht mehr lebenswert?
4. In der Inhaltsangabe keine wörtlichen Reden verwenden!

Bemerkung

Alle drei Inhaltsangaben geben den Inhalt dieser Kurzgeschichte in großen Zügen richtig und ziemlich vollständig wieder. Wenn man die drei Aufsätze miteinander vergleicht, stellt man jedoch fest, daß jeder Schüler die Schwerpunkte für das erzählte Geschehen anders setzt und deshalb einzelne Stellen übergeht oder genauer wiedergibt. Die sprachliche Darstellung ist bei allen drei Aufsätzen sachlich und im wesentlichen klar.

Aufgabe

Lies vorher die Kurzgeschichte von Günther Weisenborn, vergleiche dann die drei Inhaltsangaben miteinander und überlege dir, welche wichtigen Gesichtspunkte darin übergangen wurden! Ergänze die drei Arbeiten inhaltlich und schreibe die Inhaltsangabe zu dieser Erzählung!

Willy Kramp, Was ein Mensch wert ist

Der Dichter Willy Kramp erzählt in seiner Geschichte „Was ein Mensch wert ist“ von einer deutschen Arbeitsgruppe in Rußland nach dem Zweiten Weltkrieg.
Im Sommer 1948 sind die Kriegsgefangenen in Sowjetrußland zu einem Haufen von armseligen, müden und völlig heruntergekommenen Menschen, die nur noch ihrem Selbsterhaltungstrieb folgen, zusammengeronnen. In diesem Sommer wird eine Rohrleitung in zwei Meter Tiefe quer über das ausgedorrte Land gelegt. Unter der Aufsicht eines russischen Meisters und eines Militärpostens baut eine dreißig Mann starke Arbeitsbrigade von Kriegsgefangenen an der Rohrleitung. Die einzelnen zwanzig Meter langen Stahlrohre, die an alten, wackeligen Flaschenzügen hinuntergelassen werden, müssen auf der Sohle des Grabens zusammengeschweißt werden. An der Stelle ist der Schacht nicht tief genug, und der Russe gibt Befehl, daß einige Männer die Sohle einebnen, während das Stahlrohr über ihnen hängt. Das bedeutet, sich in unmittelbare Lebensgefahr zu begeben. Der deutsche Führer der Arbeitsgruppe, der bei den Männern nicht sonderlich beliebt ist, weigert sich, den Arbeitern diesen Befehl zu geben, ebenso sein Stellvertreter, ein junger Kriegsgefangener aus Ostpreußen, obwohl beiden mit dem NKWD gedroht wird. Als der Russe die Arbeiter zwingen will, gehen der Brigadier und sein Stellvertreter selbst in den Graben. Vergessen ist der Selbsterhaltungstrieb, sie setzen ihr Leben wieder für einen Nächsten ein. Während die beiden Männer dort unten fieberhaft arbeiten, schwebt das Stahlrohr über ihren Köpfen. Als sie endlich erleichtert am freien Ende des Rohrs wieder auftauchen, stürzt dieses samt den Flaschenzügen in den Graben hinab. Die Flaschenzüge haben die Last nicht mehr halten können. Eng an den Rand des Grabens gedrückt, ist beiden Männern nichts passiert.
Der Dichter schildert in dieser Erzählung die innerliche Verfassung der Kriegsgefangenen, die nur noch nach dem Motto „Rette dich selbst!“ oder „Hilf dir selbst, so hilft dir Gott!“ lebten, und wie dieser Selbsterhaltungstrieb schließlich doch noch von ihrem Gewissen übertönt wurde.

Bemerkung

Der Aufsatz gibt den Inhalt der Erzählung sehr knapp, aber klar wieder. Eine abschließende Wertung durch den Schüler, eine Sinndeutung in einem Satz, rundet die Inhaltsangabe ab.

Luigi Pirandello, Der Ölkrug

Der immerzu Streit suchende Don Lollo Zirafa hatte auf seinem Bauernhof Quote eine sehr gute Olivenernte.[1] Er ließ sich zu seinen fünf Ölkrügen noch einen sechsten mannshohen Krug anfertigen. Der sechste Krug, für den er vier Unzen bezahlte, stand nun im Kelterraum. Am Abend des dritten Tages, nachdem die Oliven geschlagen wurden, betraten drei Arbeiter den Kelterraum und stellten mit Entsetzen fest, daß der neue Ölkrug in zwei Teile zerbrochen war. Die Arbeiter riefen Don Lollo. Als dieser die Bescherung sah, stürzte er wütend auf die Arbeiter. Sie hielten ihn aber fest und erklärten ihm, daß sie den Ölkrug nicht zerbrochen haben.[2] Am nächsten Morgen erschien der Geschirrflicker Zi'Dima Licasi, um den Krug zu reparieren. Don Lollo und Zi'Dima stritten sich, weil Zi'Dima den Krug nur mit Kitt und ohne Klammern reparieren wollte. Zi'Dima machte sich mit großem Ärger an die Arbeit und reparierte den Krug mit Kitt und Klammern, wie es der Bauer wollte. Zi'Dima stand im Krug, und ein Arbeiter drückte den abgebrochenen Teil an die Bruchstelle. Vor lauter Ärger kittete sich der Geschirrflicker aus Versehen ein und konnte durch die schmale Krugöffnung nicht mehr herausklettern. Don Lollo warf 5 Lire als Lohn in den Krug, während Zi'Dima im Ölkrug tobte. Darauf ritt Zirafa schnell zu seinem Rechtsanwalt, um Rat zu holen. Der Advokat erklärte Don Lollo, daß er den Ölkrug aufbrechen und Zi'Dima den Ölkrug, so wie der Zustand gerade war, bezahlen müsse. Don Lollo ritt zurück und erklärte dies dem Geschirrflicker. Der aber antwortete, daß er für den Schaden nicht aufkommen, sondern im Ölkrug bleiben wolle. Don Lollo wurde wieder wütend und schrie, daß Zi'Dima darin krepieren solle, und lief weg. Da die Arbeiter später mit Zi'Dima tranken, lachten und sangen, zerbrach Don Lollo aus Wut den Krug, und Zi'Dima blieb Sieger.[3]

---

1. Auch eine Inhaltsangabe sollte nicht unvermittelt ohne Einleitung beginnen, wenigstens sollte der Schüler feststellen, von wem diese Erzählung stammt.
2. Falsche Zeit! Richtig: „. . . nicht zerbrochen hätten."
3. Eine abschließende Wertung fehlt!

Bemerkung

Diese heitere Geschichte ist in der alten Ausgabe eines Lesebuchs abgedruckt. Den Gang der Handlung gibt dieser Aufsatz richtig und verständlich wieder; auch die sprachliche Darstellung ist sachlich und klar. Aber die Inhaltsangabe ist in der Zeitstufe der Vergangenheit anstatt in der Gegenwart geschrieben.

Saint-Exupéry, Der Flug über die Anden

Antoine de Saint-Exupéry erzählt von Guillaumet und seinem „Flug über die Anden".
Seit fünfzig Stunden ist Guillaumet überfällig. Antoine und Deley durchsuchen fünf Tage lang im Flugzeug erfolglos das Berggewirr. Jeder rät ihnen ab, nochmals, jetzt im Winter, in die Anden zu fliegen. Aber trotzdem startet Antoine. Als er fliegt, meint er weniger Guillaumet zu suchen, als ihm die Totenwache zu halten. Es scheint ihm alles sinnlos zu sein. Am siebten Tag erfährt er plötzlich, daß Guillaumet lebt. Nach einem kurzen Flug findet er ihn. Sie weinen alle und erdrücken sich fast in ihren Armen. Stolz sagt Guillaumet, daß das, was er geschafft hat, kein Tier hätte schaffen können. Jetzt erzählt er, daß er in dem schrecklichen Schneesturm abgestürzt und dann fünf Tage und vier Nächte gegangen ist. Aber was ist von ihrem Guillaumet übriggeblieben? Er sieht wie seine eigene Mumie aus. Auch als er später im Bett liegt, geben ihn die Anden nicht her. In seiner Vorstellung erlebt er alles noch einmal: die Kälte, die Schmerzen und Verantwortung gegenüber seiner Frau und seinen Kameraden. Immer wieder will er zusammenbrechen, doch die Verantwortung treibt ihn weiter. Was wird seine Frau und was werden seine Freunde machen, peinigt ihn das Gewissen. Immer weiter treibt es ihn und übertönt die körperlichen Qualen. Endlich schläft er ein, und das Bewußtsein rastet. Aber in seinem abgewrackten Körper wird es beim Erwachen wieder lebendig und mächtig. Er ist stolz auf seinen Körper und sein Herz, die ihn gerettet haben. Er zeigt, daß der Mensch nur vor dem Unbekannten Angst hat und nicht mehr vor den Ereignissen, wenn er drinsteht. Er schöpft seine Kraft und seinen Mut aus seinem Verantwortungsgefühl. Mensch sein heißt Verantwortung fühlen, sich schämen beim Anblick einer Not, stolz sein auf den Erfolg seiner Kameraden und seinen Stein beitragen im Bewußtsein, am Bau der Welt mitzuwirken.

Saint-Exupéry, Der Flug über die Anden

Die Erzählung „Der Flug über die Anden" von Antoine de Saint-Exupéry handelt von einem Flieger, der im Winter in den Anden abstürzt und der sich immer wieder aufrafft und sich weiter durch den Schnee schleppt.

Der Pilot Guillaumet macht im Winter einen Flug über die Anden und stürzt dabei ab. Antoine de Saint-Exupéry, der Verfasser dieser Erzählung, und seine Kameraden suchen den Verunglückten fünf Tage lang ohne Erfolg. Nach dieser Zeit glauben auch sie an den Tod ihres Freundes.
Am siebenten Tag aber erfahren sie, daß Guillaumet lebt. Sofort fliegen sie zu ihrem Kameraden. Dort gibt es ein großes Wiedersehen, und dann erzählt der mitgenommene Guillaumet von seinem Absturz und der Wanderung durch die Anden.
Die Pan-Air-Piloten kehren bei dem Sturm, der über den Osthängen der Anden tobt, um, aber Guillaumet fliegt weiter. Dann gerät er in Fallwinde, und erst knapp über dem Diamantensee, der in einem Felskessel liegt, kann er die Maschine abfangen. Aber er kommt nicht mehr aus dem Felskessel heraus und macht eine Bruchlandung. Da ein Sturm in dieser Gegend tobt, kann er erst nach zwei Tagen loswandern. Der Verunglückte ist stolz über seine Leistung, als er erzählt, wie er die Anden ohne Lebensmittel und Hilfsmittel überquert hat. Er erzählt[1], daß er nach einem Sturz einmal aufgeben und einfach schlafen wollte, daß ihn aber die Sorge um seine Frau wieder antrieb. Er will, daß seine Frau wenigstens eine Lebensversicherung bekommt, und so wandert er weiter. Dann läßt aber seine Kraft nach, und er vergißt auch mehrere Gegenstände. Danach hört er mit seiner Erzählung[1] auf und schläft ein. Als er wieder erwacht, erzählt[1] er, wie das Herz beinahe einmal ausgesetzt hat und wie er stolz war, daß es weiterschlug.
Dann endlich fällt er in einen tiefen Erschöpfungsschlaf, aber er hat seine Aufgabe erfüllt. Er ist Sieger über sich selbst geblieben.
Der Verfasser verdeutlicht in dieser Erzählung den Unterschied zwischen Mensch und Tier. Er beschreibt das Verantwortungsbewußtsein und das Denken des Menschen, das ihn vom Tier unterscheidet.

---

1. Störende Wiederholungen im Ausdruck vermeiden!

Bemerkung

Die erste Inhaltsangabe ist in sich geschlossener und gibt den Zusammenhang der Erzählung klarer wieder, obwohl die zweite Arbeit an einigen Stellen mehr Einzelheiten bietet. In dieser Arbeit wird jedoch nicht ganz klar, daß Guillaumet die schrecklichen Erlebnisse auf seinem Marsch durch die Anden im Krankenhaus noch einmal durchlebt und dort seinen Freunden erzählt. Die sprachliche Darstellung ist in beiden Aufsätzen klar und treffend.

Paul Alverdes, Die Schlittschuhe

Der Dichter Paul Alverdes schildert in seiner Erzählung „Die Schlittschuhe" ein Flüchtlingsschicksal. Die Geschichte handelt von einem elternlosen Buben, namens Heinrich, der vom Oderbruch an den Niederrhein verschlagen wurde.[1] Seine zweite Heimat findet er bei der Gasthofsbesitzerin Frau Schmitz, der er von den Behörden als Kellnerlehrling zugewiesen wird. Verbittert über den Verlust ihrer beiden Söhne im Rußlandkrieg, behandelt sie Heinrich hart. In dem einige Jahrhunderte alten Haus richtet sie ihm neben dem Zimmer ihrer gefallenen Söhne, das sie immer noch in allerbestem Zustand hält, eine kleine, karge Kammer ohne Ofen ein.

Es zieht ein sehr strenger Winter ins Land, der in Heinrich alte Erinnerungen wachruft. Am liebsten möchte er, wie einst in seiner frühen Kinderzeit, wieder einmal eislaufen. An einem freien Nachmittag kommt Heinrich unversehens zu einem Eislaufplatz. Eine Weile sieht er dem Treiben auf dem Eis zu, doch dann macht er sich sinnend auf den Heimweg. Es fällt ihm ein, daß Frau Schmitz oben auf dem Flur einen Schrank stehen hat, in dem Spielsachen ihrer Buben aufbewahrt sind. Auch Schlittschuhe sind darunter. Heinrich hat es sich wohl gemerkt und hofft, daß sie ihm passen. Am nächsten freien Nachmittag, an dem Frau Schmitz weggefahren ist, holt Heinrich die Schlittschuhe aus dem Schrank, schiebt sie unter seinen Rock und verläßt das Haus. Er wählt nicht den Weg zum Eisplatz[2], sondern geht in freudiger Erwartung zum Kanal. Anfangs zieht er nur langsam und vorsichtig Kreise, doch dann werden seine Bewegungen sicherer und schneller. Er wird immer forscher und setzt schließlich zu einem wilden Eisgalopp an. Fröhliche Kindheitserinnerungen ziehen an seinem geistigen Auge vorüber. Doch plötzlich geschieht das Unfaßbare: das Eis hält nicht mehr stand, es knackt und bricht ein. Heinrich steht bis zu den Hüften im Wasser. Unter großen Anstrengungen vermag er sich aus dem Eiswasser zu retten. Doch, als er triefend vor Wasser und schlotternd vor Kälte sicher auf dem Damm steht, wird er gewahr, daß er bei dem unfreiwilligen Bad einen Schlittschuh verloren hat. Er überlegt kurz und steigt nochmals ins Wasser. Mit größter Überwindung und Zähigkeit schafft er es, den verlorenen Schlittschuh zu finden.[3] Schlotternd und tropfnaß macht er sich auf den Heimweg. Zu Hause angekommen, stellt er zu seinem Entsetzen fest, daß Frau Schmitz schon daheim ist. Bei einem strengen Verhör erfährt sie nun die ganze Geschichte. Gerührt von der Tat des Jungen, geht in ihr eine Wandlung vor. Als Heinrich nach alldem wieder zu sich kommt[4], liegt er in dem Zimmer, das bisher nur für die beiden verschollenen Söhne reserviert blieb. Wohlige Wärme umgibt ihn in einem weichen Bett. Von diesem Tag an ändert sich nach und nach vieles im Leben Heinrichs.[5] Das ursprünglich harte und grausame Schicksal des jungen Heinrich beginnt, einem hoffnungsvollen neuen Leben in einer neuen Heimat Platz zu machen.[6]

---

1. Falsche Zeit; dafür: wird!
2. Warum geht er zum Kanal? Hier wäre die Begründung wichtig!
3. Das ist die entscheidende Stelle dieses Teils der Erzählung. Diese Stelle hätte in der Inhaltsangabe etwas genauer ausgeführt werden sollen.
4. Was geschieht denn? Was meint der Schüler mit „nach alldem"?
5. Das wird in der Erzählung nicht erwähnt, man kann es nur aus der Erzählung schließen!
6. Wenig treffender Ausdruck!

Bemerkung

In diesem Aufsatz ist es gelungen, den Inhalt der Erzählung klar und ausführlich wiederzugeben. Alle wichtigen Schritte der Handlung werden aufgeführt. Nur ein paar wichtige Stellen hätten etwas genauer behandelt werden sollen, um die Zusammenhänge deutlicher herauszuarbeiten. Die sprachliche Darstellung ist flüssig und gewandt.

C. F. Meyer, Das Amulett, Kapitel 8 und 9

A. Kurze Beschreibung C. F. Meyers und die Handlung der Geschichte in groben Zügen

B. I. Boccard lädt Schadau zum Hauptmann Pfyffer
   II. Die Bartholomäusnacht verbringt Schadau in der Kammer Boccards im Louvre
   III. Schadau, Boccard und ein königlicher Schweizer befreien die Frau Schadaus, wobei Boccard fällt
   IV. Die Flucht Schadaus und seiner Frau aus Paris

C. Das Ende der Geschichte und Textinterpretation

Conrad Ferdinand Meyer ist ein bekannter Schriftsteller des 19. Jahrhunderts. Zum Verständnis seiner Erzählung „Das Amulett" scheinen mir zwei Punkte wichtig. Der eine ist, daß er von seiner tiefreligiösen Mutter zu einem überzeugten Hugenotten erzogen worden war, der andere, daß er neben Jura auch Geschichte studiert hat. Welcher Stoff für eine Erzählung liegt nun näher als die Bartholomäusnacht? Dieses geschichtliche Ereignis läßt er den Hugenotten Hans Schadau erleben, der aus seiner Schweizer Heimat auszieht, um unter dem Admiral Coligny, einem führenden Hugenotten, Dienst zu nehmen. In Paris erlebt er einige Abenteuer; unter anderem tötet er den frommen Grafen Guiche im Duell um Gaspardes willen, einer jungen Frau, der er sehr zugetan ist und die er später heiratet. Der nächste Höhepunkt ist die Bartholomäusnacht, in der alle Hugenotten in Paris auf den Befehl Karls des IV. getötet werden sollen. Wie Gasparde und Schadau dem Greuel dieser Nacht entkommen und aus Paris fliehen können, das schildern das achte und neunte Kapitel.

Im 8. Kapitel schildert M., wie Boccard, sein Freund, den er auf seiner Reise nach Paris getroffen hat, Schadau überredet, sein Versprechen einzulösen und den Hauptmann Pfyffer, einen Offizier der Schweizer Garde, im Louvre zu besuchen. Schadau ist unwillig, denn er hat sich an diesem Tag mit Gasparde verheiratet und ihr das Versprechen gegeben, am Abend zu kommen. Aber um Boccards Freundschaft nicht zu verlieren, erfüllt er ihm diesen anscheinend lächerlichen Wunsch, in den Louvre zu kommen. Auf dem Weg dorthin fällt ihm auf, wie ruhig Paris und der Louvre sind; nur einige Bürger sieht er sich über Colignys Zustand unterhalten. Der Admiral war nämlich das Opfer eines mißlungenen Attentats geworden.

Der Empfang bei Pfyffer ist alles andere als freundlich. Der Hauptmann nimmt ihm seinen Degen ab und läßt ihn in die Kammer Boccards einsperren. Schadau hört noch, wie der Hauptmann Boccard Vorwürfe macht, daß ihn dieses freche Stück die Stelle kosten könne und daß man hoffentlich in dieser Teufelsnacht nicht bemerken werde, wie er einem Hugenotten das Leben rette; jedoch die Tatsache, daß es sich um einen Schweizer handle, sei ein Entschuldigungsgrund.

Schadau nimmt diese Worte nicht ernst oder wird aus ihnen nicht klug. Er nimmt an, wegen des Duells mit Guiche auf einen königlichen Befehl hin festgenommen worden zu sein. Am meisten enttäuscht, ja empört ist er über Boccards Verhalten. Nur er wußte von diesem Zweikampf, und nur er konnte ihn auf so schmähliche Weise verraten; davon abgesehen, daß er ihn ja in die Gewalt des Hauptmanns gebracht hatte! Zu dieser Erklärung aber paßten die letzten Worte Pfyffers nicht. Sollte es möglich sein, daß alle Hugenotten in Paris getötet werden sollten? Das würde aber bedeuten, daß der König sich zum Diener der lothringischen Linie des Königshauses machen würde. Kurz und gut, Schadau kann sich keine Antwort geben. Er macht sich vielmehr Sorgen um seine Frau, die im Falle eines Anschlages auf die Hugenotten auf das höchste gefährdet ist. Schadau ist verzweifelt. Er rückt einen Stuhl an das vergitterte Fenster und sieht hinaus. Auf einem Balkon erblickt er den König, den Herzog von Anjou und Katharina von Medici. Alle drei haben verzerrte Züge, die sich erst entspannen, als der erste Schuß fällt. Schadau ist halb wahnsinnig vor Sorge um seine Frau. Er glaubt, zwei Nymphen aus der Seine steigen zu sehen, die darüber lächeln, wie sich die Menschen morden, weil sie sich nicht einigen können, welcher Weg zur Seligkeit der richtige sei. Schadau ist in eine Art Trancezustand gefallen. Er schreckt auf, als Boccard die Kammer betritt.

Boccard ist ernst und blaß, als hätte er etwas Furchtbares erlebt. Schadau erfährt von ihm, daß Coligny und viele andere Hugenotten gefallen sind und daß das Morden noch andauere. Nun fällt Schadau wieder Gesparde ein, die hilflos dem wütenden Pöbel von Paris ausgesetzt ist. Er bittet Boccard händeringend, ihn zu seiner Frau eilen zu lassen, und erst als er ihn im Namen der Lieben Frau von Einsiedeln, die Boccard nahezu abgöttisch verehrt, bittet, kann dieser nicht mehr aus. Nun hilft das Schicksal. Ein Fähnrich bringt eine Depesche, und Boccard erhält den Befehl, diese dem Kommandanten der Bastille zu überbringen. Diesen günstigen Augenblick nützt Boccard. Schadau wechselt die Kleider mit einem königlichen Schweizer und ist somit gefeit, von dem Pöbel als Hugenotte erkannt zu werden. Die drei, Boccard, Schadau und ein weiterer königlicher Schweizer, bahnen sich ihren Weg durch Paris und ins Haus Gaspardes. Gasparde, bedrängt von allen Seiten, steht in einer Ecke und erwehrt sich mit einem Reiterpistol Schadaus der wütenden Menge. Beinahe geht alles gut. Lignerolles, der Sekundant des Grafen Guiche und außer Boccard der einzige, der von diesem Duell weiß, erkennt Schadau trotz seiner Tracht und will sich auf Gasparde stürzen. Schadau tötet ihn, Boccard und der königliche Schweizer bahnen einen Weg für Schadau, der Gasparde trägt. Sie haben beinahe schon den Ausgang erreicht, als Boccard von einer Kugel getroffen wird und stirbt. Der Mörder hatte das Reiterpistol, das Gasparde entfallen war, ergriffen und schwenkt es nun hohnlachend.

Schadau führt nun Gasparde zu seiner Wohnung, die er verwüstet vorfindet. Er nimmt noch einen Brief seines Oheims mit und beschließt zu fliehen. Als sie an das Stadttor kommen, steht dort ein lothringischer Soldat, der zuerst höhnisch Schadau und Gasparde belächelt, dann aber Schadau erkennt. Er war nämlich einmal der Fechtmeister Schadaus. Dieser ehrenwerte Mann hatte einiges auf dem Kerbholz. Als Schadau einmal einen Brief bekam, in dem sein Fechtmeister des Mordes beschuldigt wurde, zeigte er ihm mehr oder weniger deutlich das Siegel und verhalf ihm so zur Flucht. Dessen erinnert sich nun dieser Soldat, und er verschafft Schadau einen Paß und zwei Pferde. Somit ist die Flucht gesichert. Schadau erreicht später mit Gasparde glücklich seine Heimat.

Bemerkung

Die Einleitung für diese Inhaltsangabe ist sehr gut gewählt. Auch der Hauptteil zeigt, daß der Schüler den Inhalt der Erzählung richtig erfaßt hat. Die sprachliche Darstellung ist geschickt und flüssig, wird gegen Ende der Arbeit etwas zu flüchtig (wahrscheinlich bedingt durch den großen Umfang des Aufsatzes!). Eine wirklich anerkennenswerte Leistung!

C. F. Meyer, Das Amulett, Kapitel 7 bis 9

Conrad Ferdinand Meyer, 1825 in Zürich geboren, 1898 gestorben, schrieb in der Novelle „Das Amulett" von einem Mann namens Schadau, der gefangengenommen wird, von Boccard wieder befreit wird und mit Mühe mit seiner Frau den Feinden entrinnen kann.[1]
Als Schadau von seiner[2] Reise zurückkommt, geht er zum Parlamentsrat und findet dort Gasparde. Dann gehen sie zum Admiral, der Gasparde Schadau zum Weib gibt.[3] Dann verläßt Schadau das Haus und verspricht Gasparde, sie noch diesen Abend zu besuchen.[4] Deshalb geht er zu Pfyffer, um die Einladung abzusagen.[5] Dort wird Schadau gefangengenommen und in einen Kerker[6] gesteckt. Plötzlich läuten die Sturmglocken, Schüsse fallen, und Mordrufe werden ausgestoßen. Man hat die Hugenotten in Paris gemeuchelt.[7] Am Morgen kommt Boccard in Schadaus Zelle. Schadau bittet verzweifelt um seine Freilassung, um endlich sein Weib wiederzusehen.[8] Boccard erbarmt sich seiner, gibt ihm die Tracht eines königlichen Schweizers und macht sich mit ihm auf den Weg. Sie eilen durch die von Leichen verstopften Straßen[9] zu Schadaus Wohnung[10], wo er Gasparde aus den Händen der Feinde rettet. Dann eilt Schadau mit seiner Frau zu den Stadttoren[11], wo ihnen ein Böhme zwei Pferde als Gegenleistung schenkt, denn Schadau hatte ihm auch schon einmal zur Freiheit verholfen. Nun steht Gasparde und Schadau nichts mehr im Weg, und sie können endlich flüchten.
Der Schriftsteller verstand es, die Personen gut zu charakterisieren, und schrieb dennoch[12] sehr spannend.

---

1. In dieser sehr vereinfachten Form nicht richtig!
2. Von welcher Reise? Schadau unternahm nicht nur *eine* Reise!
3. Recht abwertende Ausdrucksweise! Heute nicht mehr gebräuchlich!
4. Er verläßt das Haus doch mit Gasparde, also muß er sich von ihr trennen. Warum?
5. Unsinn, denn der „Besuch" war nicht der Grund.
6. Falsch!

7. Scheußlicher, nicht gebräuchlicher Ausdruck!
8. Das ist nicht der ausschlaggebende Grund, er möchte seine Frau schützen, retten.
9. Ausdruck!
10. Falsche Aussage!
11. Er eilt zu *einem* Stadttor!
12. Schließt gute Charakterisierung eine spannende Erzählweise aus? Worauf bezieht sich „dennoch"?

Bemerkung

Die Inhaltsangabe ist inhaltlich äußerst dürftig, wichtige Zusammenhänge werden nicht erfaßt, teilweise falsch wiedergegeben oder nicht angeführt. Manche Stellen sind falsch bzw. mißverständlich dargestellt. Vor allem kann man aus dieser Inhaltsangabe die Beweggründe für das Geschehen nicht ersehen. Die sprachliche Darstellung ist an mehreren Stellen unklar, schwerfällig oder verwendet nicht mehr gebräuchliche Ausdrücke („zum Weibe nehmen, meucheln"). Eine inhaltlich wie auch sprachlich sehr dürftige Leistung, die zeigt, daß der Schüler nicht erfaßt hat, worauf es bei einer Inhaltsangabe ankommt!

C. F. Meyer, Das Amulett, Kapitel 8 und 9

A. Kurze Zusammenfassung, wie Schadau nach Paris kommt und wen er auf dem Wege dorthin trifft.

B. 1. Schadau läßt sich überreden, den Hauptmann Pfyffer zu besuchen.
   2. Schadau wird von Pfyffer verhaftet und in Boccards Zimmer eingesperrt.
   3. Schadau beobachtet von seinem Zimmer aus den Kampf in den Straßen.
   4. Boccard hilft Schadau, der ihn im Namen der Muttergottes von Einsiedeln gebeten hat, Gasparde zu retten.
   5. Schadau rettet Gasparde aus den Händen der blutrünstigen Menge; Boccard wird durch einen Schuß getötet.
   n
   6. Schadau und Gasparde fliehen aus Paris. Die Flucht gelingt, weil sie nötige Papiere und Pferde von einem böhmischen Fechtmeister bekommen, dem Schadau früher geholfen hat.

C. C. F. Meyer zeigt in dieser Geschichte, daß Boccard, obwohl er anderen Glaubens ist als Schadau, ihn vor dem Tode bewahrt und ihm in allen Gefahren beisteht.

Der Schriftsteller Conrad Ferdinand Meyer erzählt in seiner Novelle „Das Amulett", wie der junge Hugenotte Hans Schadau wegen eines Streits mit einem Katholiken, den er dabei schwer am Kopf verletzt, aus seiner Heimat am Bieler See in der Schweiz nach Paris aufbricht, um dort in die Dienste des Hugenottenführers Coligny zu treten. Auf dem Weg nach Paris trifft Schadau seinen späteren Freund Boccard, der ebenfalls Schweizer, jedoch Katholik ist; außerdem begegnet er dem Parlamentsrat Chatillon und dessen Nichte Gasparde, die er kurz vor dem Bartholomäustag heiratet. Nach der Heirat setzt die Handlung des achten Kapitels ein:

Als Hans Schadau gerade das Schreiben seines Oheims in Händen hält, stürzt Boccard, ohne anzuklopfen, in das Zimmer und fragt Schadau, ob er sich nicht mehr an das Versprechen erinnere, den Hauptmann Pfyffer, einen Schweizer Landsmann, einmal zu begrüßen. Da Bartholomäustag sei und der Hauptmann heute Namenstag habe, sei die Gelegenheit besonders günstig. Schadau lehnt zuerst ab, da er sich für diesen Abend mit Gasparde verabredet und ihr sein Pistol als Pfand überlassen hat, bis ihn Boccard dann doch überreden kann, ihm in den Louvre zu folgen und den Hauptmann für eine Stunde zu besuchen.

Als sie dann vor dem Hauptmann stehen, fordert dieser Schadau auf, ihm den Degen zu übergeben; als er ihn ihm genommen hat, läßt er ihn durch zwei Schweizer abführen.[1] Schadau bekommt, noch bevor er eingesperrt wird, ein paar Gesprächsfetzen zwischen dem Hauptmann Pfyffer und Boccard mit, aus denen er entnehmen kann, daß seine Verhaftung auf Boccards Anweisung geschehen ist. Schadau, der nun in Boccards Zimmer eingesperrt ist, denkt, er sei wegen eines früheren Duells mit dem Grafen Guiche verhaftet worden und Boccard hätte ihn verraten. In Wirklichkeit jedoch hat der treue Freund Boccard Schadau nur einsperren lassen, um dadurch den hugenottischen Landsmann vor der Ermordung durch den katholischen Pöbel von Paris zu bewahren; denn während Schadau gefangen ist, werden in der Stadt von Paris Tausende von in der Stadt anwesenden Hugenotten abgeschlachtet, ihr Führer Coligny wird getötet. Dies vermutet auch Schadau, als er in seinem Zimmer Schüsse hört und von dem vergitterten Fenster aus den König, seinen Bruder und Katharina, die Medicäerin, auf einem Balkon dem Schauspiel beiwohnen sieht. Als Schadau, dem Wahnsinn nahe, an sein hilfloses Weib Gasparde denkend[2], in einen Halbschlaf verfällt[3], wird die Türe geöffnet, und Boccard tritt ein.

Sofort stürzt Schadau zur Tür, um seine Frau zu retten, aber Boccard hält ihn zurück und fragt, was er wolle. Schadau erzählt ihm nun, daß er verheiratet sei[4] und er seine Frau Gasparde retten müsse, und er bittet Boccard in Namen der Muttergottes von Einsiedeln, ihm zu helfen. Als Boccard den Namen der Mutter

von Einsiedeln hört, steht er wie gebannt, denn als dreijähriges Kind war er, völlig gelähmt, durch eine Wallfahrt zur Muttergottes von Einsiedeln ganz gesund gemacht worden. Deswegen stimmt Boccard zu, gibt ihm die Tracht eines königlichen Schweizers, ein Schwert und eine Hellebarde.
Über die Leichen hinweg eilen Schadau, Boccard und ein Schweizer zur Isle St. Louis, dem Wohnort des Parlamentsrats und Gaspardes. Dort angekommen, sehen sie, wie der Parlamentsrat Chattilon vom Fenster zu Tode stürzt. Sie lassen sich nicht aufhalten und laufen in das obere Gemach. Dort bedroht eine bewaffnete Schar Gasparde, die sie mit dem Reisterpistol Schadaus gerade noch abhalten kann. Unter den Bewaffneten ist auch ein gewisser Lignerolles, der Schadau als Hugenott erkennt, da er bei dem Duell Schadaus mit dem Grafen Guiche Guiches Sekundant gewesen war. Er stachelt die Menge auf, ihn totzuschlagen. Schadau stößt Lignerolles sein Schwert in die Brust und ergreift eiligst die in Ohnmacht gefallende Gasparde. Sie gelangen glücklich nach unten, als aus dem Fenster ein Schuß aus dem Gasparde entfallenen Pistol Boccard tödlich trifft. Schadau reißt sich von Boccard los und trägt Gasparde in das Zimmer seines Wirtes, der getötet am Boden liegt. Nachdem sich Gasparde erholt und sich umgezogen hat, brechen sie sofort auf, um aus der Stadt zu fliehen. Am Stadttore trifft er auf einen lothringischen Kriegsmann.[5] Schon will Schadau das Schwert ziehen, um ihn zu durchbohren, als er ihn als den böhmischen Fechtmeister wiedererkennt, der ihm einmal Fechtunterricht in seiner Jugend gegeben hatte und den er gewarnt hatte, als dieser wegen Mordes gesucht wurde. Sich daran erinnernd, gibt der Fechtmeister, um Schadau seinerseits einen Gefallen zu erweisen, die nötigen Papiere und zwei Pferde, die Schadau und Gasparde benötigen, um aus Paris in die Schweiz fliehen zu können. So gelingt es den beiden, aus Paris zu fliehen.
C. F. Meyer, der im Jahre 1825 in Zürich geboren ist und am 28. 11. 1898 in Kilchberg in geistiger Umnachtung starb, zeigt in seiner Geschichte „Das Amulett“, daß Boccard, obwohl er einem anderen Glauben angehört als Schadau, ihn vor dem Tode bewahrt und ihm auch selbst in den gefährlichsten Situationen beisteht.

---

1. Wie reagiert Schadau?
2. Er denkt immer wieder an seine Frau, nicht nur einmal!
3. Hier müßte noch erwähnt werden, daß Schadau auszubrechen versucht und ihm dies nicht gelingt!
4. Weil es Boccard nicht weiß!
5. Dieser Soldat bewacht das Tor.

Bemerkung

Dieser Aufsatz ist gut aufgebaut, der Gedankengang wirkt recht geschlossen und wohlüberlegt. Die sprachliche Darstellung ist erfreulich sicher und gewandt. Einleitung und Schluß arbeiten deutlich den Sinn der Novelle heraus, verbinden biographische Hinweise mit der Deutung.

Viele Inhaltsangaben findet Ihr in Band 6 der **MANZ AUFSATZ-BIBLIOTHEK: die Inhaltsangabe** (Manzbuch 605)

Außerdem sind folgende Inhaltsangaben in dem Band **„Meine Schulaufsätze"** 9./10. Jahrgangsstufe (Manzbuch 620) enthalten:

Annette von Droste-Hülshoff, Die Vergeltung
Agnes Miegel, Die Frauen von Nidden
Friedrich Schiller, Die Kraniche von Ibykus
Bertolt Brecht, Die unwürdige Greisin
Jean Baptiste Molière, Der eingebildete Kranke
Friedrich Schiller, Kabale und Liebe
Georg Büchner, Woyzeck
Gerhard Hauptmann, Die Weber
Max Frisch, Andorra – Die chinesische Mauer
Jean-Paul Sartre, Die schmutzigen Hände
Friedrich Dürrenmatt, Romulus der Große – Die Physiker – Der Besuch der alten Dame

William Shakespeare
Ein Sommernachtstraum (um 1595)
Der Kaufmann von Venedig (um 1596)
The Merchant of Venice – Programmheft
Der Sturm (um 1611)
König Richard II. (um 1595)
König Richard III. (um 1592)
Julius Caesar (um 1599)
Othello, der Mohr von Venedig (um 1604)
Reimanns Oper „Lear"
Maß für Maß (um 1604)
Das Wintermärchen (um 1611)
Hamlet, Prinz von Dänemark (um 1602)
Wilhelm Voigt, Mein Lebensbild
Carl Zuckmayer, Der Hauptmann von Köpenick
Friedrich Schiller, Maria Stuart
Wolfgang Hildesheimer, Mary Stuart

7. Die Bildbeschreibung

Wenn wir von einer Bildbeschreibung sprechen, können wir verschiedene Möglichkeiten, über ein Bild zu schreiben, unterscheiden:

Bildbeschreibung	Bildbetrachtung	Bilddeutung
Wenn ein Bild wie irgendein Gegenstand sachlich beschrieben wird, kann man von einer zweckgebundenen Bildbeschreibung sprechen. Wie beim Steckbrief über eine Person wird das „Äußere" eines Bildes registriert: Art und Größe, Bildinhalt, Material, Rahmen usw. Diese Art der Beschreibung dient der Identifizierung eines Bildes. Sie hat heute nur eine dienende Funktion gegenüber der vervielfältigten Abbildung.	Die Betrachtung ist ein Zwiegespräch zwischen dem Bild und dem Betrachter. Das Bild wirkt auf den Beschauer ein, und er schildert diesen Eindruck als Erlebnis. Diese Art der Bildbeschreibung läßt sich mit der Personenschilderung vergleichen. Sie ist von der persönlichen Einstellung des Betrachters abhängig, spricht die Gefühlswelt an.	Der Schreiber versucht, das Bild als Kunstwerk zu erfassen und zu deuten, zu interpretieren. Aus Bildinhalt und Bildkomposition ergibt sich der Sinn des Bildes, das „Sinnbild". Die Begegnung mit dem Bild wird dem Beschauer zu einer Begegnung mit dem Maler; er versucht, den Maler und seine Botschaft, die er dem Bild mitgegeben hat, zu verstehen. Ein solcher Deutungsversuch kann wissenschaftlich oder erlebnismäßig durchgeführt werden.
Diese Art der Bildbeschreibung wird im **Präsens** und in der **Sachsprache** geschrieben.	Wie jede Art der Beschreibung wird auch die Bildbetrachtung im **Präsens** geschrieben. **Erlebnissprache!**	Nach der Art der Deutung kann die Interpretation **in der Erlebnissprache oder in der Sachsprache** geschrieben werden. **Präsens!**

Aufbau einer Bildbeschreibung (Vorschlag)	
A) Einleitung:	Der Maler wird kurz vorgestellt. (Einleitungsgedanke) Das Werk des Malers wird gewürdigt. (Überleitungsgedanke) Das Bild, das beschrieben werden soll, wird genannt. (Thema)
B) Hauptteil:	Im Hauptteil können die drei Fragen beantwortet werden: 1. Was ist dargestellt? (Bildinhalt) 2. Wie ist es dargestellt? (Bildkomposition) 3. Was bedeutet das Dargestellte? (Bilddeutung) (Weshalb ist es so dargestellt?)
C) Schluß:	Persönliche Stellungnahme zu dem Bild

Die häufigsten Fehler bei der Bildbetrachtung sind:

a) Einzelheiten ohne Beziehung zum Blickpunkt aufzuzählen,
b) mit irgendeiner unwichtigen Einzelheit die Betrachtung zu beginnen,
c) das Bild schematisch in Vorder-, Mittel- und Hintergrund einzuteilen,
d) bei der Betrachtung eines Gemäldes die Farben zu vergessen.

Die sprachliche Gestaltung bei der Bildbeschreibung ist anschaulich; sie soll Eindrücke vermitteln, nicht sachlich beschreiben.

Vincent van Gogh, Gauguins Stuhl

I. Einleitung ohne Nennung des Künstlers.	Vor uns liegt das Bild eines großen Malers. Der Hauptgegenstand ist ein Stuhl, aber ein besonderer. Er ist der Stuhl eines Freundes des Malers, er ist der Stuhl von Gauguin.
II. Beschreibung des Hauptgegenstandes auf dem Bild	Auf grünem und gelbem Hintergrund ist dick mit Ölfarbe ein rotbrauner Stuhl gemalt. Die vier Beine gehen stark nach außen und werden zusätzlich durch je eine dicke Sprosse auf zwei

Seiten und seitlich durch je zwei Querstäbe gestützt. Die Armlehnen führen beide gebogen nach außen. Der Stuhl wird durch eine verzierte Querleiste, über einem Holzsteg, oben an der Stuhllehne betont.[1] Das grüne Polster, das gelb gestreift ist, geht seitlich wieder rund heraus. Auf ihm liegen zwei Bücher mit gelbem Einband und eine Kerze mit einem Schmiedeeisenständer. Es ist die zweite Kerze auf dem Bild; die erste[2] steckt vor einem Messingspiegel in der Wand.

III. Bilddeutung mit Namensnennung des Malers

Der Stuhl steht da wie ein Mensch. Er steht immer; er kann sich nicht hinsetzen.[3] Man meint, daß er nur zum Stehen gemacht wurde. Dabei besitzt er eine viel wichtigere Aufgabe: Menschen setzen sich auf ihn. In ihm denken Menschen, in ihm ruhen sich Menschen aus, in ihm malen Menschen Bilder.[4] So ein malender Mensch war Gauguin. Nur, wo ist er, der Maler Gauguin? Er hat seinen besten Freund, den Schöpfer dieses Bildes verlassen. Es steht nur noch sein Stuhl da, sein leerer Stuhl. Der einsame Künstler Vincent van Gogh malte dieses Bild. Er will uns sagen: „Mein bester Freund ist von mir gegangen."

IV. Sachlicher Schluß mit „Nachdenkersatz"

Vincent malte dieses Werk 1888 in Arles; kurz zuvor verließ ihn sein guter Kamerad, Paul Gauguin. Zwei Jahre später beging er[5] Selbstmord; er wurde von den Menschen nicht verstanden.

---

1. Nicht ganz klar ausgedrückt!
2. Eine sehr gute Überleitung!
3. Sprachlich sehr gut. Der Ausdruck „Der Stuhl steht da" wird wörtlich genommen und dann weitergesponnen.
4. Sehr gute Überleitung!
5. Wer beging Selbstmord? Van Gogh oder Gauguin? Die Beziehung auf van Gogh ist dem Schreiber zu selbstverständlich.

Bemerkung

Für einen Vierzehnjährigen eine beachtliche Leistung! Zu beachten ist, daß über dem Originalaufsatz nicht der Name des Malers und der Titel des Bildes standen, sondern nur „Bildbeschreibung".

Aufgabe

Verwende die sehr gute Gliederung dieser Bildbeschreibung bei der Beschreibung und Deutung eines anderen Bildes!

Christian Rickert, Der arme Ikarus, von den Vögeln verspottet

Ein Kapitel unseres Lesebuches „Prisma" erzählt von einer Idee des Menschen: dem Fliegen. In diesem Kapitel sind auch vier Bilder, von denen eines, eine Zeichnung, von dem 1940 geborenen Christian Rickert ist.[1] Es heißt „Der arme Ikarus, von den Vögeln verspottet". Wenn man das Bild einmal[2] betrachtet, glaubt man, ein Chaos zu sehen. Doch dann erkennt man zwei Hände, die ins Leere greifen. Jetzt erkennt man auch das Gesicht, das verschwommen ist. Ikarus ist also schon zu schnell, um für das Auge klar erkenntlich zu sein. Über Ikarus sind klare Formen zu erkennen. Es sind Vögel, die Beherrscher der Lüfte, die im Gegensatz zu Ikarus in der Luft zu stehen scheinen. Wenn man mit dem Auge nach oben wandert, sieht man helle Punkte. Es scheint, als ob man vor einer Glasscheibe stünde[3], an der sich das Licht der Sonne, die das Wachs von Ikarus' Flügeln zum Schmelzen brachte, bricht.

Um Ikarus ist das Nichts[4], das Weltall, das unendlich weit ist, nur unter ihm sehen wir eine helle Fläche, die zum Grau-Schwarz des Bildes einen Kontrast bildet. Es ist die Weltkugel, die teilweise von der Sonne beschienen ist. Fällt Ikarus, der die Farbe der Luft schon angenommen hat, an der Erde vorbei?[5]

Er ist so weit hinaufgeflogen, daß er jetzt nicht mehr die Kraft hat, zurückzukehren. Er ist schon gleich mit der Luft[6], in der nur das Hell der Vögel einen Kontrast bildet. Sie, die ein Symbol für die Elemente sind, verhöhnen nicht nur Ikarus.[7] Er stellt die Menschheit dar. Wir sehen ihn nur ganz kurz an uns vorbeifliegen. Wir leben nur in einer Sekunde der Weltgeschichte. Vielleicht ist Ikarus aber auch schon ein Satellit, und er wird noch öfter an uns vorbeiziehen.

---

1. Schwacher Ausdruck! Vielleicht „stammt".
2. Der Verfasser meint wahrscheinlich „flüchtig betrachtet".

3. Warum „stünde"? Durch diese Konjunktivform wollte der Schreiber die Unwahrscheinlichkeit des Eindrucks von der Glasscheibe ausdrücken. Grammatisch nicht richtig, aber stilistisch verständlich!
4. Phrase! Das Weltall ist nicht das Nichts!
5. Interessanter Gedanke, der dann im Schlußsatz wieder aufgenommen wird!
6. Nicht ganz verständlich!
7. Sondern? Die Menschheit? Will der Schreiber das ausdrücken?

Bemerkung

Ein bemerkenswerter Schulaufsatz eines Vierzehnjährigen! Wer das Bild betrachtet, wird vielleicht auch dieser Meinung sein. Auch hier muß der Schreiber das von ihm gewählte Bild in der Einleitung vorstellen, damit der Leser weiß, von welchem Bild der Verfasser spricht. Überschrift des Originals: Bildbeschreibung.

Aufgabe

Wenn du bei der Deutung des Bildes anderer Meinung als der Verfasser bist, schreibe eine eigene Betrachtung des Bildes als Entgegnung!

Emil Nolde, Fischkutter

In dem Lesebuch „Prisma 3" ist ein Gemälde von Emil Nolde, der von 1867 bis 1956 lebte. Er malte das Bild 1916 und nannte es „Fischkutter".
Der Blick wird sofort von einem kleinen Fischkutter mit olivgrünem Segel und schwarzbraunem Rumpf auf sich gezogen.[1] Die vom Sturm aufgerührten Wogen werfen ihn hin und her. Alles ist ziemlich verwaschen[2] dargestellt. So auch das Meer[3], das etwa das untere Viertel des Bildes einnimmt. Den Aufruhr des Wassers zeigen auch die verschwimmenden Farbtöne. So geht an der rechten Bildseite die Hauptfarbe des Wassers, das Tannengrün, in ein Grüngelb über. Blutrote Farbfetzen auf dem Wasser scheinen auf den Kahn überzuspringen. Über dem Meer wölbt sich der blutrot bis orange gefärbte Himmel, der am oberen Bildrand in Mittelgrün und Umbra übergeht.[4] Die rechte obere Bildecke ist in schmutzigem Gelb gemalt. Durch Himmel und Wasser erkennt man bei längerem Betrachten einen Kreis. Rote Pinselstriche im Himmel setzen sich durch die roten Farbfetzen im Wasser fort. Auch das Segel des Fischkutters ist ein Teil dieses Kreises.[5]

Dieses Bild ist während des ersten Weltkrieges gemalt worden.[6] Vielleicht wollte der Maler mit dem Kahn einen Menschen darstellen, der nicht aufgibt und durchhält, denn der Fischkutter treibt mit noch aufrechtem Segel.[7] Dieses Bild kann eine Aufforderung sein, nicht sofort aufzugeben, denn die Rettung, die von dem gelben Streifen am oberen Bildrand versinnbildlicht wird, ist schon nahe.[8]
Das ist eine von vielen möglichen Deutungen. Aber jeder kann sich ja über dieses Bild seine eigenen Gedanken machen.[9]

---

1. Schwacher Ausdruck! Vielleicht: „Der Blick fällt auf . . ."
2. Ist der Ausdruck treffend genug?
3. In diesem Zusammenhang kann wohl das Satzbruchstück angenommen werden.
4. Hier droht die Beschreibung in eine Aufzählung der Farbtöne überzugehen.
5. Hier sollte die Deutung anschließen. Was bedeutet der Kreis? Was bedeutet die rote Farbe?
6. Richtige und sinnvolle Feststellung, die dann zu wenig ausgewertet wird.
7. Die Meinung, daß „ein" Mensch dargestellt werden soll, paßt nicht zur vorhergehenden Bedeutung des „Weltkrieges". Zu „Weltkrieg" paßt eher „Menschheit"!
8. Das ist wieder recht gut gedeutet!
9. Diese Feststellung ist zwar richtig, wirkt aber recht banal.

Bemerkung

Die Arbeit zeigt richtige Ansätze und treffende Gedanken. Leider werden sie nicht logisch weiterentwickelt. Die Arbeit zeigt, wie wichtig es ist, einen guten Gedanken weiterzuverfolgen. Er muß in den nächsten Sätzen mindestens Spuren hinterlassen.

Aufgabe

Wenn du das Bild von Emil Nolde kennst oder dir beschaffen kannst, dann verbessere diese recht interessante Beschreibung und vor allem die Deutung und den Schluß!

Pablo Picasso, König Dagobert

In unserem Lesebuch „Prisma 3" ist ein Bild von Pablo Picasso. Es ist eine Pastellzeichnung und hängt im Original[1] in der Staatsgalerie Stuttgart. Das Werk trägt den Titel „König Dagobert".
Betrachten wir das Bild, so fällt uns auf, daß der Mann auf dem Bild nur bis zu

den Schultern gemalt[2] ist. Dann sehen wir, daß der Mann lange, schwarze Haare hat und einen ebensolangen Vollbart. Der Mann ist ein wenig von der Seite[3] gemalt, so daß man die gelbliche Krone, die schwer auf seinem Haupt lastet[4], gut erkennen kann. (Jetzt erst merken wir[5], daß dieser Mann König Dagobert ist.) Er ist in ein orange-gelbes Gewand gehüllt, das in der Mitte durch eine Naht ein wenig gerafft ist. Der König sitzt oder steht vor einem schmutzig-beigen Hintergrund[6], das ganze Bild macht einen verschwommenen, farblosen Eindruck. Die Gesichtsfarbe des Königs ist sehr blaß, fast elfenbeinern. Der rote Purpur in seiner Krone bildet mit seinem Gewand das einzig Farbige. Der Gesichtsausdruck dieses Menschen ist sorgenschwer, vielleicht ist dieser König auch krank, wie es auch die blasse Gesichtsfarbe zeigt[7], oder ihn drückt das Amt des Königs. Die Krone, so prächtig sie sonst ist, für viele das Symbol des Reichtums[8], drückt hier die schwere Last aus, die das Amt des Königs mit sich bringt.
Nichts als die Gestalt des Königs ist auf dem Gemälde zu sehen. Vielleicht soll das ausdrücken, daß der König ganz allein seinen Sorgen gegenüberstehen muß.[9]

---

1. Vielleicht besser: „. . . Pastellzeichnung; das Original hängt . . ."
2. Ungenauer Ausdruck? Ist „dargestellt" besser?
3. Umgangssprachlich!
4. Eine wichtige Beobachtung wird hier in einem Gliedsatz mitgeteilt. Hauptsachen gehören jedoch in Hauptsätze! Erst später kommt der Schüler auf die Last der Krone zurück. Hier erkennt er noch nicht die Bedeutung dieser Aussage, deshalb Aussage im Gliedsatz (Nebensatz).
5. Unverständlich! Warum wird dieser Satz zwischen Klammern gesetzt?
6. Hier ist das Komma nicht richtig. Es kommt eine zusammenfassende und neue Aussage.
7. „annehmen läßt"?
8. Die Krone ist nicht Symbol des Reichtums, sondern Symbol der Macht.
9. Vielleicht besser: „. . . mit seinen Sorgen allein ist".

Bemerkung

Die Arbeit ist nicht ganz gelungen. Die Beschreibung und vor allem die Deutung dieses Bildes sind auch sehr schwer. Daß der Schüler bei freier Wahl gerade dieses Bild gewählt hat, gehört zu den Gefahren der freien Themenwahl. Aber ein bemerkenswerter Versuch! Jede echte Bemühung ist wertvoll, auch wenn sie nicht zum vollen Erfolg führt.

Wilhelm von Kobell, Der Gemsjäger

Eine ausgetrocknete Almwiese ist mit großen, scharfkantigen Felsbrocken übersät. Vereinzelte Alpenblumen lockern[1] die karge Landschaft etwas auf. Unmittelbar dahinter[2] steht ein kräftig gewachsener Gemsjäger. Sein Haupt schmückt[3] ein hoher, grüner Trachtenhut, den ein Gemsbart ziert.[3] Der Jäger hat ein langärmliges, weißes Hemd an. Schwarze Hosenträger halten die enge, knielange Lederhose. Um seinen Bauch ringt[4] sich ein breiter Gurt. Aus dicker Wolle sind die wattigen Wadenstrümpfe gestrickt. Die Knie und die Knöchel sind frei. Der Jäger hat leichtes, flaches Schuhwerk an. Auf dem Rücken trägt er seine Flinte und eine erlegte Gemse. Um die Schultern hat er einen braunen Umhang geworfen. Er stützt sich auf einen langen Bergstock.[5]

Anscheinend erzählt er gerade einer Sennerin ein Jagderlebnis. Eine weiße Ziege steht vor der sitzenden Sennerin.[6] Die Frau nimmt mit ihrer linken Hand den halbgefüllten, hölzernen Melkeimer unter der Ziege weg. Mit ihrer Rechten stützt sie sich auf den Rücken des Tieres. Seitlich hinter ihr steht eine konisch geformte Milchkanne. Damit wird die Sennerin die Milch zu Tal tragen.[7] Die Frau ist mit einer anliegenden, langärmligen Bluse und einem weiten, dunklen Rock bekleidet. Ein gestepptes, grünes Samtband schmückt ihren Hals. Ihr Haar hat sie zu einem Schopf verflochten.[8] Die Sennerin scheint an der Erzählung des Jägers Gefallen zu finden. Aufmerksam betrachtet sie den hünenhaften Weidmann.[9]

Die eben gemolkene Ziege blickt teilnahmslos auf ihre Artgenossen.[10] Es sind ein weißes und ein braunes Muttertier mit ihren jeweils gleichfarbenen Jungen. Einige Schritte hinter dem Jäger liegt noch eine weiß-schwarz gefleckte Ziege. Ihr Junges liegt unter ihrem wachsam erhobenen Kopf.[11]

Hinter der Gruppe steigt gerade eine Sennerin ins Tal.[12] Auf dem Kopf trägt sie eine hölzerne Milchkanne. An diese ist ein Melkeimer gebunden. Die Frau ist mit einem dunklen, langen Rock, einer weißen langärmligen Bluse und einem grünen Mieder bekleidet. Ihren großen, weitrandigen Hut hat sie auf ihren Rücken gebunden.[13]

Ein Ring kugelförmiger Büsche begrenzt die sichtbare[14] Weidefläche. Über diese Szene hinweg führt[15] der Blick in das hügelige Alpenvorland. Flach abfallende, bewaldete Hügel umschließen einen langgezogenen See. Das Land dahinter scheint eine endlose Folge von langgestreckten Hügeln zu sein.

Ein blaßblauer Himmel überspannt die Landschaft. Nur am fernen Horizont sind gelbschimmernde Haufenwolken zu erkennen. Gelassenheit und Ruhe drückt dieses Bild aus. Kein Lüftchen stört diesen Bergfrieden.

1. Das Wort „auflockern“ ist in diesem Zusammenhang recht schwach. „reichern die . . . an“?
2. Wo steht er? Hinter der Landschaft oder hinter den Blumen?
3. „Blumige“ Ausdrucksweise, die an Kitsch grenzt!
4. Bemerkung wie bei 3.!
5. Das sind viele einzelne Sätze mit Beobachtungen, die nicht miteinander in Beziehung gebracht werden.
6. Was die weiße Ziege mit dem Jagderlebnis zu tun hat, ist nicht ersichtlich. „. . . steht vor der sitzenden Sennerin“!
7. Nur eine Vermutung! Bildbeschreibung!
8. Hier werden die Attribute der Sennerin aufgezählt wie vorher die des Jägers.
9. Das falsche Bestreben, auf jeden Fall einen anderen Ausdruck zu suchen, um sich ja nicht zu wiederholen, führt zu so kitschigen Ausdrücken.
10. Das ist, auch stilistisch, ein Satz aus dem 19. Jahrhundert.
11. Jetzt ist alles aufgezählt, was da steht und liegt.
12. Wie „steigt“ man „ins Tal“? Begriff „steigen“!
13. Die Beschreibung der dritten Person ist wie die der anderen aufgebaut: in einzelnen Sätzen ohne sprachlichen Zusammenhang.
14. Klingt wie eine Übersetzung aus dem Lateinischen.
15. „. . . führt der Blick . . .“ Wen?

Bemerkung

Man kann nur darüber staunen, daß ein junger Mensch einen so altmodischen, ja kitschigen Stil schreibt! Dabei ist alles treffend und genau beschrieben!
Die Schreiberin hat eine falsche Auffassung vom Sinn der Bildbetrachtung, wie sie hier verlangt wird. Eine solche Beschreibung der Einzelheiten, ohne die Gesamtkonzeption des Bildes zu erkennen, paßt in eine Beschreibung für den Steckbrief des Bildes, wenn es gestohlen würde.

Wilhelm von Kobell, Der Gemsjäger

Hellblauer Himmel liegt über der Landschaft am Tegernsee. Gelbliche Gewitterwolken türmen sich am Horizont. Weit im Hintergrund leuchtet die blaue Farbe des Voralpenlandes. Das Land ist übersät mit Moränenhügeln. In einem schmalen, aber langgezogenen Tal ist der Tegernsee zu erkennen. Auf einer Bergwiese liegen zwischen einzelnen, großen Felsblöcken Ziegen. Es sind ausschließlich Muttertiere. Neben ihnen liegen junge Zicklein. Eine weiße Ziege wird gerade von einer Frau, die mit der dort üblichen Tracht bekleidet ist, gemolken. Mit der rechten Hand hält sie ein großes, hölzernes Gefäß, das mit Milch gefüllt ist. Die linke Hand hat sie auf den Geißrücken gelegt. Hinter ihr[1]

befindet sich[2] ein verschlossener Holzkübel. Daneben steht der Gemsjäger auf einen Stock gestützt. Er ist mit einem weißen Hemd und mit einer schwarzen Lederhose, die ihm bis zu den Knien reicht, bekleidet. Außerdem hat er noch Stutzen und einfache Schuhe an. Über der linken Schulter hängt ein brauner Umhang. Auf dem Rücken trägt er sein Gewehr und die erjagte Gemse. Sein Kopf ist mit einem grünen Trachtenhut bedeckt. Der Blick des Jägers ist auf die Frau gerichtet. Auch die Frau hält in ihrer Arbeit inne und blickt auf den großen Mann. Der Jäger scheint sie zu fragen, ob er nicht ein Glas erfrischender Milch als Stärkung bekommen könnte.[3] Er hat noch einen langen, beschwerlichen Heimgang.[3]
Im Hintergrund wandert eine andere Frau, mit einer großen Bütte auf dem Kopf, den leicht abfallenden Hang, der mit dichten Bäumen und Büschen bewachsen ist, ins Tal hinab.[4]

---

1. Auf welches Wort bezieht sich das Pronomen? Auf die Frau, auf die linke Hand oder auf die Geiß? Grammatisch sind alle diese Möglichkeiten vorhanden.
2. Vermeide „befindet sich"!
3. Das sind Ergebnisse der Phantasie, nicht der Beobachtung! Stil: „. . . ein Glas erfrischender Milch"!!
4. Das ist ein unangenehmer Schachtelsatz, in dem alles untergebracht wird, was zwar grammatisch möglich ist, aber nicht stilistisch.

Bemerkung

Dieser Aufsatz ist kürzer und (deshalb) besser als der erste über dieses Thema. Er zeigt jedoch auch große stilistische Schwächen.

Carl Spitzweg: Der Angler

Durch einen üppig wuchernden, grünenden[1] Wald fließt ruhig ein kleiner Bach dahin. Das eine Ufer ist mit einem Moosbett gesäumt. Halb von Blättern und Zweigen verdeckt, sieht man einen hohlen Felsen[2] aus dem wilden Gestrüpp herausragen. Das gegenüberliegende Ufer ist mit Unterholz und im vollen Saft stehenden[3] Bäumen bewachsen. Durch das dichte Laubdach des Waldes schimmert blauer Himmel. Und inmitten dieser Schönheit sitzt ein Mann im Moos des Bachufers. Er hat eine lächerlich verkrampfte Stellung. Die Arme sind eng angewinkelt, und in den Händen hält er eine dünne Angelrute. An der langen, kaum sichtbaren Angelschnur zappelt auch schon ein Fisch. Nun, der wird bald

in der dunklen Jacke eingewickelt sein, die neben dem Angler liegt. Aber vorerst hat noch ein großes Stück Brot seinen Platz darauf.
Der gute Fischersmann[4] aber scheint Brot und Jacke völlig vergessen zu haben. Er konzentriert sich darauf, den Fisch aus dem Wasser zu holen, und schwitzt vermutlich auch sehr, doch er nimmt den schwarzen Zylinder nicht vom Kopf, und sein Stehkragen ist noch zugeknöpft. Nur die rote Weste ist geöffnet. Der Angler wird wahrscheinlich auch noch ein wenig kämpfen müssen, um das glitschige Flossentier[5] endlich an Land zu ziehen.
Das Schicksal des Fisches scheint besiegelt.

---

1. Ist der Wald grün oder grünend?
2. Ein hohler Felsen? Der Leser kann sich diesen Felsen nicht vorstellen.
3. Meint die Schreiberin „üppige“ Bäume?
4. Nicht um jeden Preis ein anderes Wort suchen, um eine Wiederholung zu vermeiden. Das ist nun einmal ein „Fischer“ und nicht ein „guter Fischersmann“.
5. Den Fisch, nicht das „glitschige Flossentier“!! Kitsch!

Bemerkung

Einige Ausdrücke, die unecht und deshalb kitschig wirken, sollen nicht dazu verleiten, den Aufsatz auch inhaltlich abzuwerten. Das Bild ist gut beschrieben. Von Deutung jedoch keine Spur!

C. D. Friedrich: Der einsame Baum

Weit dehnt sich die grüne Graslandschaft aus. Ein Schäfer hat mit seinen Schafen eine längere Rast an einem kleinen Weiher eingelegt. Ein paar Schilfhalme ragen aus diesem hervor. Der Schäfer lehnt sich, froh, endlich ausruhen zu können[1], an die dicke, nicht sehr hohe Eiche. Sie trägt nur wenig Laub. Vor Jahren hat einmal der Blitz in den uralten Baum eingeschlagen. Es war damals ein schreckliches Gewitter gewesen.[2] Der Schäfer könnte uns wahrscheinlich eine lange Geschichte darüber erzählen. Immer, wenn er zu der Eiche kommt, muß er daran denken. So ist es auch jetzt wieder.[3]
Nur die Schafe haben den Sturm schon lange vergessen. Sie haben sich wahrscheinlich schon mit dem kühlen Wasser des Weihers erfrischt[4], denn langsam und mit Genuß weiden sie gerade das fette, saftige Gras ab.
Weiter hinten sieht man einen mit einem Schilfgürtel umgebenen See, an dessen Rand einige schattenwerfende[5] Laubbäume stehen. In einiger Entfernung umgibt dichter Laubwald eine alte, verlassene Burgruine.

Die Ebene endet in einem kleinen Tal mit einem winzigen[6] Dörfchen. Dahinter erheben sich die „blauen Berge“. Von dem Dorf kann man nur noch die Spitze des Kirchturmes erkennen.
Ein paar Wolken ziehen am Himmel auf. Langsam bricht die Dämmerung über der friedlichen Landschaft herein.

---

1. Wer sagt dem Schreiber, daß der Schäfer froh ist?
2. Das ist doch reine Erfindung!
3. Kann man das beim Betrachten des Bildes sehen?
4. Den weidenden Schafen kann man es nicht ansehen, ob sie vorher getrunken haben.
5. Solche „schmückenden“ Beiwörter wirken kitschig.
6. Wohl ein falscher Ausdruck!

Bemerkung

Vergleiche die zweite Arbeit über dieses Bild! Das Bild heißt „Der einsame Baum“, aber der Schäfer wird in den Mittelpunkt gestellt. Im übrigen ist diese Arbeit weder Beschreibung noch Betrachtung, noch Deutung des Bildes. Es sind Gedanken, die dem Schreiber beim Betrachten des Bildes einfallen bzw. die er krampfhaft sucht. Die Arbeit besteht zur Hälfte aus solchen unangebrachten Reflexionen.

C. D. Friedrich: Der einsame Baum

Fahlgraue Gewitterwolken türmen sich am Himmel. Die massive Bergkette im Norden steht in einem gelblichen Licht. Ein Dorf am Fuße der Berge ist gerade noch an seinen Hausdächern und einem Kirchturm zu erkennen. Weite Wiesen dehnen sich im stillen, ruhigen Tal aus. Sie werden jäh[1] durch eine schmale, aber lang hingezogene Baumreihe begrenzt. An einem klaren, mit Schilf bewachsenen See steht ein mächtiger, uralter Baum. Er scheint der einzige größere Baum im Tal zu sein. Seine untersten, kräftigen Äste streckt er weit von sich. An der Westseite des Baumes sind nur wenige, kurze Ästchen zu sehen. Die Ostseite hingegen ist mit starken Ästen bewachsen. Der Wipfel besteht nur aus einem morschen, spitzen Ast. Ein Blitz hat anscheinend die frühere Krone gekappt. Der übriggebliebene „Wipfel“ ragt weit in den Himmel hinein.
Auf einen Stock gestützt und an den mächtigen Stamm gelehnt, steht ein Schäfer. Vor ihm weidet seine Schafherde das saftige Gras ab[2]. Einige der Schafe haben

sich schon etwas von der Herde entfernt. Der Schäfer wird wahrscheinlich seinem Hund pfeifen, der die Schafe dann wieder zusammentreiben wird.
Einer breiten Grasfläche schließt sich ein großer See an. Seine Ufer sind mit verkrüppeltem Baumwuchs bewachsen[3].
Nichts stört den Frieden im Tal.

---

1. Eine Baumreihe kann nicht „jäh" begrenzen.
2. Die Herde weidet. Warum „das saftige Gras"?
3. Dieser Satz steht ohne jede Beziehung zum bisherigen Text.

Bemerkung

Der Aufbau der Arbeit entspricht dem Bild. Es ist richtig, nicht mit dem Schäfer zu beginnen, da auch das Bild „Der einsame Baum" heißt. Der Baum steht im Blickpunkt, der Schäfer ist nur zusätzlicher Bildinhalt, soll die Stimmung verdichten.

Sauhatz im Mittelalter

Hunde, gefräßige Hunde . . . eine gefährliche Meute! Sie jagt das Wild, das die Jäger auserkoren[1] haben. Es gibt unzählige Bilder und Zeichnungen mit gleichen oder ähnlichen Szenen. Auf der Zeichnung von Fritz Meinhard nach einem Jagdbild[2], das eine „Sauhatz" des 15. Jahrhunderts darstellt, ist dies gut getroffen worden. Man spürt die Spannung, die über dieser Szene liegt, die ich beschreiben möchte, so gut ich kann.[3]
Hunde, gefräßige Hunde . . . eine gefährliche Meute! Blutdürstig hetzten die Hunde das Wild – den mächtigen, zottigen Eber – über die von Blumen übersäte Wiese auf den Fluß zu. Sie wissen, daß sie von den beiden Knappen, die ihnen folgen, mit großen Brocken Fleisch belohnt werden, wenn sie das Wild den Jägern in die Hände[4] treiben. Sie rücken dem Opfer immer näher.
Der Eber scheint verloren! Vor ihm rauscht der Fluß eilig dahin . . . er[5] zögert, soll er hineinspringen? Soll er sich seinen Angreifern stellen? Nein[6], denn schon sind die beiden Jäger heran. Ihre Pferde trampeln das Gras und die Blumen der Wiese nieder, sie haben sich dem gejagten Tier bereits bis auf wenige Meter genähert!
Einer der beiden Jäger lächelt überlegen . . . er glaubt nicht, daß das Wild in den Fluß springen wird, um am anderen Ufer seinen Verfolgern zwischen den

Hügeln und Bäumen[7] zu entkommen. Er[8] wird umkehren und sein[9] Opfer werden, denn seine Begleiterin, die neben ihm reitet, wird den Eber mit dem Speer, den sie zum Wurf erhoben hat, nicht treffen.[10] Dazu ist das Tier viel zu schnell!
Der wolkenlose Himmel, die drei Laubbäume am Flußufer verleihen dem Bild trotz seiner Grausamkeit, finde ich, eine gewisse Ruhe und Stille. Dazu tragen auch die friedlichen Blumen bei. Diese romantische Landschaft wird unterbrochen[11] durch den Tötungsdrang der Menschen. Der Eber, was kann er dafür[12], daß zwei hohe Herrschaften Lust zur Tierjagd haben? Vielleicht hat er Glück und entkommt.

---

1. Warum dieses ausgefallene Wort? In diesem Wort steckt etwas Feierliches, das auf eine Sauhatz sicher nicht zutrifft. (Der König wurde im Mittelalter „gekürt"!)
2. Unklare Vorstellung des Bildes!
3. Solche persönlichen Ankündigungen sollte man vermeiden.
4. Besser: „vor die Spieße treiben"!
5. Der Fluß zögert? Beziehung des Fürworts beachten!
6. Dieses Nein ist falsch, denn der Eber muß sich stellen.
7. Reihenfolge der Satzglieder!
8. Wer wird umkehren? Der Jäger? „Der Eber wird umkehren und das Opfer des Jägers werden", ist wohl gemeint. Bezugswort ist „das Wild", also „Es wird umkehren ..." Beziehung der Fürwörter ist sehr wichtig.
9. Auch der Bezug von „sein" ist nicht ganz klar.
10. Was der Schreiber alles auf dem Bild sieht! Er sieht voraus, daß die Jägerin selbstverständlich nicht treffen wird, das Treffen ist dem Mann vorbehalten!
11. Ist dieser Ausdruck treffend? Die Landschaft kann doch nicht unterbrochen werden, schon gar nicht durch „den Tötungsdrang des Menschen".
12. Es wird ihm ja auch niemand eine Schuld geben!

Gliederung

A) Um welches Bild es sich handelt, von wem gezeichnet, was stellt es dar.
B) Bildbeschreibung
   1. Die Hundemeute jagt den Eber.
   2. Die Jäger sind heran, der Eber scheint verloren.
   3. Die beiden Jäger: was sie tun, was sie denken.
C) Gesamteindruck des Bildes.

Bemerkung

Der Auftakt zur Einleitung gefällt, aber das Bild selbst wird nicht genau vorgestellt: Künstler, Titel des Bildes, Art des Bildes, evtl. Sammlung, in der das Bild zu sehen ist. Außer einigen stilistischen Schwächen ist in dieser

Beschreibung wieder viel Reflexion über das, was die Jäger und das Wild in Zukunft tun werden. Bei der Beschreibung fehlen ein Armbrustschütze und ein Spießträger, die an der Sauhatz teilnehmen. Der Schluß bringt gute Gedanken, hier sind die eigenen Gedanken zum Bild angebracht, aber sie sind nicht gut formuliert.

Sauhatz

Sauhatz! Welche Vorstellung läßt dieses Wort aus dem Unbewußten auftauchen und für Augenblicke Leben und Gestalt gewinnen! Riesige kühle Wälder, durch die eine bellende Meute jagt. Duftende, mit Blumen übersäte Wiesen, von den Hufen wilder Pferde zertrampelt! Fritz Meinhard hat seine Zeichnung der Sauhatz gewidmet.[1]
An dieser großen bunten Fläche, die, von Farnen, Wald- und Wiesenkräutern überwuchert, zwei Drittel des Bildes beherrscht, erkennt man das nahe Gehölz.[2] Der kleinen Jagdgesellschaft, die sich aus zwei zu Fuß gehenden Treibern[3] und aus zwei reitenden Jägern zusammensetzt, dient der üppige Pflanzenwuchs gleich einem kostbaren, bunt verzierten Samtteppich.[4] Eine Meute von sieben wertvollen[5] Jagdhunden hetzt einen zu Tode erschöpften Eber auf den nahen Fluß zu. Für ihn gibt es kein Entrinnen mehr. Kurz vor dem Fluß ergibt er sich aufbäumend seinem Schicksal. Im nächsten Moment wird ihn der Speer eines Jägers treffen, und taumelnd wird er einen letzten Blick auf die vereinzelt von Bäumen bestandene Hügellandschaft jenseits des Flusses werfen.[6]
Auf dieser Zeichnung sticht einem ein krasser Unterschied in die Augen:[7] Leben auf der saftigen Wiese[8], im Gegensatz zum Sterben des Tieres. Die Freude der Jäger, im Gegensatz zur Verzweiflung des gehetzten Tieres.

---

1. In der Einleitung sollte das Bild vorgestellt werden: Fritz Meinhard, Sauhatz im Mittelalter, Zeichnung nach einer Jagdzeichnung des 15. Jahrhunderts, wiedergegeben im Lesebuch DIE FÄHRE, 1. Band.
2. Hier fehlt der vorweggenommene Satz aus der Einleitung: „Duftende (?), mit Blumen übersäte Wiesen, von den Hufen wilder (?) Pferde zertrampelt!“
3. Ob man die beiden Jäger zu Fuß, den Armbrustschützen und den Spießträger, als Treiber bezeichnen kann, mag strittig sein. Sie müssen den Reitern im Notfall zu Hilfe kommen.
4. Das stimmt auf keinen Fall. Die Wiese dient den Reitern nicht als „bunt verzierter Samtteppich“!
5. Woher wissen wir, daß dies wertvolle Hunde sind?
6. Wie romantisch! Der Eber und sein letzter Blick auf die Landschaft jenseits des Flusses!

7. Mit der Redensart „sticht einem in die Augen“ muß man vorsichtig umgehen. Das Bild ist „gefährlich“.
8. Was meint der Schreiber: die Meute, die Menschen?
9. Hier besser: „Das Bild wird vorgestellt.“
10. Wird im Aufsatz in den Tod des Ebers einbezogen. Ein eigener Satz wäre besser.

Gliederung

A) Gedanken[9]
B) 1. Die Wiesenfläche
   2. Die Jagdgesellschaft
   3. Die Jagd und der Tod des Tieres
   4. Die Landschaft jenseits des Flusses[10]
C) Persönliche Anschauung

Bemerkung

Der Einleitungsgedanke, nämlich an das Wort „Sauhatz“ anzuknüpfen, gefällt. Mit dem vorletzten Satz der Einleitung tut aber der Schreiber des Guten zuviel. Die Jäger sind am wichtigsten, doch sie werden in einem Gliedsatz vorgestellt. Forderung: Hauptsachen in Hauptsätze! Ob man den mächtigen Satz des Ebers in den Fluß wiedergeben kann mit „Kurz vor dem Fluß ergibt er sich aufbäumend seinem Schicksal“, ist zumindest strittig. Aber an der Auslegung dieser Teilszene hängt die ganze Deutung bzw. Schlußbetrachtung. Nichts stimmt mehr, wenn der Eber wirklich in den Fluß springt, wie es auf der Zeichnung aussieht.

Vincent van Gogh, Brücke in Arles

Die Bilder des berühmten holländischen Malers Vincent van Gogh zeichnen sich durch besondere Farbigkeit aus. Der Künstler sagte einmal von sich: „Anstatt genau wiederzugeben, was ich vor Augen habe, bediene ich mich willkürlich der Farben, um mich stärker auszudrücken.“ Das gilt in besonderer Weise von seinem Bild „Brücke in Arles“.[1] Das ganze[2] Bild erstrahlt in kräftigen reinen Farben, deren Schönheit den Betrachter unwillkürlich fesseln.[3] Die vom Künstler gewählte Szene vermittelt geschäftiges Alltagsleben und Harmonie. Hauptinhalt des Bildes ist eine Zugbrücke. Kennzeichnend für sie ist in erster Linie die in goldgelben Farben gehaltene Zugbrückenkonstruktion. Von

waagrechten und senkrechten Balken hängen, teils gestrafft, teils schlaff, die Zugseile herab. Die Holzaufbauten heben sich gerade durch die Helligkeit der gelben Farbe der Balken von dem hellblauen Himmel ab. Die Widerlager, Steinpfeiler, sind weit in den Fluß hinausgeschoben. Ihre Wände sind das pure[4] Gegenstück einer graugetönten Mauer: Leuchtende, farbenprächtige Ziegel erstrahlen in den buntesten[5] Farben. Über die herabgelassene Brücke trabt gemächlich ein Schimmel, der von einem[6] zweirädrigen Wagen gespannt ist. Aus dem überdachten Wägelchen schaut der Kutscher heraus. Der Ausschnitt unter der Zugbrücke gibt den Blick auf das Schilf des gegenüberliegenden Ufers frei. Das blaue Wasser des Flusses erscheint ruhig und ist offenbar klar und rein. Es wird von Frauen, die vor der Brücke unten am Ufer teils knien, teils stehen, zum Waschen benutzt. Die über das Wasser gebeugten Frauen schwenken die Wäsche im schäumenden Wasser, das immer weitere Kreise in den Fluß hinauszieht. Wie herrlich sind doch die farbenfrohen Kleider und Kostüme der Waschfrauen! Wie emsig[8] sind sie mit der Wäsche beschäftigt, die sie nach dem Auswringen in ihre Körbe verstauen. Ein alter Kahn, halb mit Wasser gefüllt, begrenzt[9] das Ufer. Seine kontrastierenden Farben sind in dunklem Rot, hellem Gelb und tiefem Schwarz gehalten. Das Moosgrün der Uferböschung ist durch feuerrote Sträucher aufgelockert.
Das ganze Bild strahlt ein einziges[10], emsiges Schaffen und Treiben aus. Man kann sich bei der Betrachtung des Bildes nicht sattsehen an den starken, leuchtenden Farben des Gemäldes.

---

1. Wenn man die Einleitung abgrenzen will, sollte hier eine neue Zeile beginnen.
2. Das Wort „ganze“ ist überflüssig.
3. Grammatikfehler: „die Schönheit fesselt“ (Singular).
4. Das Wort „pure“ ist überflüssig.
5. Solche Suberlative sollte man vermeiden, denn das Wort „bunt“ reicht in seiner Aussagekraft aus.
6. Grammatikfehler: vor einen Wagen spannen.
7. Das Wort „doch“ ist hier überflüssig.
8. Ist „emsig“ hier das treffende Wort?
9. Der Kahn kann das Ufer nicht „begrenzen“.
10. Das Wort „einzig“ ist hier nicht angebracht.

Bemerkung

Die Anmerkungen zum Aufsatz zeigen, daß der Schreibende in dem Bemühen, alles zu beschreiben, stilistische Fehler macht. Das Bild ist gut erfaßt. Die Beschreibung beginnt mit dem Blickpunkt des Bildes, bezieht aber die anderen Dinge und Wesen des Bildes nicht auf die Brücke.

George Gower, Queen Elisabeth I. – Armada Portrait
Woburn Abbey, England

Aus meinem Reisetagebuch

10. August 1983

Auf der Fahrt von Cambridge nach Oxford besuchten wir die Herzöge von Bedford in Woburn Abbey. Ich wußte nicht, was mich erwartete, aber ich nahm alles auf mit der Bereitschaft des Siebzehnjährigen, voller Erwartung, Ungeduld und Wissensdurst.
Auf englischen Landsitzen lebt man mit Bildern, aber eine solche Fülle von Kunstschätzen hatte ich nicht erwartet. Das große Treppenhaus voller Gemälde, zwei- und dreifach übereinandergehängt; Holbein, van Dyck, Rembrandt, Velasquez, Teniers, Gainsborough sind vertreten. Ein Saal voller Reynolds, The Reynolds Room, ein Saal voller Canalettos, auf rotem Damasthintergrund immer drei Bilder übereinander, insgesamt siebenundzwanzig Canalettos – ein Speisezimmer! Und dann die Long Gallery mit dem berühmtesten Gemälde des Schlosses, dem Armada-Portrait der Königin Elisabeth I. Es hängt nicht allein, nein, es hängt in einem Verband von sieben anderen Bildern in einem Abschnitt der Längswand. Dieses Gemälde interessierte mich besonders wegen der historischen Bezüge.
George Gower malte Elisabeth in kostbarer Staatsrobe, mit meterlangen Perlenschnüren behängt, juwelenübersät, „lavishly dressed and bejewelled". Die alternde Königin ist weiß geschminkt und zeigt jugendliches Rothaar. Ihre rechte Hand hält nicht unterstützend einen Reichsapfel, wie es die früheren deutschen Kaiser taten; diese schmale Hand liegt ruhend, fast möchte man sagen lastend, auf einem Globus, der jetzt, im 16. Jahrhundert, die Welt symbolisiert. Ein Symbol für die beginnende Herrschaft Englands über weite Teile der Welt?
Die Linke der Königin hält nicht ein Zepter, sondern, soweit es zu erkennen ist, Straußenfedern als Fächer. Die Königskrone drückt nicht den roten Haaraufbau, sondern liegt als Symbol der Würde neben der Königin.
„Armada-Portrait" heißt dieses Bild, weil hinter jeder Schulter Ihrer Majestät je eine Art Fenster ist, durch die man einmal die spanische Armada vor Calais sieht, wie sie von Drakes Feuerschiffen zersprengt wird, das andere Mal den Untergang der Armada im Sturm. Das Bild wurde 1590 gemalt, zwei Jahre nach dem Aufkreuzen und Untergang der spanischen Invasionsflotte vor Englands Küste.

Man muß die geschichtliche Lage und Dimension kennen, um das Bild ganz verstehen zu können.
Mit 130 Schiffen und 30 000 Mann waren die Spanier von ihrem König Philipp II. ausgeschickt worden, um das „ketzerische" England dem Glauben Seiner Allerkatholischsten Majestät zurückzuerobern. Die Flotte sollte nach Calais segeln und dort noch 40 000 Mann für die Invasion an Bord nehmen. Die Engländer schossen jedoch mit ihren weittragenden, relativ kleinkalibrigen Kanonen die überladenen und schwerfälligen Kolosse aus sicherer Entfernung zu Wracks.
Zusätzlich schickten sie Feuerschiffe in die Armada und überließen es der schweren See und den Bewohnern der irischen Küste, die stolze Flotte der Spanier weiter zu dezimieren, so daß nur 10 000 Mann zurückkehrten.
Wir Menschen des 20. Jahrhunderts denken selbstverständlich an Hitlers Plan, von der französischen Küste aus eine Invasion Englands – Unternehmen Seelöwe – zu versuchen. Auch er scheiterte. Sonst gäbe es Woburn Abbey und seine Bilder nicht mehr. Ich hätte diese Summe von Schönheit und Geschichte nicht erleben können.

George Gower, Hofmaler der Königin Elisabeth, ernannt 1581, gest. wohl 1596. Nach einer Inschrift auf seinem Selbstbildnis von 1579 hat er sich erst in späteren Jahren der Malerei als Broterwerb zugewandt.

Eine Tür wird zugemauert

Ich weiß nicht, wie viele Bilder jeden Tag auf uns einwirken. Manche Bilder nehmen wir flüchtig wahr, verdrängen sie wieder. Andere machen einen größeren Eindruck auf uns, wir behalten sie im Gedächtnis. Einige prägen sich unauslöschlich ein.
Anscheinend ein harmloser Vorgang. Eine Tür wird zugemauert. Sicher wird an einer anderen Stelle wieder eine Tür geöffnet. Der Maurer steht schon ziemlich weit oben, bald hat er den Torbogen erreicht. Die Tür ist keine Tür mehr. Mit gleichem Bogen daneben ein großes Fenster, an dem eine Frau und ein Mann stehen, hinaussprechen zu dem Mann, der auf der Straße steht, neben der zugemauerten Tür. Ein alltägliches Bild?

Wir bemerken über dem Türbogen ein weißes Schild mit der Aufschrift „Berliner Stadtmission“. Und da begreifen wir plötzlich. Da wird nicht nur eine Tür zugemauert, da wird eine Grenze zugemauert. Das ist der Mauerbau an der deutsch-deutschen Grenze. So begann er: Die Türen und Fenster der Häuser, die nach dem Westen zeigten, wurden zugemauert. Und jetzt wissen wir sogar das Datum, den Tag, an dem diese Tür zugemauert wurde. Es war der 13. August 1961. Dieses eine Bild beschwört die Erinnerung und das Wissen um ein beispielloses Geschehen herauf: ein Volk wird gewaltsam geteilt durch eine Mauer. Die Menschen dürfen nicht mehr zusammenkommen, nicht mehr miteinander sprechen. Das Fenster, das wir auf unserem Bild sehen, wird am nächsten Tag zugemauert. Kein Gespräch mehr mit dem Mann auf der Straße! Aus dem Haus führt nur mehr ein Weg, der nach Osten.
Das Bild, das uns anfangs als alltägliches Bild vorkam, ist ein Dokumentationsfoto, das die Teilung Deutschlands symbolisiert.

Wer sich für die Bildbeschreibung besonders interessiert, findet im Band 8 der **Manz Aufsatz-Bibliothek „die Bildbeschreibung“** viele Bildbeschreibungen mit den betreffenden Abbildungen. Das Buch ist in folgende Kapitel gegliedert:

I. Wir leben mit Bildern
II. Das Beschreiben und Erklären von Bildern
III. Das Bild als Kunstwerk (Portrait, Landschaft, Intérieur, Genre)
IV. Bilder zur Geschichte (Persönlichkeiten, Staat und Gesellschaft, Das historische Ereignis)
V. Das religiöse Bild
VI. Bild und Dichtung

Hans Mielich, Der Hl. Martin

Informationen über das Bild

Wo hängt das Bild?	Im Diözesanmuseum in Freising
Wo war es früher?	In der Frauenkirche in München
Wer hat das Bild gemalt?	Hans Mielich
Wann wurde es gemalt?	Um 1550
Was wissen wir über? Hans Mielich?	Muelich (Mielich) Hans, dt. Maler, geb. 1516 in München, gest. 1573 in München, Schüler Albrecht Altdorfers, malte Portraits und religiöse Bilder.
Was ist dargestellt?	Der hl. Martin zu Pferd trennt mit dem Schwert die Hälfte seines Mantels ab, um damit den vor ihm am Boden sitzenden nackten Bettler zu bekleiden.
Bildliche Darstellung einer Legende?	Martin von Tours (316–397), Sohn eines römischen Tribuns, wurde Bischof von Tours und Apostel Galliens, Schutzpatron der Frankenkönige. Die häufigste bildliche Darstellung zeigt ihn als Reiter mit dem Bettler zu Füßen, mit dem er den Mantel teilt; St. Martin, der Reiter der Barmherzigkeit.
Wie ist die Szene dargestellt	Das Pferd ist sehr eindrucksvoll gemalt. Der rechte Arm des Heiligen findet seine Fortsetzung im Schwert, dem Tuch des Mantels und der aufgehobenen Hand des Bettlers, der in seiner Nacktheit und mit der Bettlerschale die Verkörperung der Armut ist.
Wirkung des Bildes?	Die Geste der Barmherzigkeit ist eindrucksvoll, die Menschlichkeit der Szene ist ergreifend. Vor allem fühlen sich Reiter und Pferdekenner angesprochen, wobei die frühere Rolle des Pferdes bedacht werden muß. Der hl. Martin, ein Reiterheiliger.

8. Die Personenbeschreibung

Personenbeschreibung

Die knappste, aber nicht leichte Form der Personenbeschreibung ist der *Steckbrief,* der im Sachstil abgefaßt wird und nur die entscheidenden Merkmale des äußeren Erscheinungsbildes festhält. Der Steckbrief ist jedoch eine treffende Beschreibung einer Person, die es ermöglicht, diese Person unter anderen Menschen zu erkennen (Fahndung der Polizei).
Der nächste Schritt in der Personenbeschreibung ist die sachliche Beschreibung eines Menschen in ausführlicher Form, bei der man bereits vom Äußeren aufs Innere, den Charakter eines Menschen schließt. Die *Art* der Bewegungen, des Sprechens, des Verhaltens wird einbezogen und beurteilt. Diese Beschreibung bereitet die Menschenschilderung und die Charakteristik vor und schärft den Blick und die Urteilsfähigkeit.

Die situative Personenbeschreibung

Die Menschenschilderung ist eine Vorstufe der Charakteristik und schildert Menschen in einer für sie (ihren Charakter) bezeichnenden Situation. In der Menschenschilderung wird nicht nur das äußere Erscheinungsbild eines Menschen berücksichtigt; man muß vielmehr versuchen, aus dem Verhalten eines Menschen, von seinem Aussehen, seiner Gestalt, seinen Eigentümlichkeiten Schlüsse auf sein Wesen, seinen Charakter zu ziehen. Genaue Menschenbeobachtung und einige Grundbegriffe der Typologie und Charakterologie sind unerläßlich.

Charakteristik

Die Charakteristik geht über die Personenschilderung hinaus und soll Menschen darstellen, zu deren Wesen und Arbeit der Schüler einen Zugang finden kann. Während die Personenbeschreibung nur das Äußere eines Menschen erfaßt, versucht die Charakteristik auch sein Inneres, seine geistigen und seelischen Wesenszüge nachzuzeichnen.

Dabei sollten wir unterscheiden, ob wir einen Typus erfassen wollen, d. h. die Wesensmerkmale, die für eine Gruppe von Menschen zutreffen, oder ob wir einen Charakter, d. h. einen einzelnen bestimmten Menschen, darstellen wollen. Um den Unterschied deutlich zu machen, bringen wir einige Themen:

Typus	*Charakter*
Der Schüler	Schüler Hermann Wolf
Der Hausarzt	Unser Hausarzt Dr. Maier
Die Klatschbase	Unsere geschwätzige Nachbarin
Der gute Onkel	Mein Onkel Ferdinand
Eine Mutter	Meine Mutter

In dieser Aufsatzform soll der Schüler versuchen, fremde Eigenart zu verstehen. Das führt auch zu der sogenannten literarischen Charakteristik.

Wie charakterisiert man einen Menschen?

1. Wir gehen von seinem Äußeren aus: von seiner Erscheinung, seiner Kleidung, seinen Umgangsformen.
2. Wir zeichnen vor allem die Züge nach, aus denen sich seelische und geistige Eigenschaften erschließen lassen.
3. Wir beobachten sein Handeln und Reden.
4. Wir beobachten seine Umgebung (Freunde, Bekannte, Wohnung).
5. Wir betrachten seine Art zu arbeiten.
6. Wir untersuchen sein Verhalten in bestimmten Lebenslagen.
7. Wir betrachten seinen Lebenslauf, um zu verstehen, warum er so geworden ist, wie er uns erscheint.
8. Wir vergleichen ihn schließlich mit anderen Persönlichkeiten, die seine eigenen Wesenszüge besonders deutlich werden lassen.

Die häufigsten Fehler in dieser Stilform sind:

a) Wichtige Gesichtspunkte zur Kennzeichnung eines Menschen werden vergessen.
b) Es wird zu rasch und leichtfertig geurteilt.
c) Einzelne Wesenszüge werden überzeichnet, so daß eine Art Karikatur entsteht.
d) Eine Person wird ungenau, zu allgemein geschildert, so daß nur verschwommene Umrisse zu sehen sind.

Die sprachliche Darstellung der Charakteristik bzw. Menschenschilderung soll anschaulich, eindrucksvoll sein, damit der Leser sich den geschilderten Menschen wirklich vorstellen kann.

Aufbau einer sachlichen Personenbeschreibung

A) Einleitung: Anlaß oder Zweck der beabsichtigten Personenbeschreibung

B) Hauptteil: Personalien der zu beschreibenden Person
   1. Gestalt und Haltung
      a) Größe
      b) Körperbau – Figur
      c) Haltung – Gang
   2. Gesicht und Aussehen
      a) Kopfform und Kopfhaar
      b) Augen – Nase – Mund – Kinn
      c) Hände – Arme
      d) Füße – Beine
   3. Kleidung
      a) Art der Kleidung
      b) Schnitt
      c) Farbe
   4. Besondere Kennzeichen
      a) im Aussehen
      b) im Benehmen
      c) in der Sprache

C) Schluß: Gesamteindruck

Aufbau einer situativen Personenbeschreibung
= Menschenschilderung

A) Ausgangssituation
B)
   1. Äußere Erscheinung
      a) Aussehen
      b) Haltung
      c) Kleidung
   2. Verhalten in der besonderen Situation
      a) Veränderung der äußeren Haltung
      b) sprachliche Äußerung
      c) geistig-seelische Haltung
   3. Gesamteindruck von der Person in dieser Situation
C) Hinweis auf die Bedeutung eines solchen Verhaltens

Ein Kind aus meiner Grundschulklasse

„Und wieviel gibt 36 : 6? Äh, du da hinten, Wolfgang, oder?" Alle drehten sich nach dem Neuen um. „Sechs", antwortete dieser richtig, mit seiner weichen, beinahe mädchenhaft tönenden Stimme. „Richtig", erwiderte der Lehrer, „und kannst du mir auch sagen, was 18 : 3 ergibt?" fragte er weiter. Der Neue zögerte. Nervös die Finger ineinander verkrampft, preßte er seine Lippen aufeinander und stieß schließlich, durch das Kichern der Klasse unsicher geworden, mit weinerlicher Stimme die Antwort auf die Frage hervor. „Sieh nur, was er anhat!" flüsterte meine Banknachbarin ihrer Freundin zu, „einen Trachtenanzug, bei dieser Hitze, und'n Schlips". „Der meint wohl, er sei was Besseres", antwortete die Freundin mit gedämpfter Stimme und warf ihm einen verächtlichen Blick zu. „Ruhe!" donnerte da die kehlige Stimme des „Direx" vom Katheder auf uns herab, und der Rest der Unterrichtsstunde verlief ohne weitere Zwischenfälle. Heulend und lärmend stürzten wir bei dem Pausenzeichen aus dem Klassenzimmer. Als letzter von uns verließ es der Neue. Mit federnden, aber dennoch mechanisch anmutenden Schritten, den Plastikbeutel mit dem Pausebrot in der linken Hand, so sah man ihn die breite zum Hof führende Treppe hinuntergehen. Jetzt konnte ich ihn genau beobachten. Im Pausenhof, abseits von all den lärmenden, lachenden, vergnügt herumtollenden Kindern stand er, in einer Ecke. Deutlich konnte man seine bleiche Gesichtsfarbe erkennen.

Ein Weichling! Mamasöhnchen, was? Die gelockten Haare fielen ihm in einer großen „Schmalzlocke“ in die Stirne. So stand er da, ganz unbeteiligt, und aß sein Pausebrot. Seine wäßrig blauen Augen verliehen seinen Gesichtszügen ein mädchenhaftes Aussehen. Es war heiß, doch er trug einen Trachtenanzug, weißes Hemd und Schlips. Das einzig „Normale“ an ihm schienen die Sandalen, die er anhatte, zu sein. Kein Lachen huschte über sein Gesicht, nein, er stand da wie eine Puppe.
Und wie hoch er seine Nase trug! Als ihn einige Klassenkameraden aufforderten, bei einem Spiel mitzumachen, tat er, als sehe er sie nicht, und wandte sich ab. Die Nasenflügel verächtlich gebläht und die Unterlippe ein wenig vorgeschoben, so spazierte er jetzt auf und ab.
Als ihn ein kleines Mädchen mit kritischen Blicken musterte, wurden seine Ohren hochrot, verlegen sah er auf den Boden. Mit einer weit ausholenden Handbewegung schob er den linken Ärmel seiner Jacke zurück und blickte auf seine Armbanduhr. Warum tat er nur so komisch? Ob ihn jemand gekränkt hatte? Nein! Oder doch?
Kaum ertönte das Klingelzeichen der Pause, als er, der Neue, schon mit federnden und dennoch roboterhaft wirkenden Schritten die breite Steintreppe des Schulhauses hinaufstieg, wo er dann von dem großen dunklen Schultor verschluckt wurde.

Planskizze

1. Der Neue wurde aufgerufen und beantwortete die Fragen des Lehrers.
2. Beim Pausenzeichen verließ er als letzter das Zimmer und ging die Treppe hinab.
3. Im Pausenhof stand er abseits von all den anderen Kindern in einer Ecke.
4. Als ihn einige Kameraden aufforderten, bei einem Spiel mitzutun, wandte er sich ab und spazierte auf und ab.
5. Als ihn ein kleines Mädchen musterte, sah er verlegen zu Boden.
6. Kaum ertönte das Klingelzeichen, stieg der Neue schon die Treppe empor, wo er dann vom großen dunklen Toreingang verschluckt wurde.

Bemerkung

Die Planskizze zeigt, wie die Charakteristik des neuen Mitschülers aufgebaut ist: Er wird in einigen typischen Situationen vorgestellt. Diese Situationen sind auf den ersten Tag des Zusammenseins beschränkt. Der Verfasser gibt also nur den ersten Eindruck, der bei näherem Kennenlernen sich als falsch herausstellen kann.

Ein Mitschüler aus der Grundschule

Er kommt herein. Er ist sonntäglich gekleidet. Nur der alte Schulranzen paßt nicht zu der dunklen Hose und zu seiner blauen Jacke. Es ist ein großer Ranzen. Er hängt am Rücken des „Neuen". Halbvoll, lappig, kaputt. Ein Geflüster geht durch die Bänke. Da ertönt die Stimme unseres Fräuleins: „Das ist Peter Rohrer. Er ist neu an unserer Schule, seid nett zu ihm!" Er setzt sich still in eine Bank. Der Unterricht geht weiter. Er meldet sich nicht und schaut stur nach vorne. Es läutet. Pause. Im Hof steht er in einer Ecke und ißt sein Brot. Er scheint ein stiller Junge zu sein. Der Unterricht geht weiter. Wieder sitzt er in seiner Bank und schweigt. Die Schule ist aus. Wir stürmen zum Schultor hinaus, – er geht allein und biegt gleich in eine Seitenstraße, die zu einem alten Wohnblock führt.
Er kommt bereits seit Tagen mit einer grauen, oft geflickten Hose in die Schule. Die Knie sind durch aufgesetzte Flicken verstärkt. Das karierte Hemd ist etwas zu groß, der Kragen ist kaputt. Die ehemals grüne, jetzt aber schmutziggraue Jacke hängt an ihm, sie ist ausgedehnt. Vielleicht hat er die Sachen geschenkt bekommen, weil sie so schlecht passen? Der Neue ist ein schmächtiges Bürschchen mit einem großen Kopf. Seine blauen Augen funkeln spitzbübisch. Sein Gang ist langsam, jedoch sicher, und er scheint sein Ziel genau im Auge zu haben. Er macht im ganzen einen ärmlichen Eindruck.
Nun ist er bereits ein halbes Jahr bei uns. Er hat sich eingelebt. Ein prima Kerl ist er geworden! Bei jedem Streich dabei! In der Pause stehen wir alle um ihn herum, und er muß wieder eine seiner spannenden Geschichten erzählen. Nach dem Unterricht stehen wir alle beisammen und beraten, was wir am Nachmittag tun. Er ist der Mittelpunkt der Klasse, – außerhalb der Schule. Im Unterricht ist er derselbe geblieben, ruhig. Er ist nicht besonders gut. Doch sobald es läutet, ist er der „Chef". Niemand kann es sich mehr ohne ihn denken.[1] „Was machen wir heut?" ist die erste Frage nach dem Glockenzeichen. Und jeden Tag weiß er etwas Neues. Und in der Pause erzählt er von seinen Streichen in Rosenheim, wo er vorher gewohnt hat. Bei ihm wird es niemals langweilig. Doch sagt er nie etwas von seinen Eltern und seinem Zuhause. Keiner ist je bei ihm daheim gewesen, da wir uns immer vor der Schule treffen. Doch eines Tages kommt er nicht mehr in die Schule. Nach einiger Zeit erfährt man, daß er weggezogen sei. Niemand sieht ihn von da an mehr, und keiner weiß, was aus ihm geworden ist.
– Es war eine schöne Zeit mit ihm.

---

1. Dieser Satz ist sprachlich nicht korrekt. Der Schreiber meint vermutlich, daß sich niemand mehr die Klasse ohne den Neuen vorstellen könne.

Planskizze

1. Der Neue, mein erster Eindruck.
2. Seine Erscheinung, Äußeres.
3. Unser „Chef". Er zeigt seine wahren Eigenschaften.

Bemerkung

Dieser Aufsatz charakterisiert den neuen Mitschüler abschließend, in der Rückschau auf die gemeinsamen Jahre in der Volksschule. Der „Neue" wird vom ersten Eindruck am ersten Tag bis zu seinem Ausscheiden charakterisiert.

Aufgabe

Vergleiche die beiden Aufsätze zum gleichen Thema, arbeite die Unterschiede heraus und versuche, einen deiner Mitschüler auf diese oder ähnliche Weise zu charakterisieren!

Mein erster Freund

Es war beim Schlittschuhlaufen. Ich glitt mit langsamen Schritten über das blanke Eis. An diesem kalten Wintertag gingen nur wenige Leute auf das Eis, darum fiel mir auch sofort der Junge auf, der wie ich seine Kreise zog. Er war verhältnismäßig groß, einen Kopf größer als ich. Einige blonde Locken schauten auf der Stirn vorwitzig unter der bunten, wollenen Zipfelmütze hervor. Im Vorbeifahren sah ich seine blauen Augen, die Wangen und die Nasenspitze waren etwas gerötet vor Kälte, aber er hatte etwas Freudiges, Lustiges in seinem Gesichtsausdruck, so daß er mir sofort gefiel. Sein kurzer, dunkler Anorak, in dem immer eine seiner Hände steckte, weil er keine Handschuhe zu haben schien, konnte den Pullover nicht ganz überdecken, so daß man zwischen Anorak und Keilhose einen roten Saum sah. Seine Beine steckten in hohen, schwarzen Schlittschuhen[1], deren Kufen bei jedem Schritt und jeder Drehung in der strahlenden Wintersonne gleißten.[2]
Als wir am Nachmittag müde waren und heimgehen wollten, ergab sich eine gute Gelegenheit, den Jungen anzusprechen. Er wollte seine Schlittschuhe ausziehen, konnte aber mit seinen klammen Fingern den Knoten nicht aufbringen. Ich fragte, ob ich ihm helfen könne. Bald waren wir gehbereit, und ich begleitete ihn, denn wir hatten denselben Weg.

Wir unterhielten uns; ich fragte ihn, wo er wohne, und ich hörte zu meiner Freude, daß er ganz in meiner Nähe wohnte. Sein Vater war schon früh gestorben, und seine Mutter mußte den ganzen Tag hart arbeiten, darum hatte sie ihn in ein Internat gegeben. Sie versprach[3] ihm aber, daß er an seinem zwölften Geburtstag nach Hause kommen und bei ihr bleiben dürfe, und er war erst seit zwei Wochen daheim. Ich merkte, daß er nicht gern von seinem Zuhause sprach, und ich fragte ihn später auch nicht mehr danach.
Nach einer halben Stunde waren wir in unserer Straße angelangt. Ich stimmte erfreut zu, als er mich zu sich einlud; wir könnten uns bei ihm aufwärmen und etwas zusammen spielen. Er wohnte in einem großen, alten Haus mit einem Holzzaun außenherum und einem Treppchen vor dem Eingang. Er forderte mich gleich auf, den Anorak auszuziehen, und wir gingen in sein Zimmer. Es war sehr groß, doppelt so groß wie meines. An den Wänden hingen bunte Zeichnungen. Er habe sie selbst gemalt, erzählte er stolz, und ich mußte bestätigen, daß er wirklich gut zeichnen könne. Kurz bevor ich ging, kam seine Mutter nach Hause. Sie war freundlich und nett und sagte, ich könne ruhig öfter kommen und sie sei froh, daß ihr Junge endlich einen Freund gefunden habe, mit dem er öfter beisammen sein könne. Dann verabschiedete ich mich und fragte, ob ich ihn morgen früh zur Schule abholen solle. Er stimmte sofort zu. Ich merkte, daß er mir lange nachschaute, bis mich sein Blick nicht mehr erreichen konnte.
So fand ich meinen ersten Freund, und auch heute, nach etlichen Jahren, sind wir noch gute Freunde. Der Schein, daß er ein netter Junge sei, hat mich damals nicht getrogen.[4]

---

1. Zwei Begriffsverwechslungen in einem Satz. Es muß heißen: Seine Füße steckten in schwarzen Schlittschuhstiefeln . . .
2. Das Wort wirkt veraltet.
3. Falsche Zeitstufe! Die „Vorvergangenheit“ muß heißen „hatte ihm versprochen“.
4. Dieser Ausdruck ist abgeleitet von dem Sprichwort „Der Schein trügt“. Die Perfektform „Der Schein hat getrogen“ ist ungebräuchlich, das Wort „mich“ gehört nicht mehr dazu.

Planskizze

1. Wie ich meinen Freund zum erstenmal sehe.
2. Eine gute Gelegenheit, ihn anzusprechen.
3. Ich lerne meinen Freund näher kennen.
4. Bei ihm zu Hause.
5. Wir sind auch jetzt noch Freunde.

Bemerkung

Hier wird ein Freund charakterisiert und zugleich ein Abriß der Jugendgeschichte des Verfassers geboten. Es ist viel Erzählung in dieser Charakteristik, aber auch in der Erzählung wird charakterisiert.

Ein Freund

Ich sah ihn das erste Mal im Kindergarten; aber ich hatte die ganzen Jahre hindurch keinerlei Kontakt mit ihm, da der Kindergarten in drei Gruppen aufgeteilt war und ich in der A- und er in der C-Gruppe war. Unsere Großmütter, die uns abholten, unterhielten sich oft; wir standen dabei und nahmen keinerlei Notiz voneinander.
Am erste Schultag sah ich ihn in meiner Klasse, und wieder beachteten wir uns nicht. Erst eine Woche später, als sich unsere Großmütter auf dem täglichen Schulweg von uns trafen, begrüßten wir uns das erste Mal. Unsere Großmütter kamen nun, da er gleich in der nächsten Querstraße wohnte, überein, daß einer von uns beiden abgeholt werden würde und mit der Großmutter des anderen zur Schule gehen würde; so konnte sich eine Großmutter den Weg sparen.
Er hieß Klaus und wurde aus Wohnungsmangel seiner Eltern[1] bei den Großeltern aufgezogen. Er[2] war schwarzhaarig und rassig wie ein Italiener, er war schlank, sportlich und beim Klettern schnell wie ein Affe. Ich war damals das Gegenteil: klein, dick und plump, aber das machte ihm nichts aus, da ich trotzdem bei all seinen Streichen mitmachte oder auch selbst einige gute Einfälle hatte. Außerdem war ich sehr kräftig und konnte meine Plumpheit durch Kraft einigermaßen ausmerzen. Wir beide waren ein Paar, an das sich keiner feindlich gesinnt herantraute.
Aber wie bei so vielen Freundschaften gab es auch hier ein Hindernis. Meine Eltern verboten mir[3], mit ihm zu gehen, da ich mich nach der Schule oft noch lange mit ihm herumgetrieben habe. Aber mir war das egal, wir trafen uns nun heimlich, das heißt, ich ging zu ihm, da seine Großeltern nichts gegen unser Zusammensein hatten. Und dann drehten wir jedesmal voll auf! Wir polterten durch die Kellerwohnung, schossen mit Pfeil und Bogen oder stellten uns die dunklen Kellerecken als Unterschlupf böser Geister vor und machten uns gegenseitig Angst, bis wir in panischem Schrecken davonliefen, um fünf Minuten später wieder vorzudringen. Meine Eltern, die natürlich schon lange Verdacht

geschöpft hatten, ertappten mich einmal bei einem meiner Ausflüge, und ich wurde von meinem Vater das einzige Mal in meinem Leben mit dem Stock verhauen. Aber das nützte alles nichts, ich ging doch wieder hin. Als meine Eltern eine neue Wohnung hatten, sah ich ihn nur noch in den Ferien, aber das fast jeden Tag. Dann kam ich aufs Gymnasium und mußte, da ich nicht mehr im Hort war und meine Mutter ganztags arbeitete, zu meiner Oma fahren. Nun sahen wir uns wieder oft. Ich vernachlässigte meine Aufgaben, und meine Großmutter wußte nun auch bald, daß ich zu ihm ging, aber sie schwieg. Klaus und ich gingen oft in die Stadt und klauten uns, was uns gefiel; aber die Beute bekam immer er, da ich mich damit nicht sehen lassen konnte. Ich fiel schließlich durch und wäre bald ganz abgesackt, wenn er nicht hätte arbeiten müssen. Aber seit er berufstätig ist, haben wir uns nicht mehr gesehen.
Erst heute kann ich meine Eltern verstehen, doch ich konnte es nie glauben, daß er ein Taugenichts war. Zur Zeit ist er in einem Erziehungsheim. Wenn man sich die ganzen Geschehnisse überlegt, weiß man genau, welchen Charakter er hatte.

---

1. Schlechter Ausdruck! Hatten die Eltern eine zu kleine Wohnung oder keine Wohnung. Unter „Wohnungsmangel seiner Eltern“ kann man sich nichts vorstellen.
2. Nach Möglichkeit nicht zwei aufeinanderfolgende Sätze mit dem gleichen Wort beginnen!
3. Fehler in der Zeitstufe! Vermutlich soll es heißen: „Meine Eltern hatten mir verboten ...“.

Planskizze:

1. Ich sehe ihn das erste Mal im Kindergarten.
2. Unsere erste Begegnung in der Schule.
3. Beginn und Blütezeit unserer Freundschaft.
4. Die ersten Schatten und dann der sichere Abstieg von uns beiden.
5. Schlußbemerkung und Zusammenfassung der Geschehnisse.

Bemerkung

Die Beschreibung bzw. Charakterisierung eines Menschen, der noch lebt, wird im allgemeinen im Präsens geschrieben. Hier wird uns ein Freund vorgestellt, der aus dem jetzigen Gesichtskreis des Schreibers verschwunden ist, es werden die verschiedenen Abschnitte der Freundschaft erzählt und dabei der Freund charakterisiert.
Die Planskizze zeigt den Aufbau dieser Erzählung zum Charakter eines Freundes.

Der Manager

Die Sekretärin läßt mich durch den schmalen Türspalt in das geräumige Zimmer schlüpfen, um sie dann sogleich wieder hinter mir mit einem kaum hörbaren Geräusch zu schließen. Unschlüssig und mit einigen Hemmungen betrete ich den Raum. Mit einem Räuspern versuche ich den Herrn, der einige Schritte von mir entfernt hinter einem Schreibtisch sitzt, an den gleißenden Sonnenstrahlen, die durch die überdurchschnittlich großen Fenster ins Zimmer fallen[1], auf meine Anwesenheit aufmerksam zu machen. Doch ohne überhaupt aufzublicken, macht mir dieser Herr, der stellvertretender Direktor[2] der Firma ist und bei dem ich mich wegen einer Ferienarbeit vorstellen soll, mit einer lässigen, aber unmißverständlichen Handbewegung klar, daß er im Augenblick keine Zeit habe und daß ich mich setzen solle. So nehme ich ein wenig eingeschüchtert neben der Fensterfront Platz und habe nun Gelegenheit, mir diesen Herrn zu betrachten.

Er dürfte etwa ein Mittvierziger sein, ist ein wenig untersetzt, von kleinem Wuchs und nennt nur noch einen Restposten schütteren Haares sein eigen, das jedoch einen frischen Glanz besitzt und korrekt nach hinten gekämmt ist.[3] Hinter einer dicken Hornbrille verbergen sich unruhige, stets wandernde Augen, deren weiße Augäpfel einen rötlichen Schimmer aufweisen.[4] Er trägt einen tadellos sitzenden, unauffälligen Anzug, darunter ein blütenweißes Hemd, das jeder Reklame für unübertreffliche Waschmittel Ehre gemacht hätte, und dazu eine einfache, geschmackvolle Krawatte. Seine Haltung gleicht in gewisser Weise der eines angriffslustigen Tigers.[5] Mit angezogenen und angespannten Beinen, nur die Fußballen auf den Fußboden gesetzt, hat es den Anschein, als wolle er jeden Moment aufspringen, um etwas zu tun, noch mehr zu tun, als er ohnehin schon tut. Während er mit der einen Hand ein Telefon bedient, spielten[6] die kurzen, beringten Finger der anderen Hand nervös mit einem Bleistift, mit dem er ab und zu etwas auf einem Notizblock festhält. Ein zweiter Telefonhörer liegt, mit der Muschel zur Tischplatte gerichtet, auf einem der vielen Stapel Papiere und Akten, die seinen Schreibtisch in ein unübersehbares Meer[7] von Schreibkram verwandeln. Zum ersten Mal wird mir jetzt bewußt, daß dieser Mann vor mir überhaupt spricht. Seine Stimme ist angenehm, beschwichtigend und zugleich bestechend. Sie ähnelt dem monotonen Klingen von Tönen in mittleren Tonlagen ohne erhebliche Hebungen und Senkungen. Seine Aussprache ist deutlich, jedoch übernatürlich[8] schnell.

Seine pausenlose Tätigkeit, seine Haltung, seine Nervosität und nicht zuletzt seine überanstrengten Augen sprechen eindeutig dafür, daß er ein ruheloser

Mensch ist, ein Arbeitstier. Vielleicht hat er schon in jungen Jahren das Wort Feierabend aus seinem Wortschatz gestrichen. Für ihn gibt es, so läßt es sich vermuten, nur die Arbeit. Er sieht den Sinn des Lebens sicherlich nur in unausgesetzter Beschäftigung. Daraus ergibt sich aus dem Zeitmangel und aus dem Umgang mit Menschen nur auf geschäftlicher Basis[9], ein schlechtes, unpersönliches Verhältnis zu Mitmenschen. Das zeigt sich wiederum an dem großen Respekt, der wohl aus dem Gefühl der Unnahbarkeit entspringt, den ihm seine Sekretärin entgegenbringt.[10] Ist er für seine Familie seiner Gereiztheit und Unpersönlichkeit wegen wahrscheinlich ein Tyrann.[11] Vielleicht ist er in gewisser Beziehung sogar ein Menschenverächter, der den Wert der Dinge wesentlich überschätzt, und der sich gewiß[12] nicht der Sympathien seiner Mitmenschen erfreut. Er trägt den Leistungsdrang in höchster Vollendung[13] in sich, der ihn zu dauernder steigernder[13] Tätigkeit antreibt, und da er ja doch keine fehlerlose Maschine ist, bringt das eine gewisse Unzufriedenheit mit sich, die sich im Umgang mit unerwünschten, störenden Menschen entlädt. Doch trotz des enormen Arbeitstempos legt er großen Wert auf peinliche Genauigkeit, was seine Ausprägung[14] in seiner Kleidung, seiner Aussprache und in der Erfüllung seiner Arbeit findet. In der kleinen abgeschlossenen Welt, die er sich geschaffen hat[15], mangelt es auch an Bequemlichkeit nicht, was wiederum zeigt, daß er sich völlig auf sein Leben im Büro eingestellt und beinahe beschränkt hat. Vielleicht ist auch daher[16] sein Tatendrang zu verstehen, da er die Arbeiten seines niederer gestellten Arbeitspartners[17] für ungenügend erachtet und so selbst[18] erledigt, gegen jene[19] aber abweisend und gereizt ist. Im Gespräch mit geschäftlich wichtigen Geschäftsleuten[20] täuscht er jedoch, wie dieses Telefongespräch, das er gerade führt, beweist, einen nie geahnten Witz und Freundlichkeit vor. Er versteht es meisterhaft, Geschäftspartner einzuwickeln, ihnen etwas vorzutäuschen, kurz und gut, er beherrscht alle Tricks geschäftlicher Diplomatie, um mit ihnen günstige Geschäfte abzuschließen, wobei ihm nicht zuletzt der Wohlklang seiner Stimme zugute kommt. Bei ihm ist also, wie so oft, ein gewaltiger Unterschied zwischen Sein und Schein. Man könnte ihn einen Wolf im Schafspelz nennen, der ab und zu seine Verkleidung wegwirft und sein wahres Gesicht zeigt.

Da endlich, als[21] er den Hörer des Telefons auf die Gabel legt, fordert er mich, wieder ohne aufzublicken, mit einer ähnlichen[22] Geste auf, näherzutreten. Ich mache zögernd, doch gefaßt, die kleinen Schritte vorwärts.

---

1. Dieses Satzgefüge ist kaum mehr aufzunehmen und zu erfassen.
2. Hier wird eine wichtige Aussage in einem Gliedsatz gemacht, als wäre sie nebensächlich.
3. Auch hier ist fast zuviel in einem Satz untergebracht.

4. Schwacher Ausdruck!
5. Diese Feststellung kommt etwas unvermittelt und unerwartet nach der Beschreibung seiner Krawatte.
6. Fehler in der Zeitstufe! Präsens!
7. Im Ausdruck sehr übertrieben! Ein Schreibtisch kann durch Akten nicht in ein „unabsehbares Meer“ verwandelt werden.
8. Wahrscheinlich ist gemeint: „unnatürlich schnell“.
9. Dieser Satz ist nicht übersichtlich aufgebaut.
10. Ein verworrenes Satzgebilde!
11. Durch die Nachstellung der Präposition „wegen“ wird der Satz schwer verständlich.
12. Der Satz beginnt mit „vielleicht“ und folgert daraus eine Gewißheit („der sich gewiß nicht der Sympathien erfreut“).
13. Übertriebene Ausdrucksweise: „Leistungsdrang in höchster Vollendung in sich tragen“ – „zu dauernder steigernder Tätigkeit“.
14. Im Ausdruck recht schwach!
15. Anscheinend ist mit dieser Formulierung das Büro gemeint, und dann ist der Ausdruck unpassend.
16. Der Satzbau stimmt nicht („. . . daher da . . .“)
17. Was meint der Schreiber mit diesem Ausdruck?
18. Vermutlich ist hier „so“ im Sinne von „deshalb“ gemeint.
19. Hier findet der Leser nicht mehr durch.
20. „Wichtige Geschäftsleute“ wäre der bessere Ausdruck.
21. Vielleicht ist gemeint: „. . . während er . . .“
22. Die Beziehung des Wortes „ähnlich“ ist unklar.

Bemerkung

Der Aufsatz beschreibt eine Situation im Direktionszimmer eines Managers und charakterisiert dabei den Mann. Ob diese Person wirklich der Typ des Managers ist, sei dahingestellt. Vermutlich haben viele Leser eine andere Vorstellung. Sprachlich weist die Arbeit viele Mängel auf, wie die Anmerkungen zeigen.

Der Gammler

„He, haben Sie nicht ein paar Groschen für mich?“ Mit einem Strohhalm im Mund und mit den Händen in den Taschen steht er in einer Toreinfahrt. Der angesprochene Passant meint, er solle doch arbeiten, und geht weiter. „Dann eben nicht“, murmelt der Gammler vor sich hin, während er den Strohhalm ausspuckt. Sein Aussehen läßt mehr als zu wünschen übrig. Die braunen Haare, die ihm bis zu den Schultern herabhängen, sind ungepflegt und unhygienisch. Der Blick verrät einen LSD-Süchtigen, und nach dem Gesicht kann man schließen[1], daß es sich um einen etwa 18jährigen Jugendlichen handelt. Die Hose, insofern man sie noch als solche bezeichnen kann[2], ist zerrissen und völlig verknittert. Über dem mit Blümchen bestickten Hemd trägt er eine knallrote Krawatte und ein abgetragenes, graues Jackett. An ihm[3] ist eine große Plakette mit „I like the Beatles" angesteckt. Die Schuhe sind verschmutzt und die Absätze schief gelaufen. Nun zieht er einen Zigarettenstummel heraus und steckt ihn in den Mundwinkel. „Schauen Sie sich doch einmal diesen Typ an, Frau Meier, solche Leute sollte man doch in ein Arbeitslager stecken", sagte[4] eine Frau zu einer anderen, während sie vorbeigehen. Wütend spuckt er ihnen den Stummel vor die Füße und sagt, während ihm einige Haarsträhnen ins Gesicht fallen: „Sie sind ja selber eine alte Schachtel." Wortlos schiebt er sich aus der Einfahrt und schlendert träge über die Straße, wobei man seinen krummen Gang bemerkt. Zwei ältere Herren, die ihre Aufmerksamkeit auf den Gammler richten, stellen fest, was man mit ihm in ihrer Jugend gemacht hätte. Er kümmert sich jedoch nicht darum, sondern spaziert in den Park und setzt sich auf eine Bank. Dort stiert er auf den Boden und schiebt sich langsam einen neuen Stummel in den Mund. Zu guter Letzt legt er sich auch noch auf die Bank und träumt vor sich hin. Ans Arbeiten denkt er überhaupt nicht, denn er meint, man könne sein Leben auch mit Nichtstun verbringen. Jetzt treten auch noch zwei andere Gammler zu ihm, und gemeinsam streunen sie tiefer in den Park hinein.

---

1. Im Ausdruck recht schwach: „die Haare sind unhygienisch" – „nach dem Gesicht kann man schließen". Daß der Blick den LSD-Süchtigen verrät, ist unglaubwürdig. Man kann vielleicht vermuten, daß er rauschgiftsüchtig ist.
2. Dieser Gliedsatz ist unnötig und nichtssagend.
3. Schwacher Ausdruck.
4. Zeitwechsel! Die Beschreibung ist im Präsens geschrieben.

Bemerkung

Die Arbeit ist sprachlich im ganzen gelungen, aber die Charakterisierung bleibt auf das Äußere beschränkt. Es werden nur wenige Wesenszüge angedeutet.

Der Bastler

Der hochaufgeschossene blonde Müller lehnt über dem Arbeitstisch in seiner kleinen Werkstatt. Seine sonst etwas milchigen Backen sind jetzt etwas[1] gerötet. Die Stirn ist in Falten gelegt[2], und die gespannten Gesichtsmuskeln geben seinem jungenhaften Gesicht, trotz seiner Stupsnase, einen entschlossenen Ausdruck. Jede Bewegung der feinnervigen Hände ist[3] genau und mit voller Konzentration ausgeführt. Das letzte entscheidende Stück der Flugsteueranlage muß noch in den Rumpf des Modellflugzeuges eingesetzt werden! Er hat mein Eintreten in sein kleines Königreich durch[4] seinen Eifer gar nicht bemerkt. Der ölbespritzte Arbeitsanzug ist schon zu kurz für diesen schnell gewachsenen Jungen von 23 Jahren.[5] Er ist gerade fertig und dreht sich um, um ins Freie zu gehen und sein heißgeliebtes[6] Modellflugzeug zum erstenmal zu starten. Der sonst so ruhige, beherrschte Bankbeamte mit dem undurchsichtigen[7], geschäftsmäßigen Lächeln, ist nicht mehr der Mensch, der hinter dem Schalter steht. Er stellt den Flugapparat vorsichtig auf die weite Rasenfläche und wendet sich um. In seinen blauen Augen steht der ganze Besitzerstolz. Mit mütterlicher[8] Behutsamkeit setzt er den kleinen Motor in Gang und startet. Als sich der kleine Brummer in die Luft erhebt, spielt ein feines Lächeln um die Lippen des Bastlers.
Er ist frei vom Druck des Arbeitstages. Seine ruhigen, ausgeglichenen Handbewegungen am Fernsteuergerät spiegeln seine innere Ausgeglichenheit. Das harmlose Spiel zeigt die Einfachheit[9] dieses Menschen, der zufrieden ist und mit Stolz auf das helle Singen[10] horcht. Er genießt wortlos. Ein Minderwertigkeitsgefühl kennt er nicht, denn sein Hobby beweist ihm jeden Tag aufs neue mehr als sein Beruf.[11] Das handwerkliche Geschick seiner Hände.[12] Trotzdem ist ihm seine Selbstkritik erhalten geblieben und spornt ihn an, sich zu steigern. Er hat sich wahrscheinlich unbewußt selbst so zu immer größerer Genauigkeit erzogen. Er ist ein reifer Mensch mit einem gesunden Urteilsvermögen geworden.[13]
Er braucht seine Meinung an keine andere anzulehnen, denn er ist Individualist geworden und hat sich von den Dutzendmenschen abgesetzt.[14]

---

1. Die Wiederholung des Wortes „etwas" wirkt störend.
2. Besser: „mit gefurchter Stirn . . ."
3. „Jede Bewegung . . . wird . . . ausgeführt."
4. „in seinem Eifer"
5. Dieser Ausdruck wirkt komisch.
6. Übertriebener Ausdruck!
7. Übertriebener Ausdruck!
8. Unpassender Ausdruck!

9. Diese Schlußfolgerung dürfte falsch sein.
10. Die beiden Angaben im Gliedsatz passen nicht zusammen.
11. Übertriebene Schlußfolgerung!
12. Dieser Ausdruck müßte mit dem vorhergehenden Satz in Verbindung stehen (Komma statt Punkt!), sonst wird der Sinn des ersten Satzes nicht klar.
13. Diese Feststellungen wirken als Schlußfolgerungen des ersten Kapitels, sollen es aber nicht sein.
14. Dieser Schlußsatz soll eine Zusammenfassung sein, ist es aber nur im zweiten Teil.

Bemerkung

Das Thema zeigt, daß ein Typus dargestellt werden soll, nicht der Bastler Müller oder „ein Bastler", sondern „der Bastler". In diesem Sinne ist die Arbeit mit dem Thema nicht ganz identisch. Die sprachliche Gestaltung weist viele Mängel auf. Der erste Teil des Aufsatzes schreibt über die Beobachtung, der zweite Teil über die Eigenschaften des Bastlers. Dieser Aufbau ist nicht ganz gelungen.

Der Nörgler

Eigentlich liegt in jedem von uns der Drang, sich nicht mit den Dingen zufriedenzugeben, so wie sie gerade sind. Aber es gibt Menschen, die an allem etwas auszusetzen haben. Sie kritisieren auch nicht, um es dann besser zu machen, sondern nur um des Kritisierens willen. Solch ein Nörgler ist mir einmal in einem Gasthaus begegnet.
Er kam auf mich zu[1], und setzte sich an einen Tisch neben dem meinen, so daß ich ihn näher betrachten konnte. Er mochte im besten Mannesalter sein, hatte aber das Gesicht eines griesgrämigen Alten; von tiefen Falten geprägt, mit eingefallenen Wagen. Der schmallippige Mund machte nicht den Eindruck, daß es[2] sich oft zu einem Lachen verzog. Mit flinken grauen Augen musterte der Mann die Wirtsstube und die Gäste. Als die Kellnerin an diesen Tisch kam, bestellte er sich ein Glas Bier[3], und fragte sie, ob es hier vielleicht eine Zeitung zum Lesen gäbe. Er sprach in kurzen, abgehackten Sätzen, und seine Stimme hatte einen rauhen, unfreundlichen Ton. Höflich machte ihn die Bedienung darauf aufmerksam, daß neben ihm auf der Bank eine Zeitung liege. Darauf erklärte er unwirsch, daß diese ja ihm gehöre, und außerdem hätte er auch mehr[4] eine Illustrierte gemeint. Sie brachte ihm einige Zeitschriften, aber er war noch nicht zufrieden. Mit einem kurzen Blick über die Brillenränder hinweg meinte er, der „Stern" wäre wohl zufällig nicht da? Nach einigem Suchen lag das Gewünschte auf seinem Tisch[5] und auch sein Bier kam. Jetzt hätte er eigentlich

zufrieden sein können, aber er fand noch einen Grund, um zu nörgeln. Als das Glas noch gar nicht auf seinem Tisch stand, bemerkte er: „Da hat's dem Schenkkellner wieder das Maß verzogen!" Nach dem ersten Schluck brummte er vor sich in: „Eiskalt ist es auch noch! Außerdem habe ich Helles bestellt, und das ist Weißbier!" Als sich die Kellnerin deswegen entschuldigte, entgegnete er nur, das komme davon, daß sie nicht richtig aufpasse.[6]
An Gelegenheiten scheint es einem Nörgler nie zu fehlen, und wenn ihm andere nicht dazu verhelfen, versucht er eben selbst, sich eine zu schaffen. Das habe ich an dem Vorfall mit den Illustrierten gesehen.[7] Aber ist sich so ein Mensch dessen überhaupt bewußt? Es ist ihm längst zur Gewohnheit geworden, seine Umwelt ständig zu bekritteln. Der Grund für sein Verhalten liegt vielleicht bei einem eigenen Fehler[8], den er erkannt hat. Er versucht ihn auszugleichen[9], indem er sich fortwährend vor Augen hält, daß an den anderen Leuten noch viel mehr auszusetzen ist. Dabei ist er sich nicht darüber klar, daß er damit etwas ganz anderes erreicht: anstatt einen Fehler loszuwerden, nimmt er noch eine schlechte Gewohnheit an.[10] Die Nörgelei macht ihn zu einem einsamen, verbitterten Menschen, der an nichts mehr Freude findet.

---

1. In diesem Satz wird vor „und" kein Komma gesetzt, weil kein neuer Satz folgt, sondern nur ein zweites Prädikat.
2. Beziehung des Fürworts ist nicht gegeben. Gemeint ist das Gesicht.
3. Wieder ein Kommafehler wie bei Anmerkung 1)!
4. Das Wort ist überflüssig.
5. Hier steht vor „und" ein Komma, weil ein neuer Satz beginnt.
6. Diese Reklamation erscheint berechtigt und hat wohl nichts mit Nörgelei zu tun.
7. Im Ausdruck recht schwach!
8. Nicht verständlich, was der Schreiber meint.
9. Kann man einen Fehler „ausgleichen"?
10. Diese Erörterungen sind sprachlich unzulänglich.

Bemerkung

Die grundsätzlichen Erwägungen in der Einleitung und im Schluß sind inhaltlich sehr gut, sprachlich aber nicht immer treffend genug. Die Beobachtungen charakterisieren den Typ des Nörglers ganz gut. Die Ähnlichkeit mit dem Inhalt einer Fernsehsendung fällt auf.

Ein Mensch, der mir leid tut

Jeden Tag sehe ich einen kleinen, bebrillten Menschen mit einer riesigen Aktentasche unter dem Arm durch unsere Straße gehen.
Sein viel zu großer Hut sitzt ihm äußerst tief im Gesicht. Seine Züge sind häßlich verzerrt; er schielt etwas. Ein langer Mantel hüllt ihn bis über die Knie ein. Seine Beine stecken in dunklen Hosen. Er benötigt, da er verkrüppelte Füße hat, speziell angefertigte, hoch heraufgeschnürte Schuhe. Meistens schleppt er auch einen großen Regenschirm mit sich.
Wenn man diesen Mann so dahinhumpeln sieht, so tut er einem wirklich leid.[1] Er schleudert seine Beine wechselseitig vor. Dadurch entsteht ein watschelnder, schwankender, fast lächerlich wirkender Gang.
Solange ich mich zurückerinnern kann, lebt dieser Mann schon ein paar Straßen weiter in einer Mietswohnung. Er arbeitet bei einer Firma; seinen Aufgabenbereich innerhalb der Firma kenne ich nicht. Jedenfalls muß er in seiner Abteilung sehr beliebt sein, wie mir schon manche Personen, die ihn näher kennen, gesagt haben.[2]
Wenn man diesen Herrn sprechen hört, so wird man zwar keine schöne klangvolle Stimme hören[3], aber dennoch merken, daß seine körperliche Unscheinbarkeit und Häßlichkeit seinen Geist unberührt ließen.[4] Er versteht es, logisch zu denken und sich auszudrücken.[5] Auch hat er ein hervorragendes Gedächtnis.[6] Mir wurde erzählt, daß er die Geburtsdaten seiner Freunde, die er als Jugendlicher hatte, fast alle behalten hat.
Inwieweit das übertrieben ist, mag dahingestellt sein, eines jedoch geht daraus hervor, daß man diesen Menschen[7] nicht nach seinem Aussehen beurteilen darf.
Das Hobby dieses Mannes ist Politik, ein Hobby, das bestimmt einigen Geist voraussetzt. Auf fast jeder Parteiversammlung seiner Partei erscheint er. Über jedes politische Ereignis ist er aufs beste informiert. Er hat für seine Partei eine ungeheuere Begeisterungsfähigkeit: Fast bis Mitternacht sitzt er nach Wahlen vor dem Fernsehschirm oder Radio, um die Wahlergebnisse aus erster Hand zu erfahren.[8]
Nicht zuletzt hat dieser Mensch noch ein großes „Plus“: Er hat ein erstklassiges Benehmen![9]
An dieser natürlich subjektiven Beobachtung kann man sich, so hoffe ich wenigstens, ein einigermaßen klares Bild von der beschriebenen Person machen.[10]

1. Die Reihenfolge stimmt nicht! Das Ergebnis der Beobachtungen wird vorweggenommen.
2. Hier weicht der Verfasser vom Thema ab, denn diese Angaben sind keine Begründung dafür, daß ihm der Mensch leid tut.
3. Beziehung und Zeitstufe stimmen nicht.
4. Kann man das nur aus der Stimme erkennen?
5. Woher weiß der Verfasser das?
6. Zusammenhang fehlt!
7. Man darf auch andere Menschen nicht nach dem Aussehen beurteilen!
8. Dieser ganze Abschnitt paßt nicht zum Thema!
9. Tut er deshalb dem Verfasser so leid?
10. An diesem Schlußsatz wird deutlich, daß der Schreiber während der Arbeit das Thema gewechselt hat. Er schreibt nicht über einen Menschen, der ihm leid tut, sondern über einen Menschen, dem er täglich begegnet.

Planskizze

1. Ich sehe einen Menschen durch die Straße gehen.
2. Seine Gestalt, Kleidung und Gepäckstücke.
3. Beschreibung seines Ganges, Arbeitsbereich, Wohnung, Sprache.
4. Hobby des Menschen, Benehmen.

Bemerkung

Die Arbeit besticht anfänglich durch die themengerechten Ausführungen des ersten Teils, die allerdings nicht gut aufgebaut sind. Im zweiten Teil entfernt sich der Verfasser immer mehr vom Thema und bringt eine Reihe von Behauptungen, die nicht belegt sind. Wenn er den Mann nur vom Sehen kennt, kann er über die von ihm vorgebrachten Eigenschaften nichts wissen. Die Gedankenführung ist sprunghaft. Nicht einmal im Schluß wird der Bezug zum Thema wieder hergestellt. Die sprachliche Form ist brauchbar.

Ein Mensch, der mir leid tut

Zum erstenmal begegnete ich ihm auf dem Weg zur Straßenbahnhaltestelle. Er war kriegsversehrt. Auf den ersten Blick meinte ich, daß ihm nur das eine Bein fehle, aber – als wir dann zufällig nebeneinander in der Straßenbahn saßen und er mir sein Gesicht zuwandte, erschrak ich gewaltig. Aus dem auf Grund von Verbrennungen stark geröteten und mit vielen weißlichen Narben durchzogenen Gesicht starrte mich ein dunkelblaues Auge unverwandt an. War es das

rechte oder das linke, – ich weiß es nicht. Auf jeden Fall war es dunkler als das gesunde, aller Bewegungen beraubt, kalt und unpersönlich glänzend. Außerdem fehlten dem Mann die Haare, – nicht ganz, – aber – fast wie eine Schneise, die in den Wald geschlagen wurde – so zog sich ein weißliches „Dreieck" von der Stirne ausgehend bis zur Mitte der Schädeldecke hin. Und dieses „Dreieck" wurde von schwarzen Haaren umsäumt.[1] Der Mann trug einen einfarbigen, dunkelgrauen Mantel, unter dem eine etwas hellere graue Hose sichtbar wurde. Außerdem trug er ein weißes Hemd mit rotem Binder und einen makellos sauber geputzten schwarzen Halbschuh. Warum bloß einen? Man hatte ihm das Bein so weit oben abnehmen müssen, daß er unmöglich eine Prothese tragen konnte, wie er mir im Gespräch verriet.[2] So waren ein wesentlicher Teil seiner Person zwei schwarze Krücken, deren Lack an manchen Stellen schon abgesprungen war, ohne deren Hilfe er sich nicht fortbewegen konnte.
Gefühlskalte[3] oder auch nicht am Nächsten interessierte Menschen würden diesen Mann vielleicht als „häßlich" oder „abstoßend" bezeichnen. Ich jedoch kann für einen Mann, dem der Krieg so große „Wunden geschlagen hat", nur Mitleid empfinden. Ich habe diesen Mann zwar nur einmal gesehen und mich nur einmal mit ihm unterhalten, aber er hat, trotz des Mitleids, das ich für ihn empfunden habe, großen Eindruck[4] auf mich gemacht. Denn er meistert sein Leben genauso gut – vielleicht sogar noch besser – als mancher andere, der es körperlich nicht so schwer hat wie er selbst.

---

1. Hier könnte ein neuer Abschnitt beginnen!
2. Daß der Schreiber mit dem Versehrten gesprochen hat, kommt hier etwas unvermittelt und wirkt nicht recht glaubhaft.
3. Der Gedankengang führt weiter, deshalb erscheint ein neuer Abschnitt nicht notwendig zu sein.
4. Der Eindruck sollte erläutert werden!

Bemerkung

Ein eindrucksvolles Bild von einem Versehrten! Auch das über ihn „Gedachte" paßt zum Thema und ist vertretbar. Wortwahl und Form der Arbeit sind sehr gewandt. Eine gelungene Arbeit!

Ein Mensch, der mir leid tut

Es ist 11 Uhr. Die Besucher des Cafés sitzen dichtgedrängt um die kleinen runden Tische. Viele sind laut und schreien irgendwas quer durchs Lokal, andere sind ruhig, diskutieren, spielen Schach, unterhalten sich. Die Musikbox spielt etwas von Jimmy Hendrix, und einige Leute klopfen den Takt auf die Tischplatte, daß die Gläser springen. Sie klopfen so lange, bis die Gläser von der Kante des Tisches rutschen, und fangen sie dann im letzten Augenblick wieder auf. Es geht nicht immer gut. Dann zerspringt ein Glas auf dem Boden, und die Wirtin kommt, um es[1] zu kassieren. Es ist laut und rauchig, und die Kerzen machen goldenes Licht. Jeder hat irgend etwas zu tun. Ich höre auf zu reden und genieße die Atmosphäre, die verdammt dicht ist.

Plötzlich sehe ich Henry auf der Musikbox sitzen. Henry ist ein Krüppel, der nicht laufen kann und der seinen Oberkörper nur mit einem Stützkorsett aufrechthalten kann. Er ist vollkommen mit der Musik beschäftigt. Seine großen knochigen Hände trommeln den Takt auf die Glasplatte. Seinen großen Kopf, der ungefähr die Züge Toulouse-Lautrecs hat, schüttelt er im Takt, daß die langen schwarzen Haare herumfliegen. Sein Kinn mit dem dichten Spitzbart ist vorgeschoben[2], die großen wulstigen Lippen sind vorgeschoben.[2] Sein Gesicht verrät die Konzentration, den Willen zur Ekstase, die Entschlossenheit zu vergessen. Die Musik hört auf, und Henry richtet sich langsam auf; die Hände auf den Rand der Musikbox gestützt, schaut[3] er nun mit seinen großen braunen Augen in das Lokal. Er schaut[3] jedem ins Gesicht. Als er mich anschaut[3], muß ich mich zwingen, nicht wegzuschauen. Ich lächle und brülle irgendeinen Mist zu ihm hinüber. Er macht ein Zeichen, daß er eine Zigarette will. Ich stehe auf und bringe ihm eine. Da wird an meinem Tisch ein Platz frei. Henry hebt die Arme, und ich trage ihn auf den freien Stuhl. Er ist federleicht.

Am Tisch diskutiert man gerade über den Sinn von militanten Aktionen. Henry legt das Kinn auf die Tischplatte und diskutiert mit. Laut und knorrig tut er seine Meinung kund. Er ist sehr intelligent. Bei Diskussionen lebt er auf. Er ist endlich gleichberechtigt, und wenn er sich anlehnt, dann merkt man seine verbogene Gestalt nicht so. „Verdammt", denke ich mir, „bin ich froh, zufällig gesund und gerade zu sein!" Ich kenne seinen Tagesablauf ziemlich gut. Wenn die Lokale abends geschlossen haben, schnorrt er sich Geld und läßt sich mit einem Mini-Car nach Hause fahren. Er wohnt meist bei irgendwelchen „lieben" Leuten, die ihn für ein, zwei Monate aufnehmen. Es soll nicht leicht sein, mit ihm zusammenzuwohnen. Er hat große Angst, eines Tages allein gelassen zu werden. Deshalb klammert er sich an irgendeinen, den er so schnell nicht mehr

losläßt. Als er einmal drei Monate bei einem Studenten gewohnt hatte, stellte er Forderungen, die übertrieben waren. Er wollte jeden Tag gebadet werden, man mußte ihn weiß der Teufel[4] wohin fahren usw. Er tyrannisierte den Studenten derart, daß dieser praktisch keine Zeit mehr für etwas anderes hatte, als Henrys Kindermädchen zu spielen. Er brachte es auch nicht fertig, ihn einfach rauszuschmeißen, denn der moralische Druck war zu groß. Schließlich ging Henry von selbst.
Als ich ihn kennenlernte, befremdete mich das Verhalten seiner Umwelt. Sie waren für meine Begriffe sehr hart zu ihm, aber dann merkte ich, daß das gut war. Dadurch, daß er wie jeder andere behandelt wird, vergißt er leichter dieses Minderwertigkeitsgefühl. Ich habe seine Augen vor Freude leuchten sehen, als ihn einer anschrie. Er will kein Mitlied. Ich habe ihn auch noch nie über seine Lage reden hören; er verdrängt diese Probleme, da er sie nicht ändern kann.
Er ist auch in Augenblicken relativer Freude eine traurige Gestalt. Er kann laut lachen, aber seine Augen sind, auch wenn sie lachen, irgendwie groß und traurig. Mir wird plötzlich bewußt, wie eng das Elend an das Glück heranreicht. Auch ich könnte ja . . . Ich habe Glück. Aber was hilft es, darüber zu grübeln, denke ich mir. Das ist eben das Leben, damit muß man fertig werden.

---

1. Was wird kassiert?
2. Wiederholung!
3. Wiederholung!
4. Ausdruck!

Planskizze

1. Umwelt (Einleitung)
2. Henry (Aussehen)
3. Sein Verhalten
4. Schluß (meine Reaktion)

Bemerkung

Die Arbeit ist inhaltlich ausgezeichnet! Es ist anzunehmen, daß sog. Lesefrüchte verarbeitet wurden, aber das Ganze wirkt sehr geschlossen und ist eine sehr erfreuliche Gesamtleistung. (Schulaufgabe!) Die Einleitung ist relativ lang, gibt aber sehr geschickt den Hintergrund an, bevor die Hauptfigur eingeführt wird. Die Beobachtungen sind exakt und scharf, das persönliche „Betroffensein“ überzeugt den Leser. Wortwahl und Gedankenführung sind sicher. Nicht jeder Schüler findet ein so geeignetes „Objekt“ für ein solches Thema!

Im Band 7 der **MANZ AUFSATZ-BIBLIOTHEK „die Charakteristik“** findet Ihr:
die Personenbeschreibung,
die situative Personenbeschreibung (Menschenschilderung),
die Typenbeschreibung (Typenschilderung),
die sachliche Charakteristik,
die poetische Charakteristik,
die literarische Charakteristik.

Im MANZbuch 620 **„Meine Schulaufsätze“** (9./10. Jahrgangsstufe) sind enthalten:

Jurek Becker, Jakob der Lügner: Kowalski
Thomas Mann, Buddenbrooks: Herr Grünlich
Theodor Fontane, Frau Jenny Treibel (Ausschnitt)
Robert Louis Stevenson, Der seltsame Fall des Dr. Jekyll und Mr. Hyde

9. Schilderung und Stimmungsbild

Schilderung

Als Aufsatzform in der Erlebnissprache wird vor allem die Schilderung verlangt. Sie wird meist durch die erhöhten Anforderungen bei der Erlebniserzählung vorbereitet: Herausarbeiten der seelischen Vorgänge, Einbeziehen der Umwelt. Die Schilderung wird „als bewußte Gestaltung persönlicher Erlebnisse" oder als „erlebnismäßig bestimmter Eindruck von Räumen, Gebäuden, Straßen, Plätzen, Gärten usw." gefordert. Dann dehnt man die Schilderung auf „Naturereignisse und Landschaftsausschnitte" aus, später führt das Stimmungsbild die „stimmungshaltige Schilderung" fort. Die Übergänge von Erlebnisschilderung, Naturschilderung, stimmungshaltiger Schilderung und Stimmungsbild sind fließend und werden nicht immer einheitlich ausgelegt.
Die sprachliche Darstellung der Schilderung soll anschaulich, eindrucksvoll sein, persönliche Eindrücke und Gefühle wiedergeben. Der Stimmungsgehalt tritt in den Vordergrund, die Handlung tritt mehr in den Hintergrund. Der Beobachter muß die Wahrnehmungen auf sich wirken lassen.
Als *Schilderung von Räumen*, Gebäuden, Straßen, Plätzen, Gärten usw. soll der Schüler die Eindrücke wiedergeben, die er selbst hatte.

Erlebnisschilderung

Sie ist die bewußte Gestaltung persönlicher Erlebnisse.
In ihr wird nicht nur das äußere Geschehen erzählt – wie in der Erlebniserzählung –, sondern der Leser soll miterleben, was den Schreiber innerlich bewegt hat; er soll von den Gedanken, Hoffnungen, Befürchtungen mitgerissen werden, als wäre alles sein eigenes Erlebnis. Alle Eindrücke, die der Schreiber erhielt, will er dem Leser vermitteln, nachempfinden lassen, als wenn der Leser unmittelbar dabeisein könnte.
Wenn etwas *geschildert* wird, soll das Erlebnis gegenwärtig werden. Deshalb wird die Erlebnisschilderung in der *Zeitstufe der Gegenwart*, im *Präsens*, geschrieben.

Wenn etwas *erzählt* wird, ist das Erzählte vergangen. Deshalb wird die Erlebniserzählung in der *Zeitstufe der Vergangenheit*, im *Präteritum*, geschrieben.
Voraussetzung für eine gute *Erlebnisschilderung* ist ein echtes Erlebnis, das heißt, der Schreiber muß innerlich etwas erlebt haben, etwas gefühlt haben. Wenn diese Voraussetzung fehlt, wird die Arbeit eine Anhäufung von formelhaften Wendungen, von Schwulst, falschen Gefühlen und Sentimentalitäten enthalten. Manche Schüler meinen, daß eine Schilderung gut werde, wenn sie möglichst viele „schmückende" Beiwörter verwenden, wenn sie recht „blumig" schreiben. Dadurch wird der Schulaufsatz zum oft angeprangerten Kitsch.

Das **Stimmungsbild** ist eine Fortführung der stimmungshaltigen Schilderung. Es ist die künstlerische Form des Erlebnisstils und soll die Spiegelung eines einzigen Eindrucks von der uns umgebenden Welt sein. Geschautes, Gehörtes und Empfundenes fügen sich zu einer geschlossenen Stimmung in Bildern und Melodien.
Beim echten Stimmungsbild soll die Stimmung in uns und die Stimmung der Umwelt die gleiche sein. Das Stimmungsbild ist nicht die genaue Wiedergabe des Geschauten, sondern der Abglanz der Welt in der Seele des Schauenden. Diese Begegnung der äußeren mit der inneren Welt des Menschen schafft eine neue Welt im Stimmungsbild – eine künstlerische Aussage.
Die meisten Schüler liefern im besten Fall eine *Stimmungsskizze.* Wie beim Skizzieren mit dem Bleistift werden mit einigen Strichen Motive aufgenommen, etwas, was die Seele zum Klingen bringen kann. Bei den hohen Ansprüchen, die an das Stimmungsbild zu stellen sind, ist es ein Mißverstehen der Stilform, wenn manche Schüler das Stimmungsbild lieber schreiben als den Besinnungsaufsatz. Sie meinen, Gefühle seien leichter in Worte zu fassen als Gedanken.

a) Das Stimmungsbild ist eine künstlerische Aufsatzart, die nicht jedem Schüler zugänglich ist.
b) Es ist schwer für den Lehrer, in dieser Stilform ein passendes Thema für eine Schulaufgabe zu finden, da die Stimmung sich nicht zu einer bestimmten Stunde einstellt. Deshalb werden Stimmungsbilder meist als Hausaufgabe gestellt.
c) Die Gefahr, ins Sentimentale oder Pathetische zu geraten, ist groß. Wenn die echte Stimmung fehlt, werden allgemeine Vorstellungen als eigene Empfindungen ausgegeben.
d) Viele Schüler gleiten in den Kitsch ab, ohne es zu merken.

Es ist schwer, im Schreibstil des Jugendlichen Echtes vom Unechten zu unterscheiden, und es ist oft schwer, Eigenes vom Abgeschriebenen zu trennen. Die Deutschlehrer wissen, daß gerade bei Erlebnisschilderung und Stimmungsbild der eine Schüler echtes Erleben nur unbeholfen sprachlich zum Ausdruck bringen kann, während ein kleiner Sprachkünstler kaltschnäuzig und hohnlächelnd die „tiefsten Empfindungen", die er nie hatte, niederschreiben kann. Aber nicht die Gesinnung wird benotet, das sprachliche Können wird im Deutschunterricht bewertet.

Zwei Gebrauchsformen der Sprache

Beschreibung	Schilderung
Zweck:	
Einen *Gegenstand* so zu beschreiben, daß eine genaue Vorstellung entsteht.	*Gefühl* und *Erleben* so darzustellen, daß sie nachempfunden werden können.
Einen *Vorgang* (eine Tätigkeit) so zu beschreiben, daß der Vorgang nachvollzogen werden kann: Arbeitsanleitung, Gebrauchsanweisung, Bedienungsanleitung. Die Beschreibung dient der Information, fachlicher oder allgemeiner Art.	Die Schilderung ist Ausdruck inneren Erlebens, individueller Eindrücke und Erlebnisse.
Grundsätze:	
Die Beschreibung ist sachbestimmt. Das Dargestellte soll in der Wirklichkeit erkannt werden. Nach Zweck und Schwierigkeitsgrad (Bedienungsanleitung oder Konstruktionsbeschreibung) verschieden.	Die Schilderung ist erlebnisbetont, ausdrucks- und gefühlsstark. Die Wirklichkeit ist nur der Anlaß, die individuellen Empfindungen darzustellen.
Der technische, fachliche Wortschatz überwiegt.	Wortschatz wird aus anderen Bereichen übernommen und gesteigert. Vergleiche! Werbetexte sind Gebrauchstexte, die sich oft des Wortschatzes der Schilderung bedienen.
Sachsprache! Präsens!	Erlebnissprache! Präsens!

Die Erlebnisschilderung kann aus der Erinnerung an ein starkes Erleben auch im Schulzimmer zu einer bestimmten Stunde geschrieben werden. Anders ist es beim Stimmungsbild, das meist der häuslichen Arbeit in einem längeren Zeitraum zugewiesen wird. Manche Schüler verlassen sich dann weniger auf das eigene Erleben als auf fremdes Erleben, wie es in den Büchern der Dichter und Schriftsteller wiedergegeben ist. Die Beurteilung solcher Arbeiten ist oft schwer. Sicher jedoch ist, daß bei keinen Aufsatzformen so viel abgeschrieben wird wie bei der Schilderung und beim Stimmungsbild.

Im Hallenbad

Es ist ein ziemlich heißer Wochentag. Das Südbad hat Hochbetrieb. An der Kasse stehen die Menschen Schlange. Jeder hat irgendeine Tasche oder sonstige Gegenstände bei sich, die manche an der Garderobe abgeben. Stimmengewirr und einzelne laute Rufe hört man aus der Halle. Die Jungen stürmen die Treppe hinunter zum Umkleideraum. Auch die Erwachsenen suchen schnell, freudig auf[1] das kommende, erfrischende Bad, die einzelnen Kabinen auf. Bald schon erscheinen sie wieder, stellen sich kurz unter die Dusche und springen oder steigen dann ins Wasser. Das überfüllte Becken bietet kaum noch für jeden Platz. Viele schwimmen mit mehr oder weniger kräftigen und eleganten Stößen und Bewegungen umher. Beim Sprungbrett steht einer hinter dem anderen. Alle können es kaum erwarten und zittern schon vor Ungeduld. Wenn einer im Wasser verschwunden[2] ist, steht schon der nächste auf dem Brett. Über alles Geschehen wacht der Bademeister. Hie und da einmal ermahnt er einen Übereifrigen. Die Jungen tummeln sich im Wasser, tauchen und veranstalten regelrechte Wettkämpfe. Dabei kann man die verschiedensten „Schwimmstile“ sehen. Etliche[3] sitzen mit übergehängten Handtüchern auf den Marmorplatten und wärmen sich an der Heizung. Im gegenüberliegenden Becken für die Kleineren versuchen[4] die Kinder unter Aufsicht der Mütter die ersten Schwimmversuche. Ängstlich stehen manche auf den Treppen mit den Händen am Geländer und tasten sich Schritt für Schritt in das Wasser. Fröhlich plätschern sie auch im seichten Wasser. Für andere dagegen ist die Zeit um, und sie gehen[5] frierend wieder in die Umkleideräume. Nach einiger Zeit erscheinen sie wieder, mit nassen Haaren, gehen [5] an der Kasse vorbei und machen sich auf den Heimweg.

1. Schlechter Ausdruck, ungebräuchlich! Dafür: „... suchen ... die ... Kabinen auf und freuen sich ...“!
2. Dafür: „... im Wasser untergetaucht ist ...“!
3. Unklare Beziehung! Etliche Schwimmstile oder etliche Jungen?
4. Dafür: „... machen, unternehmen ...“!
5. Wiederholungen im Ausdruck vermeiden!

Bemerkung

Die Arbeit stellt einen Übergang von der Erlebniserzählung zur Schilderung dar. Zwar tritt in diesem Aufsatz die fortlaufende Handlung in den Hintergrund, aber dem Schüler gelingt es noch nicht, Eindrücke darzustellen, die Beobachtungen in Stimmung umzusetzen, indem er sie auf sich wirken läßt und darstellt, welchen Eindruck diese Beobachtungen, dieses Geschehen auf ihn machen. Er reiht Beobachtung an Beobachtung, ohne sie zu einzelnen Bildern zusammenzuordnen, die durch eine einheitliche Grundstimmung miteinander verbunden sind.

Beim Schwimmen

Am letzten Samstag ging ich ins nahegelegene Hallenbad. Die warme Dusche machte den Körper wohlig warm. In der Nähe des Schwimmbeckens merkte man gut[1] den schlechten[1], intensiven Chlorgeruch. Geht man[2] ins Becken, so schreckt man[2] zurück. Die Menschen[3] hüpfen, schwimmen und kreischen. Ein kleiner Junge bespritzt freudig einen älteren Mann. Jugendliche tummeln sich im gewärmten Wasser[4]. Nun kommen einige meiner Freunde und beschließen, ein Wettschwimmen zu veranstalten. Nervös lauschen sie[5] auf das Startzeichen. Fritz wischt sich schnell mit der Rückhand den Schweiß von der Stirn. Es wird[6] gestartet. Jeder der Teilnehmer versucht pustend zu gewinnen. Doch mit letzter Kraft hat Fritz seine Hand als erster an den Beckenrand gedrückt. Während des aufregenden Wettkampfes bemerkte[7] keiner der Meisterschwimmer die Zuschauer[8]. Ein Vater will seinem Jüngsten das Schwimmen beibringen[8]. Jedoch ängstlich kreischend[9] stürmt der Kleine aus dem wohligen Naß. Nach einiger Zeit zittern wir vor Kälte und legen uns bequem auf die geheizte Bank am Rand des Beckens. Von dort kann man das lebendige Treiben gut beobachten. Ein Anfänger will vom Einmeterbrett springen. Langsam schleicht er an den vorderen Rand des Brettes. Ehe er zurückweichen kann, wirft[10] ihn einer seiner

Kameraden ins Schwimmingpool[11]. Die Zeit, die wir im Hallenbad bleiben durften, ist verstrichen, und wir müssen wieder das Bad verlassen.

---

1. Unsinnige sprachliche Verbindung (gut-schlecht!)! Außerdem ist das eine völlig unpersönliche Feststellung (man!); der Schüler soll aber *seine persönlichen* Eindrücke wiedergeben und anschaulich zum Ausdruck bringen, wie dieser Chlorgeruch auf ihn wirkt!
2. Unpersönliche Feststellung, statt eines persönlichen Eindrucks!
3. Allgemeine, nichtssagende bloße Feststellung, die keinen Eindruck vermittelt! Hier sollte der Schüler einzelne Badegäste schildern, wie sie ins Wasser springen, wie sie sich dabei verhalten, welchen Eindruck sie auf ihn machen, was er dabei denkt.
4. Wenig treffender Ausdruck!
5. Das ist die erste Stelle, die einen Eindruck vermittelt!
6. Schlechter Satzbau! Außerdem starten doch die Freunde; wieso dann Passiv?
7. Falsche Zeit! Eine Schilderung wird in der Zeitstufe der Gegenwart abgefaßt (Vorzeitigkeit: Perfekt!)!
8. Diese beiden Feststellungen stehen ohne inneren Zusammenhang nebeneinender.
9. Hier gewinnen wir als Leser des Aufsatzes wieder einen Eindruck vom Verhalten dieses kleinen Jungen!
10. Besser: „. . . stößt, schubst ihn . . .“!
11. Falsches Geschlecht, falsche Rechtschreibung! (Der Swimmingpool!)

Bemerkung

Der Schüler, der diesen Aufsatz schrieb, hat eine Reihe brauchbarer Beobachtungen ausgewählt; es ist ihm jedoch nicht gelungen, seine Eindrücke darzustellen. Er bringt vielmehr meist unpersönliche Feststellungen; nur wenige Stellen im Aufsatz vermitteln einen Eindruck. Auch dieser Aufsatz zeigt deutlich die Schwierigkeiten, die Schüler haben, wenn sie von der Erlebniserzählung zur Erlebnisschilderung übergeben: Sie zählen nur Beobachtungen auf, ohne Eindrücke wiederzugeben!

Aufgabe

Einer deiner Freunde ist erkrankt und konnte nicht mit euch schwimmen gehen. Weil es beim Schwimmen diesmal aber besonders lustig war, schreibst du deinem Freund einen Brief und schilderst darin euer lustiges Erlebnis!

Nach dem Fußballspiel im Stadion

Schlußpfiff! Das Bundesligatreffen „1860 München“ – „HSV“ ist nach herrlichen 90 Minuten beendet. Erschöpft, aber überglücklich werfen die Spieler von „1860“ die Arme in die Höhe und umarmen einander; denn mit ihrem 9:2-Sieg haben sie den „HSV“ förmlich vom Platz gefegt, ihm eine Fußballektion erteilt, an die er noch lange denken wird. Sportlich aber gratulieren die „HSV“-Spieler ihren Bezwingern und trotten dann mit gesenkten Köpfen in die Kabinen. Die Spuren des Kampfes und ihr Aufbäumen gegen die über sie hereinbrechende Torlawine läßt sich noch nachträglich von ihrer Spielkleidung ablesen. Die vorher strahlendweißen Jerseys sind verdreckt und vollkommen durchgeschwitzt. Die weinrote Farbe der Sporthosen läßt sich bei den meisten nur noch ahnen. Auch die Beine der Spieler sprechen Bände: Außer blauen Flecken und vereinzelten blutunterlaufenen Stellen, die von harten Zweikämpfen zeugen, ist nur noch eine Schmutz- und Schlammschicht zu entdecken.
Auf den Rängen des ausverkauften Stadions geht es zu wie beim Karneval. In tosenden Sprechchören wie „Hamburg k. o., hi, ha, ho!“ und Massengesängen wie „Oh, wie ist das schön, oh wie ist das schön! . . .“, machen die 45 000 ihrer Freude und Genugtuung über den Kantersieg „ihrer“ Sechziger Luft. Sitzkissen wirbeln durch die Luft und durchdringen für einen Augenblick den Zigarettenqualm, der wie Nebelschwaden durch das Stadion zieht. Unzählige blau-weiße Vereinsfahnen werden hoch über den Köpfen geschwungen und verscheuchen förmlich die glitzernden Staubteilchen, die von Tausenden von scharrenden und trampelnden Füßen hochgewirbelt werden. Alle möglichen und unmöglichen Töne von alten Trompeten und Kuhglocken übertönen das Zischen von Leuchtkugeln und Raketen, die rot, gelb und grün in den heraufziehenden Abendhimmel steigen. Tausende von Sechziger-Anhängern haben inzwischen den Sperring der Polizisten, die um das Spielfeld postiert waren, durchbrochen und stürmen auf die „Löwen“-Spieler zu, um sie im nächsten Augenblick auf ihre Schultern zu heben und im Triumphzug vom Feld zu tragen. Eine Traube von 8–12jährigen, in den Händen Heft und Bleistift, umringt die Spieler, in der Hoffnung, vielleicht von dem einen oder anderen ein Autogramm zu erhalten. Plötzlich aber erstirbt der allgemeine Begeisterungstaumel, denn der Sportsonderdienst des „Münchner Merkur“ gibt über Lautsprecher die restlichen Bundesligaspielergebnisse bekannt. Je nach Spielergebnis bricht die Menge in Beifallsstürme oder überraschtes Gemurmel aus. Nach Ende der Durchsage aber gehen die Diskussionen über das Spiel weiter. Ein eingefleischter Sechziger-Anhänger mit „Kreissäge“, auf deren Band „1860 München“ mit Tusche

geschrieben steht, blau-weißer Fahne und einer überdimensionalen Kuhglocke stellt bereits Prognosen hinsichtlich des nächsten Gegners von „1860", nämlich „Preußen Münster", an, und es versteht sich von selbst, daß er hierbei „Münster" eine Misere, ähnlich der des „HSV", prophezeit. Inzwischen aber beginnen die Massen abzuwandern. Einer schiebt den anderen vor sich her, da und dort hört man außer Bemerkungen zum Spiel Schimpfworte und Flüche, z. B. die erboste Feststellung eines beleibten Herrn, daß ihm zum 10. Mal auf die Hühneraugen getreten wurde. An den Stadionausgängen aber ist das Gedränge am größten. Kopf an Kopf wogen die Massen hinaus, und Übereilige, denen das Ganze zu langsam und unbequem ist, klettern waghalsig über Absperrzäune und Mauern und gewinnen so den Weg ins Freie. Nach einer guten halben Stunde ist das Stadion wie leergefegt und bereit, die nächste Fußballschlacht über sich ergehen zu lassen.

Bemerkung

Diese Schilderung vermittelt einen guten Eindruck vom Treiben im Fußballstadion nach Ende des Spiels. Nicht der Handlungsablauf steht im Vordergrund, sondern der Eindruck, den dieses Treiben auf den Beobachter macht. Der Schüler hat gute, für seine Schilderung bezeichnende Beobachtungen ausgewählt und diese eindrucksvoll geschildert. Die sprachliche Darstellung ist anschaulich, aber natürlich und nicht übersteigert. Im zweiten Teil des Aufsatzes hätte der Schüler noch Abschnitte machen können.

Ein Blick aus dem Fenster

Es ist noch dunkel draußen, doch das Licht der zartgelben Mondsichel, die hoch über der Stadt auf dem dunkelblauen Himmel langsam ihre Bahn zieht, erhellt das Dunkel ein wenig. Der in den letzten Stunden gefallene Schnee trägt das Seine dazu bei, um aus dem Schwarz einer gewöhnlichen Nacht das Besondere der ersten Winternacht zu machen. Die sonst so harten Schatten sind plötzlich weich abgestuft und nicht mehr mit dem harten Dunkel eines Zimmers zu vergleichen.
Keine Wolke bedeckt den Himmel, die Sterne sind ganz deutlich zu erkennen, und vor ihnen steht die majestätisch große Sichel des Mondes. Sieht man ganz genau hin, dann erkennt man sogar einige kraterartige Mondgebirge als dunkle

Flecken auf der beleuchteten Seite des Mondes. Durch seine, des Mondes, scheinbar ungeheure Größe abgelenkt, könnte man fast die unzähligen Sterne übersehen, die in unendlicher Entfernung der Erde, verschieden groß und hell, ihr Licht spenden. Selten fährt um diese Zeit ein Auto vorbei, doch dann hinterläßt es eine deutliche Spur im frischen Schnee. Am Straßenrand parkende Autos sind alle mit einer weißen Schneedecke überzogen und ihre Fenster mit Reif bedeckt. Die an den Gehweg anschließende Rasenfläche ist mit einer aus tausend und abertausend wie Diamanten glitzernden und funkelnden Schneekristallen bestehenden Decke eingehüllt und kaum mehr vom Gehsteig zu unterscheiden. Nur ein schwacher Schatten markiert undeutlich die Grenze. Die dort in den Himmel zeigenden Bäume stehen unbeweglich und gerade wie Säulen, stolz ihre weit verzweigten Kronen tragend.
Aus den Fenstern der an der gegenüberliegenden Straßenseite stehenden Backsteinhäuser dringt kein Lichtschein, nur das abstoßende Schwarz. Die Dächer schimmern hellgrau im Mondlicht, eine Mischung aus Licht und Dunkel, vereint mit dem Schimmer der silbrigen Schneekristalle. In Gruppen zu dreien oder vieren oder auch allein stehen die braunen Schornsteine in Gesellschaft mit den bizarr in den Himmel ragenden Fernsehantennen und beobachten die Wanderung des Mondes und der Sterne und warten auf den Sonnenaufgang.

Bemerkung

Dieser Aufsatz arbeitet überzeugend die Stimmung an einem frühen Wintermorgen heraus. Die Handlung tritt völlig in den Hintergrund, Beobachtungen, Eindrücke werden im Aufsatz verarbeitet und sprachlich anschaulich gestaltet. In diesem Aufsatz geht die Gestaltung von der Erlebnisschilderung ins Stimmungsbild über, da eine Grundstimmung an verschiedenen „Bildern" herausgearbeitet wird. Eine anerkennenswerte Leistung!

Blick über den Hof

Es ist November, einer der Monate der kühlen[1] Jahreszeit. Der Spätherbst hat schon auf sich aufmerksam gemacht, hat sich von seiner unschönsten[2] Seite gezeigt, mit Eis, Schnee und Nebel. Es wird auch nicht mehr lange dauern, bis ich von meinem Arbeitsfenster, aus dem ich jetzt blicke, nur noch eine verschneite Gegend sehe[3].

Es ist ein großer Hof zu sehen, eingerahmt von hohen, fünfstöckigen Häusern, die sich dicht aneinanderreihen. Die Balkons, die im Sommer immer mit Blumenkästen geschmückt sind und dem Ganzen damit ein freundliches Aussehen verleihen[4], sind jetzt wie leergefegt, die Blumenkästen sind verschwunden. Man richtet sich allgemein auf den Winter ein[5]. Auf den Dächern dieser Häuser stehen mehr oder weniger große Kamine, aus denen zuweilen auch schon Rauchwolken in das Grau des Himmels steigen. Auch die Antennen strecken ihre funkelnden, metallenen Arme gen Himmel[6].

Gegenüber allerdings ist kein Wohnhaus. Verschiedene Betriebe haben dort drüben ihre Geschäftsräume. Es herrscht allzeit reger Betrieb: Sekretärinnen, Arbeiter und auch Direktoren sitzen hinter Schreibtischen[7], schreiben oder besprechen sich, laufen herum oder arbeiten. Lieferanten kommen und gehen.
Durch die Passage, die den Hof mit der Straße verbindet, fahren Autos. Aber nicht nur Personenwagen sind es, sondern auch zuweilen große Lastwagen. Für die Fernfahrer ist es sehr schwierig, die großen Wagen maßgerecht an die Rampe des Filialbetriebs der großen Papierfabrik zu fahren, um be- oder entladen zu können. Sie drehen dann wie wild am Steuerrad, bremsen, fahren vorwärts und zurück, verbarrikadieren zum Ärger der Kleinwagenbesitzer die Ausfahrt und steigen schließlich erschöpft aus. Was bleibt da den kleineren Wagen[8] anderes übrig, als resigniert zu wenden und durch eine andere, entferntere Ausfahrt zu verschwinden?[9] Dieser Hof enthält[10] aber auch Parkplätze für die Wagen der Angestellten der Betriebe und für die der Mieter. Es ist ein ewiges Kommen und Fahren hier[11].
Neben diesen Parkplätzen existiert noch eine kleine Rasenfläche, die einzige in dieser „Steinwüste“. Der Hausmeister pflegt sie mit besonderer Sorgfalt[12]. Zu seinem Verdruß spielen immer wieder große und kleine Kinder darauf. Auch heute sind sie wieder dort versammelt. Sie spielen Fußball. Aber dieses Spiel entartet oft;[13] die Jungen raufen sich, schreien dann und sind bald durch das Eingreifen Größerer wieder zu bändigen. Aber nicht alle spielen Fußball. Einige laufen mit „Pistolen“ und „Gewehren“ herum. Da es an Munition fehlt, schreien sie schrille Laute,[14] die dann[15] andeuten sollten, daß sie „geschossen“ haben. Die „Getroffenen“ lassen sich dann[15] zu Boden fallen und wälzen sich dort ächzend herum. Dieses Spiel stimmt vor allem die Erwachsenen sehr traurig,[16] denn sie erinnern sich dabei an den Krieg.

Wieder andere der Jungen wühlen in den Aschentonnen nach altem Gerümpel, nehmen Zeitungen heraus, lesen darin, soweit sie es schon können, und zerfetzen sie dann.[15] Allzuoft bleiben die zerrissenen Teile dann[15] auf dem Rasen liegen.

Nur der Hausmeister kann diesem ungebührlichen Verhalten dann[15] Einhalt gebieten.[17] Die Mädchen hingegen haben sich abgesondert und räumen in ihren Puppenwagen und vergnügen sich auf diese Weise.
Manchmal rufen Eltern in den Hof nach ihren Kindern, die sich aber oft weigern[18], heraufzukommen, weil das Spiel zu schön ist. Andere, vor allem ältere Leute, schimpfen über die lautstarke Ausführung[19] der Spiele. Autofahrer, deren Autos dort unten geparkt sind, fluchen und ärgern sich, wenn die Kinder ihren Autos zu nahe kommen[20], und machen auch ihrer Wut offen Luft.[20]
Aber die allnachmittäglichen Spiele dauern jetzt nicht mehr allzu lange. Der Kälte wegen nämlich verlassen die Kleinen schon bald ihr „Spielfeld". Man sieht sie dann, hinter den Fenstern stehend, dem Spiel ihrer immer weniger werdenden Kameraden folgen.[21]
Außer den Kindern, die ihren Nachmittag hier verbringen, passieren auch Frauen mit schweren Einkaufstaschen, meist vollbepackt, die Durchfahrt. Die älteren unter ihnen haben es schon schwerer mit dem Taschentragen; sie halten öfter an und verschnaufen keuchend. Nur wenigen wird von hilfsbereiten Leuten geholfen. Auch Männer laufen unter dem Fenster vorbei. Sie halten Mappen in ihren Händen, die durch Handschuhe vor Kälte geschützt sind. Dick vermummt sind sie alle und haben ihre Hüte tief in die Stirn gezogen. Viele grüßen sich freundlich, andere gehen stumm aneinander vorbei; alle streben danach, möglichst schnell nach Hause zu kommen.
Nur die wenigen Kinder, die immer noch im Hof versammelt sind und mit Fahrrädern und Rollern auf dem zum Teil schon vereisten Boden dahinsausen, wollen noch nicht heim. Viele sind heute schon mit ihren Fahrzeugen ausgeglitten[22]. Die ganz Kleinen dagegen passen nicht auf den immer stärker werdenden Verkehr auf. Sie laufen an der Durchfahrt vorbei, und es kommt einem Wunder gleich, daß hier noch nicht mehr passiert ist. Die Autofahrer, die in die Tiefgaragen einfahren oder sie verlassen, sind durch diese Kinder besonders gefährdet. Oft schon mußte ein Autofahrer im letzten Moment bremsen[23].
Langsam beginnt es zu dämmern, und auch Nebel zieht auf. Dies macht mir einen weiteren Ausblick vom Fenster aus unmöglich, und so wende ich mich wieder meiner Arbeit zu.
Öfter als mir selber lieb ist, werde ich durch das Leben und Treiben im Hof von meiner eigentlichen Arbeit abgelenkt. Ich könnte jeden Tag von neuem von dem Spiel der Kinder und von dem geschäftigen Treiben anderer Leute berichten, so vielgestaltig und abwechslungsreich läuft es ab.[24]

1. November ist bei uns ein Monat der kalten Jahreszeit!
2. Wörter mit der Vorsilbe „un-" vermeiden!
3. Dieser erste Abschnitt gibt Überlegungen wieder, keine Eindrücke! Bei einer Schilderung soll man aber die Beobachtungen auf sich wirken lassen und Eindrücke verarbeiten!
4. Im Augenblick also nicht! Wieder eine Überlegung, eine Erinnerung, keine Beobachtung, kein Eindruck!
5. Wieder eine Überlegung, kein Eindruck, der vermittelt wird!
6. Altmodischer Ausdruck!
7. Wer tut was? Arbeiter sitzen sicherlich nicht hinter Schreibtischen! Außerdem kann der Schüler das von seinem Fenster aus bestimmt nicht sehen, nicht beobachten!
8. Schwierig für die Fahrer!
9. Dieser ganze Abschnitt ist viel zu breit ausgeführt und stört in einer Schilderung nur, da er keine Eindrücke, keine Stimmung vermittelt, also zum Thema nichts beiträgt! Es sind nur allgemeine Überlegungen.
10. Schlechter Ausdruck!
11. Dieses Kommen und Fahren hätte der Schüler eindrucksvoller schildern sollen.
12. Tut das der Hausmeister jetzt gerade, während der Schüler aus dem Fenster schaut? Im November wohl kaum!
13. Wieder eine Überlegung, keine Beobachtung, die schildert, was zu diesem Zeitpunkt geschieht!
14. Sprachlich ungeschickt dargestellt!
15. Wiederholungen im Ausdruck vermeiden!
16. Der Schüler soll schildern, was *er* dabei empfindet, nicht denken, überlegen, was andere dabei denken!
17. Tut er es zu diesem Zeitpunkt? Kein Eindruck, bloße Überlegung!
18. Der Schüler schildert aber kein Kind, das sich zu diesem Zeitpunkt weigert! Keine Beobachtung, kein Eindruck!
19. Schwerfällige Ausdrucksweise!
20. Das geschieht doch nicht, während der Schüler aus dem Fenster blickt!
21. Das hat nichts mit dem Thema zu tun!
22. Aber nicht während der Schüler aus dem Fenster blickt!
23. Das sind Überlegungen, keine Eindrücke! Vor allem sind die Kinder gefährdet!
24. Dieser Abschnitt stört und gehört nicht zum Aufsatz!

Bemerkung

Der Schüler hat nicht erfaßt, worauf es bei der Stilform der Schilderung ankommt. Vom „Blick über den Hof" hält er kaum etwas fest, stattdessen führt er Überlegungen an. Die Beobachtungen, die im Aufsatz erwähnt werden, sind sehr allgemein. Sie verdeutlichen keine Grundstimmung, spiegeln keine Eindrücke wider. Der sprachliche Ausdruck ist teilweise unecht, ungeschickt; allerdings zeigt der Aufsatz sprachlich einige brauchbare Ansätze. Der Aufsatz ist ein Beispiel dafür, wie ein Schüler aus Überlegungen und Scheinbeobachtungen versucht, eine Schilderung zu gestalten; er glaubt, mit eigenen sprachlichen Wendungen, die einen Eindruck wiedergeben, die Stimmung herausgearbeitet

zu haben, übersieht jedoch, daß treffende Beobachtungen die Voraussetzung für eine stimmungshaltige Schilderung sind.
Unser Rat: Schilderungen nicht zu sehr ausdehen, weil man die Stimmung nicht so lange durchhalten kann!

Blick aus unserem Wohnblock

Mein Blick fällt zuerst[1] auf die einzelnen Haustüren, die den Grünstreifen vor dem Wohnblock in gleichmäßige Rechtecke zerteilen. Vor jedem Hauseingang stehen Räder, dort drüben[2] sogar ein Moped. Beim Nebenhaus putzt ein alter Mann mit grauem Arbeitskittel sein grünes Fahrrad. Auf dem Gehweg schiebt eine Frau mit dunklem Mantel und übergroßem Hut einen blitzenden Sportkinderwagen. Aus seinem Auto, das gerade anhält, steigt ein Mechaniker mit einem großen blauen Werkzeugkoffer und fragt eine kleine alte Frau nach einer Familie.[3] Auf der Straße spielen zwei Buben Fußball, und kein Auto stört sie. Ein Freund von mir kommt aus dem gegenüberliegenden Haus, winkt mir zu, erklimmt seinen Drahtesel und verschwindet um die Ecke.[4]
Mein Blick schweift weiter zu dem Wohnblock, der auf der anderen Seite der Straße ist. Die Wände sind grau und haben seit langem keine Farbe mehr gesehen.[5] Die Eingangstüren schimmern[6] hellbraun. Die Fenster sind weiß gestrichen, und die Fensterstöcke lassen noch ein leichtes Grün erkennen. Das Fenster dort drüben[7] ist durch einen Blumenkasten geschmückt, aus dem viele rote und weiße Blumen sprießen. In regelmäßigen Abständen führen schwarzlackierte Dachrinnenabflüsse nach unten. Die blinkenden Dachfenster und die hochaufragende Gemeinschaftsantenne unterbrechen das schmutzige Dunkelrot der Dachziegel und Kamine.[8]
Ich schaue weiter rechts und erblicke die Halden des Städtischen Kohlenhofes. Eine Raupe schiebt gerade die Kohlen, die ein Güterzug brachte, zu einem neuen Haufen zusammen.[9] Viele Arbeiter bemühen sich emsig, daß alles klappt[10] und möglichst schnell geht, denn schon wieder kommt ein voller Güterzug angerollt.

---

1. Für diese zeitliche Bestimmung fehlt der Bezug, der Zusammenhang!
2. Häufige Fehler, daß Singular und Plural verschiedener Subjekte nur *ein* Prädikat im Singular oder Plural haben! Richtig: „. . . drüben steht sogar ein Moped."
3. Was der Mechaniker fragt, kann der Schüler an seinem Fenster sicherlich nicht verstehen!
4. Dieser Abschnitt zählt lauter einzelne, unzusammenhängende Einzelbeobachtungen auf, ohne eine Stimmung, einen Eindruck herauszuarbeiten!

5. Unpassender Ausdruck!
6. Türen „schimmern" kaum!
7. Wo drüben?
8. Auch dieser Abschnitt bringt lauter Einzelbeobachtungen, ohne daß eine Grundstimmung herausgearbeitet wird! Der Schüler zeigt nicht auf, welchen Eindruck diese Beobachtungen auf ihn machen.
9. Sprachlich schlecht und ohne jeden Eindruck! Dabei hätte der Schüler gerade diese Beobachtung eindrucksvoll schildern können!
10. Bloße Feststellung, die keinen Eindruck vermittelt!

Bemerkung

Diese Schilderung ist in Aufbau, Motivwahl und sprachlicher Darstellung weitgehend mißlungen, denn dieser Aufsatz vermittelt keine Eindrücke, der Schüler schildert die Beobachtungen nicht, zeigt nicht auf, welchen Eindruck sie auf *ihn* machen. Die Beobachtungen sind wahllos herausgegriffen, damit bleibt der Aufsatz eine hilflose Aufzählung von Einzelbeobachtungen. Der Schüler hat nicht erfaßt, worauf es bei einer Schilderung ankommt.

Blick auf den Skihang bei Nacht

Ich nehme an einem Ferienschikurs von Sport-Scheck teil. Eines Abends liege ich wach im Bett, während meine drei Zimmerkameraden bereits schlafen. Meine Blicke wandern durch das vom Mond erhellte Zimmer und dann zum offenen Fenster hinaus. Die volle Scheibe des Mondes beleuchtet eine weite Winterlandschaft. Alles glitzert und strahlt wie von Milliarden Diamanten übersät.
Am Übungshang, links vor dem Haus, sehe ich ganz deutlich die Spuren der Schifahrer; schön geschwungene, etwas unregelmäßig verlaufende, auseinandergehende, parallele, sich kreuzende und manchmal plötzlich abgehackte. Sie zeichnen sich als silberne Bänder im Schnee ab.
Weiter hinten beginnt der Wald. Schwarze Fichten- und Tannenriesen ragen mit ihrem weißen Überzug in den Himmel. Die vom Mondlicht beschienenen Wipfel erscheinen wie Greisenköpfe.
Rechts davon erblicke ich ein hügeliges, teilweise bewaldetes Tal, das tief verschneit ist. Ein paar Hauser stehen dort, klein und fast ganz im Schnee versteckt. Sie sehen aus wie von Zwergenhand gebaut. In einem brennt noch Licht.
Beiderseits des Tales erheben sich hohe Berge. Sie sind unten noch bewaldet, doch plötzlich tritt der Wald zurück, und riesige, weiße Buckel ragen empor.

Darüber wölbt sich der grenzenlose Sternenhimmel. Tausende und Abertausende von Sternen blitzen da oben. Manche sind groß und leuchten kräftig, andere sind wesentlich kleiner, und wieder andere blinken nur ab und zu. Ungefähr alle zehn Sekunden müßte ein Wunsch in Erfüllung gehen, so viele Sternschnuppen ziehen für Augenblicke ihre Goldschweife hinter sich nach! Dann die Milchstraße mit dieser riesigen Ansammlung von Planeten, Fixsternen und Spiralnebeln! Ich stelle mir vor, wie herrlich es sein müßte, auf ihr in einem Raumschiff dahinzusausen, und am Mond vorbei, der – so scheint es mir – mich jetzt anlächelt.
Plötzlich huscht ein Schatten durch das Mondlicht. Ich kann den Vogel zuerst nicht erkennen, doch dann stößt er den unverkennbaren Laut eines Käuzchens aus, einen Laut, der abergläubischen Menschen schon einen tüchtigen Schrecken einjagen kann. Und nun höre ich noch etwas: es sind die fröhlichen Stimmen von Skifahrern, die sich wahrscheinlich beim Wirt aufgewärmt haben – sowohl äußerlich, als auch innerlich. Sie gehen am Fenster vorbei, und der Schnee knirscht unter ihren Füßen. Ich sehe ihnen nach, bis sie um die Wegbiegung verschwinden. Dann stehe ich auf, um das Fenster zu schließen. Gleich, nachdem ich mich wieder hingelegt habe, schlafe ich ein.

Bemerkung

Die Beobachtungen dieser Schilderung sind geschickt ausgewählt und sinnvoll geordnet. Die sprachliche Darsstellung gibt Eindrücke wieder und vermittelt die Stimmung des Beobachters.

Eine Großbaustelle

Eine weite, glitzernde Betonfläche. Große Wasserschläuche spritzen auf sie und verwandeln das stumpfe Grau des Betons in eine glasartige, glänzende Farbe, nur selten unterbrochen von einzelnen Stahlträgern, die wie rostbraune Finger in den Himmel starren. Ringsherum geht ein Gitterrechen aus Eisenstäben, als wolle man verhindern, daß ein lebendiges Wesen die Eintönigkeit und Regelmäßigkeit der Architektur unterbricht. Über allem brennt die Sonne, und ihre Strahlen zerbrechen im Wassernebel der Schläuche zu glitzernden Regenbögen, die im Halbrund die Wasserwolke umgeben. Rechts davon ragt ein Kran in die Luft und zerteilt den Anblick der dahinterliegenden Häuser in zwei Hälften. Wie eine Glocke aus Geräuschen schwebt das ständige Röhren der Pumpen über der Baustelle und erstickt jede normale Verständigung. Mit einem Knall zerreißt ein aufheulender Motor die Eintönigkeit der Geräusche und setzt nun einem geschäftigen Treiben den Anfang. Der Kran schwingt herum, läßt seinen Betonbehälter herunter und füllt ihn bei einem Lastwagen mit drehender Betontrommel auf. Sodann hebt er ihn mit spielender Leichtigkeit hoch und setzt ihn nach langem Luftweg vor dem Öffner an der neuen Verschalung ab. Oft und oft wiederholt sich dieser Vorgang und läßt den langen Wulst aus zähem Beton langsam anwachsen. Die Pumpen laufen schneller. Preßlufthämmer fangen zu rattern an, um die Verschalung zu lösen. Knall auf Knall folgt nun, und jeder zeigt das Lösen eines Brettes an. Dröhnende Hammerschläge klingen von den Eisenträgern her und lassen die Luft erzittern. Bolzen werden in das Eisen getrieben und befestigen es. Doch nur wenige Menschen lassen sich sehen. Maschinen haben die übrigen Menschen aus ihren Stellungen verdrängt. Große und kleine, starke und schwache, laute oder leise Maschinen ersetzen sie. Rostige Raupen, statt der vielen Schaufeln, die durch Hände bewegt wurden. Preßlufthämmer, statt Hammer und Meißel, durch Hände geführt. Die Menschheit ist stolz darauf, aber sind es auch jene vielen, die an der Stelle der Maschinen waren?

Bemerkung

Diese Schilderung setzt die Beobachtungen in Stimmung um und vermittelt Eindrücke und Empfindungen, die der Beobachter hat, wenn er dem Treiben auf dieser Großbaustelle zuschaut. Die sprachliche Darstellung ist nicht übersteigert, nicht kitschig. Der Schüler hätte seine Beobachtungen jedoch zu einzelnen Bildern ordnen und den Aufsatz in Abschnitte gliedern sollen.

Eine Baustelle

Ein rosiger Nebelschleier, der den Himmel bedeckt, und der Gesang der erwachten Vögel künden einen neuen Tag an.[1] Noch liegt die Morgenfrische in der Luft, und der halbfertige Baukomplex wartet auf seine Arbeiter. Langsam kommt in die Wohnhütten der Arbeiter Leben, und nach kurzer Zeit verhallen die ersten Geräusche in der noch schlafenden Siedlung wieder. Jetzt tauchen weitere Geräusche auf und gesellen sich zu den ersten, bis sie zum Lärm heranwachsen. Die Arbeiter sind noch frisch, und sie üben ihr Handwerk kraftvoll aus.[2] Es wird wärmer, und die Sonne wird bald ihre heißen Strahlen schicken und damit die Arbeit unerträglich machen. Bis zur erlösenden Sirene, die die Mittagspause verkündet, sind schon viele Schweißperlen gerollt, die der Staub und die Hitze gierig aus den Arbeitern aufsaugen.[3] Die gequälten Gesichter hellen sich unter der lang ersehnten Dusche wieder auf, und jeder freut sich auf sein Mittagessen. Dann beginnen die Arbeiter wieder ihre Tätigkeit. Unter dem Brennen der Sonne verliert auch bald die Erfrischung ihre Wirkung, und jeder Lärm und jede Bewegung reißen und zerren an den Nerven der Arbeiter. Schadenfroheit,[4] grundloses Anschnauzen und Anbrüllen zerstören die Teamarbeit. Keiner hilft mehr dem anderen. Jeder arbeitet für sich selbst, und der Abend scheint zu einem Traum zu werden. Endlich senkt sich die Sonne, und ein schönes Abendrot versetzt den Bau in leuchtende Farben,[5] die jedoch niemand beachtet. Das Kreischen der Lastenaufzüge, das Quietschen der Mischtrommeln, alle diese Geräusche werden nicht mehr beachtet. Das Schlagerwort[6] heißt: „Feierabend. Endlich!“ Die Schatten huschen zu ihren erleuchteten Wohnbaracken, die grellen Scheinwerfer werden ausgeschaltet, und die Kräne ragen gespenstisch in den Himmel. Die Nacht beginnt, und die Arbeiter begeben sich zu Bett,[7] um wieder neue Energie für den nächsten Tag zu gewinnen. Ein Tag wie jeder andere.

---

1. Kitschig-sentimentale Stimmungsmache!
2. Das ist eine Überlegung, die keine Stimmung ausdrückt. Die angeführten Beobachtungen wirken unnatürlich und gesucht.
3. Wieder gesuchte Beobachtungen, die keine Eindrücke wiedergeben, sondern dem Nachdenken, Überlegungen entspringen!
4. Ungebräuchlicher Ausdruck!
5. Kitschig und gewollt!
6. „Schlagwort“!
7. Ausdruck!

Bemerkung

Diese Schilderung enthält brauchbare Beobachtungen und verwertbare Ansätze einer eindrucksvollen sprachlichen Gestaltung. Aber der Schüler begeht einen Grundfehler für eine Schilderung: Er dehnt seinen Aufsatz über einen ganzen Tag aus und bezieht den Ablauf dieses Arbeitstages auf dieser Baustelle in den Aufsatz ein. Er sollte jedoch einen begrenzten Zeitabschnitt herausgreifen und seine persönlichen Eindrücke in diesen Augenblicken eindrucksvoll schildern. Viele Stellen wirken gewollt, gekünstelt und dadurch unnatürlich kitschig.

Vor der Achterbahn

Es ist Abend. Der nachtschwarze Himmel wölbt sich ruhig über das rege Treiben auf der Festwiese. Bunt schillernd erhebt sich das Gerüst der Achterbahn. Die Verstrebungen sind mit vielen kleinen Lämpchen besetzt und heben sich hell leuchtend gegen den dunklen Himmel ab. In allen Farben blinkt und gleißt die Fassade. Wellenartig huschen Lichtflecken über die glitzernde Lampenfläche. Der sprühende Lichterglanz macht auf sich aufmerksam und will viele Besucher anlocken. Laut krachend gehen die Wagen der Achterbahn in die Kurven und übertönen mächtig das zaghafte Spiel der Orgel, die mit ihren verspielten Figuren am Fuße der Bahn gegen das Getöse ankämpft. Eine Menschentraube drängt sich vor der Kasse. Jetzt beginnt wieder ein Wagen seine wilde Fahrt. Rasselnd bringt ihn die Kette auf den höchsten Punkt. Die Insassen kreischen und johlen übermütig, als der Wagen auf der Bahn hinunterjagt, als stürze er ins Leere. Jaulend saust das Fahrzeug in die Windungen und kommt dann ruckartig unten wieder zum Halten. Die Leute steigen aus und stehen jetzt noch ein wenig benommen am Ausgang, dann gehen sie weiter und gehören wieder zur Masse, die sich wie ein zäher Brei durch die Straßen schiebt.

Bemerkung

Der Schüler hat versucht, die Beobachtungen eindrucksvoll darzustellen. Die sprachliche Darstellung ist anschaulich. Allerdings ist die Grundstimmung in dieser Schilderung noch nicht klar herausgearbeitet.

Die Achterbahn

Wir hatten heute wenig Hausaufgabe, und deshalb gingen meine Freunde und ich auf die Wies'n. Schon über eine Stunde bummeln wir nun[1] durch die Straßen, fahren mal mit dem Autoscooter, mal mit der Teufelskutsche oder mit der Geisterbahn. Langsam kommen wir nun[1] an den Ausgang der Lipowskistraße. Hier windet sich[2] die steilste Achterbahn, die je zu Füßen der Bavaria gestanden hat. Die Leute drängeln sich vor der Kasse, denn jeder möchte einmal durch die Steilwandkurven jagen oder fast senkrecht in die Tiefe stürzen. Was muß das für ein Gefühl sein, plötzlich in die Tiefe zu rauschen[3] und in den Wagen gepreßt, in den Kurven zu liegen. Von oben sieht man dann die Menschenmenge, die von

unten zuschaut und sich freut, wenn die kleinen Kinder oder die Mädchen kreischen, die sich fürchten, wenn die gerade Bahn abbricht und in[4] einem scharfen Bogen nach unten macht.[4]
Langsam streben wir nun der Kasse zu, um eine Fahrkarte für dieses Erlebnis zu kaufen. Bruno, der Jüngste von uns, der schon mit den Eltern einmal da war und mit der Achterbahn gefahren ist, will uns einreden, daß, falls[5] wir uns in ein Wägelchen der Bahn setzen sollten, das Mittagessen umsonst gewesen sei, denn wir würden es ganz bestimmt erbrechen. Wir lachen ihn nur aus und nennen ihn einen Feigling, weil er sich vor dem Sturz in die Tiefe fürchtet. Er läßt sich aber nicht von seiner Meinung abbringen und bleibt stehen, um auf uns zu warten. Ein paar Jungen sind noch vor uns an der Kasse. Nun sind sie weg, und Alex kauft für alle die Karten. Jetzt müssen wir noch einige Minuten warten, bis wir in einen Wagen steigen und selbst feststellen können, ob das stimmt, was Bruno uns einreden wollte.[6]

---

1. Wiederholungen im Ausdruck vermeiden!
2. Nicht gebräuchlicher Ausdruck!
3. Unpassender Ausdruck!
4. Nicht gebräuchliche Ausdrucksweise! Dafür: „... einen scharfen Bogen nach unten macht."
5. Unübersichtlicher Satzbau! Nicht mehrere Nebensätze ineinander schachteln!
6. Unerwarteter Schluß; man glaubt, das eigentliche Erlebnis würde hier erst beginnen!

Bemerkung

Der Schüler hat nicht erfaßt, worauf es bei einer Schilderung ankommt. Anstatt Eindrücke zu vermitteln, zählt er belanglose Beobachtungen auf, die selbst für eine einfache Erlebniserzählung recht dürftig sind. Der Aufsatz weist keinen brauchbaren Ansatz für eine Schilderung auf. Der Schüler hätte eindrucksvoll schildern sollen, wie dieses Leben und Treiben vor der Achterbahn auf ihn wirkt, hätte treffende, fürs Oktoberfest bezeichnende Beobachtungen auswählen sollen.

In einer Budenstraße auf der Wies'n

Es ist ein strahlend blauer Herbstnachmittag. Vergnügt fahre ich mit der Straßenbahn meinem Bestimmungsziel entgegen, der Oktoberfestwiese. Schon die Straßenbahn war fast voll besetzt, aber hier an der Haltestelle zeigt sich ein beängstigendes Bild. Die Menschen drängen und stoßen aus dem blau-weißen Trambahnzug, und keiner kann es erwarten, auf die Wies'n zu kommen.

Willenlos lasse ich mich von einer riesigen Menschentraube mitreißen, die sich schnell dem Haupteingang der Festwiese nähert. Schon von weitem empfängt uns der Lärm der Blasmusik, die aus den einzelnen Bierzelten herausschallt, und die überlauten Verstärkeranlagen der Karussells und Vergnügungszelte locken die neugierigen Besucher an oder preisen ihnen die größten Sensationen des Jahrhunderts an. Stimmen der Bewunderung werden ringsum laut, einzelne, zusammenhanglose Wortfetzen dringen ans Ohr.

Zu dieser Nachmittagszeit herrscht ein reger Betrieb in den langen Budenstraßen. Stetig strömen die Menschen in die schon überfüllten und verrauchten Bierzelte, um, wie sie sagen, „eine Maß zu stemmen". Andere, weniger vom Bier begeistert, sehen lieber dem farbenfrohen Treiben der Karussells und Autoscooter zu oder fahren selber einmal.

Stark besucht ist auch die Achterbahn. Eine lange Menschenschlange steht an den Abfertigungsrampen an, und eine große Zuschauermenge schaut belustigt den mit großer Geschwindigkeit herabsausenden Wagen zu, deren Fahrgäste laut aufschreien, wenn sie die steil abfallenden Schienen vor sich sehen.

Etwas abseits liegt, weniger überlaufen, eine Schießbude. Hier kann man sein Geschick im Schießen versuchen, indem man auf kleine, weiße Tonröhrchen zielt. Daneben erhebt sich ein Autoscooter. Die neuesten Schlager dröhnen aus den Lautsprecheranlagen, und auf der Fahrbahn herrscht ein Geknäuel von Fahrzeugen, die mit den grellsten Farben bemalt sind. Einige Jugendliche machen sich einen großen Spaß daraus, vor ihnen fahrende Wagen zu rammen, um dann mit einem höhnischen Grinsen ihr nächstes Opfer auszusuchen.

Mittlerweile ist es Abend geworden. Nun werden die Buden und Vergnügungsplätze alle künstlich beleuchtet. Bei Nacht gefällt mir die Wies'n fast noch besser als am Tage. Auch wird es jetzt auf einmal leerer in den Budenstraßen. Der starke Besucherandrang hat nachgelassen. Die kühle Nachtluft bringt den Geruch von gebrannten Mandeln, kandiertem Honig und Brathähnchen mit sich.

Die Geschehnisse eines Wiesenbummels noch einmal überdenkend, folge ich den Hinweistafeln, die zu den Straßenbahnhaltestellen führen, und fahre nach Hause.

Bemerkung

Diese Arbeit enthält brauchbare Ansätze für eine Schilderung und gute Beobachtungen. Aber nur in den ersten zwei Abschnitten schildert der Schüler und gibt Eindrücke wieder. Die folgenden Abschnitte des Aufsatzes zählen nur Beobachtungen auf, ohne Eindrücke zu vermitteln. Der Schlußabschnitt stört, denn er läßt die Stimmung nicht ausklingen, sondern zerstört die Stimmung, regt aber zum Nachdenken an.

Verschneite Landschaft

Es hat den ganzen Tag und die ganze Nacht geschneit. Schnaubend verläßt der Zug den Gebirgsbahnhof in Richtung Stadt. Am Bahnhof winkt noch ein Bauer in Lodenkotze und Fellstiefeln dem Zug nach. Aber schon schlängelt sich der Zug durch das enge Tal. Die schroffen Felswände haben durch den ersten Schnee zarte Umrisse bekommen. Die Schienen folgen einem Flußlauf. Lieblich überzuckert[1] stehen die Trauerweiden am Ufer. Ihre tiefen Äste, die ins Wasser hängen, sind zu glitzernden Eissäulen[2] erstarrt. Ein toter Arm des Flusses ist schon zugefroren. Johlend schlittern die Kinder auf der Eisbahn. Ihre bunten Wollmützen wirken wie große Ostereier in der weißen Landschaft. Langsam weitet sich das Tal. Die dünne Schneeschicht zieht sich wie eine matte Tischdecke über die Wiesen und Weiden. Alleinstehende Häuser sind wie in Watte gepackt. Der Hochwald am Horizont ist durch das lange Schneien in eine mit weißen Kapuzen marschierende[3] Schar Zwerge verwandelt. Bald werden die Häuser häufiger; der Zug nähert sich der Stadt. Doch das leuchtende Weiß des Schnees wird zwischen den Häuserreihen zur Farbe eines grauen Geschirrspültuches. Auf der Straße zeichnen die Autos schwarze Streifen in den Matsch. Langsam fährt der Zug in den Bahnhof ein. An der Verladerampe steckt noch ein Schneemann seine rote Nase in die winterliche Kühle.[4] Auf der Stadtwiese[5] schwirren Schneebälle durch die Luft. Die am Bahnsteig wartenden Menschen trippeln trotz dicker Pelzstiefel von einem Fuß auf den anderen, um sich zu erwärmen. Der Zug hält.

---

1. Ein etwas kitschig und gekünstelt wirkender Ausdruck!
2. Ein nicht treffender Vergleich, denn Äste kann man kaum mit Säulen (massig, geradlinig!) vergleichen!

3. Die Bäume „marschieren“ doch nicht; außerdem sind Bäume im Wald zu groß, zu mächtig, um mit Zwergen verglichen zu werden.
4. Besser: „Kälte“!
5. Was meint der Schüler mit „Stadtwiese“?

Bemerkung

Diese Schilderung versucht, einen Gesamteindruck von dieser Winterlandschaft zu vermitteln und die Beobachtungen eindrucksvoll zu schildern. Einige der Vergleiche wirken jedoch etwas unnatürlich, gesucht, gelegentlich auch kitschig. Übersteigerungen und nicht passende Vergleiche vermeiden!

Sturm im Winterwald

Wie jedes Jahr mache[1] ich zu Weihnachten mit meinem Vater einen Spaziergang in den Wald, der an diesem Tag einen so feierlichen Eindruck[1] macht.[1] Plötzlich kommt ein starker Wind auf, und der leichte Pulverschnee weht von den schwerbeladenen Bäumen und sinkt dann wie ein Vorhang zur Erde. Der Wald macht[1] nun einen geheimnisvollen Eindruck,[1] der durch die schlechte Sicht nur noch verstärkt wird. Die Bäume biegen sich ächzend im Wind, und Äste schnellen, befreit von ihrer drückenden Schneelast, hoch. Der gefrorene Schnee am Waldboden knirscht bei jedem Schritt, und alle paar Meter trifft man auf einen abgebrochenen, steifgefrorenen Ast.
Düster heben sich von der Erde die gestapelten Holzstämme in dem grauen Schneenebel ab, und wir haben Mühe, auf dem Weg zu bleiben. Bevor wir ganz durchnäßt[2] sind, stellen wir uns unter eine große Fichte, die uns einigermaßen vor dem Schneetreiben Schutz bietet. In meinem Innern bin ich so frei und losgelöst von der Umwelt, und meine Stimmung ist richtig feierlich, so weihnachtlich. Unwillkürlich muß ich an die Geschichte in der Bibel von der Geburt des Jesuskindes denken. Ich sehe die Eltern des Kindes, Maria und Joseph, dahinziehen, verzweifelt nach einer Herberge suchend, um schließlich in einem Stall nahe Bethlehem unterzukommen.
Die Ladung Schnee, die mir eben in den Hals fällt, schreckt mich aus meinen Gedanken auf, und mein Vater und ich machen[1] uns langsam auf den Heimweg durch den verschneiten Winterwald. Das Schneetreiben hat nachgelassen, und die Bäume machen[1] nun einen friedlichen und verschlafenen Eindruck. Nach einiger Zeit finden wir wieder auf den Hauptweg zurück. Keiner spricht ein

Wort, denn auf uns beide hat der schöne verschneite Wald einen großen Eindruck gemacht. Dieses werde ich niemals mehr vergessen.[3].

---

1. Wiederholungen im Ausdruck vermeiden!
2. Im Aufsatz ist nur von Schneetreiben die Rede, nicht von Schneeregen oder Naßschnee!
3. Störende Feststellung! Diesen Satz sollte der Schüler besser weglassen und mit dem vorigen Satz schließen!

Bemerkung

Der Schüler hat das selbstgewählte Thema nicht beachtet, denn vom Sturm (im Aufsatz nur Wind!) ist nur an ein paar Stellen kurz die Rede, dann kommt ein allgemeines Erlebnis auf einem Waldspaziergang im Winter. Etwas gesucht wirkt die Erwähnung der Geburt Christi in der Bibel. Auch bei der Schilderung Thema beachten, denn nur dann kann man im Aufsatz eine entsprechende Grundstimmung herausarbeiten!

Wanderung durch den verschneiten Wald

Kühl ist es, und der Tag neigt sich dem Abend zu. Stille herrscht um mich, daß ich mich beinahe einsam fühle. Kein Leben ist um mich – alles still, wie ausgestorben. Dumpf und schwer hallen meine Schritte im Wald. Der Weg ist verschneit, und ich kann die Spuren vieler Menschen erkennen, die wohl heute hier gegangen sind. Was werden sie sich gedacht haben, in dieser weißen Welt? Feine Sonnenstrahlen berühren mich warm, wenn ich auf eine Lichtung trete, und ebenso kalt überkommt es mich wieder unter dunkeln, schwarzen Schatten der riesigen Bäume. Rings um mich stehen Tannen, deren weit ausladende Äste voll mit[1] Schnee sind. Oft fallen vor mir solche Regen[2] herunter, als ob jenem Baum die Last, die er trug, zu schwer geworden wäre und er sie von sich abgeschüttelt hätte. Eine Spur zieht an mir vorüber.[3] Anscheinend bin ich doch nicht so allein. Was ist das für ein Tier? Ein Reh? Oder ein Fuchs? Vor mir erscheint eine kleine Schneise, in der Jungwald angepflanzt wird.[4] Ich komme mir vor wie ein Riese zwischen den weißen Bäumchen. Staunend erblicke ich die Sonne, wie sie als glühender Ball alles in rotes Licht taucht und es in seiner ganzen Pracht erscheinen läßt. Regungslos verweile ich so einige Minuten, bis Schatten über der ganzen Gegend ist.[5] Wieder ist ein Tag vorbei! Wie schnell vergeht doch die Zeit! In Gedanken versunken, gehe ich weiter. Fast ängstlich schaue ich nun zu den Bäumen hin, deren Wipfel sich schweigsam und gespenstisch im Winde wiegen. Leuchtend hebt sich der weiße Schnee von dem dunklen Bild der Bäume ab. Über mir ist[5] klarer Himmel. Klopfenden Herzens eile ich weiter; es ist schon spät. Hoffentlich komme ich noch vor Dunkelheitseinbruch nach Hause. Manchmal blicke ich rückwärts, ob mir jemand folgt. Jedoch umsonst die Angst; dort erblicke ich schon die ersten Lampen einer Straße.

---

1. Unbeholfener Ausdruck! Dafür: „. . . sich unter der Schneelast biegen."
2. Unklarer und unbeholfener Ausdruck! Es ist doch kalt, wieso „Regen"? Die Pluralform von „Regen" wird nicht verwendet.
3. Bewegt sich die Spur? Wohl kaum!
4. Falsche Zeit, denn zur Zeit des Spaziergangs werden die Bäumchen bestimmt nicht gepflanzt!
5. Wenig treffender Ausdruck, der keinen Eindruck vermittelt, nur eine Feststellung trifft!

Bemerkung

Diese Schilderung arbeitet die Grundstimmung (still, unheimlich) recht gut heraus und vermittelt passende Eindrücke. Die sprachliche Darstellung ist anschaulich. Ein brauchbarer Versuch einer Erlebnisschilderung!

Ein Spaziergang durch den Winterwald

Eine Wanderung durch den tief verschneiten Wald im letzten Jahr ist für mich ein eindrucksvolles Erlebnis gewesen, weil mir durch den Tiefschnee die Natur viel näher gebracht wurde als sonst.[1]
Meine Eltern und ich hatten beschlossen, eine Wanderung durch die winterlichen Landschaften[2] zu unternehmen.[3]
Als wir in der Nähe von Bad Tölz am Waldrand aus dem Auto steigen, bemerken wir, daß es hier über Nacht viel geschneit hat, denn wir stehen knietief im Schnee. Ich freue mich darüber, weil so ein Hauch von Abenteuer über dem Weg liegt, den wir nun suchen müssen. Wir lassen uns Zeit mit dem Wandern, denn uns drängt niemand, und wir wollen dieses Erlebnis mit vollen Zügen genießen.
Die Fichten, die sich das Jahr über weit in den Himmel gereckt haben, stehen jetzt mit ihren weißen Hauben wie erstarrt da. Ich blicke auf zu ihren Wipfeln

und sehe, wie sie sich leise ein wenig unter dem strahlend blauen Himmelszelt hin und her wiegen und wie ihre äußeren Äste von einem weißen Schneevorhang heruntergedrückt[4] werden. Der Waldboden ist von einer dicken Pulverschneeschicht bedeckt, und Mulden und Erhebungen verschwinden unter ihrer angleichenden Kraft. Während ich das betrachte, nähern wir uns einer Lichtung, in der ich einige freistehende Tannen sehe, die als stumme Zeugen den plötzlichen Wintereinbruch bekunden. Ich kann mir kaum vorstellen, wie ihre Äste die Schneemassen, die auf ihnen lasten, tragen können. Tief neigen sich die untersten Zweige der Erde zu, und in den Astgabeln haben sich dicke Schneekissen gebildet. Als ich nahe an einer Tanne vorbeigehe, kommt ein Windstoß, wirbelt den Schnee auf den Ästen hoch, und ich fühle am Hals, wie ganz feine Schneeflocken in meinen Anorak rieseln. Langsam gehen wir weiter durch die breite Lichtung; ich trete die Spur, und meine Eltern treten in meine Stapfen. Nach einigen Metern gibt jedoch plötzlich der Schnee unter meinem rechten Fuß nach, und ich falle in ein ausgetrocknetes Bachbett, das der Schnee ganz zugedeckt hat. Nachdem ich mich von dem Schrecken erholt habe, stapfe ich, weiß wie ein Schneemann, aus dem Graben heraus. Ich klopfe mir den Schnee von den Kleidern, wir wandern weiter, und schon bald kreuzt eine Fährte unseren Weg, die sich nach einigen Überlegungen als die Spur eines Hasen herausstellt. Jetzt sind wir auf der anderen Seite der Lichtung angekommen, und so schaue ich noch einmal um. Vor mir steht eine weiße Wand, Bäume, deren Stämme und Äste von dicken Schneepolstern eingehüllt sind. Zum Vergleich betrachte ich die Fichten auf dieser Seite und bemerke, daß sie nicht schneebedeckt sind. „Ach ja“, denke ich mir, „sie sind ja auch der Wetterseite abgewandt.“ Nach diesem letzten Blick über die Schneewiese gehen wir weiter durch den winterlichen Wald. Auf dem letzten Stück unserer Wanderung pumpen wir unsere Lungen noch einmal voll mit der reinen Waldluft und genießen die Stille der Natur. Aber schon bald stehen wir wieder vor unserem Auto und fahren heim.
In uns aber bleibt die Gewißheit, daß so der Tag am besten ausgenützt war, und wir wünschen, daß wir einen solchen Spaziergang bald wieder machen werden.

1. Was meint der Schüler damit? Kommt er der Natur näher, weil er im Schnee stapft?
2. Wozu Plural? Landschaft ist ein Begriff, ein Abstraktum, und vermittelt keinen Eindruck!
3. Dieser Satz ist eine weitere Einleitung!
4. Ein Vorhang „drückt nicht herunter“!

Bemerkung

Diese Erlebnisschilderung trägt noch unverkennbar die Züge der Erzählung, denn die Handlung, das Geschehen gibt das Gerüst, den Rahmen ab für die Eindrücke, die der Aufsatz vermittelt.

Schulweg im Nebel

Dichter Nebel liegt über den Straßen, und ich begebe mich auf meinen Schulweg. Ich kann keine zehn Meter weit sehen. Die Luft ist feucht, und vereinzelte Tautropfen hängen an den Blättern der Bäume, die mit Reif bedeckt sind. Die Fenster sind beschlagen, denn es ist kalt geworden. Nur vereinzelt dringen dumpfe Laute zu mir durch die undurchdringliche Nebelwand. Die Autos haben ihre Lichter angestellt,[1] die wie zwei leuchtende Augen die Waschküche[2] zu durchdringen suchen. Die Kraftwagen fahren langsam und hupen oft, und auch die Straßenbahnen bimmeln, um entgegenkommende Fahrzeuge zu warnen. Sogar die Fußgänger gehen langsamer, und bei Straßenübergängen müssen sie genau aufpassen. Wie Schemen tauchen vereinzelte Bäume und Masten aus dem Grau auf,[3] um gleich darauf wieder darin zu verschwinden. Das Blaulicht eines vorbeijagenden Streifenwagens wirkt wie ein blaues Auge.[4] Nur vereinzelt sieht man Umrisse von Häusern.[5] Ein leichter Wind kommt auf, und plötzlich sehe ich deutlich ein Gebäude vor mir, doch dann ist wieder alles in der Nebelwand versunken. Langsam aber steigt der Nebel hoch, und ich kann schon ein bißchen weiter sehen. Nur vereinzelt hängen noch Nebelschwaden vor den Häusern, aber dann lösen auch sie sich auf. Die Sonne sendet schon ihre Strahlen durch den Nebel, doch noch haben sie nicht ihre gewohnte Stärke. Jetzt sehe ich schon deutlich die Schule vor mir, und der Unterricht beginnt.[6]

---

1. Schlechter Ausdruck! Dafür: „. . . eingeschaltet."
2. Unpassendes Bild!
3. Guter Vergleich, der den Eindruck treffend wiedergibt!
4. Unmöglicher Vergleich!
5. Bloße Feststellung! Welchen Eindruck macht sie?
6. Ungünstiger Schluß!

Bemerkung

Dieser Schüler versucht, anschaulich zu schildern; es mangelt ihm jedoch noch die nötige sprachliche Gewandtheit und Treffsicherheit. Daher sind mehrere

Stellen im Aufsatz sprachlich nicht treffend genug. Die Beobachtungen hätte der Schüler auf sich wirken lassen sollen, damit er Eindrücke hätte vermitteln können.

Regen

Ich blicke aus dem Fenster. Der Regen trommelt gegen die Scheiben, und wie aus weiter Ferne dringt ein Rauschen an mein Ohr.
An einem Haus, auf der gegenüberliegenden Straßenseite, ist eine undichte Regenrinne, aus der erst langsam laufend und dann stoßweise Wasser überschwappt. Mit lautem Klatschen schlägt es auf dem Pflaster auf, nach allen Seiten zerspritzend.
Zwei Knaben gehen hastig, mit eingezogenem Kopf und tief in den Hosentaschen vergrabenen Händen, die Straße entlang. Ein Mädchen hüllt sich fröstelnd in ihren Lackmantel. Plötzlich fährt ein Auto dicht neben dem Mädchen durch eine Pfütze. Erschrocken hüpft es zur Seite, beugt sich hinunter und betrachtet schimpfend das Malheur. Mit seinen zierlichen Händen klopft es ein wenig auf den Schmutzflecken herum, bis es schließlich kopfschüttelnd, die Nutzlosigkeit seines Tuns einsehend, seinen Weg fortsetzt. Ein paar Meter weiter versuchen sich zwei Kinder gegenseitig in eine Wasserlache zu stoßen. Beide ziehen und zerren an den Kleidern des anderen, bis endlich einer von beiden zu schwanken beginnt und, um nicht das Gleichgewicht zu verlieren, plötzlich mit einem Bein ins Wasser patscht. Triumphierend reißt der „Sieger“ die Arme hoch und läuft, von seinem „Gegner“ gejagt, in eine Nebenstraße.
Gelangweilt wende ich mich ab und schenke meine Aufmerksamkeit wieder den Hausaufgaben.

Bemerkung

Diese Schilderung reiht sehr natürlich und ohne jegliche Übersteigerung die einzelnen Beobachtungen aneinander und vermittelt einen guten Eindruck von diesem Regentag. Die Grundstimmung ist noch nicht herausgearbeitet, und man merkt dem Aufsatz an, daß dies einer der ersten Versuche der Schüler ist, die Erlebniserzählung zur Erlebnisschilderung weiterzuführen. Ein guter, gelungener Versuch!

Unwetter im Wald

Ich habe mit meinem Freund eine Radtour in den Forstenrieder Park unternommen. Plötzlich wird es totenstill. Kein Vogel trillert mehr sein fröhliches Lied. Drückende Schwüle liegt in der Luft. Die Sonne hat sich verkrochen, und es ziehen finstere Gewitterwolken auf. „Da kommt ein Unwetter", sage ich zu meinem Freund. „Der Weg nach Hause ist zu weit. Ich glaube, es ist am besten, wenn wir zu den kleinen Fichten fahren. Dort sind wir wenigstens etwas geschützt vor dem Regen." Kaum haben wir uns im Unterholz versteckt, geht es[1] auch schon los. Ein ohrenbetäubendes Krachen bricht den unheimlichen Bann. Blitze zucken in der Dunkelheit und tauchen den Wald in ein gespenstisches Licht. Plötzlich braust der Sturm los, und es beginnt zu regnen. Aber wie! Ein Platzregen peitscht die Bäume und Sträucher. „Hoffentlich geht das gut", denke ich mir. „Wenn ein Baum auf uns fällt, sind wir erledigt. Aber andererseits sind wir ja geschützt, und es steht nur die alte, knorrige Eiche in unserer Nähe. Die wird dem Sturm trotzen." Ich sehe, wie eine Fichte, die gerade noch kraftstrotzend dastand, von dem Sturm entwurzelt wird. Ein bizarres Gebilde, wahrscheinlich die Wurzeln des Baumes, glotzt mich, so scheint mir, höhnisch an. Da wird[2] schon wieder vom Sturm ein Baum wie ein Streichholz umgeknickt. Nur noch der Stumpf starrt anklagend gegen den Himmel. Da wird einer Buche ein Ast abgerissen.[3] Ich bekomme es mit der Angst zu tun. „Wenn nur die alte Eiche dem Sturm standhält!" Auf einmal ächzt und stöhnt sie und neigt sich auf uns zu. „Nein, das darf nicht wahr sein," schreie ich. Ich drücke die Hände vor das Gesicht, daß ich nichts mehr sehen kann. „Jetzt ist es aus. Wer hätte gedacht, daß es so schnell geht?" Ich höre ein lautes Krachen. Angstvoll öffne ich die Augen und sehe zu meinem Erstaunen, daß die Eiche keine fünf Meter von mir entfernt am Boden liegt.[4] Ich atme auf. Unwillkürlich muß ich an Beethovens dritten Satz der Sonate „Der Sturm" denken.[5] Dieses Aufheulen des Sturmes, das Ächzen und Stöhnen der Bäume, das Krachen des Donners, das Plätschern des Regens, all das kommt auch in diesen Klängen zum Ausdruck.
Doch selbst das größte Unwetter geht glücklicherweise einmal zu Ende. Die Natur hat sich ausgetobt. Schon brechen die ersten Sonnenstrahlen durch die Wolkendecke und saugen das Wasser auf. Auch die Vögel beginnen wieder zu singen, und Friede und Eintracht kehren in den Wald zurück.

1. Nichtssagende Wendung!
2. Störende Wiederholung im Ausdruck!
3. Nicht treffend formuliert!
4. Unglaubwürdig, denn eine alte Eiche hält dem Sturm sehr lange stand, und es ist sehr unwahrscheinlich, daß diese Eiche so schnell vom Sturm entwurzelt wird.
5. Ob einem bei einem solchen Schrecken Beethovens Sonate einfällt?

Bemerkung

Diese Erlebniserzählung leitet zur Erlebnisschilderung über, denn obwohl das eigentliche Erlebnis noch deutlich hervortritt und den Aufsatz bestimmt, weist dieser Aufsatz klar und unübersehbar entscheidende Züge der Schilderung auf: Was der Schüler denkt, empfindet, welche Eindrücke er vom Geschehen um ihn hat, drückt er aus, gibt er wieder. Treffende Adjektive und Verben beleben den Aufsatz. Leider ist das dargestellte „Erlebnis" nicht glaubwürdig; es ist maßlos übertrieben, wenn nicht sogar völlig frei erfunden (wie in so vielen Erlebniserzählungen und Schilderungen!). Die sprachliche Gestaltung ist durchaus brauchbar.

Aufgabe

Du bist in den Ferien zu Besuch bei Verwandten. Beim Pilzesuchen seid ihr von einem schweren Gewitter überrascht worden. Als du deiner Mutter am nächsten Tag einen Brief schreibst, schilderst du ihr dein Erlebnis, deine Eindrücke bei diesem Gewitter, diesem Unwetter: Ein schreckliches Gewitter!

Ein Gewitter zieht auf

Die Vögel zwitschern laut; die Eichhörnchen betteln um Futter.[1] Aber wie mit einem Schlag verstummt das Gezwitscher, kein Eichhörnchen ist mehr zu sehen. Von Süden zieht eine blau-schwarze Wand heran. Ein Gewitter naht. Die Luft scheint noch schwüler zu werden. Viele Leute brechen ihre Spaziergänge ab, um eilends nach Hause zu gehen. Langsam kommt Wind auf, der die halb verdorrten Äste der Büsche und das hohe, trockene Gras hin und her wiegt. Die Wand zieht näher, schon hat sie die Sonne bedeckt. Der Wind schwillt an. Schnell räumen die Obstverkäufer ihre Karren auf,[2] legen Planen auf das Obst und schieben die

Wagen, so schnell sie können, davon. Entfernter rollender Donner wird hörbar.[3] Die Leute auf der Straße gehen[4] schneller, um noch trocken die Wohnung zu erreichen. Der Sturm schüttelt nun auch große Bäume kräftig,[5] und mancher[6] Hausfrau fliegt die sauber gewaschene[7] Wäsche von der Leine. Die Tauben hocken unter Mauervorsprüngen oder dicht an Kamine gepreßt. Nun sieht man[8] auch Blitze über den Himmel zucken, es wird kalt, mich friert. Die ersten Regentropfen fallen, der Regen wird schnell stärker.[9] Noch ein Blick in den Bach, wo die Tropfen beim Aufprall hübsche Ringe bilden, die sich vergrößern, bis sie auf einmal verschwunden sind. Schnell dränge ich mich in eine überfüllte Tram, um nicht gänzlich durchnäßt zu werden.

---

1. Diese Einleitung wirkt gesucht; sie paßt auch nicht zu den übrigen Beobachtungen des Aufsatzes, denn Eichhörnchen trifft man im Wald oder Park.
2. Obstverkäufer mit Karren stehen an belebten Straßen oder Plätzen; da hüpfen aber keine Eichhörnchen umher!
3. Sachlich-trockene Feststellung, die keinen Eindruck vermittelt!
4. Farbloser Ausdruck, der keinen Eindruck vermittelt!
5. Bloße Feststellung!
6. Das ist eine Überlegung, aber keine eindrucksvolle Beobachtung! Wie sieht es aus, wenn der Wind die Wäsche von der Leine reißt? Welchen Eindruck macht das auf den Beobachter?
7. Überflüssige Feststellung!
8. Unpersönliche, störende Feststellung! Kein Eindruck! Dabei ließe sich gerade diese Beobachtung der am Himmel aufleuchtenden Blitze sehr eindrucksvoll schildern!
9. Farblose, trockene Feststellung!

Bemerkung

Dieser Aufsatz ist ein Beispiel dafür, wie Schüler die Anleitung, wie sie eine Schilderung schreiben sollen, worauf es bei einer Schilderung ankommt, falsch auffassen und glauben, eine gute Schilderung begnüge sich mit einigen anschaulichen Adjektiven und Verben. Sie übersehen dabei, daß treffend ausgewählte Beobachtungen die Grundvoraussetzung sind, um eindrucksvoll schildern zu können. Erst wenn man diese Beobachtungen auf sich wirken läßt, kann man Eindrücke vermitteln und eine Grundstimmung herausarbeiten. Die „Beobachtungen" dieses Aufsatzes sind willkürlich zusammengetragen, beruhen nicht auf einem echten Erlebnis; dieser Schüler hat *überlegt*, was er alles im Aufsatz aufzählen kann, er hat nicht beobachtet.

Ein herrlicher Frühlingstag im Garten

Es ist Sonntagmorgen. Am Tag vorher habe ich mich tüchtig ausgearbeitet, bin früh ins Bett gegangen und bald in einen tiefen, traumlosen Schlaf gefallen. Wie lange ich so gelegen habe, weiß ich nicht, aber es ist mir, als ob[1] seit einiger Zeit ein anschwellendes Getön[2] in meine Ohren dringe. Es hört sich an, als ob[1] in einem starken[3] Orchester ein großer Chor[4] von Geigen in den höchsten Lagen musiziere. Allmählich werden die Töne, die ich vernehme, klarer. Ich unterscheide das jubelnde Flöten der Amseln und Drosseln, in das sich das helle Zwitschern der Finken und Stare und das freche Pfeifen[5] der Spatzen mischt. Hellwach springe ich aus dem Bett. Ein goldener Schein erfüllt den Raum und taucht den Teppich in eine satte, bernsteingelbe Farbe. Ich laufe zum Fenster, ziehe den Vorhang auf und sehe[6] mit staunender Freude die Sonne an einem wolkenlosen Himmel. Gestern noch war es regnerisch und kühl, und nun ist alles[7] Wärme und Licht. Es hält mich nicht mehr im Zimmer. Runter mit dem Schlafanzug, die Turnhose an und in Sandalen in den Garten!
Es ist noch ganz still im Haus, und alles liegt in tiefem Schlaf. Behutsam öffne ich die Türe unseres Wohnzimmers in den Garten, um niemanden zu stören. Die Sonne fällt[8] unmittelbar in den geöffneten Raum.[9] Es ist ein seltenes Gemisch von würziger Frische und wohliger Wärme.[10] Ich dehne und strecke mich und schüttle den letzten Schlaf aus den Gliedern.[10] Vor mir liegt der frische Rasen, der fast den ganzen Garten einnimmt. Alle Grashalme haben ein leuchtendes Grün und glitzern im Tau in der Sonne. Ich streife die Sandalen ab und schlurfe mit Wonne barfuß durch die betaute Wiese. Das ist ein Prickeln in den Fußsohlen! Um mich herum ist alles still und scheint keine Ahnung von der Pracht dieses Frühlingsmorgens zu haben. Es ist sechs Uhr, und nur aus der Ferne dringt das melodische Geläute unserer katholischen Kirche zu mir. Es ist wie eine Danksagung für diesen herrlichen Tag. Diesmal öffnet das Geläute auch mir das Herz, ich hole tief Atem, und es ist, als ob meine Augen mit neuer Kraft die Schönheit des Frühlings um mich herum aufnehmen wollten. In der Ecke unseres Gartens steht ein mächtiger Forsythienbusch. Er ist über und über in ein leuchtendes Goldgelb getaucht und steht da wie eine brennende Fackel. Zum ersten Male kommt mir zu Bewußtsein, was für ein Wunder dieser Strauch ist. Aus knorrigen Wurzeln löst sich ein Gewirr gelblich-brauner Äste und Zweige, sehr rissig und wie mit häßlichen Warzen bedeckt, aber das alles wird überstrahlt von den gelben Blüten, deren vier Blätter einen Stern bilden, der die zarten Stempel einhüllt. Der Frühling hat das alltägliche Grau der Äste und Zweige, auf denen jetzt die Sonne spielt und ein fast abstraktes Muster von Licht und

Schatten wirft, in einen goldenen Mantel gehüllt. Aber dieses Gold ist nur *ein* Ton in der Frühlingspracht der Farben. Die Lärchen, nicht weit vom Forsythienstrauch entfernt, scheinen ein einziges, zartes Grün zu sein, um das jetzt im Morgenlicht einige Bienen spielen.
Ich drehe mich um, um zurück ins Haus zu gehen. Da fällt mein Blick auf das kleine Mandelbäumchen vor unserer Garage. Gestern noch waren nur Knospen an den zarten Zweigen zu sehen. Aber heute sind sie aufgebrochen, und das Bäumchen ist über und über mit Blüten besät. Einige sind prall wie kleine Erdbeeren und tiefrot, andere haben sich schon weiter geöffnet, und ihre Farbe spielt mehr ins Rosarot. Die Kraft der Frühlingssonne hat sie in kurzer Zeit erschlossen und taucht sie nun in ihr warmes Licht. Plötzlich höre ich in meinem Rücken ein aufgeregtes Gekreische und Flügelschlagen. Ich drehe mich um un sehe, wie ein Eichhörnchen um unsere Buchenhecke streicht. Ein Amselpärchen flattert aufgeregt hin und her. Sind sie besorgt um ihr Nest, das ich noch nicht entdeckt habe? Ich verjage das Eichhörnchen und trete behutsam hinzu. In der Tat, in einer Astgabel der Buschenhecke, dort wo sie ganz dicht ist, sehe ich ein schwärzliches, rundes Knäuel, und wie ich näher hinschaue, bemerke ich, wie sich vier Hälse ungefiederter, winziger Vogelleiber nach oben strecken und weit die Schnäbel aufsperren. Sobald ich zurückgehe, kommt das Amselpaar wieder herbeigeflogen und füttert seine Jungen. Auch hier Frühling, neues Leben, neue Hoffnung! Es ist mir, als ob auch mich dieses Wachsen und Blühen und das Regen neuen Lebens überall erfüllt. Fröhlich und dankbar gehe ich nun nach oben, und während ich mich nach Herzenslust wasche, pfeife und singe ich, daß es durch das ganze Haus schallt und mein Vater mit der Faust an die Tür donnert. Er kann ja nicht wissen, daß ich schon früh allein im Garten war und den Frühling erlebt habe.

---

1. Störende Wiederholungen im Ausdruck vermeiden!
2. Unpassender Ausdruck! Außerdem stark übertrieben!
3. Ungebräuchlicher Ausdruck!
4. Man spricht nicht von einem „*Chor* von Geigen“! Das Singen der Vögel kann man nicht mit einem großen Orchester und dessen „Getön“ vergleichen.
5. Dafür: „Tschilpen“!
6. Statt dieser sachlich-trockenen Feststellung sollte der Schüler seinen Eindruck wiedergeben.
7. Was denn?
8. Die Sonnenstrahlen fallen in das Zimmer, nicht die Sonne!
9. Nicht gebräuchlicher Ausdruck!
10. Treffend ausgedrückt!

Bemerkung

Dieser Schilderung liegt persönliches Erleben zugrunde; dieses eindrucksvolle Erleben eines herrlichen Frühlingsmorgens im eigenen Garten bildet den Hintergrund für die Gestaltung und bewahrt zugleich davor, daß der Schüler gesuchte, kitschig wirkende Beobachtungen wählt. Es ist ihm gelungen, seine treffenden Beobachtungen eindrucksvoll zu gestalten und die Stimmung dieses frühen Frühlingsmorgens überzeugend zu gestalten. Die sprachliche Darstellung ist im ersten Teil des Aufsatzes nicht immer treffend; im übrigen Aufsatz ist sie jedoch anschaulich und vermittelt die Eindrücke wirklich überzeugend.

Totensonntag

Ein grauer, unfreundlicher Tag Ende November: Totensonntag! Der etwas abseits der Hauptverkehrsstraßen gelegene Friedhof ist in das fahle, kalte Licht des Tages getaucht. Kaum ein Geräusch dringt über die hohe Friedhofsmauer, und auch die wenigen Besucher, die sich hier eingefunden haben, sind in tiefes Schweigen gehüllt. Das Schwarz ihrer Kleidung vermengt sich mit dem Schwarz der Grabsteine und den dunklen Bäumen zu einem düsteren Bild, und mahnend scheinen sich die unendlich langen Reihen der Gräber und Kreuze einem jeden entgegenzustellen. Der leichte Nebel, der zwischen den Ästen der schon winterlich kahlen Bäume hängt und in größerer Entfernung alle Konturen verschwimmen läßt, verstärkt das Gefühl der Hoffnungslosigkeit und Einsamkeit. Alles wirkt schemenhaft und unwirklich, wie aus einer anderen Welt. Eine beißende, feuchte Kälte krallt sich überall fest und bringt mit ihrem frostigen Atem alles Leben zum Erstarren. Vereinzelt, wie Irrlichter einer Geisterlandschaft, flackern kleine Lämpchen auf den Gräbern, und auch die frischen Blumen mancher Gräber lassen in ihrer leuchtenden Pracht beim Besucher ein seltsames Gefühl der Unwirklichkeit aufkommen. Alles ist auf einmal in der langsam einsetzenden Dunkelheit erfüllt von eigentümlichen Geräuschen: knirschende Schritte im Kies der Fußwege, raschelndes, von leichten Windstößen bewegtes Laub und das häßliche Knarren des alten, rostigen Friedhoftores. Kalt und bedrohlich ragen die kahlen Äste der Bäume empor, und wie suchende Arme scheinen sich die Grabkreuze einem jedem, der vorbeikommt, entgegenzustrecken. Im fahlen Schein der matt leuchtenden Straßenlampen verläßt nun der letzte Besucher den Friedhof. Der alte Friedhofswärter schließt mißmutig das Tor ab und entfernt sich mit schlurfenden Schritten. Still und einsam liegt nun wieder alles da, bedeckt vom Mantel der Nacht.

Bemerkung

In diesem Aufsatz geht die Schilderung ins Stimmungsbild über, die Grundstimmung (Einsamkeit, Stille, Hoffnungslosigkeit) ist deutlich herausgearbeitet, ihr sind die Beobachtungen und Eindrücke untergeordnet. Die sprachliche Darstellung ist anschaulich, ohne Übersteigerungen.

Nebeltag im Gebirge

Bizarre Nebelfetzen schweben schnell über den glatten Schneehang herauf und übertönen mit ihrem eigenen dumpfen Grau sein hartes Weiß, das bis jetzt in der Sonne gleißte. Von der anderen Seite her fließt noch dunklerer, noch stärker zerfetzter Nebel an der steilen, zerklüfteten Felswand zur Höhe und wühlt sich in alle Felsschrunden. Endlich erreichen die unheimlichen, stummen Wesen[1] von beiden Seiten den Grat und bäumen sich aneinander auf wie scheuende Pferde. Gespannte Stille erfüllt die kalte Luft. Erst allmählich vermengen sich die Nebel wie zwei verschiedene Farben, die zu einer neuen Farbe zusammenfließen. Immer neue Schwaden wallen aus der Tiefe herauf. Noch schimmert der Grat wie ein Damm aus dem Nebel. Nur dort, wo der Grat in den unnahbaren, steilen Gipfel, eine gebieterische Bastion, aufschießt, haben die Nebelschwaden noch nicht gesiegt. Der Gipfel leuchtet noch in der Sonne.Der naßkalte Schatten wird durch den eisigen Wind, der die Stille vertreibt, noch unerträglicher. Nun ertrinkt langsam auch der Gipfel in diesem Nebelmeer. Fahl und kraftlos ist die Sonne geworden. Ihr dünnes Licht taucht alles, Schneeflächen und Felsschroffen, in dieselbe kalte, grauweiße Farbe; kaum, daß sich der mächtige Gipfel als dunklerer Schatten noch etwas abzeichnet. Zwar hat das Grau ihn überspült, aber der Sturm, der immer neue Nebelgespenster herantreibt, prallt, manchmal jäh voll Wut aufbrüllend, dann wieder winselnd und stöhnend, von den Eisflanken der unbezwingbaren Trutzburg ab. Irgendwoher dringt das Tosen und Donnern von Eis- und Schneemassen, die sich zu Tal wälzen, durch den schauerlichen Orgelton des Sturms. Wieder johlt der Wind in den Eisschrunden. Winzige, stechende Eispfeile jagt der Sturm durch den Nebel. Manchmal hält er unversehens inne. Dann ist es, als ob sich das Nebelmeer verbergen wolle. Kein Laut durchbricht die Stille. Aber ehe die Schneewirbel aufgehört haben, wild zu tanzen, peitscht sie der Orkan schon brüllend weiter. Immer mehr erstickt die Dunkelheit den fahlen Schimmer der Sonne. Alles erstarrt zu Eis. Unablässig tobt der Sturm wie in sinnloser Wut um den Berg.

---

1. Etwas übersteigert und irreführend, denn man denkt an geheimnisvolle Wesen und stellt erst dann fest, daß Nebelschwaden gemeint sind.

Bemerkung

Dieses Stimmungsbild schildert sehr anschaulich einen stürmischen Nebeltag im Hochgebirge. Eindrücke und die Grundstimmung beherrschen den Aufsatz, der Schüler bringt *seine* Eindrücke, sein ganz persönliches Erleben zum Ausdruck. Nicht eine Handlung oder sachliche Beobachtungen führt dieser Aufsatz an, sondern eine einzige Grundstimmung, ein einziger Eindruck beherrscht den ganzen Aufsatz, die Umwelt, der Nebel spiegeln die Stimmung wider. Die sprachliche Darstellung vermittelt dem Leser des Aufsatzes diese Eindrücke.

Herbst im Gebirge

Der Morgen naht. Leise streicht der kühle Herbstwind über die noch verschlafen daliegenden Almmatten. Vorsichtig schiebt er die letzten Nebelschwaden, die schemenhaft Büsche und Gräser umfließen, wie eine zerbrechliche Glaswand vor sich her. Unendlich viele feinste Tautropfen werden im Lichte der aufgehenden Sonne zu funkelnden Diamanten und verwandeln die buckligen Wiesen in ein bewegtes Meer. Auf diesen glitzernden und gleißenden Wogen treibt die Almhütte gleich einem schlafenden Schiff. Verträumt schweben feine, graue Rauchschwaden, die aus dem Kamin steigen, eine Zeitlang ruhig über dem Dach dahin. Dann werden sie vom Winde vorsichtig auseinandergeschoben, umkreisen wie kleine Vögel die Wipfel benachbarter Fichten und lösen sich schließlich ganz auf. Ein alter Senn[1] öffnet bedächtig die knarrende, schwere Holztür der Hütte, als wolle er die noch schlafende Natur nicht stören. Etwas schlaftrunken tappt er in schweren Holzschuhen durch das nasse Gras dem Stall zu. Sein Atem steigt in dichten, schneeweißen Wolken vor seinem Munde auf. Teilweise schlägt er sich als Reif auf seinem Vollbart nieder, verklebt so die einzelnen Haare miteinander und gibt dem Alten ein unheimliches Aussehen. Ab und zu dringt ein tierischer[2] Laut aus dem Stall in die unberührte Natur und wird von den Wänden der umliegenden Berge verschluckt. Im gleißenden Licht der inzwischen aufgegangenen Sonne sind die Berge wie von züngelnden Flammen bedeckt und schieben ihre Gipfel den wärmenden Strahlen der Sonne entgegen. Allmählich beginnen auch die Grillen ihr Morgenkonzert. Ihr harfenähnliches[3] Zirpen durchschneidet die monotone Stille. Langsam und zögernd stimmt die erwachende Natur[4] in das morgendliche Konzert ein.

---

1. Hier müßte man einen neuen Abschnitt machen, denn hier folgt das zweite Bild!
2. Mißverständlich, denn „tierisch" hat heute oft einen abwertenden Sinn, während hier wirklich Laute von Tieren gemeint sind!
3. Etwas übertrieben!
4. Zu allgemeiner Begriff, denn nicht „die Natur" stimmt in das „Konzert" ein, sondern nur einzelne Tiere!

Bemerkung

Die Grundstimmung dieses Stimmungsbildes (Ruhe – Erwachen) ist gut herausgearbeitet und durch treffende Beobachtungen veranschaulicht. Das Bild vom Senn paßt zu dieser Grundstimmung in der abgeschiedenen Bergwelt. Die eindrucksvolle, anschauliche Darstellung arbeitet den Stimmungsgehalt überzeugend heraus und vermeidet Übersteigerungen im Ausdruck.

Aufgabe

Dich hat ein Erlebnis besonders nachhaltig beeindruckt, es hat dich innerlich ergriffen; schreibe deine persönlichen Eindrücke nieder in einem Stimmungsbild!

Eindrücke aus einer fremden Stadt

Geheimnisvoll hallen die Schritte in der engen Gasse. Kein Licht erhellt den holprigen Weg, denn der Mond hat sich hinter einer dunklen Wolkenbank versteckt. Nur ab und zu blitzt ein verräterischer[1] Lichtschimmer durch einen Ritz im Fensterladen und verbreitet ein sehr spärliches Licht. Dunkel und düster gähnen die Fensterhöhlen und Hauseingänge den Besucher an, als ob dahinter eine versteckte Gefahr lauerte. Trotzig und steil ragen die Häuser dem Himmel entgegen, scheinen sich in der Ferne zu verbinden. Knarrend bewegen sich Fensterläden und Haustüren, aber niemand ist zu sehen, alles wirkt geisterhaft

und gespenstisch. In der Ferne heult ein Hund; ob der sich wohl auch verlassen vorkommt? Trotz[2] des leichten Windes riecht es überall nach vermoderndem Holz. In einer anderen Gasse schleichen einige tiefvermummte Gestalten nach Hause, vom Alter gebeugt. Ist das eine tote Stadt, eine aussterbende Stadt? Glucksend strömt Wasser, alles mit sich reißend, die Regenrinne entlang, stürzt in die Tiefe eines Kanals, um dort zu verschwinden. Man fühlt sich ins Mittelalter zurückversetzt. Es fehlen nur die schleppenden Schritte, das Rufen eines Hornes und die Stimme des Nachtwächters.
Plötzlich stehe ich vor der Stadtmauer, einem Wehr[3], das nur an wenigen Stellen einen Durchgang läßt, an den Stadttoren. Helles Licht giert durch das grell erleuchtete Stadttor, dahinter, im Dunkel, gespenstische Schatten um sich werfend. Lautes Dröhnen, Hupen und Quietschen und das Aufkreischen von Bremsen! Wendet man seinen Blick zurück, so erhebt sich Nürnbergs Trutzburg im Hintergrund, von gleißendem Scheinwerferlicht angestrahlt; trotzig wehrt sie die hektische Außenwelt von der ruhigen, in tiefem Schlummer liegenden Altstadt ab.

---

1. Wieso verräterisch?
2. Unklare Beziehung, denn gerade der Wind kann diesen modrigen Geruch verbreiten!
3. „Wehrgang"?

Bemerkung

Der Eindruck des Unheimlichen, Geheimnisvollen ist gut getroffen und deutlich herausgearbeitet. Allerdings ist man überrascht, als im zweiten Teil des Aufsatzes diese fremde Stadt als Nürnberg bezeichnet wird. Man hätte wahrscheinlich alles andere erwartet. Der Schluß läßt die Stimmung des Hauptteils ausklingen, indem er die gegenteilige Stimmung anführt.

Eindrücke vom Kurfürstendamm

Hoch über den Kurfürstendamm in Berlin erhebt sich würdevoll und majestätisch das Europacenter. Von unten betrachtet, ist es ein ganz schlichtes Gebäude – und doch macht es mit zunehmender Höhe eine Verwandlung durch. Es verjüngt sich nach oben, strebt empor, um dann endgültig mit dem Himmel darüber zu einem Ganzen zu verschmelzen. Breit und mächtig bauen sich die alten Kaufhäuser auf und dulden nicht, daß sie übersehen werden. Eine gepflegte

Atmosphäre strömt aus den prunkvoll ausgestatteten, vornehmen Cafés und Restaurants, die die vorbeieilenden Menschen zum Verweilen einladen.
Unendlich zieht sich der breite, mehrspurige Fahrdamm hin und erträgt gelassen den sich langsam und schwerfällig dahinwindenden Strom von Autos. In langen Reihen hintereinander gestaffelt stehen die Ampeln am Straßenrand und blinken in grellen Farben, die keinen Widerspruch dulden. Wie ein Fels in der Brandung wird eine auf den Omnibus wartende Gruppe von der vorbeiströmenden Verkehrsflut umspült. Ein zweistöckiger Autobus nähert sich, verschluckt die wartende Gruppe und taucht wieder im Verkehrsgewühl unter. Wie vom Erdboden verschlungen verschwinden die Menschen[1] im U-Bahnschacht.
Bei Nacht wird der Besucher von der Flut der optischen Eindrücke eingefangen,[2] Leuchtreklamen, Kinos, Geschäfte, kurz gesagt alles, was der „Ku'damm" zu bieten hat, wird durch Leuchtschriften angepriesen. Von überallher dringen scharfe, unruhig hüpfende Lichter und malen eine zweite Welt, die bunter und fröhlicher ist als der graue Alltag. Der neu aufgebaute Turm überragt den gespenstisch beleuchteten Turm der Kaiser-Wilhelm-Gedächtniskirche und erinnert[3] an die ganze Pracht, die über dem „Ku'damm" liegt.[4]

---

1. Es wird nicht deutlich, daß das nicht die Leute sind, die in den Bus eingestiegen sind.
2. Das ist eine Überlegung, keine Beobachtung, denn bisher war nicht die Rede davon, daß der Kurfürstendamm bei Nacht geschildert wird; auch die Eindrücke waren für den Tag bezeichnend, nicht für den Abend.
3. Wieso erinnert er daran, wenn die Pracht noch „über dieser Straße liegt"?
4. Ungebräuchliche Ausdrucksweise! Die Straße kann diese Pracht entfalten!

Bemerkung

Der Schüler hat Beobachtungen herausgegriffen, die für den Kurfürstendamm in Berlin kennzeichnend sind; es ist ihm jedoch noch nicht gelungen, eine Grundstimmung überzeugend herauszuarbeiten. Der Aufsatz zählt noch zu sehr auf, reiht Beobachtung an Beobachtung, ohne diese Eindrücke zu einer Einheit, zusammenzufassen, in einem stimmungshaltigen Grunderlebnis zu gestalten. Der letzte Abschnitt stört, da er keine persönlich gestalteten Eindrücke wiedergibt, sondern dem Nachdenken entspringt und die Erinnerung anführt, wie der Kurfürstendamm bei Nacht aussieht.

Aufgabe

Du hast ein besonders eindrucksvolles Urlaubserlebnis auf einer Auslandsreise gehabt; versuche, den nachhaltigsten Eindruck dir wieder zu vergegenwärtigen und als Stimmungsbild zu gestalten!

Erlebnisschilderungen findet Ihr im Manzbuch 611, **„Meine Schulaufsätze“** (7./8. Jahrgangsstufe):

Nachts allein daheim
Am Fenster
Im Wartezimmer – Warten
Die Fahrt auf der Achterbahn
Mein erster Flug
Helle Nordlandnächte
Norwegisches Frühstück
Gespräch am Frühstückstisch
Auf der „Turella“
Auf der „Santa Maria“
Fahrt mit Mikro-Taxi
Gerichtsdiener Frosch

10. Briefe

Jeder Schüler – wie auch jeder Erwachsene – muß Briefe schreiben. Je nach Temperament, Veranlagung und Einfühlungsvermögen wird der Brief aus dem gleichen Anlaß bei jedem Menschen sehr verschieden ausfallen (Länge, Wortlaut, Art der Darstellung, Inhalt).
Der Brief ist keine eigene Aufsatzart. Wir können in einem Brief ein Erlebnis erzählen, über ein Erlebnis oder ein Ereignis sachlich berichten, wir können eine Bitte äußern, einem anderen mitteilen, was uns bewegt, oder einen Gegenstand beschreiben. In einem Brief setzen wir uns aber auch mit einem Problem, einer anderen Meinung, einem Vorschlag oder einer brennenden Frage der Gegenwart auseinander, begründen unsere Meinung, unseren Standpunkt oder unsere Ablehnung einer anderen Ansicht (Besinnungsaufsatz, Erörterung). Was gefordert wird, erfährt der Schüler im Unterricht.
Meistens werden persönliche Schreiben, also Briefe aus persönlichen Anlässen, verlangt. Ein solcher Brief ist ein Gespräch mit einem Freund, einem Bekannten, einem Verwandten. Er soll zeigen, daß der Schreiber Zeit und Lust hat, dem Briefpartner zu schreiben. Dabei muß die Sprache des Briefes dem Empfänger entsprechen, das heißt, einem Freund wird man anders schreiben als dem Patenonkel oder der Großmutter.

Besonders zu beachten ist bei jedem Brief die äußere Form;

Ort und Datum dürfen nicht vergessen werden;
die Anrede darf nicht fehlen und muß passen;
die Fürwörter für die angeredete Person (2. Person Einzahl/Mehrzahl) werden groß geschrieben;
auch das sog. Höflichkeits-Sie wird groß geschrieben;
die Schlußworte sollen nicht formelhaft sein,
sie müssen der Anrede entsprechen;
der Text muß auf dem Briefbogen übersichtlich verteilt werden (nicht bis zum Rand schreiben! Oben und unten auf dem Bogen Platz lassen!).

Zu den Satzzeichen im Brief:

a) Zwischen Ortsangabe und Datum steht ein Komma.
b) Nach dem Datum steht *kein* Punkt.
c) Nach der Anrede kann ein Ausrufezeichen oder ein Komma stehen.
d) Die abschließende Höflichkeitsformel endet im allgemeinen *nicht* mit einem Punkt.
e) Ein Punkt steht, wenn die Höflichkeitsformel in den Schlußsatz einbezogen ist.
f) Nach der Unterschrift steht *kein* Punkt.

Der Privatbrief kann

Mitteilungen, Nachrichten, Anordnungen enthalten, also
sachbezogen sein.

Er kann Gedanken, Gefühle und Bekenntnisse des Schreibenden enthalten, also
absenderbezogen sein.

Der Privatbrief kann auf Fragen und Probleme des Adressaten eingehen, also
empfängerbezogen sein.

Im allgemeinen sind die Bezugsgrößen **Sache, Absender, Empfänger** in jedem Privatbrief vertreten. Im Idealfall sind diese Bezugsgrößen in einem ausgewogenen Verhältnis verbunden.
Ein Privatbrief kann aber auch
vorrangig nur Mitteilungen enthalten,
vorrangig der Selbstdarstellung bzw. der Selbstaussprache dienen,
vorrangig auf den Briefpartner ausgerichtet sein.
Die Sprache des Privatbriefes hängt davon ab, welchem Bezug der Vorrang gegeben wird.
Der sachbezogene Brief wird im Aufbau und in der Sprache sachlich, informativ, berichtend und beschreibend sein.
Der absenderbezogene Brief wird emotional, subjektiv, im Erlebnisstil geschrieben sein.
Der empfängerbezogene Brief wird sich vor allem in der Sprache dem Alter, der Aufnahmefähigkeit, dem Interesse des Empfängers anpassen. (Brief an ein Kind, an ein Mädchen, an einen älteren Verwandten usw.)

An einen Freund über den Besuch eines Skilagers

Lieber Peter,[2]

recht[3] herzlichen Dank für Deinen letzten Brief. Ich habe schon ein ganz schlechtes Gewissen, weil ich Dich so lange auf Antwort warten ließ. Aber ich erzählte Dir ja bei unserem letzten Zusammensein, daß ich Ende Januar mit meiner Klasse ins Skilager fahren werde, und darüber möchte ich Dir jetzt berichten. Es interessiert Dich bestimmt, da Du ja auch bald dorthin fahren wirst.
Am Donnerstag früh ging's los. Meine Mutti gab mir noch alle möglichen Ermahnungen mit, da es das erste Mal war, daß ich allein von zu Hause wegfuhr. Vati schmunzelte nur. Nach einer Bus-Fahrt kamen wir mittags an. Es war ganz toll hier, und es ging lustig zu. Was mir am zweiten Tag passierte – Du wirst Dich zu Tode lachen. Am Morgen hatte ich schon früh die Skier angeschnallt, denn ich wollte der erste beim Lift sein. Ich war sehr übermütig und wäre beinahe aus dem Lift gefallen. Oben wartete ich schon ungeduldig auf meinen Freund, mit dem ich heute ein Skirennen austragen wollte. Endlich tauchte er neben mir auf. „Achtung! Fertig! Los!" schrie ich, und ab ging's. Wir fuhren natürlich im Schuß. Aber was war das? Ich war wohl auf eine Eisplatte geraten. Meine Skier fingen an zu schlittern, und ich steuerte geradewegs auf einen Wald zu, und das mit vollem Tempo. Da Tiefschnee war, konnte ich nicht abschwingen. Der Wald kam immer näher. „Au – Krach – Bumbs!" Da lag ich im Schnee.
Ich griff nach meinem Kopf. Au, da war schon eine ganz beträchtliche Beule. Ich wollte aufstehen, aber meine Beine, die Skier und die Stöcke, alles war durcheinandergeraten, und ich kam nicht hoch. „Ach, au!" mir tat alles weh. Da kam mein Freund und half mir in die Höhe. Er grinste natürlich ganz unverschämt. Du weißt ja, wer den Schaden hat, braucht für den Spott nicht zu sorgen. Gott sei Dank, daß solche Verletzungen im ersten Augenblick immer schlimmer aussehen, als sie in Wirklichkeit sind. Du brauchst Dir keine Sorgen zu machen, ich bin schon wieder fit.
Ich wünsche Dir viel Glück, wenn Du ins Skilager fährst, und würde mich freuen, wenn Du mir über Deine Erlebnisse schreiben würdest.

Mit herzlichen Grüßen,[4]
Dein Stefan.[5]

---

1. Hier fehlen Ortsangabe und Datum!
2. Nach der Anrede ist Ausrufezeichen oder Komma möglich!

3. Wenn nach der Anrede ein Komma steht, mit kleinen Buchstaben beginnen! (Aber Substantive trotzdem groß schreiben!)
4. Nach der Schlußformel wird kein Komma gesetzt!
5. Nach der Unterschrift wird kein Punkt gesetzt!

Bemerkung

Ein gelungener Brief, dessen Einleitung und Schluß die Erzählung umrahmen und motivieren! Auch sprachlich recht ordentlich!

An einen neuen Brieffreund

München, den 6. 5. 1985

Lieber Friedrich!

Ich habe in einer Jugendzeitschrift Deine Adresse gefunden. Ich wohne in München, bin elf Jahre alt und heiße Richard Siebl. Meine Hobbys sind: Schach, Schwimmen, Radfahren, Wandern, Skifahren und Tischtennis.
Wir, ich meine damit Mutti, Vati, meine zwei Geschwister Monika und Franz und mich, wohnen in einer Neubauwohnung in der Altstadt.
Ich möchte Dich gerne einmal einladen, zu uns zu kommen.[1] Die Stadt, das Deutsche Museum und die vielen Sehenswürdigkeiten würde ich Dir gern zeigen. Hoffentlich kannst Du Dir einmal die „Weltstadt mit Herz" ansehen und uns besuchen.[2] Du bist uns immer[3] willkommen.
Aber zuerst mußt Du unsere Anschrift wissen: 8 München 2, Kaiser-Ludwig-Platz 2 / 4. St. rechts. Unsere Wohnung ist in der Nähe des Holzkirchner Bahnhofs und der Theresienwiese, wo jedes Jahr das Oktoberfest stattfindet.
Nun aber muß ich Schluß machen, denn ich muß noch für Mutti einkaufen. Machst Du das auch?[4]
Es grüßt Dich und Deine Eltern herzlich

Dein neuer Brieffreund[5]
Richard Siebl

---

1. Diese Einladung im ersten Schreiben an einen Unbekannten, auf eine Anschrift in einer Jugendzeitschrift hin, ist unrealistisch. In Wirklichkeit wird man das nicht tun, sondern erst die Reaktion des Briefpartners abwarten. Aus dem kritisierten Satz kann man die Folgerung ziehen, daß der ganze Brief wohl nur fingiert ist.

2. Die wiederholte Einladung macht sie sehr dringlich. Ist das wirklich beabsichtigt?
3. Das ist nun offensichtlich eine Übertreibung!
4. Hier kommt ein persönlich-warmer Ton in den Brief!
5. Wird man einen Fremden, dem man zum erstenmal schreibt, gleich als Brieffreund bezeichnen?

Bemerkung

Der Schreiber hat offensichtlich keine reale Vorstellung von einem echten „Brieffreund“. Inhaltlich übertrieben! Sprachlich anschaulich!

An einen neuen Briefpartner

Frankfurt, den 5. März 1985

Lieber Werner,

ich entdeckte Deine Anschrift in einer Jugendzeitschrift.[1] Mein Name ist Reinhard Reisinger,[2] und ich möchte mich mit Dir bekanntmachen. Ich bin zehn Jahre alt, ein wenig untersetzt und besuche die 5. Klasse des . . . Gymnasiums in Frankfurt. Ich habe noch einen Bruder mit 12 Jahren, mit dem ich mich ziemlich oft streite.
Die schlechte Stadtluft treibt unsere Familie aufs Land, d. h. wir bauen gerade ein Eigenheim außerhalb der Stadt. Wir warten schon sehnlichst auf den Umzug, da unsere jetzige Wohnung auch zu klein ist. Vielleicht streite ich mit meinem Bruder nicht mehr, wenn jeder von uns ein eigenes Zimmer hat.[3]
Ich will Dir meine jetzige Anschrift geben:
6 Frankfurt 2, Am alten Markt 15.
Die spätere Anschrift erfährst Du im nächsten Brief. Dann wirst Du auch ein Foto von mir drin finden. Ich freue mich schon sehr auf Deinen Gegenbrief.

Es grüßt Dich herzlich
Dein Reinhard

---

1. Diese Angabe ist zu ungenau. Warum schreibt Reinhard nicht, in welcher Zeitschrift er die Anschrift gefunden hat?
2. Gut, daß sich der Schreiber dem Unbekannten vorstellt!
3. Mit kurzen Sätzen werden die Familienverhältnisse dargestellt, die der Schreiber für wichtig hält.

Bemerkung

Als erste Reaktion auf eine Anzeige unter der Rubrik „Wer schreibt mir?“ ist der Brief wohl angemessen. Der Brief wirkt geschlossener als der vorherige.

Aufgabe

1. Wie würdest du dich in einem solchen Fall bekanntmachen? Welche Angaben hältst du für notwendig, um mit einem Fremden Kontakt zu einem Briefwechsel aufzunehmen? Schreibe diese Angaben mit Stichworten untereinander und ordne sie dann!
2. Schreibe einen Brief zu einem solchen Anlaß! Suche dazu aus einer Jugendzeitschrift eine Anzeige, die dich anspricht! Du mußt einen realen Anlaß zu diesem Brief haben, auch wenn du ihn vielleicht nicht wegschickst.

An einen früheren Klassenkameraden

Nürnberg, den 6. 4. 1985

Lieber Heiner!

Ich habe Deinen langen Brief mit Freude erhalten.[1] Wie gefällt es Dir in Deiner neuen Heimat? Wir vermissen Dich sehr in der Klasse.[2] Ich hoffe aber, daß es Dir in der neuen Schule genau so gut gefällt wie in Nürnberg. Du möchtest gerne wissen, ob meine neuen Lehrer streng sind. Die meisten Lehrer sind recht nett und haben Verständnis. Aber ich bekomme an manchen Tagen sehr viel Aufgaben auf.
Was macht denn Dein Hund Jack? Ich habe ihn noch gut in Erinnerung, mit seinem weichen Fell und dem kurzen Schwanz. Wir dürfen leider in der Wohnung keinen Hund halten. Aber dafür habe ich einen jungen Wellensittich zu Weihnachten[3] erhalten.
Was für ein Hobby hast Du jetzt? Ich sammle Briefmarken und lese viel. Ich habe sehr spannende Bücher.
Hast Du schon Ferienpläne?[4] Wir fahren im Urlaub nach Italien. Aber nachher

möchte ich Dich gerne besuchen.[5] Meinst Du, daß das möglich ist? Ich würde mich sehr freuen, Dich wiederzusehen.

Viele Grüße von

Deinem alten Schulkameraden
Tom

---

1. Der Schreiber geht auf den Inhalt des langen Briefes nicht ein. Dafür stellt er Fragen, die in dem „langen Brief" sicher bereits im voraus beantwortet sind.
2. Ein schöner Satz in einem Brief! Doch an diese Stelle paßt er nicht, da er inhaltlich nicht zu den Nachbarsätzen gehört.
3. Vielleicht besser: „zu Weihnachten einen jungen Wellensittich . . ."
4. Hier steht in jedem Satz etwas Neues. Man merkt, der Schreiber nimmt sich nicht die Zeit, ausführlich zu schreiben. Dieser Eindruck ist für den Empfänger nicht angenehm.
5. Der Schreiber lädt sich selber ein, muß also mit dem Empfänger sehr gut befreundet sein. Andererseits kennen die beiden nicht einmal ihre Hobbys. Das paßt nicht zusammen.

Bemerkung

Ein Brief, der nicht gut überlegt ist! Das merkt der Leser schon am Aufbau. Die Gedanken kommen ohne Zusammenhang und werden mehr oder weniger aufgezählt.

An einen Unbekannten

München, den 3. Juni 1985

Lieber Stephan!

Ich habe Deine Flaschenpost[1] beim Stauwehr aus der Isar gefischt. Aufgeregt öffnete ich die Flasche und las dann gespannt, was Du geschrieben hast. Ich nehme an, daß Du über den Finder Deiner Botschaft etwas wissen willst.[2] Ich heiße Michael Sommer, bin 12 Jahre alt und spiele sehr gern Fußball. Das ist eigentlich das Wichtigste von mir.[3]
Aber jetzt doch noch ein paar nebensächliche[4] Dinge aus meinem Leben. Wenn das Wetter es erlaubt, gehe ich im Sommer zum Baden und im Winter zum Skifahren. Bei schlechtem Wetter lese ich Bücher. Leider gibt es auch in meinem Leben eine Schule, deshalb habe ich nicht immer Zeit zum Fußballspielen.

Wenn Du willst, können wir uns gegenseitig schreiben. Meine Anschrift findest Du auf dem Umschlag.
Schade, daß Du so weit von München entfernt wohnst, sonst könntest Du mich einmal besuchen. Aber wer weiß![5] Wenn Du mir wieder schreiben willst, schreibe auch, wie Du auf die Idee mit der Flaschenpost gekommen bist.[6] Prima Idee!
Weiterhin[7] viel Glück wünscht Dir

Dein
Michael Sommer

---

1. Es wäre interessant, ob die Flaschenpost eine Erfindung des Schreibers ist oder Wirklichkeit. Die Idee ist sehr gut.
2. Hier wird die Einleitungsidee folgerichtig weitergeführt.
3. Diese Untertreibung wirkt nett.
4. Dieser Ausdruck ist wieder eine bewußte Untertreibung, aber auch spaßhaft auf die Schule gemünzt.
5. Hier wirkt die Einladung nicht aufdringlich, sie ist auch unverbindlich gehalten.
6. Hier nimmt der Schreiber den Gedanken der Einleitung wieder auf.
7. Warum „weiterhin“? Das ist hier eine gedankenlose Floskel!

Bemerkung

Der Brief ist nett erfunden und gut geschrieben. Aber man fragt sich dann doch, was denn in dieser Flaschenpost für ein Schreiben war. Was schrieb der Absender? Michael geht mit keinem Wort darauf ein. Damit verrät sich der Brief als – nette Phantasieerzählung.

Namen und Daten sind geändert und entsprechen nicht der Wirklichkeit.

An die Großmutter

Liebe Oma!

Vielen Dank für die fünf Mark, die Du mir für mein Zeugnis geschickt hast. Ich habe sie in die Sparkasse getan, weil ich für eine Filmausrüstung mit allem Drum und Dran spare. Daß das nicht billig ist, kannst Du Dir wohl denken.
Nun möchte ich mich mit einer großen Bitte an Dich wenden. Am 29. März beginnen die Osterferien. Es wäre sehr schön, wenn ich in dieser Zeit zu Dir in die Kleinstadt[2] kommen dürfte. Ich könnte Dir helfen, indem ich für Dich zum Markt gehe oder im Garten Unkraut jäte. Bitte schreibe mir recht bald, ob Du Zeit, Platz[3] und Lust[4] hast. Ich bin schon ganz ungeduldig.[5]
Mama, Papa, Edith und Kirsten, ja selbst unser Wellensittich „Theo"[6] grüßen Dich sehr herzlich, aber besonders grüßt Dich

Dein hoffender Enkel
Gerhardt

---

1. Hier fehlen Ortsangabe und Datum! Beide sind in Briefen unbedingt erforderlich.
2. Warum steht hier nicht der Name der Stadt? Der Ausdruck wirkt etwas überheblich vom Großstädter her.
3. Ob die Oma Platz zum Übernachten hat, wird der Enkel doch wohl wissen.
4. Diese Aufzählung wirkt unüberlegt und oberflächlich.
5. Wieso „ungeduldig"? Wartet der Schreiber ungeduldig auf die Antwort der Oma oder auf den Ferienaufenthalt?
6. Bei Namen sind Anführungszeichen nicht angebracht. Hier vielleicht deshalb, weil ein Wellensittisch gemeint ist.

Bemerkung

Der Brief hat einen realen Zweck. Wird dieser mit den richtigen Worten angestrebt? Wird die Oma die gewünschte Einladung aussprechen? Wenn der fremde Leser die Zustimmung der Oma für sehr wahrscheinlich hält, ist der Brief inhaltlich und stilistisch richtig geschrieben?

Aufgabe

Wie würdest du den Zweck, eine Einladung für die Ferien zu erhalten, anstreben? *Was* würdest du schreiben? *Wie* würdest du schreiben?

An die Tante

Liebe Tante Fanny!

Ich hoffe, daß Du Deinen Urlaub schön verbracht hast und daß es Dir gefallen hat. Auch ich freue mich schon sehr auf meinen nächsten „Urlaub“, die Osterferien. Wir, meine Eltern und ich, waren am letzten Sonntag auf dem Fernsehturm;[2] es hat uns gut gefallen. Es war schönes Wetter, und ich glaubte, Dein Häuschen sehen zu können, so nah schien mir die Schweiz.[3] Ich habe meine Eltern heute erst gefragt, ob ich in den Osterferien zu Dir kommen dürfe.[4] Da sie es mir erlaubt haben,[5] setzte ich mich gleich hin und schrieb diesen Brief. Ich bitte Dich nun, ob[6] ich in den Ferien die Reise zu Dir antreten kann.[7] Nun[8] herzliche Grüße und auf baldiges Wiedersehen

Dein Neffe Peter

---

1. Ortsangabe und Datum fehlen!
2. Fremder Gedanke unterbricht den Zweck des Briefes, die Tante um eine Ferieneinladung zu bitten.
3. Netter Gedanke, der die Empfängerin freuen wird. Hier beginnt der Schreiber wieder den Einleitungsgedanken aufzunehmen.
4. Unklar ausgedrückt! „Ob ich zu Dir fahren dürfte, wenn Du es erlaubst.“
5. „erlaubten“?
6. Falsche Verbindung! Hier fehlt der Einschub „mir zu schreiben“, ob . . .
7. Diese Kürze wirkt recht unliebenswürdig. Der Schreiber will doch die Tante bitten!
8. Mit dem Schlußsatz eine neue Zeile beginnen!

Bemerkung

Der Schreiber macht es sich etwas zu leicht. Diesen Brief muß die Empfängerin mit Nachsicht aufnehmen, evtl. mit dem Gedanken, daß der Schreiber eben noch jung sei und sich nicht besser ausdrücken könne. Aber auch junge Menschen können sich gut ausdrücken, wenn – sie sich Mühe geben.

An die Großeltern

Liebe Oma, lieber Opa,[2]

während ich im Aufenthaltsraum des Skischulheims in Oberau sitze, kommt mir der Gedanke, daß ich Euch schreiben könnte.[3] Gleichzeitig bedanke ich mich recht herzlich für Euren letzten Brief und natürlich auch für die beigefügten 5 Mark.
Wie geht es Euch? Ich hoffe, daß Du, liebe Oma, wieder völlig gesund bist.[4] Nun aber möchte ich Euch von einem Mißgeschick erzählen, daß mir heute widerfahren ist. Es war kurz vor dem Mittagessen, und ich wollte noch einmal geschwind den Berg „hinunterwedeln". Am Skilift wartete bereits ein Klassenkamerad auf mich. Ruck! Und schon ging die Fahrt los. Da wir uns auf dem Bügel ziemlich sicher fühlten, tauschten wir Witze aus und gaben nicht acht.
So geschah es, daß wir beinahe den Ausstieg verpaßt hätten. Im letzten Augenblick wollte ich den Bügel loslassen. Aber was war das? Ich wurde herumgeschleudert und fiel Hals über Kopf in den Schnee, und eh' ich mich versah, sauste ein Bügel über mich hinweg. Gleichzeitig ertönte schallendes Gelächter. Verdutzt blickte ich mich um und sah, daß meinem Kameraden das gleiche passiert war. Der Bügel des Lifts hatte sich in unseren Anoraks verklemmt, und deswegen konnten wir nicht aussteigen. Das hätte leicht schiefgehen können, aber wir hatten noch einmal Glück im Unglück.[5] Jetzt muß ich den Brief beenden, da das Abendessen aufgetragen wird.

Herzliche Grüße[6]
Euer Peter

---

1. Ortsangabe und Datum fehlen!
2. Nach der Anrede sollte ein größerer Zwischenraum, mindestens eine Leerzeile, stehen.
3. Der Einleitungsgedanke wirkt natürlich.
4. Mit einem Satz auf das Befinden der Oma (und nur der Oma) einzugehen und sofort (ohne neue Zeile) mit den eigenen Angelegenheiten zu beginnen, verrät dem Leser, daß die Frage nach dem Ergehen der Oma nur eine „Pflichtübung" ist, nicht echter Besorgnis entspringt.
5. Das ist jetzt ein recht plötzlicher Schluß! Die Begründung wirkt zwar natürlich, aber auch etwas grob. Selbstverständlich müßte der Schreiber bei einem Schlußsatz eine neue Zeile beginnen.
6. Kürzer geht es wirklich nicht!

Bemerkung

Das Mißgeschick auf dem Skilift ist gut erzählt. Hat der Schreiber auch bedacht, daß er Oma und Opa mit seiner Erzählung in Sorge stürzen kann? Das ist zu bedenken, denn in einem schriftlichen Gespräch, dem Brief, braucht die Rückfrage länger als im mündlichen Gespräch, bei dem man irgendwelche Mißverständnisse schnell berichtigen kann. Beim Briefschreiben muß man bedenken, daß eine Rückfrage und die Rückantwort lange brauchen. Deshalb muß der Brief von vornherein klar und eindeutig abgefaßt werden.

Aus dem Krankenhaus

München, den 27. 3. 1983

Sehr geehrter Herr Müller!

Mein Freund hat mir Ihre Grüße und Ihre Genesungswünsche ausgerichtet. Ich habe mich sehr darüber gefreut.[1]
Es geht mir schon viel besser. Der Arzt sagte gestern, daß ich vielleicht Ende nächster Woche nach Hause darf. Darauf freue ich mich schon sehr, denn hier ist es doch recht langweilig. In meinem Zimmer liegt allerdings ein fünfzehnjähriger Junge, mit dem ich mich gut vertrage. In der Schule habe ich nun viel versäumt. Vielleicht borgt mir in den Osterferien ein Klassenkamerad seine Hefte, damit ich wenigstens einiges nachholen kann.
Nun habe ich aber noch einen Wunsch. Könnten Sie mir einige Bücher aus der Schülerbücherei besorgen?[2] Am liebsten lese ich Abenteuerbücher. Mein Freund Manfred wird[3] mir die Bücher bringen.
Vielen Dank für Ihre Mühe und

herzliche Grüße
Ihr . . .

---

1. Kurz und gut ausgedrückt!
2. Ist „besorgen“ hier das richtige Wort? Oder hieße es besser: „ausleihen“, „veranlassen, daß . . .“, „überlassen“, „zur Verfügung stellen“? Entscheide selbst!
3. Wäre hier nicht besser „würde“? Mit „wird“ nimmt der Schreiber die Erfüllung der Bitte als zu selbstverständlich an.

Bemerkung

Eine reale Situation: Briefe aus dem Krankenhaus werden geschrieben, Lesestoff ist bei Kranken sehr begehrt, zum Lehrer hat der Schreiber das Vertrauen, daß er hilft. Hat der Briefschreiber seinen Wunsch gut ausgedrückt? Der Aufbau des Briefes ist gut.

Weitere Beispiele für Briefe findet Ihr im Band 4 der **MANZ AUFSATZ-BIBLIOTHEK: Briefe** (Manzbuch 603).

Außerdem bringen folgende Bändchen Briefe zu den verschiedenen Gelegenheiten, wie

Manzbuch 249 **„Meine Schulaufsätze"** (5./6. Jahrgangsstufe)

Ansichtskarten an meinen Freund
Glückwunschbrief
Brief an die Oma (Privatbrief)
Ansichtskarte an einen Vorgesetzten
Brief an einen Reiseleiter
Brief an einen Onkel (Einladung)
Brief an einen Onkel (Absage)
Brief an eine Freundin
Brief an einen Freund (fremdes Tier zugelaufen)
Brief an einen Freund (Bitte um leihweise Überlassung . . .)
Brief an einen Freund (Entschuldigung)
Antwort auf eine Anfrage
Dankbrief
Brief an eine Leserin
Bericht in Briefform
Brief mit sachlichem Inhalt
Brief an einen Chefredakteur
Brief an den Verlagsleiter (Bericht)

Manzbuch 611 **„Meine Schulaufsätze"** (7./8. Jahrgangsstufe)

Öffnung der Schulhöfe
Gegen das Aufstellen eines Automaten
Fernsehsendung
Errichtung einer Telefonzelle
Klassenfest
Bewerbungsschreiben
Lebenslauf
An einen Unbekannten

11. Bewerbungsschreiben – Gesuch – Lebenslauf – Protokoll

Bewerbungsschreiben Das Bewerbungsschreiben ähnelt in seiner äußeren Form dem Gesuch. Der Inhalt richtet sich nach der Art der Bewerbung. Es ist zu bedenken, daß der Bewerber etwas erreichen will, daß er dies in höflicher Form tun wird, aber nicht unterwürfig, daß er sein Wissen und Können betonen soll, aber nicht übertrieben oder gar unwahr darstellen darf.

Ein Bewerbungsschreiben muß enthalten:

1. Name und Anschrift des Absenders
2. Ort und Datum,
3. Anschrift des Empfängers,
4. Betreff, Bezugnahme,
5. die Bewerbung selbst,
6. Angabe von Gründen für die Bewerbung,
7. Hinweis auf beigefügte Zeugnisse,
8. Angabe von Personen, die Auskunft geben können,
9. persönliche Zusicherungen,
10. die Bitte, sich vorstellen zu dürfen,
11. höfliche, aber nicht untertänige Schlußformel,
12. Unterschrift,
13. Verzeichnis der Anlagen.

Gesuch ist meist ein Schreiben an eine Behörde, etwa um Verlängerung einer Frist o. ä.
Zu beachten ist, daß sich der Schreiber an eine Dienststelle und nicht an einen einzelnen Beamten wendet, daß er also auf eine Anrede verzichten kann. Nicht zu vergessen sind: Absenderangaben, Datum, Anschrift, Betreff, Unterschrift, Heftrand.

Der Schreiber, der den sachlichen Schreibstil geübt hat, wird keine besonderen Schwierigkeiten bei der Abfassung eines Gesuches haben. Er wird vor allem nicht in den Fehler verfallen, Gefühlsäußerungen und persönliche Bemerkungen in einem sachlichen Gesuch unterzubringen.

Lebenslauf Für die Abfassung des Lebenslaufs gelten folgende Richtlinien:

1. Familienverhältnisse:
a) Familienname und Vorname des Bewerbers (Rufnamen unterstreichen),
b) Geburtszeit und Geburtsort (ggf. mit Angabe des Kreises oder Landes),
c) Name und Beruf des Vaters und der Mutter (mit deren Mädchennamen), bei Waisen auch Namen und Wohnung des Vormunds,
d) Staatsangehörigkeit, falls es sich nicht um die deutsche handelt; die Angabe des Bekenntnisses ist freigestellt.

2. Bildungsweg:
a) Schulbesuch: Namen und Art der Schulen, Dauer des Schulbesuches, Art der Abschlußprüfung;
b) außerschulische Weiterbildung: Kurse, Volkshochschule.

3. Besondere Neigungen und Kenntnisse:
Lieblingsfächer, Hobbys, Betätigung im Sport und dergleichen.

4. Berufsweg:
Beim Lebenslauf des Schülers entfällt dieser Punkt. Er kann ersetzt werden durch eine Angabe über das Berufsziel.

Bei der äußeren Form des Lebenslaufes ist zu beachten:

Der Lebenslauf muß in Handschrift abgefaßt werden.
Er muß fehlerfrei und ohne Korrekturen geschrieben werden.
Er wird auf ein Blatt vom Format DIN A 4 geschrieben.
Als Überschrift steht nur darüber „Lebenslauf".
Die Unterschrift darf nicht fehlen, eine Höflichkeitsformel entfällt.
Der Lebenslauf soll in kurzen, übersichtlichen Sätzen abgefaßt werden.
Gelegentlich wird auch die Abfassung des Lebenslaufes in Stichworten verlangt.

Namen und Daten sind geändert und entsprechen nicht der Wirklichkeit.

Bewirb dich auf folgendes Inserat aus dem „Rheinischen Merkur“

Durch Leistung zum Erfolg
ist bei uns das Prinzip gemeinsamer Arbeit. Sie wünschen sich ein interessantes Aufgabengebiet, einen selbständigen Verantwortungsbereich.
Als *Speditionskaufmann*
(auch eine Dame ist uns willkommen)
bietet sich bei uns Ihnen die Chance.
Aufgabe: Selbständige Führung des Bereiches „Südeuropa“
Anforderungen: Mittlere Reife, abgeschlossene Berufsausbildung, einige Jahre Berufspraxis, Kontaktfreudigkeit, Kenntnisse der italienischen und spanischen Sprache.
Bitte bewerben Sie sich unter Beifügung der üblichen Unterlagen (Lebenslauf, Zeugnisabschriften, Bild) und teilen Sie uns Ihre Gehaltswünsche und den Termin einer möglichen Arbeitsaufnahme mit.
Müller und Schulze, Int. Spedition
Friedrichstraße 15, 4000 Düsseldorf 2

Manfred Sommer
Nelkenweg 17
4000 Düsseldorf 2

Düsseldorf, den 04. 06. 19 . .

Fa. Müller und Schulze
Int. Spedition
Friedrichstraße 15
4000 Düsseldorf 2

Betreff: Bewerbung auf Inserat im „Rheinischen Merkur“ vom 30. 05. 19 . .

Sehr geehrte Damen und Herren!

Ihrem Inserat im „Rheinischen Merkur“ habe ich entnommen, daß Sie einen Speditionskaufmann suchen. Ich möchte mich bei Ihrer Firma um diesen Arbeitsplatz bewerben. Aufgrund eines Wohnungswechsels wurde mir der Weg zum bisherigen Arbeitsplatz, Fa. Dietz, wo ich bereits 5 Jahre als Speditionskaufmann tätig bin, sehr erschwert.[1] Um Sie von meinen bisherigen Leistungen zu unterrichten[2], habe ich meinen Lebenslauf und Zeugnisabschriften beigefügt.

Außerdem sind Herr Hans Müller, Wilhelmstraße 6, 4000 Düsseldorf 17, und Herr Georg Maier, Kornstraße 22, 4000 Düsseldorf 3, jederzeit bereit, auf Ihre Anforderung[3] über die Qualität meiner bisherigen Arbeit Auskunft zu geben. Die Gehaltswünsche bitte ich im persönlichen Gespräch mit Ihnen vorbringen zu dürfen. Ich bin natürlich jederzeit bereit, zu einem von Ihnen festgesetzten Termin bei Ihnen zu erscheinen, sowie auch die Arbeit aufzunehmen.[4]
Für Ihre Bemühungen danke ich Ihnen im voraus[5].
Mit freundlichen Grüßen[6]
Manfred Sommer

Anlagen
a) Zeugnisse
   1. Mittlere Reife
   2. Abgeschlossene Berufsausbildung
b) Lichtbild
c) Lebenslauf

Lebenslauf
Mein Name ist Manfred Sommer. Ich wurde am 18. 1. 19.. in München als Sohn der Ehegatten Wilhelm und Edelgard Sommer geboren. Die Familie hat die deutsche Staatsangehörigkeit. Mit dem sechsten Lebensjahr trat ich 19.. in die Grundschule IV in Düsseldorf ein, die ich 19.. verließ. Ich trat im gleichen Jahr[7] in das Lessing-Gymnasium in Düsseldorf ein und beendete diese Schulzeit mit der 10. Klasse und mittleren Reife 19.. Ich besuchte im gleichen Jahr die Berufsschule[8] in der Hubertusstraße 53 in München. Nach 2 Jahren trat ich in die Fa. Dietz ein und absolvierte dort die Lehrlingszeit. Seit dieser Zeit bin ich bei dieser Firma als Speditionskaufmann angestellt.

. . .[9]

---

1. Hier fehlt die Angabe, daß der Bewerber in ungekündigter Stellung ist.
2. Besser: „zu informieren“.
3. Ausdruck ist überflüssig.
4. Der Bewerber muß doch eine Kündigungsfrist einhalten!
5. Der Satz ist in diesem Zusammenhang überflüssig.
6. Besser: „Hochachtungsvoll“!
7. Kürzer gefaßt: „Nach vier Klassen Grundschule trat ich 19.. in das . . . Gymnasium über“.
8. Die Angaben können nicht stimmen.
9. Der Lebenslauf muß unterschrieben sein.

Bemerkung

Auch wenn die Bewerbung als Übung nur mit fingierten Angaben geschrieben werden kann, müssen die Angaben in sich logisch und übereinstimmend sein. Vor allem dürfen nicht sachlich unmögliche Angaben gemacht werden. Der Schüler ist gut beraten, wenn er bei freier Wahl eine Bewerbung schreibt, die seinem derzeitigen Ausbildungsstand entspricht, d. h. wenn der Schüler die 10. Klasse besucht, eine Bewerbung um eine Lehrlingsstelle, die mittlere Reife voraussetzt.

Gesuch um Zulassung zur Besonderen Prüfung

Ulrich Fischer
Rosenstraße 7
8000 München 90

München, den 3. August 19 . .

Direktorat des . . . Gymnasiums
Malusstraße 3
8000 München 90

Betreff: Zulassung zur Besonderen Prüfung

Sehr geehrter Herr Oberstudiendirektor!

Da ich in diesem Schuljahr die Erlaubnis zum Vorrücken in die 11. Klasse des Gymnasiums nicht erhalten habe, habe ich mich entschlossen, mich bei der Stadtverwaltung München als Inspektorenanwärter zu bewerben.
Für diese Bewerbung benötige ich die Mittlere Reife. Ich bitte deshalb um Zulassung zur Besonderen Prüfung im September 19 . . Die Voraussetzungen, die nach der Schulordnung erforderlich sind, sind nach meiner Ansicht gegeben, denn mein Zeugnis weist nur zweimal die Note Fünf auf.
Ich erlaube mir, in den nächsten Tagen im Sekretariat der Schule anzurufen, um zu erfahren, ob ich zur Prüfung zugelassen werde.

Hochachtungsvoll
Ulrich Fischer

Wie soll ich mich bewerben?

Jeder Mensch braucht einen Arbeitsplatz. Meist wird einem ein guter Arbeitsplatz nicht angeboten, sondern man muß sich darum bewerben. Die beruflichen Fähigkeiten sind Voraussetzung für einen guten Arbeitsplatz. Aber wie soll der Personalchef eines Unternehmens erfahren, daß Sie einen Arbeitsplatz suchen und daß Sie die beruflichen Fähigkeiten für diesen Arbeitsplatz haben? Die Bewerbung ist auch bei den besten Zeugnissen nicht überflüssig, aber auch die Bewerbung muß gut sein.

1. Nehmen Sie die Bewerbung wichtig! Eine Bewerbung schreibt man nicht so nebenbei.

2. Bewerben Sie sich in einer ordentlichen und erfolgversprechenden Form!

3. Die Bewerbung umfaßt folgende Teile:

   a) **das Bewerbungsschreiben** (einfach, klar, deutlich)
   b) **den Lebenslauf** (aufschlußreich aber nicht zu lang)
   c) **die Zeugnisabschriften** (keine Originalzeugnisse, sondern Fotokopien)
   d) **ein Lichtbild** (kein Automatenfoto, sondern gutes, ehrliches Paßfoto)

Für das **Bewerbungsschreiben** muß sich der Stellungsuchende über seine eigenen Wünsche und Ansprüche im klaren sein. Dann muß er aber auch andere von seiner Leistungsfähigkeit überzeugen können; denn er will sich um einen Posten bewerben. Der Brief soll also für den Schreiber *werben*, seinen Arbeitswillen, seine Tüchtigkeit ins rechte Licht rücken. Dabei darf man auch nicht überängstlich sein – ein Bewerbungsschreiben ist kein Bittgesuch! –, man darf aber auch nicht zuviel versprechen oder beschönigen, da die tatsächlichen Kenntnisse ja in kurzem auf die Probe gestellt werden können.

Alle drei Schreiben, die zur Bewerbung gehören, werden auf Bogen im Format DIN A 4 angefertigt. Sie müssen fehlerfrei (ohne nachträgliche Korrekturen) geschrieben sein. Wenn möglich, sollt man auch für den **handgeschriebenen Lebenslauf** unliniertes Papier nehmen und nur ein Linienblatt beim Schreiben unterlegen.

Lebenslauf

Paßbild

Name:

Ort:

Straße:

Telefon:

geboren am/in:

Name des Vaters:

Beruf:

Name der Mutter:

Beruf:

Zeitpunkt der Einschulung:

Schulbildung:

Mein Berufsziel:

Meine Hobbys:

Sonstige Angaben:

Termin der Schulentlassung:

(Ergänzungen zu meinem Lebenslauf auf der folgenden Seite)

Lebenslauf

Name	Hans Wanninger
Geburtstag und -ort	20. August 19 . . in München
Glaubensbekenntnis	röm.-kath.
Eltern	Kaufmann Norbert Wanninger und Ehefrau Ulrike, geb. Soller
Schulbildung	1. bis 6. Klasse Grundschule in München-Pasing, seit dem 10. 9. 10 . . Städt. Carl-Spitzweg-Realschule in München, voraussichtlich Schulabschluß im Juli 19 . .
Lieblingsfächer	Mathematik, Physik, Informatik
Berufsziel	Ingenieur
Besondere Neigungen	. . .

München, den 25. Oktober 19 . . Hans Wanninger

Mein Lebenslauf

Am 12. April 19 . . wurde ich, Ulrike Christiane Mötter, als erstes von drei Kindern des Gärtners Paul Mötter und seiner Ehefrau Mechthild, geb. Bertl, in München geboren.
Ich bin deutsche Staatsangehörige und röm.-katholisch. Vom 6. bis zum 12. Lebensjahr besuchte ich die Grundschule in München-Laim. Am 7. September 19 . . trat ich in die Städt. Droste-Hülshoff-Realschule ein. Ich bin zur Zeit Schülerin der Klasse 9a und werde meine Schulausbildung voraussichtlich im Juli 19 . . mit dem Zeugnis der mittleren Reife abschließen. Meine Lieblingsfächer sind Deutsch, Maschinenschreiben und Buchführung. Die Arbeit als Sekretärin würde mir Freude bereiten.

Ulrike Mötter (als Unterschrift)

Lebenslauf

Am 17. April 19.. wurde ich, Monika Elfriede Gärtner, als einzige Tochter des Steuerberaters Anton Gärtner und seiner Ehefrau Luise, geb. Neumayer, in München geboren.
Ich gehöre dem römisch-katholischen Bekenntnis an.
Vom 6. bis zum 12. Lebensjahr besuchte ich die Grundschule an der Luisenstraße in München; am 1. September 19.. trat ich in die dortige Städtische Realschule für Mädchen ein. Ich bin z.Z. Schülerin der Klasse 10b und werde meine Schulausbildung voraussichtlich im Juli 19.. mit dem Zeugnis der Mittleren Reife abschließen können.
Meine Lieblingsfächer sind Deutsch, Englisch und Buchführung.
Ich möchte mich nebenberuflich weiterhin mit der englischen Sprache beschäftigen, um später das Dolmetscherexamen abzulegen.

Monika Gärtner

Niederschriften (Protokolle)

Niederschriften oder Protokolle sind sachliche Schreiben, die über die Schulzeit hinaus in vielen Berufen tägliche Notwendigkeit sind. Die Niederschrift einfacher Art, z. B. über Teile von Unterrichtsstunden, ist Vorbereitung auf die größeren Niederschriften über Unterrichtsgespräche, Schülervorträge und Diskussionen. Sie ist nicht ein wörtliches Protokoll wie die Niederschriften vor Gericht und im Landtag, sondern eine zusammenfassende Niederschrift über das Wesentliche. Sie muß in der sachlichen Sprache des Berichts abgefaßt werden, der Protokollführer darf selbstverständlich nicht seine eigene Meinung, seinen etwaigen Mißmut oder seine Freude über irgendein Vorkommnis zum Ausdruck bringen.
Die Niederschrift verlangt vom Schreiber besondere Gewandtheit im Ausdruck und in der Sprachlehre, da er meist die Äußerungen anderer Personen wiederzugeben und deshalb oft den Konjunktiv zu verwenden hat.
Als zusammenfassende Niederschrift oder als Erinnerungsprotokoll kann sie in der Vergangenheitsform (Präteritum) abgefaßt werden, als fortlaufende Niederschrift, die den Ablauf genau festhält, wird sie besser in der Gegenwartsform (Präsens) geschrieben.

Als Form des Berichts muß ein Protokoll
im Inhalt richtig sein,
das Wesentliche erfassen,
sachlich-distanziert geschrieben sein,
seinem Zweck entsprechen.

Zweck des Protokolls:
Information: sachlich, zuverlässig, auch für Nichtteilnehmer
Urkunde: Beweismittel bei Meinungsverschiedenheiten

Das Protokollschreiben erfordert:
1. Mitdenken und Verständnis für die besprochenen Probleme
2. Übersicht und Blick für das Wesentliche
3. Genauigkeit und Sachlichkeit
4. Einhalten der Form (wegen des Urkunde-Charakters)

Was für ein Protokoll soll ich schreiben?

Diese Frage ist sehr berechtigt, da es verschiedene Arten von Protokollen gibt.

Wir unterscheiden:

1. das **wörtliche Protokoll,** das im Stenogramm oder mit Tonband aufgenommen wird, z. B. in Sitzungen des Landtags oder in Gerichtsverhandlungen, bei denen es darauf ankommt, daß der genaue Wortlaut festgehalten wird.

2. das **Gedächtnisprotokoll,** das nachträglich aus dem Gedächtnis angefertigt wird,

3. das **zusammenfassende Protokoll,** das die wichtigsten Ausführungen und vor allem die Ergebnisse der Gespräche und Verhandlungen festhält.

Das zusammenfassende Protokoll kann
als **Verlaufsprotokoll** oder
als **Ergebnisprotokoll**
niedergeschrieben werden.

Das **Verlaufsprotokoll** soll den genauen Ablauf der Sitzung (oder Unterrichtsstunde) wiedergeben und Diskussionsbeiträge, Anträge, Beschlüsse enthalten.

Das **Ergebnisprotokoll** hält vor allem die wichtigen Ergebnisse der Besprechung fest, weniger die Umstände, die zu den Ergebnissen führten.
Es ist aber durchaus möglich, daß der einzelne Lehrer eine etwas abweichende Vorstellung von einem Verlaufs- oder Ergebnisprotokoll hat. Deshalb empfehle ich dringend, diese Frage vor der Übernahme eines Protokollauftrags zu klären.

Unterrichtsprotokoll	Sitzungsprotokoll
Protokollrahmen	**Protokollrahmen**
Schule Schuljahr Unterrichtsfach – Datum	Veranstalter Tag
Beginn	Ort
Ende	Teilnehmer
Anwesend	Entschuldigt
Abwesend	Gäste
Fachlehrer	Protokollführer
Schriftführer	Beginn
Thema der Stunde evtl. in Teilthemen aufgegliedert, den Tagesordnungspunkten entsprechend	Ende Tagesordnung (Die Tagesordnung muß von den Teilnehmern der Sitzung gebilligt werden.)
(Billigung der Tagesordnung entfällt)	
Schluß:	Schluß:
Unterschriften des Fachlehrers und des Schriftführers	Ort und Datum der Ausfertigung Unterschriften des Sitzungsleiters und des Protokollführers

Das Protokoll ist also ein schriftlicher Bericht über ein bestimmtes Ereignis, eine Besprechung, Verhandlung – über eine oder mehrere Unterrichtsstunden.

Namen und Daten sind geändert und entsprechen nicht der Wirklichkeit.

Protokoll zur Unterrichtsstunde vom 21. 5. 19 . .

Verfasser:[2] Michael Müller
Klasse: 10a
Thema: Pressefreiheit und Zeitungssprache[3]

Das erste Thema der Unterrichtsstunde vom 21. 5. war die Pressefreiheit. Über dieses Thema sollte in der nächsten Stunde[4] die Schulaufgabe geschrieben werden.
Zuerst wurde der Artikel 5 des Grundgesetzes, der die Pressefreiheit zum Inhalt hat, von dem Schüler Schulz vorgelesen.
Daraufhin gab ein Schüler die Definition des Begriffes „Grundgesetz". Das Grundgesetz sei, so wurde festgestellt, das Fundament der gesellschaftlichen Ordnung oder die Norm für die Normen, in denen wir leben. Herr X. Y. wies darauf hin, daß das Grundgesetz aus zwei Teilen bestehe. Der erste Teil beinhalte Artikel 1–18, die unumstößlich seien. Der zweite Teil beinhalte Artikel, die durch eine ⅔-Mehrheit im Parlament änderbar seien. Allerdings[5] gebe es neben der Pressefreiheit noch einige andere Freiheitsrechte, wie z. B. die Glaubensfreiheit, das Koalitionsrecht, die Chancengleichheit, die Gleichheit vor dem Gesetz oder das Versammlungsrecht.
Der Text des Artikels, so einigte man sich, stelle es einem frei, ob man seine Meinung objektiv, subjektiv, in verkürzter Form, in Form eines Kommentars oder auf irgendeine andere Art und Weise verbreite. Auch dürfe man sich frei unterrichten und Informationen beschaffen. Außerdem verbiete der Artikel jegliche äußere Zensur, die z. B. von der Regierung ausgehe. Trotzdem, so meinte Herr X. Y., sei manchmal eine innere Zensur gegeben. Diese innere Zensur sei ein psychischer Druck, wenn sich ein Journalist fragen müsse, ob er durch einen bestimmten Artikel z. B. seinen Arbeitsplatz verliere. Diese[6] Rechte fänden aber ihre Schranken in den Vorschriften der allgemeinen Gesetze, den Bestimmungen zum Schutze der Jugend und im Recht der persönlichen Ehre.
Die Funktion der Pressefreiheit sei, so meinte die Klasse, erstens eine Kontrolle des mehr oder weniger falschen Geredes in der Öffentlichkeit und zweitens eine wichtige Voraussetzung für den Willensbildungsprozeß. Denn der Willenbildungsprozeß und damit verbunden die Informationen der Presse sei Grundlage für eine Demokratie. Danach behandelte Herr X. Y. noch die Zeitungssprache, die wir allerdings aus zeitlichen Gründen nicht mehr protokollieren mußten.[7]

---

1. Hier fehlt die Angabe des Unterrichtsfaches.
2. Der Verfasser eines Protokolls ist der „Schriftführer".

3. Hier fehlt die Angabe des Lehrers: Herr XY
4. ein Protokoll als Schulaufgabe!
5. Das Wort „allerdings“ ist hier nicht richtig: „neben der Pressefreiheit gebe es . . .“
6. Das hinweisende Pronomen bezieht sich auf die vorhergehende Aussage. Die ist hier aber nicht gemeint, sondern: „Die Rechte des Bürgers in einem demokratischen Staat . . .“
7. Es fehlt die Unterschrift des Schriftführers:
   Michael Müller, Schriftführer

Bemerkung

Ob der Schriftführer seine Aufgabe, die Diskussion der Klasse über die Pressefreiheit, richtig protokolliert hat, d. h. ob er das Wesentliche richtig wiedergegeben hat, nicht etwas Wichtiges weggelassen hat, können nur die Teilnehmer an der Diskussion entscheiden. Im allgemeinen wird deshalb ein Protokoll den Teilnehmern vorgelesen und evtl. auf Verlangen der Klasse mit Zusätzen bzw. Nachträgen versehen. Der Vergleich mit einem zweiten Protokoll über die gleiche Unterrichtsstunde kann dem Außenstehenden aber doch ein gewisses Urteil erlauben.

Protokoll zur Unterrichtsstunde vom 21. Mai 19 . . zum Thema: Pressefreiheit und Zeitungssprache[1]

Anhand des Artikels 5 des Grundgesetzes untersuchten[2] wir die Pressefreiheit. Als Einführung wurde uns erklärt, welche Funktion das Grundgesetz als Ganzes habe: Hier sei das Fundament zu allen anderen Gesetzen gegeben, hier werden die elementarischen Menschenrechte geschützt (Chancengleichheit, Glaubensfreiheit, Versammlungsrecht, Recht auf freie Berufswahl, Recht auf Arbeit), die Artikel 1–18 können von keiner Partei und keiner Regierung geändert oder gestrichen werden, zu einer Abänderung oder Streichung der übrigen Artikel benötigt man eine ⅔-Mehrheit im Parlament. Speziell zum Text des Artikels 5 des Grundgesetzes erklärte Herr X. Y., daß hier das Recht zur Meinungsäußerung in Wort, Schrift und Bild gegeben sei, über die Form, in der dies geschehe, werde nichts ausgesagt. Einer der wichtigsten Sätze in diesem Artikel lautet: „Eine Zensur findet nicht statt.“ Das heißt, daß in der BRD keine Institution das Recht hat, Informationen zu zensieren oder ihre Verbreitung zu verhindern. Das Recht auf freie Meinungsäußerung findet nur im Artikel 5/2 eine

Einschränkung, nämlich, daß sie sich an die allgemeinen Gesetze halten muß. Auch für Kunst und Wissenschaft, Forschung und Lehre ist das Recht auf Freiheit in diesem Artikel verankert. Als vierten Stichpunkt notierten wir die Funktionen dieses Artikels. Wichtig sei die Information über alle wichtigen politischen Entscheidungen. Dies dient[3] sowohl als Kontrolle als auch zur Diskussionsanregung.

Nun kamen wir zum zweiten Themenkreis: Zeitungssprache. Hierzu lasen wir das Stück[4] von Schuster/Sillner „Die Presse als Informator".[5] Die Autoren des Artikels zerlegen[6] eine Zeitung in zwei Teile, in einen Redaktionsteil und in einen Annoncen-Teil[6], und befassen sich zunächst mit dem Annoncen-Teil. Dieser Teil habe die wichtige Aufgabe, die Ware an den noch uninteressierten Käufer zu bringen; er soll[7] das Interesse des Lesers wecken. Dies sei zu einem guten Funktionieren der Wettbewerbs-Wirtschaft nötig, meinen die Autoren. Der redaktionelle Teil gliedere sich in mehrere Seiten und Sparten: den politischen Teil, den Wirtschaftsteil, den Kulturteil (oder Feuilleton), den Sportteil, Lokalteil und Vermischtes. Letzter Zeitungsabschnitt[8] sollte möglichst nicht den Hauptteil der Zeitung darstellen (wie bei Magazinen), denn hier werde nur gelegentlich und in dünner Streuung Information angeboten. Die meisten Zeitungen legen darauf Wert, neben dem objektiven Nachrichtenteil eine Seite[9] Kommentare erscheinen zu lassen. Kommentar und Nachricht werden deutlich getrennt. Auf den Kommentarseiten nehmen Redakteure zu den Leitartikeln Stellung. Neuerdings greift man auch zum Stilmittel der Reportage. Dieser Stil spricht ein weitgestreutes[10] Publikum an, weil hier die Information gut in eine Geschichte eingebaut wird. Dadurch erreicht man eine gewisse Plastizität, die mehr Publikum anspricht, als wenn nur trockene Informationen geliefert werden. Eine andere neuere Stilform sei die Story, eine aus Amerika importierte journalistische Form. Sie entwickelt sich als Teamarbeit, indem man zahlreiche Meldungen, Recherchen und Beobachtungen zu einer Kette zusammenfügt.

Als vielgebrauchte journalistische Form sei noch das Interview zu erwähnen. Es spielt besonders in politischen Auseinandersetzungen eine Rolle. Hier schnitten wir bereits den dritten Punkt an, nämlich die Probleme dieser Stilformen in Hinsicht auf die Pressefreiheit, z. B. beim Interview, hier könnten manipulierte Dialoge, also vorher abgesprochene[11], ein falsches Bild erscheinen lassen. Oder aber der Informator ist nicht der Antwortende, sondern der Fragende, indem er in der Frage indirekt die Antwort gibt.

Aber auch bei den Nachrichten tauchen Probleme auf, denn die Auswahl der Informationen sollte objektiv geschehen.

Selbst der Anzeigenteil bringt unsichtbare Probleme. Denn die Leitung[12] ist auf die Anzeigen angewiesen und deshalb von ökonomischen Interessen abhängig. In dieser Stunde wurden auch für den Leser einer Zeitung interessante Probleme angeschnitten.

Unterschrift

---

1. Hier fehlen die Angaben über die Klasse, den Schriftführer und den Lehrer.
2. Ist „untersuchen" hier das richtige Wort? „. . . sprachen wir über . . ." oder „besprachen wir den Begriff . . ."
3. Konjunktiv wäre besser!
4. „Stück" ist ein unklarer Begriff. Was ist hier gemeint?
5. Hier ist eine Quellenangabe notwendig.
6. Dieser Ausdruck ist sicher falsch, denn erstens kann man eine Zeitung nicht zerlegen, schon gar nicht in einem Artikel, zweitens hat eine Zeitung mehrere Teile als die angeführten zwei, z. B. den politischen Teil, den Wirtschaftsteil usw. Oder man teilt in Nachrichten und Kommentare usw.
7. Konjunktiv!
8. Falscher Ausdruck! Zeitungsteil?
9. Es muß nicht immer eine Seite sein.
10. Was meint der Schreiber damit wohl?
11. „manipuliert" heißt nicht nur „vorher abgesprochen".
12. Welche Leitung? Ausdruck!

Bemerkung

Liest man das zweite Protokoll, dann überlegt man, ob es sich wirklich um die gleiche Unterrichtsstunde handelt, so verschieden sind die Niederschriften. Wir sehen, daß der eine Schriftführer ausführlicher berichtet als der andere, daß der eine Aussagen für wichtig hält, die der andere überhaupt nicht bringt. In diesem Fall ist die Lösung darin zu suchen, daß die Schüler „Teile der Unterrichtsstunde" zu protokollieren hatten, und bei diesen beiden Niederschriften werden verschiedene Teile der Stunde festgehalten.

Protokoll zur Unterrichtsstunde vom 27. 6. 19 .. zum Thema „Manipulation in der Politik"

Zur Wiederholung griffen wir noch einmal das Problem der Manipulation in der Werbung auf. Hier hatten wir uns in einer vorangegangenen Stunde[2] erarbeitet, daß alle Eigenschaften der angebotenen Ware auf eine reduziert werden, um damit gezielt auf die Wünsche bzw. Bedürfnisse des Käufers einzugehen.

Hier gingen wir zum eigentlichen Thema über, der politischen Manipulation, wobei wir feststellten, daß auch hier die gleichen Mittel wie in der Werbung angewandt werden: die gezielte Reduktion von Informationen und die Anwendung suggestiver Mittel, um Bedürfnisse zu wecken, wobei beim „Hörer" die bewußte Kontrolle seiner Bedürfnisse ausgeschaltet wird. Daraus ergab sich eine Definition des Begriffs Manipulation: Dem „Hörer" wird der Zusammenhang zwischen der einen Eigenschaft und seinem aus dem Unterbewußtsein kommenden Bedürfnis nicht bewußt klar, er wird manipuliert. Dieses psychoanalytische Modell besprachen wir anhand eines von Herrn X. verteilten Textes von Wilfried Gottschalch „Mißbrauch der Psychoanalyse in der Politik".

Anhand des im Text vorkommenden Beispiels von Sigmund Freud stellten wir ein psychoanalytisches Modell auf. Das Bewußtsein[3] wird hier in drei Teile geteilt. Die unterste Schicht bezeichnet Freud mit „Es", in der sich unsere Triebe und Lustgefühle befinden. Da aber ein ungehemmtes Luststreben nach Ansicht Freuds zu Zerstörung und Tod führt, baut er darüber eine Schicht, die das „Es" kontrolliert. Dieses Organ nennt er das „Ich". Es stellt den Realitätsbezug zur Umwelt her. Es verbindet die Außenwelt mit unserem Lustverlangen. Da unser Selbstgefühl, nach Freud, aber darunter leidet, schafft sich das Bewußtsein ein „Überich", das die Befehle in unser Innenleben zieht.[4]

Auf die Politik bezogen, läßt sich der sog. Persönlichkeitskult in jenes Modell einreihen. Dadurch, daß bei den Menschen das „Ich" gestört wird und sie die Umwelt nicht mehr durchschauen, suchen sie nach einer Autorität, einem „Vater-Imago", z. B. nach einem Wunschpräsidenten.

Das Gegenstück zum Personenkult bildet das Feindbild. Dieses wird durch Autorität ausgelöst. Die Autorität zwingt das Gefühlsleben, sich zu spalten, und zwar in Haß und Liebe, wobei die Liebe stark autoritätsbezogen ist. Der Haß schafft dann das Feindbild als Ersatz für die Autorität. Dies wird in der Familie ersichtlich. Das Kind sieht auf der einen Seite die Autorität, die Eltern, auf der anderen Seite schafft es sich Ersatz, um darauf seinen Haß zu beziehen, z. B. Hexen, Teufel etc.

Und in der Politik verwendet man dasselbe Modell. Die Politiker, die ihre Herrschaft auf den Persönlichkeitskult stützen, schaffen sich ein Gegenbild des bösen Feindes. Damit steuert man in der Politik das Verhalten der Menschen.[5]

---

1. Im allgemeinen ist beim Protokoll folgende äußere Form üblich:
   Niederschrift über . . . am . . .
   Anwesend:
   Abwesend:
   Vorsitzender:
   Schriftführer:
   Tagesordnung:
   Anfang: . . . Ende: . . .
2. Die Stunde ergab sich im Zusammenhang einer größeren Unterrichtseinheit, die sich mit den Problemen der Kommunikation in verschiedenen Bereichen des gesellschaftlichen Lebens kritisch auseinandersetzte.
3. „Bewußtsein": Es geht um den Aufbau der Gesamtpersönlichkeit.
4. Diese etwas umständliche Formulierung meint den Prozeß der Verinnerlichung von gesellschaftlichen Normen.
5. Es fehlen ein abschließender Satz und die Unterschrift.

Protokoll zur Unterrichtsstunde vom 27. 6. 19 . . zum Thema „Manipulation in der Politik"

Am Beginn der Stunde gab Herr X. das Thema bekannt. Es sollte die Manipulation untersucht werden. Dazu wiederholte er eine wichtige Erkenntnis der vorherigen Stunde: Dadurch daß in Werbespots, Anzeigen usw. die Ware auf eine bestimmte ausgewählte Eigenschaft reduziert wird, spricht sie ein bestimmtes Bedürfnis des Käufers an. Dies sind hauptsächlich starke vorbewußte Bedürfnisse, die uns erst durch die Psychoanalyse erschlossen wurden.
Nach dieser Wiederholung forderte Herr X. uns auf, Manipulation zu definieren. H. sagte, Manipulation sei die Vorspiegelung von falschen Tatsachen. Herr X. verbesserte die Definition und sagte, Manipulation sei eine Reduktion von Information zur Erreichung der Ziele des Verkäufers (bzw. Politikers). M. fügte hinzu, daß immer suggestive Beeinflussung mit im Spiel sei, d. h. „man tut etwas, ohne es zu wollen". Die eigentlichen Eigenschaften des Produkts oder des Parteiprogramms werden dabei zurückgestellt.
Dann leitete Herr X. auf einen Text von W. Gottschalch „Mißbrauch der Psychoanalyse in der Politik"[2] über. In den ersten Abschnitten behandelte[3] Gottschalch das psychoanalytische Modell von Freud. Freud behauptet, das

Seelenleben vollziehe sich in drei Schichten: Die unterste Schicht sei die Schicht der Bedürfnisse, das „Es“ mit dem Streben nach Lust. Die obere Schicht sei das anerzogene „Überich“, das die gesellschaftlichen Normen in einer Art „Gewissen“ verinnerlicht.[4] Das „Ich“, das Bewußtsein, koodiniert diese beiden Schichten in einer vernünftigen, auf die Realität bezogene Art.
Diese Schicht ist bei vielen nicht sehr ausgebildet, und so ist es kein Wunder, daß die Politik diese Schwäche ausnützt. Das „Ich“, das sich einer undurchsichtigen Welt gegenübersieht, überläßt seine Entscheidung dem „Überich“, das sich an dem Vater-Imago eines Politikers orientiert, der stark an die Autorität des eigenen Vaters erinnert. Dieser Persönlichkeitskult ist auch in demokratischen Ländern festzustellen, trotz, und das ist verwunderlich, Informations- und Pressefreiheit.
Das Feindbild entsteht nach Gottschalch auf eine andere Weise. Es ist die Ablenkung des Hasses, der sich gegenüber autoritären Maßnahmen bildet, auf eine bestimmte Fremdgruppe (z. B. Juden). Das Kind kann dadurch seinen Vater uneingeschränkt lieben und der Erwachsene mit „Ich-Defekt“ den Politiker verehren.[5]

---

1. Wegen der äußeren Form siehe Seite 336!
2. Genaue Quellenangabe ist erforderlich.
3. Feststellungen aus einem gegebenen Text müssen wie in der Inhaltsangabe im Präsens gebracht werden.
4. Hier wird nicht ganz klar, daß die dem „Überich“ überlassenen „Entscheidungen“ natürlich keine Entscheidungen mehr sind, sondern eine unkritische Anpassung.
5. Hier fehlt ein abschließender Satz! Das Protokoll muß vom Schriftführer unterschrieben werden.

Bemerkung

In manchen Teilen ergänzen sich die beiden Niederschriften, so daß der Leser ein ungefähres Bild vom Thema der Stunde bekommt. Der Ablauf der Stunde ist aus den Protokollen nicht zu ersehen. Dazu sind die Niederschriften zu kurz gefaßt, sie sind mehr zusammenfassende Berichte über die Unterrichtsstunde.

Niederschrift über die erste Sitzung des Schulforums 19 . ./. . am 10. 3. 19 . .

Vorsitzender: OStD Meiser

Anwesend: Alle Mitglieder mit Ausnahme des Herrn Groß vom Elternbeirat

Beginn: 19.30 Uhr

Ende: 22.00 Uhr

Tagesordnung:
1. Elternbeirat
   a) Bücherpreis bei Schlußfeier
   b) Zuschüsse für Skikurse
2. Schülersprecher
   a) Videorecorder
   b) Elternspende
   c) Pausenregelung
   d) Zuspätkommen
   e) Rauchen
   f) Vorbereitung auf Hochschule
   g) Hallenfußball

1 a) Buchpreise für gute Leistungen sollen auch für sportliche Leistungen gegeben werden. Ferner sollen Gutscheine der Buchhandlung auf einen bestimmten Betrag ausgestellt werden, die Schüler sollen sich die gewünschten Bücher selbst aussuchen (eventuell Mehrpreis selbst dazuzahlen), die Gutscheine werden von der Schule eingelöst, die Bücher dann in der Schlußfeier verteilt.
1 b) Für Zuschüsse zu Schiwochen u. Schullandheimaufenthalt stellt der Elternbeirat Geld zur Verfügung, Schüler sollen ärmere Kameraden animieren, sich zu melden. Längere Diskussion über die Schiwochen wegen des Ausfalls an Unterrichtsstunden. Hinweis, daß Wandertage laut Verfügung Vorrang haben.
Zu 2 a) Anregung zur Beschaffung eines Videorecorders zur Aufzeichnung von Fernsehsendungen für Unterrichtszwecke. Ergebnis der Debatte: Genauere Erkundigungen einholen über Geräte und Preise und techn. Entwicklung. Bildung eines Fonds aus Elternspende über mehrere Jahre zur Beschaffung eines Gerätes.

2 b) Rückgang der Elternspende durch bargeldlose Einhebung? Antwort: Einsammeln wie bisher nicht mehr statthaft.
2 c) Der Vorschlag, die große Pause auf 30 Minuten zu verlängern, muß erst dem Lehrerrat unterbreitet werden.
2 d) Strafen für Zuspätkommen. Notwendigkeit wird erläutert. Glaubwürdige und triftige Entschuldigungen werden berücksichtigt.
2 e) Mit Sand gefüllte Eimer mögen an der Raucherecke aufgestellt werden, damit das Rauchen auf diesen Ort beschränkt wird.
2 f) Bitte der Schüler um Informationen über Berufsmöglichkeiten und -aussichten soll erfüllt werden.
2 g) In den Turnhallen sind nach Auskunft des Schulreferats Fuß- u. Handballspiele verboten.

Der Schriftführer

Bemerkung

Diese und die nächste Niederschrift sind keine Schülerarbeiten. Sie wurden in die Sammlung aufgenommen, um zu zeigen, wie auch im Bereich der Schule in der Praxis, nicht nur zur Übung im Unterricht, Protokolle geschrieben werden müssen. Man will das Ergebnis der Aussprachen festhalten. Man muß nachlesen können, was z. B. das Schulforum beschlossen hat. Der Sinn solcher demokratischen Einrichtungen wie Schulforum und Elternbeirat wäre in Frage gestellt, wenn die Beschlüsse nicht festgehalten würden. Erst mit der schriftlichen Fixierung der Entscheidungen kann nachgeprüft werden, ob sie eingehalten werden.

Namen und Daten sind geändert und entsprechen nicht der Wirklichkeit.

Protokoll über die Elternbeiratssitzung vom 7. 11. 19 . .

Dauer der Sitzung: 19.30 Uhr bis 21.30 Uhr
Anwesend: OStD Meiser und sämtliche gewählte Elternbeiratsmitglieder

Die Anwesenden sind mit der von Herrn Bauer vorgeschlagenen Tagesordnung einverstanden.

Diese Tagesordnungspunkte sind:
1. Wahl des Vorsitzenden des Elternbeirats
2. Wahl seines Stellvertreters
3. Wahl der Vertreter im Schulforum
4. Schulinterne Angelegenheiten
5. Verteilung der Elternspende

Zu Punkt 1. der Tagesordnung: Wahl des Vorsitzenden des Elternbeirats
Herr Walter Bauer wird einstimmig zum Vorsitzenden des Elternbeirats gewählt.
Zu Punkt 2 der Tagesordnung: Wahl seines Stellvertreters
Herr Siegfried Becker wird einstimmig zum Stellvertreter des Elternbeiratsvorsitzenden gewählt.
Zu Punkt 3 der Tagesordnung: Wahl der Vertreter im Schulforum
Der Elternbeirat benennt hierfür Frau Schweiger und die Herren Bauer und Rober.
Zu Punkt 4 der Tagesordnung: Schulinterne Angelegenheiten
Herr OStD Meiser überreicht zunächst eine Liste der ausgefallenen bzw. ausfallenden Stunden. Der Elternbeirat spricht sich dafür aus, daß diese Liste dem nächsten Elternbrief beigefügt wird. Herr Meiser stimmt dem zu und wird alles weitere veranlassen.
Es entwickelt sich eine rege Diskussion darüber, was gegen diesen katastrophalen Lehrerausfall zu tun sei.
Herr Meiser bittet den Elternbeirat, Geld für Anzeigen in den Zeitungen aus dem Spendenaufkommen zu genehmigen. Es ist vorgesehen, daß derartige Anzeigen in den Tageszeitungen etwa Mitte Januar 1983 erscheinen sollen. Der Elternbeirat gibt hierzu seine Zustimmung. Ebenfalls werden die Herren Bauer und Becker gebeten, Anfang Januar einen weiteren Besuch beim Kultusministerium zu machen, um zu versuchen, mindestens 2 Lehrkräfte an das . . . Gymnasium zu bekommen. Herr Roos wird, wie versprochen, ebenfalls

versuchen, für Mitte Januar 1983 eine Pressebesprechung wegen der Lehrer- und Schulraum-Misere vorzubereiten.
Diese Pressekonferenz bzw. Besprechung soll im Rahmen der nächsten Elternbeiratssitzung durchgeführt werden.
Es wird seitens des Elternbeirats empfohlen, daß in dieser Pressebesprechung auch die Schulsprecher und die Vertrauenslehrer des Schulforums teilnehmen sollten.
Es ist vorgesehen, die nächste Elternbeiratssitzung, die mit dem Presseempfang gekoppelt werden soll, auf den 18. 1. 1983 zu legen. Die Sitzung des Schulforums wird auf 20. 12. 82 einberufen.
Zu Punkt 5 der Tagesordnung: Verteilung der Elternspende
Herr Bauer gibt eine kurzen Überblick über den Stand des Spendenaufkommens.

Danach sind – Stand 1. 12. 1982 – auf dem Postscheckkonto folgende Geldmittel vorhanden: 9 226,–
Von diesem Betrag sind vorab zurückzulegen:

1. für Unterstützung Bedürftiger bei Ski- und Landschulheim-Kursen	1 500,–
2. für Buchpreise	800,–
3. für Schulfeiern	700,–
4. für die Landes-Eltern-Konferenz (pro Schüler 60 Pfennig)	600,–
5. Für Unvorhergesehenes	1 000,–
verbleiben:	4 626,–

Von der von Herrn Meiser vorgelegten Wunschliste der Schule über einen Betrag von DM 5 070,– werden anerkannt 3 800,–
so daß als Reserve verbleiben: 826,–
Der Elternbeirat erklärt sich grundsätzlich mit dieser vorgesehenen Verwendung einverstanden.
Reiser
Schriftführer

Bemerkung

Das Protokoll über eine Sitzung des Elternbeirats muß zwangsläufig anders geschrieben werden als die Niederschrift über eine Unterrichtsstunde. Bei dieser kommt es darauf an, den Verlauf der Stunde über ein Thema aufzuzeigen, bei einer Sitzung des Elternbeirats müssen die Ergebnisse der verschiedenen Beratungsthemen, der Tagesordnung, schriftlich festgehalten werden.

Im Teil II des 11. Bandes der **MANZ AUFSATZ-BIBLIOTHEK „Referate und Protokolle"** finden Sie eine ausführliche Anleitung zum Schreiben von Protokollen und 22 Protokolle aus den Fächern:

Deutsch
Religion
Geschichte
Chemie
Biologie
Erdkunde
Musik
Sozialkunde
Wirtschaft und Recht

12. Erörterungen und Problemaufsätze

Die Erörterung einfacher Fragen aus dem Lebensbereich junger Menschen, die aus der Auseinandersetzung mit der Umwelt oder Lektüre sich ergeben, dient der Vorbereitung des Besinnungsaufsatzes (Problemaufsatzes). Die Erörterung erfordert eine sachlich-objektive Auseinandersetzung mit einer Sachfrage, keine Wertung, keine persönliche Stellungnahme. Die sprachliche Darstellung soll sachlich und klar, aber abwechslungsreich sein. Gedankliche Verbindung zwischen den einzelnen Abschnitten herstellen (Überleitungen!)!
Während der Bericht die *Darlegung eines Sachverhalts ist,* verlangt die *Erörterung* die *Auseinandersetzung mit einem Sachverhalt.* Der Schüler muß eine Frage sachlich Punkt für Punkt prüfen (erörtern) und die Ergebnisse sinngemäß aneinanderreihen und überzeugend begründen.

Soll ein Thema in der Form der Erörterung dargestellt werden, dann muß:
1. das Thema gründlich und umfassend behandelt werden,
2. die Arbeit geordnet und sinnvoll aufgebaut werden,
3. anschaulich und beweiskräftig durchgeführt werden.

Um möglichst viele Gedanken zum Thema zu finden, müssen zuerst alle Einfälle niedergeschrieben werden. Dann muß man diese Gedanken ordnen, damit innerlich zusammengehörende Einfälle in die richtige Reihenfolge gebracht werden. Dabei sollen Einfälle, die nicht zum Thema passen, ausgeschieden werden. Als letzte Arbeit folgt die Gliederung der Hauptpunkte, damit der Aufsatz eine gewisse Steigerung oder Spannung erhält. Um eine sogenannte Planskizze zu erhalten, sind also drei Schritte notwendig:
1. Stoffsammlung,
2. Stoffordnung,
3. Gliederung.

Der Schüler muß die Gliederung *vor* der Ausführung des Aufsatzes anfertigen. Sie wird bei dieser Aufsatzform immer verlangt, weil sie eine Voraussetzung für eine geordnete Darstellung ist.
Die Erörterung kann im Unterricht durch Diskussionen und Streitgespräche sowie durch Begriffsbestimmungen vorbereitet werden. Der Erfolg bei der

Abfassung einer Erörterung hängt wesentlich davon ab, ob man den für die Erörterung nötigen Stoff finden, ordnen und gut gliedern kann.

Hauptschwierigkeiten:

1. Man stellt nur Behauptungen auf, ohne sie zu beweisen.
2. Die Beweisführung ist nicht überzeugend oder sie ist unlogisch.
3. Überleitungen zwischen den großen Abschnitten fehlen oder sind schematisch und nichtssagend.
4. Die sprachliche Darstellung ist verworren und unklar.
5. Wesentliche Gesichtspunkte werden übergangen.
6. Man behandelt die aufgeworfene Frage rein subjektiv.

Technik der Erörterung

1. Stoffaufbereitung:	a) Erfassen des Themas Themabegriff – Umfang – Einschränkung	
	b) Begriffserklärung	
	c) Stoffsammlung	Erschließungs-
	d) Stoffauswahl	fragen –
	e) Stoffordnung	W-Fragen
2. Gliederung:	A) Einleitungsgedanke	
	B) Hauptteil a) inhaltlich b) sprachlich c) formal	
	C) Schlußgedanke	
3. Ausarbeitung:	A) Einleitungsgedanke – Überleitung – Thema	
	B) Aufbau der Einzelkapitel a) Behauptung b) Beispiel c) Folgerung Abwägen der verschiedenen Positionen Beantwortung der Themafrage	
	C) Schluß	

Mein Hobby: Warum beschäftige ich mich mit Biologie?

Gliederung:

A. Ein „Hobby“ sollte eine Beschäftigung sein, der sich ein Mensch in der Freizeit voll und gern widmet.

B. Ich beschäftige mich mit Biologie, weil:
   1. Biologie eines der interessantesten Wissensgebiete ist;
   2. ich sehr gern Tiere beobachte und mich mit ihnen beschäftige;
   3. ich gern über Tiere schreibe und berichte.

C. Das Interesse der Menschheit für die Tierwelt stieg in den letzten Jahren enorm.

Aufsatz:

Unter einem „Hobby“ oder einem „Steckenpferd“ verstehe ich eine Beschäftigung, der sich ein Mensch in seiner Freizeit voll und ganz widmet. Aber ein „Steckenpferd“ ist nicht nur zur Ausfüllung der Freizeit nützlich, sondern auch zur Weiterbildung, die vielleicht einmal vorteilhaft sein kann. Mein Hobby ist zwar etwas eigenartig, da es sich teilweise mit einem Schulfach deckt, aber durchaus nicht weniger interessant als z. B. das Sammeln von Briefmarken.

Warum ich mich gern mit Biologie beschäftige, will ich nun zu erörtern versuchen. Biologie wird meistens als ein Lernfach angesehen, und darum ist die Bedeutung, die ihm von seiten der Schüler und der Eltern zugemessen wird, sehr gering. Daß dies aber zu Unrecht geschieht, erkennt man bei einer intensiven Beschäftigung mit diesem Wissensgebiet. Ohne Biologen würde die heutige Landwirtschaft und Forschung kaum so eine Bedeutung und Größe erlangt haben. Für mich persönlich ist es eines der interessantesten Fächer, weil man immer wieder auf neue, völlig unbekannte Probleme stößt, die man vorher gar nicht bemerkt hat. Als Beweis für die Notwendigkeit der Biologie und für die Interessantheit dieser Wissenschaft will ich nun ein Beispiel anführen:

Da die Menschen das Meer immer häufiger als Transportweg benützen, ist, besonders im 2. Weltkrieg, die Gefahr entstanden, daß Seeleute von gesunkenen Schiffen von Haien angegriffen werden. Um diese Gefahr zu beseitigen, wurden Biologen eingesetzt, die das Leben der Haie studierten und ihre Schwächen für Gegenmittel der Haigefahr ausnützen. So entstanden pulverartige Mittel, die, im Wasser aufgelöst, den Geschmacksorganen der Haie derart widersprechen, daß sie Taucher und Seeleute nicht angreifen.

Außerdem beschäftige ich mich gern mit Tieren, weil mir die Beobachtung und Beschäftigung mit ihnen besonders viel Spaß macht. Geht man z. B. in den Tierpark, so hat man dort gute Gelegenheiten, Tiere zu beobachten. Besonders in der Affenstation geht es immer sehr abwechslungsreich zu. Der Gibbon in Hellabrunn z. B. fällt einem mit seiner Singstimme besonders auf. Fängt er einmal zu singen an, finden sich immer viele Zuhörer ein. Aber besonders interessant ist die Raubtierfütterung. Wenn man sieht, wie die Löwen z. B. ihre Fleischbrocken bekommen und mit ihrem kräftigen Gebiß die Knochen zermalmen, bekommt man plötzlich eine gewisse Achtung vor dem „König der Tiere“, der vorher so brav und schläfrig hinter den Gitterstäben lag.

Diese Beobachtungen und weitere Erkenntnisse, die ich meistens aus Büchern habe, fasse ich zu Hause zusammen. Daraus wird dann eine kurze Beschreibung der Lebensweise des jeweiligen Tieres, das ich vorher beobachtet habe. Wenn dies beendet ist, illustriere ich den getippten Text und füge ihn meiner Sammlung bei, die wieder um ein Exemplar reicher geworden ist. Daß diese Beschäftigung mir Spaß machen kann, wird vielleicht nicht jeder verstehen, aber genauso, wie man an einem Radio gern „rumbastelt“, so schreibe ich gern über Tiere.

Dies ist mein „Hobby“, das zweifellos zwei Vorteile hat: Es ist interessant und es ist billig. Immer mehr Leute schenken der Tierwelt ihre Aufmerksamkeit und Hilfe. Das hat man auch bei den Hilfsaktionen für die bedrohte Tierwelt beobachtet, die Prof. Dr. Grzimek durchgeführt hat. Für seine Sendung „Ein Platz für Tiere“ erhielt er sogar die goldene Kamera für die beste Sendereihe im Jahre 1968.

Bemerkung

Dieser Aufsatz zeigt, daß der Schüler, der ihn schrieb, gute Kenntnisse auf einem Teilgebiet der Biologie hat, vor allem aber, daß er mit großem Interesse und innerer Beteiligung sein Hobby betreibt. Günstig wäre gewesen, wenn er schon zu Beginn des Hauptteils gesagt hätte, daß er sich mit Vorliebe mit Tieren beschäftigt. Aufbau und sprachliche Gestaltung sind gewandt; die Beweisführung ist für einen ersten Versuch, eine Erörterung zu schreiben, klar und logisch aufgebaut.

Mein „Hobby“: Warum halte ich Kaltwasserfische?

A. Erklärung des Begriffs Hobby
B. Halten von Kaltwasserfischen
B_1: Warum denn nur Warmwasserfische halten?
B_2: Man lernt die Lebensweise von Fischen kennen
B_3: Freunde geben einem manchmal einen guten Rat
B_4: Man hat Freude an den Fischen
C. Andere Hobbys werden auch betrieben

Aufsatz:

Viele Menschen betreiben heutzutage ein Hobby; die einen sammeln Briefmarken oder angeln, die anderen üben eine sportliche Tätigkeit aus oder widmen sich dem Musikfach. Es gibt also vielerlei Hobbys. Das Hobby, mit dem man sich beschäftigt, sollte man ordentlich und intensiv betreiben. Einige können es nur im Sommer oder im Winter ausüben[1].
Ich halte Kaltwasserfische und finde, dies ist einmal ganz etwas anderes. Warum ist das etwas anderes?[2]
Viele Freunde, die ich habe, halten nur Warmwasserfische, und wenn sie „Kaltwasserfische“ hören, so werden sie ärgerlich, und es gibt ein eindeutiges Ablehnen.[3] Viele Leute halten nur Warmwasserfische und nehmen gar keine Kaltwasserfische.[4] Sie sind ihnen wohl nicht gut genug. Sie sind zwar nicht so farbenprächtig, aber im Grunde finde ich sie sehr schön.[5]
Man lernt[6] die Lebensweise, besondere Eigenschaften und die Verhaltensweise der Fische kennen. Außerdem kann man[6] den Pflanzenwuchs mit verfolgen[7]. Der Karpfen in meinem Becken stößt beim Suchen der Nahrung Steinchen und Futter aus dem Mäulchen heraus. Er will prüfen, ob das, was er nimmt, überhaupt freßbar ist. Ist es Futter, dann nimmt er es wieder und schluckt es dann hinunter.
Von Freunden, die auch Fische halten, bekommt man öfters Hinweise, wie man verschiedene Dinge verbessern kann, oder sie sagen einem, daß dieses doch besser dem anderen vorzuziehen wäre, auch wenn es umständlicher ist.[8] Um die Durchlüftungsanlage in den Kies hineinzulegen, ist es besser, die Fische und Pflanzen herauszunehmen. Wenn man die Anlage nämlich einfach so hineinbaut, wenn Fische und Pflanzen darinbleiben, so erschreckt man die Fische und kann die Pflanzen eventuell schädigen.[8]
In freien Minuten kann man sich vor das Aquarium setzen und die so einfachen[9] Farben der Fische bewundern. Beim Einschalten des Lichtes entsteht rötliches

Schillern der Goldfische und ein metallisch glänzender Hauch beim Karpfen. Man hat dann wirklich Freude an den Fischen. In den Ferien bin ich oft vor dem Aquarium gesessen und habe in die Farbenpracht gestarrt und sie über mich ergehen lassen.[10]
Einige Leute haben auch noch ein zweites oder drittes Hobby. Ich bin mit diesem „Hobby" eigentlich zufrieden. Man kann höchstens noch Skifahren hinzunehmen, was man aber nicht mehr als Hobby bezeichnen kann, eher als eine sportliche Tätigkeit, an der man Freude hat.[11]

---

1. Das ist bei diesem Thema völlig unwichtig.
2. Das ist nicht die Themenfrage, die zu bearbeiten ist.
3. Schwerfällige Ausdrucksweise!
4. Schon vorher gesagt!
5. Dieser ganze Abschnitt gehört nicht zum Thema, denn der Schüler soll erörtern, weshalb *er* diese Hobby pflegt, nicht was andere Leute dazu bewegt, Warm- bzw. Kaltwasserfische zu halten.
6. Auch hier führt der Schüler keine Gründe an, die ihn zu diesem Hobby bringen.
7. Ein völlig unwichtiger Gesichtspunkt!
8. Das ist kein Argument, weshalb *dieser Junge* Fische hält.
9. Unbeholfener, sinnloser Ausdruck, denn es gibt wohl keine komplizierten Farben.
10. Schiefer Ausdruck, denn die Farbenpracht kann man nicht „über sich ergehen lassen".
11. Weshalb kein Hobby? In der Einleitung stellt der Schüler selbst fest, daß sportliche Tätigkeiten Hobbys sind.

Bemerkung

Der Schüler hat nicht beachtet, daß dieses Erörterungsthema persönlich gestellt war, er also *seine* Gründe hätte aufführen sollen, die ihn veranlaßt haben, dieses Hobby zu betreiben. Der erste und der dritte Abschnitt des Hauptteils sind in ihrer Argumentation an den Haaren herbeigezogen; der zweite und vierte Abschnitt sind etwas besser durchdacht, in der Ausführung jedoch recht unbeholfen. Eine schlechte Gesamtleistung!

Warum sammle ich Briefmarken?

A) Briefmarkensammeln ist eine beliebte Ausgleichsbeschäftigung, die seit über 200 Jahren beliebt und bekannt ist.

B) Warum ich Briefmarken sammle:
   1. Weil es mich entspannt und mich einen Augenblick meine Sorgen vergessen läßt.
   2. Weil es eine gute Geldanlage ist, deren Wert sich nur erhöhen, aber nie vermindern kann.
   3. Briefmarkensammeln kann man immer und überall, zu jeder Jahreszeit und bei jedem Wetter.
   4. Briefmarkensammeln kann man bis ins hohe Alter hinein, es ist auch nicht von der Gesundheit abhängig.
   5. Man kann immer Briefmarken sammeln, aber man wird nie seine Sammlung vervollständigen[1], es gibt immer neue Expemplare.

C) Nachteile des Briefmarkensammelns: Man braucht sehr viel Geduld und Zeit, und es gibt auch Enttäuschungen und Rückschläge.

Aufsatz:

Gerade heute ist das Sammeln von Postwertzeichen, auch Briefmarken genannt, zum Steckenpferd vieler Menschen geworden, die nach einer ruhigen Ausgleichsbeschäftigung suchen. Seitdem das erste Postwertzeichen um 1680 in Frankreich erschienen ist, gibt es Philatelisten, und es wird sie immer geben, aus welchen Gründen sie auch sammeln mögen.
Auch ich sammle gern Briefmarken, denn es entspannt mich. Ich sitze vor meinen Alben, betrachte die kleinen, bunten Papierfetzen[2], und ich vergesse für einen Augenblick[3] alles um mich herum; meine Hausaufgaben und meine schlechten Noten, und daß ich schon vor einer halben Stunde das Radio einschalten wollte; bis mich irgend etwas stört und mich aus meiner Ruhe aufschreckt.
Aber nicht nur wegen der Entspannung sammle ich Postwertzeichen, sondern auch wegen der sehr guten Geldanlage, die ich mir dadurch schaffe. Marken, die heute vielleicht nur wenige Mark wert sind, können in Jahren und Jahrzehnten zu teuren Kostbarkeiten werden. Eine Heuss-Marke von 1954, die man an jedem Postamt für nur 40 Pfennig erwerben konnte, ist bereits heute 80 Mark wert. Andere Marken, die schon älter sind, haben Werte, die in die Millionen gehen.
Noch ein wichtiger Grund, weshalb ich Briefmarken sammle, ist die Unabhängigkeit dieses Steckenpferdes von der Jahreszeit und vom Wetter. Es kann 20

Grad Kälte oder 50 Grad Wärme haben, es kann regnen, schneien, oder die Sonne kann scheinen, immer kann ich mich mit meiner Sammlung beschäftigen, bei Tag und auch bei Nacht.
Auch die Gewißheit, daß ich noch in 50 Jahren sammeln kann, veranlaßt mich, mich mit Briefmarken zu beschäftigen. Das Sammeln von Postwertzeichen ist von Alter und Gesundheit unabhängig. Selbst wenn ich krank bin oder schon 80 Jahre alt sein sollte, ich kann noch immer sammeln. Als ich mit 9 Jahren begann, sagte meine Großmutter, daß diese Beschäftigung doch langweilig und eintönig sei. Heute ist sie fanatische Briefmarkensammlerin, die schon mehr Marken besitzt als ich.
Der letzte Grund, warum ich Postwertzeichen sammle, ist die Gewißheit, daß ich meine Sammlung nie vervollständigen[1] kann. Es gibt zu viele Briefmarken, als daß man sie alle besitzen kann, und jeden Tag erscheinen neue Exemplare auf dem Briefmarkenmarkt.[4]
Das Briefmarkensammeln hat aber auch seine Nachteile. Der größte ist vielleicht die Geduld, die man aufwenden muß, um seine Sammlung auf Hochglanz zu bringen. Das Sammeln, Ablösen, Trocknen und Einordnen mit der Pinzette ist schwierig und langdauernd. Auch beschädigt man Briefmarken sehr leicht, und wenn nur eine Zacke fehlt, so kann man die ganze Briefmarke wegwerfen.
Das ist die größte Enttäuschung, die einem Briefmarkensammler widerfahren kann. Er meint, eine wirklich kostbare Marke zu besitzen, aber dann bemerkt er, daß eine Zacke fehlt und die Marke wertlos wie ein Fetzen Papier ist.[5]
Im großen und ganzen jedoch ist das Sammeln von Briefmarken meine liebste Ausgleichsbeschäftigung.

---

1. Falscher Ausdruck, denn vervollständigen wird man seine Sammlung ständig, aber sie wird nie alle Marken umfassen, sie wird nie vollständig sein. Das meint der Schüler!
2. Schlechter Ausdruck, denn „Papierfetzen" ist abwertend; Briefmarken sind keine Fetzen!
3. Doch wohl für einen längeren Zeitraum!
4. Hier ist die Beweisführung nicht überzeugend. Warum ist es ein Vorteil, daß man nie alle Marken, die man haben möchte oder bräuchte, in seiner Sammlung haben kann?
5. Der Schlußabschnitt bringt zwei Gedanken; besser ist es, wenn man sich auf einen Gedanken beschränkt.

Bemerkung

Dieser Aufsatz führt gute Gesichtspunkte an, warum der Schüler Briefmarkensammeln als Hobby betreibt. Die Gedanken sind überschaubar und logisch entwickelt. Die sprachliche Darstellung ist klar und flüssig.

Warum ich mich gern mit Musik befasse

A) Einführung über die Musik der Griechen und Ägypter zur frühen Mehrstimmigkeit (Madrigalkompositionen) und von dort zu der Musik, mit der ich mich gern beschäftige (Barockmusik)
B)1. Gründe für das besondere Gefallen an dieser Musik (Kammerorchester, teils mitreißende, teils besinnliche Ideen). Beispiel: Konzert J. S. Bach
B)2. Weiterer Grund für das Gefallen: Prunkvolle Barockmusik. Beispiel: Feuerwerksmusik von G. F. Händel
B)3. Abgesehen vom Aufbau und dem Wesen der Musik, der Gesichtspunkt der Erholung
B)4. Aktive Beschäftigung mit dieser Musik. Auch beim Spielen kleinerer Stücke großer Meister lernt man deren Eigenarten kennen.
C) Zitat von Paul Hindemith, einem Musiker der Gegenwart

Aufsatz:

Schon seit altersher beschäftigen sich die Menschen mit Musik. Nach dem Aufkommen der Violine, Lyra (harfenähnliches Instrument), Flöte und Oboe spielten die Griechen und auch die Ägypter zu fröhlichen und festlichen Anlässen (Tanz und Hochzeiten) auf. So entwickelte sich die Musik von den Griechen zur frühen Mehrstimmigkeit um 1300–1650 bei Palestrina, Orlando di Lasso und Heinrich Schütz. Nach dem Tod von Heinrich Schütz (1672), der einer der größten Madrigalisten war, brach mit der Geburt der „beiden Riesen" Johann Sebastian Bach und Georg Friedrich Händel im Jahre 1685 ein neues Zeitalter der Musik, das Barockzeitalter, an.[1]
Ich persönlich habe mich nun auf Musik aus dieser Zeit spezialisiert, weil sie mir besonders liegt. Sie gefällt mir,
a)[2] weil die Orchesterform die des Kammerorchesters ist,
b)[2] weil die Gedanken in den schnellen Eingang- und Schlußsätzen meist sehr mitreißend sind und
c)[2] weil zwischen diesen wiederum (als Kontrast) sehr besinnliche, langsame Sätze liegen.
Als Beispiel für die oben angeführten Argumente möchte ich das Doppelkonzert d-moll (für 2 Violinen und Streichorchester) von J. S. Bach anführen. Es ist dreisätzig: Allegro (= schnell) – Largo (= breit) – Allegro (= schnell).
Von den beiden „Allegro-Sätzen" wird folgendes gesagt: „Sie sind kontrapunktische Höchstleistungen, die vom Thema her fast eine rastlose Unruhe beinhalten."

Das Kernstück dieses Konzerts aber ist zweifellos das lichte „Largo“, von dem der große Bachkenner Albert Schweitzer einmal gesagt hat: „Es gibt wohl kaum einen Musikliebhaber, der nicht von dem wunderbaren Frieden des Largo zu berichten wüßte.“
Das aber ist nicht nur allein das Wesen der Barockmusik. Sie ist auch prunkvoll. Als Beispiel hierfür möchte ich die Feuerwerksmusik von G. F. Händel, eine Gesellschaftsmusik von höchstem Rang, anführen. Die Besetzung der Feuerwerksmusik unterstreicht ebenfalls den barocken Prunk (24 Oboen, 12 Fagotte, 6 Hörner und Streicher).
Aber abgesehen von den angeführten Argumenten höre ich diese Musik gerne, weil ich mich dabei erhole.
Da ich aber auch Musik aktiv betreibe und sie nicht bloß anhöre, stelle ich fest, daß ich beim Spielen kleinerer Stücke großer Meister die typischen Merkmale derselben kennenlerne[3].
Beispiel:[4] G. Fr. Händel: Largo aus Xerxes; Arcangelo Corelli: Pastorale aus dem Weihnachtskonzert.
Ein großer Meister der Gegenwart, Paul Hindemith (1895), hat einmal im Jahre 1935 in der Zeitschrift „Trösterin Musica“ gesagt: „Wer sich die Musik erkiest, der ist ein glücklicher Mensch“.

---

1. Besser: . . . brach . . . ein neues Zeitalter der Musik an, das Barockzeitalter.
2. Im Aufsatz selbst keine Gliederung verwenden! Allerdings verlangen manche Lehrer, daß die Schüler die Gliederungspunkte (I., 1, a) an den Rand des Blattes schreiben, damit die Schüler in der Ausführung keinen Gliederungspunkt übersehen. Das ist sinnvoll.
3. Unklare Beziehung, denn man kann verstehen, daß diese Merkmale nicht nur die Barockmusik kennzeichnen; der Schüler meint jedoch, daß dies nicht die einzigen Kennzeichen der Barockmusik sind.
4. Ganze Sätze bilden!

Bemerkung

Der Aufsatz beweist, daß der Schüler gute Kenntnisse hat; allerdings zählt der größte Teil des Hauptteils nur auf, ohne näher auf die angeführten Gedanken einzugehen, die Gründe aufzuzeigen, weshalb den Schüler die Musik begeistert (Zeitdruck, da der Aufsatz als Schulaufgabe geschrieben wurde!). Die sprachliche Darstellung ist flüssig. Sehr einfach ist die Gliederung; sie zeigt, daß diese Erörterung einer der ersten Versuche für die Schüler war, eine Erörterung zu schreiben.

Warum beziehen so viele Leute eine große Tageszeitung?

Gliederung

A) Massenmedien neben Radio und Fernsehen – durch Abonnement Lieferung frei Haus.

B) Welche Gründe sprechen für das regelmäßige Lesen einer großen Tageszeitung?

   I. Die Zeitung bietet eine umfangreiche Information:
      1. Politik
      2. aktuelle Ereignisse
      3. Wirtschaft
      4. Sport
      5. Kultur

   II. Sie kommentiert Ereignisse.

   III. Die Zeitung dient der Meinungsbildung:
      1. sie kritisiert
      2. sie orientiert
      3. sie belehrt
      4. sie bildet

   IV. Die Zeitung bietet Unterhaltung:
      1. sie entspannt
      2. sie regt an

   V. Die Zeitung vermittelt durch Anzeigen und Inserate.

C) Manche Auflagestärken zeigen, daß die Zeitung von der „großen Konkurrenz“ noch lange nicht verdrängt wird.

Aufsatz:

Die Tageszeitung ist neben Fernsehen und Radio ein Massenmedium, das für jeden etwas zu bieten hat. Da man sie durch ein Abonnement genauso bequem wie Radio und Fernsehen frei Haus geliefert bekommt, wird sie von vielen Leuten regelmäßig gelesen. Welche Gründe bewegen diese Leute nun im einzelnen dazu, sich jeden Tag der Zeitung zu widmen?
Der erste Grund ist sicherlich die umfangreiche und ausführliche Information, die eine Tageszeitung bietet. Sie reicht vom riesigen Gebiet der Politik in Stadt und Land und auf der ganzen Welt über das nicht minder große Gebiet der Wirtschaft bis hin zu den Berichten von aktuellen Ereignissen sowie aus Sport und Kultur. Man erfährt alles[1] über die Entwicklung der Wissenschaften im eigenen Land und auf der ganzen Welt. Um die Information zu vervollständigen,

werden Geschehnisse aus Wirtschaft und Politik von sachverständigen Redakteuren interpretiert und erklärt, so daß sie jeder besser verstehen und richtig auswerten kann. Es werden Kommentare und Meinungen abgedruckt und Prognosen gegeben. Das führt zu einem zweiten triftigen Grund für das regelmäßige Lesen einer Tageszeitung: sie dient im nicht zu unterschätzenden Maße der Meinungsbildung, wie ja auch schon die Bezeichnung Massenmedium erkennen läßt. Die Zeitung kritisiert, und zwar auch wieder in vielen Bereichen. Sie kritisiert Politiker und ihre Aktionen und Meinungen, vor allem aber auch Kulturentwicklungen. In fast jedem großen Tagesblatt[2] kommen auf ein oder mehreren Seiten Kritiker zu Wort, die dem Leser helfen, seine Meinung zu festigen oder vielleicht auch zu ändern. Aus dem Zusammenspiel von Information, Kommentar und Kritik ist für jeden eine Orientierung über die gegenwärtige Lage nicht mehr schwer.

Zur Meinungsbildung gehören aber auch Belehrung und Bildung. Wer kann sich schon eine eigene Meinung zurechtlegen, die auch fundiert ist, wenn er von dem Gebiet keine Ahnung hat? Natürlich erfüllt die Tageszeitung auch diese Aufgabe. Wie bereits erwähnt, sowohl Berichte und Prognosen, wie auch Meinungen und Kommentare von Wissenschaftlern werden in das Repertoire aufgenommen.

Als dritten, vielleicht nicht ganz so wichtigen Grund könnte man die Unterhaltung in einer Tageszeitung ansehen. Sie ist zweifellos nicht so umfangreich und vielseitig wie in einer Illustrierten, hat aber auch allerhand zu bieten.

Kurzromane, Geschichten und Krimiaufgabe lassen den Leser entspannen und den „Streß des Alltags“ vergessen. Bei Rätseln und Preisaufgaben[3] kann die ganze Familie ihre Findigkeit beweisen. Mit Tips für Freizeit, Urlaub, Hobby und Sport ist eine Anregung für jedermann gegeben. Der vierte Grund[4] ist meiner Meinung nach wieder etwas schwerwiegender. Wenn man besonders die Wochenendausgabe einer großen Tageszeitung betrachtet, so fällt einem der riesige Anzeigenteil auf. Der Zeitung kommt also auch eine vermittelnde Funktion zu. Hier sind sowohl Käufer als auch Verkäufer angesprochen. Von den Werbeanzeigen der Geschäfte, über Grundstücks- und Wohnungsangebote bis zu Stellengesuchen und Stellenangeboten ist alles zu finden. Auch die persönliche Atmosphäre kommt nicht zu kurz: einsame Leser können unter den Heiratsanzeigen den Partner fürs Leben finden.

Ich hoffe, durch diesen Aufsatz gezeigt zu haben, wieviel gute Gründe für das Abonnement einer großen Tageszeitung sprechen, und daß es sich lohnt, sie täglich zu lesen. Die Auflagenstärke von manchen großen Tageszeitungen zeigt uns, daß sie noch lange nicht von Radio und Fernsehen, der „großen Konkurrenz“, verdrängt werden.

---

1. Nicht übertreiben! Eine Zeitung kann „nicht alles“ bieten, auch nicht über alles berichten, was in der Wirtschaft erforscht wird.
2. Nicht gebräuchlicher Ausdruck; Dafür: Tageszeitung!
3. Rätsel, Preisaufgaben sind in großen Tageszeitungen äußerst selten.
4. Neuer Abschnitt! Der vorhergehende Abschnitt ist (bei „Kurzroman“) nicht begründet.

Bemerkung

Inhaltlich und sprachlich ist dieser Aufsatz recht gewandt; er überzeugt durch eine geschickte Beweisführung. Einleitung und Schluß sind treffend gewählt. Der Aufbau ist klar und durchdacht.

Wie kann man sich über Bücher informieren?

Gliederung

A) Viele Leute wollen sich vor einem Buchkauf informieren.
B) Wie kann man sich informieren?
   I. Durch Gespräche
      1. mit Bekannten
      2. mit Fachleuten
         a) in Bibliotheken
         b) Buchläden
         c) Buchmessen
         d) Verlagen
      3. mit Schriftstellern
   II. Durch schriftliche Informationen:
      1. Buchbesprechung in Tageszeitungen
      2. Prospekte, Verzeichnis der Erscheinungen und Anzeigen
      3. Berichte über Künstler, Dichter
      4. Durch Bücher, die auf andere hinweisen
   III. Ansehen und Durchblättern der Bücher:
      1. in Buchläden
      2. in Buchmessen
      3. in Bibliotheken
C) Man sollte sich über Bücher informieren.

Aufsatz:

Weihnachten steht vor der Tür, und viele Menschen wollen Bücher verschenken. Bevor sie Bücher kaufen, informieren sie sich über sie, über ihren Inhalt, ihren Preis und was Kritiker über sie schreiben. Wie können sie sich über Bücher informieren?
Der erste und vielleicht der wichtigste Anstoßpunkt, ein Buch zu kaufen, ist das Gespräch mit Bekannten. Dort entsteht der erste Eindruck über ein Buch. Der nächste Schritt ist das Gespräch mit einem Bibliothekar. Da dieser viele Bücher lesen muß, wird seine Antwort auf die Frage nach einem Buch fundierter sein als die eines Bekannten. Er wird genau die schwachen Stellen eines Buches kennen und sich dann eine Meinung über das Buch machen[1] können. Es ist auch gut, den Verkäufer eines Buchladens[2] zu fragen. Er kennt die Verkaufsumsätze eines Buches und kann genaue Auskunft darüber[3] geben. In Verlagen und in Verlagsprospekten erfährt man vieles über Autoren und über ihre Werke.
Die Unterhaltung mit Schriftstellern sind[4] wichtige Anhaltspunkte für das Entstehen eines Buches. Manche Hintergründe werden besser verständlich, wenn man einen Schriftsteller persönlich kennt. Diese Unterhaltungen sind sowohl für den Interessenten als auch für den Autor aufschlußreich und fruchtbar.[5] Durch schriftliches Material[6] kann man sich auch informieren. Große Tageszeitungen, wie die SZ und die „Frankfurter Allgemeine", haben Buchbeilagen, in denen Neuerscheinungen besprochen werden und Artikel über Schriftsteller stehen. In diesen Literaturbeilagen erscheinen auch Werbeschriften über die Neuerscheinungen großer Verlage. Meist liegen Prospekte bei, die in Farbdruck und balkendicken Überschriften die Leser zum Kauf von Büchern animieren. Besser jedoch ist das Verzeichnis der Erscheinungen, das halbjährlich erscheint und von Buchhändlern verkauft oder sogar verschenkt wird. Es gliedert sich in verschiedene Sparten des Büchermarkts. Jedes Buch wird mit Verfasser, Titel und Verlag aufgeführt, ohne irgendeine Wertung darüber zu geben.[7]
Eine weitere Möglichkeit der Information ist das Lesen von Büchern selbst. Bei wissenschaftlichen Büchern stehen Quellennachweise, bei Romanen stehen meist am Ende des Buches weitere Werke des Verfassers mit kurzer Inhaltsangabe.[8]
Durch den Besuch einer Buchhandlung und das Ansehen von Büchern kann man sich auch informieren. Durch Blättern in Büchern erhält man wertvolle Hinweise über Bücher und neue Ideen z. B. zur Freizeitgestaltung. Da jedoch die Mannigfaltigkeit der Bücher in einem Buchladen[2] allein schon durch Platzmangel beschränkt ist, sollte man wegen besseren Überblickes eine Buchmesse

besuchen. Dort kann man sich über Bücher besser informieren als irgendwo sonst.[9] Wer sich für Bücher interessiert, die bereits vor einigen hundert Jahren gedruckt wurden, der geht ins Staatsarchiv oder in Antiquariate. Dort werden die Bände geordnet und im Stand gehalten. Wichtige[10] Bücher kann man auch in Museen besichtigen. Die Bibliotheken sind wichtige[10] Stätten der Information über Bücher, da sie einer breiten Schicht der Öffentlichkeit zugänglich sind. Hier kann man in Ruhe in Büchern blättern, weil die Öffnungszeiten auch ein längeres Verweilen gestatten.
Viele Menschen halten das Informieren[11] über Bücher für Zeitverschwendung und kaufen irgendeinen Bestseller, der ihnen wegen der guten Werbung der Verlage ins Auge fällt. Um aber wirklich ein gutes Buch zu kaufen, muß man sich zu einem Buchkauf Zeit lassen und sich genau informieren.

---

1. Besser: sich eine Meinung bilden können.
2. Besser: in einer Buchhandlung.
3. Unklare Bezeichnung; gemeint ist nicht die Auskunft über Verkaufszahlen (schlechter Ausdruck: Verkaufsumsätze!), sondern über das Buch!
4. Falsche Bezeichnung: das zum Prädikat gehörige Subjekt steht im Singular, dann kann das Prädikat nicht im Plural stehen.
5. Der Schüler stellt nur Behauptungen auf, ohne näher darauf einzugehen bzw. sie zu beweisen oder Folgerungen für die Themafrage zu ziehen. Außerdem wird kaum jemand die Gelegenheit haben, sich mit den Verfassern der auf dem Büchermarkt angebotenen Bücher zu unterhalten. Dieser Gedanke ist abwegig.
6. Unklarer Ausdruck; gemeint sind wohl Buchbesprechungen in Tageszeitungen, Zeitschriften usw.!
7. Wäre nicht gerade eine Wertung oder wenigstens kurze Besprechung der Bücher wünschenswert für denjenigen, der ein bestimmtes Buch kaufen möchte?
8. In diesem Abschnitt fehlt die Beweisführung; der Schüler stellt nur Behauptungen auf; außerdem weiß man nicht, was er als Vorteil herausstellen will, wenn man Bücher liest, denn Quellennachweise und die Nennung von Werken desselben Autors informieren ja nicht über das Buch, das man liest oder gelesen hat. Wieso man sich über ein Buch informiert hat, wenn man es liest, erfährt man in diesem Abschnitt nicht. Das hätte der Schüler jedoch herausstellen sollen.
9. Auch hier fehlt die Begründung. Weshalb ist das auf einer Buchmesse oder einer Buchausstellung möglich?
10. Wiederholungen im Ausdruck vermeiden!
11. Schwerfälliger Nominalstil; besser: halten es für Zeitverschwendung, wenn sie sich über Bücher informieren.

Bemerkung

Dieser Aufsatz führt eine Reihe von Möglichkeiten an, wie man sich über Bücher informieren kann. Allerdings stellt er zu wenig heraus, welche Vorteile es bringt, wenn jemand sich über Bücher, die in interessieren, informiert bzw. welche Informationen er dadurch bekommt. Einleitung und Schluß sind gut ausgeführt.

Worin liegt nach Ihrer Ansicht die Bedeutung des Fernsehens?

Am Anfang dieses Jahrhunderts wurde das Fernsehen erfunden. Seit 1950 werden Fernsehsendungen über die ganze Bundesrepublik ausgestrahlt. Das Interesse am Fernsehen steigt auf seiten der Zuschauer, der Wirtschaft und Politik ständig. So wächst zum Beispiel die Zahl der Fernsehteilnehmer immer mehr. Da das Interesse am Fernsehen größer wird, sollte man sich einmal fragen, welche Bedeutung das Fernsehen für die einzelnen Personengruppen hat.
Das Fernsehen hat für den Zuschauer eine große Bedeutung als Unterhaltungsmittel. Indem sich der erwachsene Mensch im Fernsehen Unterhaltungsfilme ansieht, möchte er sich von seinen Sorgen und Problemen ablenken. So will man zum Beispiel nach einem harten Arbeitstag die Anstrengung vergessen und sich entspannen. Diesen Zweck erfüllt das Fernsehen in ausgezeichneter Weise.[1] Der Zuschauer kann sich dabei erholen und am nächsten Tag ausgeglichen und unbeschwert zur Arbeit gehen. Das fördert natürlich auch die Arbeitsleistung, denn man wird nicht abgelenkt. Das nützt auch der Wirtschaft, die umso leistungsfähiger ist, je mehr der einzelne leistet. Mittels des Fernsehens kann sich der Zuschauer weiterbilden, denn das Fernsehen bringt zahlreiche Sendungen, die der Allgemeinbildung dienen können. Durch diese Sendungen[2] ist dem Zuschauer die Möglichkeit gegeben, sich auch für den Beruf weiterzubilden und wenn er dies ausnützt, kann er im Beruf weiterkommen und somit seine soziale Stellung verbessern. Besondere Sendungen[3] gibt es für Schüler und Studenten. Hier können[7] sich Schüler, wenn sie etwas nicht verstanden haben oder nicht mehr wissen, mit dem nötigen Wissen versehen[4]. Diese Sendungen[5] können[7] auch als Nachhilfe dienen[6] und so dazu beitragen, daß die Schüler mehr leisten. Mit Hilfe dieser Sendungen können[7] auch Prüfungen abgelegt werden. Man hat die Möglichkeit, sich einfacher und billiger[8] fortzubilden.
Im Fernsehen werden den Zuschauern oft auch wichtige Ratschläge in Bezug auf Anschaffung technischer Geräte oder Geldanlagen gegeben. Dadurch wird dem Zuschauer die gute und richtige Auswahl erleichtert. Er wird davor bewahrt, daß er das Geld für schlechte oder zu teure Waren ausgibt und später diesen Kauf wegen kostspieliger Reparaturen bereuen muß.
Das Fernsehen dient auch der wirtschaftlichen und politischen Werbung. Da das Fernsehen viele Millionen Menschen zugleich anspricht, sind Wirtschaft und Politik mit seiner Hilfe in der Lage, ihre Werbung unter ein sehr großes Publikum zu verbreiten. Die Parteien können ihre Wahlprogramme und Ansichten zugleich Millionen von Zuschauern darlegen, während sie bei Wahlveranstaltungen immer nur einigen Tausend ihre Überzeugungen vortra-

gen können. Sie versuchen, mit Hilfe des Fernsehens ein möglichst großes Publikum zu ihren Gunsten zu beeinflussen. Der Zuschauer kann sich dagegen ein Bild von den verschiedenen Parteien machen, die Vorteile und Nachteile abwägen und sich dann besser entscheiden. So trägt das Fernsehen auch zur Meinungsbildung einer großen Anzahl von Menschen bei.
Ganz ähnliche Motive wie die Parteien hat die Wirtschaft. Auch ihr geht es um die Größe des angesprochenen Personenkreises. Die einzelnen Hersteller bemühen sich, durch das Fernsehen möglichst viele Menschen über ihre Produkte zu informieren und einen weiten Personenkreis zum Kauf ihrer Produkte anzuregen. Je mehr Leute beeinflußt werden können, desto größer[9] ist auch die Zahl der Käufer. Durch das Fernsehen wird der Wirtschaft ein weitaus größerer[9] Absatzmarkt erschlossen als zum Beispiel durch die Plakatwerbung. Auch dem Zuschauer kommt dies zugute, denn er kann aus einem weitaus größeren[9] Angebot wählen als in Zeitungen oder auch im Radio. Durch die bildliche Darstellung kann er sich gleichzeitig über die Art, das Aussehen und manchmal auch über die Qualität informieren. Er kann, da viele verschiedene Produkte gezeigt werden, bessere Vergleiche zwischen gleichartigen Waren ziehen. Die Bedeutung der Werbung im Fernsehen beruht auf der Größe des Publikums[10] und der Vielseitigkeit der angebotenen Dinge.
Für die Nachrichtenübermittlung ist das Fernsehen ebenfalls von großer Bedeutung. Die Nachrichten können schnell über[11] eine äußerst große Personengruppe[11] verbreitet werden. Dadurch kann sich jeder über die neuesten Ereignisse informieren, und es kommt dem Zuschauer billiger als der tägliche Zeitungskauf. Der Zuschauer kommt damit wesentlich bequemer zu Informationen. Durch das Fernsehen wird das Herantragen von Informationen an den Zuschauer sehr erleichtert. Es ist auch für die Parteien leichter und billiger[12]. Und sie erreichen einen großen Personenkreis[12].
Das Fernsehen besitzt eine große Bedeutung in der modernen Zeit, vor allem für die Politik, die Wirtschaft und den Zuschauer. Manchmal wirkt sich die Bedeutung des Fernsehens aber negativ auf andere[13] Personenkreise aus. Aber trotzdem wird das Fernsehen eine unerläßliche Voraussetzung für das Leben in der Gegenwart bleiben.[14]

---

1. Zu diesem Gesichtspunkt wären Begründungen anzuführen, weshalb das Fernsehen zur Entspannung beiträgt bzw. sie ermöglicht.
2. Hier sollte der Schüler bestimmte Sendungen nennen, die der Allgemeinbildung dienen, denn in dieser allgemeinen, nichtssagenden Form bleibt die aufgestellte Behauptung ohne jegliche Beweiskraft.
3. Welche Sendungen sind das?
4. Wenig treffende Ausdrucksweise!

5. Welche Sendungen? In welchem Programm?
6. Wenig gewandte Ausdrucksweise!
7. Wiederholungen im Ausdruck vermeiden!
8. Für diese Komparative (Vergleiche) fehlt der Bezugspunkt; wo ist denn Weiterbildung schwieriger und teurer?
9. Wiederholungen im Ausdruck vermeiden!
10. Unklarer Ausdruck! Gemeint ist doch wohl die große Zahl der Leute.
11. Schiefer Ausdruck! Besser: einer sehr großen Zahl an Menschen übermittelt, für eine große Zahl an Menschen gesendet werden.
12. Dieser Gesichtspunkt wurde schon vorher ausgeführt!
13. Unklare Beziehung, denn für alle kann das Fernsehen auch Nachteile mit sich bringen. Besser: Manchmal wirkt sich das Fernsehen auch nachteilig aus.
14. Die Bedeutung dieser Aussage ist dem Schreiber wohl nicht klar.

Bemerkung

Dieser Aufsatz führt richtige Gedanken an und beweist die aufgestellten Behauptungen. Die Schwäche der Arbeit besteht darin, daß die angeführten Beispiele zu allgemein, zu nichtssagend sind. Um dem Leser die Möglichkeit zu geben, selbst zu urteilen, um ihn vielleicht von der Richtigkeit der vorgetragenen Behauptungen zu überzeugen, müßte man konkrete Beispiele anführen, entsprechende Sendungen nennen.
Die Anmerkungen erfassen nur einige der sprachlichen Schwächen.

Aufgabe

Arbeite einige Abschnitte dieses Aufsatzes um und führe dabei bestimmte Fernsehsendungen an, die dir bekannt sind und die beweisen, was im Aufsatz behauptet wird!
Schreibe die Gliederung heraus!

Worin liegt nach Ihrer Ansicht die Bedeutung des Fernsehens?

Gliederung

A. Immer mehr Leute sind in der Lage, sich einen Fernsehapparat zu kaufen.
B. Worin liegt die Bedeutung des Fernsehens?
  I. Für den Zuschauer:
    1. Unterhaltung:
      a) Shows, man braucht selber nicht mitzudenken;
      b) problematische Spiel- und Fernsehfilme, bei denen man mitdenken muß;
      c) kulturelle Veranstaltungen, die sonst unerschwinglich sind;
    2. Information:
      a) Nachrichtensendungen bieten knappe, sachliche Information;
      b) aktuelle, zeitkritische Sendungen, die die Informationen noch erweitern;
      c) Sendungen mit Tips für den Alltag;
  II. Für den Produzenten:
    1. für Firmen, durch Werbesendungen;
    2. für Parteien, durch Diskussionen;
  III. Für Zuschauer und Produzenten:
    Telekolleg, zur Fortbildung des Personals;
C. Bedeutung ist für Zuschauer und Produzenten vielseitig, Bedeutung wird immer größer.

Aufsatz:

Schon 1956 besaß in den USA jeder fünfte Einwohner einen Fernsehapparat. Durch die heute recht günstigen Preise für Schwarz-Weiß-Fernseher sind Menschen aus fast allen Einkommensschichten in der Lage, sich so ein Gerät anzuschaffen Deshalb finde ich es ganz interessant zu klären, welche Bedeutung das Fernsehen hat.
Eine Bedeutung des Fernsehens für den Zuschauer ist die vielfältige Unterhaltung, die ihm geboten wird. So gibt es für Leute, die keine Lust haben, aktiv mitzudenken, Shows, bei denen man sich vom Alltag im Büro erholen kann. So zum Beispiel Musikshows, die einen mit sanften Rhythmen berieseln und so zur Entspannung beitragen. Andere wollen sich jedoch abends noch gedanklich beschäftigen und schalten deshalb problematische[1] Spiel- und Fernsehfilme ein. Vor einem halben Jahr gab es zum Beispiel den französischen Mammutfilm „Die

Miserablen", der das Schicksal eines ehemaligen Strafgefangenen im 19. Jahrhundert aufzeigte.

Eine besondere Bedeutung im Bereich der Unterhaltung haben die Opern und Operettensendungen. Ein Beispiel dafür sind die Wagner-Festspiele in Bayreuth. Für die meisten dürfte solch eine Veranstaltung unerschwinglich sein. Wenn man die Unkosten für die Reise, den Hotelaufenthalt und zuletzt noch die Eintrittskraten für die Festspiele zusammenrechnet, dann kommt doch ein Betrag heraus, der dem Monatsverdienst eines einfachen Arbeiters entspricht. So bringt einem das Fernsehen die schönsten Opern mit bekannten Stars ins Haus, und das alles für 8.50 DM im Monat.

Eine andere Bedeutung für den Zuschauer ist die rasche und genaue Information. Man kann sich durch die mehrmals am Tage gesendeten Nachrichtensendungen kurz informieren. Wenn manche Leute jedoch mehr über ein bestimmtes Thema wissen wollen, haben sie diese Möglichkeit in aktuellen, zeitkritischen Sendungen. Es gibt[2] dafür die regelmäßigen Sendungen: „Aspekte", „Monitor" und „Panorama", die spezielle Themen aufgreifen und diskutieren. Außerdem gibt es[2] den „ARD-Ratgeber", der den Zuschauern Tips für das tägliche Leben gibt[3]. So ist das Fernsehen in der Lage, für alle Leute etwas zu bringen. Auch für die Produzenten von Sendungen hat das Fernsehen wichtige Bedeutung[4]. Unter anderem auch für die Wirtschaft. Große Firmen sind durch das Fernsehen in der Lage, ihre Werbesendungen in Millionen von Wohnzimmern auszustrahlen. Dort sprechen sie dann die Zuschauer an und wecken neue Bedürfnisse. Dieser Vorteil kommt aber indirekt auch wieder den Zuschauern zugute, denn die Summen für die Werbespots werden dazu verwendet, neue Sendungen zu produzieren oder anzukaufen. Auch die Parteien bedienen sich des Fernsehens. Sie führen Diskussionen im Fernsehen durch. Die Bedeutung für sie liegt dabei darin, daß sie sich die Mühe ersparen können, von Dorf von Dorf zu reisen. Wobei es dann immer noch relativ wenige sind, die sie auf solchen Kundgebungen ansprechen. So sitzen die Politiker bei einer Diskussion in Studios und erreichen Millionen von Wählern.

Durch die Sendungen des Telekollegs, die eine Stiftung des Volkswagenwerkes sind, ist es möglich, den Zuschauer weiterzubilden. Dieses Telekolleg ist ein Vorteil für den Zuschauer, zugleich aber auch für die Wirtschaft. Der jetzige Kurs führt zum Beispiel zur Fachhochschulreife. Ein Arbeiter mit Fachhochschulreife hat in seinem Beruf wesentlich mehr Aufstiegschancen als andere. Dies ist für die Wirtschaft insofern von Bedeutung, da ihr dann ja qualifiziertes Personal zur Verfügung steht.

So ist die Bedeutung des Fernsehens sowohl für den Zuschauer als auch für den

Produzenten äußerst vielseitig. Diese Bedeutung wird immer größer, da es immer mehr Fernseher gibt und die Sendezeiten länger werden.

---

1. Falscher Ausdruck, denn problematisch bedeutet schwierig, schwer zu lösen, fraglich, noch unentschieden, unsicher im Erfolg oder Ausgang. Der Schüler meint jedoch Filme, die sich mit Problemen auseinandersetzen.
2. Wiederholungen im Ausdruck vermeiden! Außerdem ein nichtssagender Ausdruck!
3. Bloße Behauptung, die nicht näher ausgeführt, erörtert wird, die nicht bewiesen wird! Der Schüler müßte ein konkretes Beispiel anführen, das die Richtigkeit der aufgestellten Behauptung (Tips fürs tägliche Leben!) beweist.
4. Welche Bedeutung für die Produzenten? Bei Produzenten von Sendungen denkt man nicht an Firmen und politische Parteien, sondern an Produzenten von Fernsehsendungen (Shows, Filme, Tagesschau, Opernsendungen usw.).

Bemerkung

Diese Arbeit bringt konkretere Beispiele als der vorige Aufsatz; auch die sprachliche Darstellung ist flüssiger. Nicht günstig ist die Gliederung; bessere Gliederungsmöglichkeiten wären: Für den Zuschauer, den Staat, die Wirtschaft, die Gesellschaft.

Was sollte uns die Schülerzeitung bieten?

Gliederung

A. Passen alle Beiträge, die man in einer Schülerzeitung findet, tatsächlich dort hinein?

B. I. Die Schüler haben weder alle gemeinsame Interessen noch gehören sie der gleichen Altersstufe an. Sie haben aber gemeinsam:

a) Allgemeine schulische Interessen, wie zum Beispiel an:

1. Schulreform:
   Neue Rechte, neues Benotungs- und Strafsystem
   Was bedarf noch eine Änderung?
2. Fragen zum Wehrdienst

b) Besondere Probleme an der einzelnen Schule

1. Kritik an Schule und Lehrern:
   Gespräche mit Lehrern
   In Form einer Diskussion
   In Form eines Interviews

c) Freude an humoristischen Beiträgen
   1. Über Lehrer und Schüler
      Stilblüten
      Gerüchte
      Berichte
   2. Humoristische Kurzgeschichten

II. Vergleich des Angeführten mit dem Gegebenen
   a) Negativ
      Es erscheinen zwei verschiedene Schülerzeitungen
      Jede bringt nur Teile des Angeführten,
      ist also etwas einseitig
   b) Positiv: Insgesamt wird kein Punkt ausgelassen
   c) Einiges ist überflüssig
      In eine Schülerzeitung passen keine tagespolitischen Artikel
      In eine Schülerzeitung passen keine Interviews mit Schauspielern oder Musikern.
      Film- und Buchbesprechungen sind in anderen Zeitschriften besser zu finden.

C. Die Schülerzeitung muß ein Spiegel des Geschehens an einer bestimmten Schule sein.

Bemerkung

Die Gliederung weist die für Anfänger typischen Schwächen auf: Aufzählung statt Untergliederung, unklare Formulierung.

Aufsatz:

Betrachtet man eine Reihe von Ausgaben einer bestimmten Schülerzeitung, so wird man feststellen können, daß Erscheinungsabstand, Umfang und Preis ziemlich konstant bleiben. Daraus sollte man folgern, daß das Informationsmaterial ebenfalls in gleichförmigem Strom anfällt: Aber es ist ja durchaus denkbar, daß einmal eine Flaute einsetzt. Wird die Redaktion dann nicht zu minderwertigem Füllmaterial greifen, um die Lücken zu schließen? Es wäre also zu untersuchen, ob tatsächlich alle Beiträge, die man in einer Schülerzeitung findet, dort hineinpassen. Oder fragen wir anders: Was sollte uns eine Schülerzeitung überhaupt bieten?
Wir, die Schüler, sind eine recht willkürlich zusammengesetzte Gemeinschaft. Wir haben die verschiedensten Interessen, und auch der Abstand der einzelnen

Altersgruppen ist groß. Aber wir sind eben alle Schüler und möchten daher auch über alles, was unsere Schule und damit uns betrifft, informiert werden.

Das beginnt schon mit ganz allgemeinen Themen wie etwa der Schulreform. Dabei will man aber nicht nur einfach über neue Rechte, Benotungs- und Strafsysteme unterrichtet werden, sondern man legt außerdem Wert auf eine Stellungnahme anderer, denn es ist immer ganz interessant, die Meinungen der Mitschüler kennenzulernen, die vielleicht noch nach weitergehenden Änderungen verlangen.

Noch ein weiteres, allgemein interessierendes Thema ist zu nennen: Auf jeden Schüler wartet nach dem Abitur der Wehrdienst. Kann man ihn umgehen? Sollte man von einer etwaigen Möglichkeit auch Gebrauch machen? Dies sind Fragen, die durchaus in eine Schülerzeitung gehören und die nicht nur die älteren Schüler ansprechen werden. Aber auch an jeder einzelnen Schule gibt es stets irgend etwas, was nicht in Ordnung ist und an dem Kritik geübt werden muß, sei es nun an den Lehrern oder der Schule selbst. Im Zuge einer Kritik sollte jedoch nicht nur den Schülern, sondern auch den Lehrern eine Möglichkeit gegeben werden, sich zu äußern, vielleicht in der Art einer Diskussion Schüler – Lehrer. Daneben wären vielleicht auch Interviews, besonders mit neuen Lehrkräften recht aufschlußreich.

Neben diesen recht ernsten Beiträgen sollte eine Schülerzeitung jedoch auch Unterhaltung bieten, und zwar am besten in Form humoristischer Beiträge, weil diese alle Altersstufen gleich stark ansprechen. Dazu bieten sich in einer Schule natürlich besonders Stilblüten, aber auch scherzhafte Gerüchte über Schüler und Lehrer an. Auch humorvolle Kurzgeschichten mit unerwarteten Pointen wären geeignet, um nur einige Beispiele zu nennen.

Hiermit wurden die meiner Meinung wichtigsten Punkte aus dem Inhalt einer Schülerzeitung herausgegriffen. Wir wollen nun noch diese mit dem, was tatsächlich in unserer eigenen Schülerzeitung geboten wird, vergleichen.

Da kommen wir auch schon zum ersten Problem: An unserer Schule gibt es zwei Schülerzeitungen, eine, die man als die übliche Schülerzeitschrift bezeichnen kann, und die in der Schule selbst verkauft wird, und eine zweite, die sich hauptsächlich mit Kritik an Schule und Schulsystem befaßt und die, um eine Zensur zu umgehen, nur außerhalb der Schule zu erwerben ist. Jede einzeln betrachtet, bringt leider nur einen Teil der angeführten Punkte, ist also etwas einseitig. Will man auf keine der beiden Zeitschriften verzichten, so sind die Kosten für die Information und Unterhaltung zu hoch.

Allerdings, und das ist erfreulich, wird – beide Zeitschriften zusammengenommen – im großen und ganzen keiner der genannten Punkte ausgelassen. Zu

beanstanden wäre noch, daß auch einiges überflüssig ist. Zum Beispiel passen tagespolitische Artikel meiner Meinung nach nicht in eine Schülerzeitung, genausowenig wie Interviews mit Filmstars und Musikern, die überhaupt nichts mit der Schule zu tun haben. Gegen Film- und Buchbesprechungen ist eigentlich nichts einzuwenden, nur – bringt dies nicht eine vernünftige Tageszeitung ausführlicher und besser?
Abschließend läßt sich sagen: Eine Schülerzeitung muß ein Spiegel des Geschehens an einer einzelnen Schule sein. Sie hat nicht die Aufgabe, sich mit Tages- oder Zeitgeschehen auseinanderzusetzen, wie zum Beispiel eine Tageszeitung oder Illustrierte. Sie wird einen Menschen, der außerhalb der Schule steht, daher kaum ansprechen, was auch gar nicht erwünscht ist, denn sie soll eine persönliche Zeitschrift für die relativ kleine Gemeinschaft der Schüler an einer ganz bestimmten Schule sein.

Bemerkung

In diesem Aufsatz werden Sachgebiete aufgeführt, die Schüler in einer Schülerzeitung gerne besprochen haben möchten; diese Auswahl ist richtig und zutreffend. Allerdings fehlen häufig die Begründungen für die im Aufsatz aufgestellten Behauptungen. Die Gedanken werden logisch entwickelt. Die sprachliche Darstellung ist sachlich und klar.

Inwiefern weist der moderne Sportbetrieb bedenkliche Schattenseiten auf?

Gliederung

A. Immer wieder Gefährdung von Menschenleben im Sport. Dies ist nur eine Schattenseite des Sports.
B. Inwiefern weist der moderne Sportbetrieb bedenkliche Schattenseiten auf?
  I. Der moderne Sport wird zur Gefahr für Gesundheit und Leben
    2. von Menschen:
      a) immer mehr tödliche Unfälle oder Verletzungen bei Sportveranstaltungen,
      b) Jugendliche im Hochleistungssport;
    1. von Tieren:
      a) bei Pferden oder Hunderennen,
      b) bei Treibjagden.
  II. Leistungssport wird zum Privileg von Leuten mit dickem Geldsack:
    1. immer weniger Chancen für reine Amateure:
      a) bei Olympischen Spielen,
      b) bei Welt- und Europameisterschaften;
    2. im Motorsport immer weniger Privatfahrer:
      a) hohe Anschaffungskosten,
      b) kostspielige Unterhaltung der Autos und Motorräder.
  III. Sportbetrieb wird zum Geschäft:
    1. durch Werbung bei Veranstaltungen:
      a) durch Spenden,
      b) auf Trikots,
      c) auf Spielfeldbegrenzungen,
      d) für Autofirmen und Werkwagen bei Rennen.
    2. Fußball:
      a) hohe Gehälter,
      b) hohe Ablösesummen,
      c) Nachteil für Vereine mit wenig Geld.
C. Zusammenfassung: Aufruf zur Rückkehr zum eigentlichen Sport.

Bemerkung

Die Gliederung ist klar und logisch aufgebaut. II., 1. und 2., III., 1. und 2. sind keine gleichwertigen Gesichtspunkte; III., 2. müßte heißen: durch hohe

Geldsummen; die Unterpunkte von III., 1. werden im Aufsatz nicht ausgeführt, sie sind nur aufgezählt.

Aufsatz:

Immer wieder kann man lesen,[1] daß ein Autorennfahrer tödlich verunglückt oder knapp mit dem Leben davongekommen ist. Die Gefährdung von Menschenleben, nicht nur im Automobilsport, ist jedoch nur ein Teil der Schattenseiten des modernen Sports.[2] Ich möchte deshalb auch einmal die vielen anderen Schattenseiten des Sports aufzeigen.
Beim modernen Sport werden nicht nur Menschenleben aufs Spiel gesetzt[3] bei Autorennen oder Skirennen mit ihren mörderischen Geschwindigkeiten, sondern auch Tiere werden nur allzuleicht für den Sieg geopfert. Besonders bei Hindernisrennen für Pferde ist dies der Fall. Es ist ganz und gar gegen die Natur eines Pferdes, über ein Hindernis zu springen, wie es eine Fernsehsendung von Horst Stern bewies. Deshalb wird das Springen den Pferden oft mit brutalen Mitteln aufgezwungen, wie Eisenstangen statt Holzstangen beim Hindernisrennen oder an den Stangen Stacheldrähte.[4] Bei Hunderennen in England werden die Hunde zu Tode gehetzt, um eine Wette oder Geldpreise und Pokale zu gewinnen. Aber auch bei so harmlos aussehenden Treibjagden werden die Tiere, Füchse, Hasen, wahrlich zu Tode gehetzt, damit die Leute ihren Spaß haben.[5]
Selbst Kinder und Jugendliche werden von der Gewinn- und Siegessucht nicht verschont. Schon mit 14 Jahren werden Höchstleistungen erbracht. Wo bleibt da[6] die Gesundheit? Weiß man, welche Schäden so ein Kind davontragen kann? Durch die frühe Ausbildung von Muskeln und die Erweiterung von Herz und Lunge kann ein Kind schon als junger Erwachsener Schäden davontragen, wenn es nicht bis an sein Lebensende im Training bleibt. Dies gilt auch für Erwachsene. Es ist also nicht zu verantworten, daß beim heutigen modernen Sport, wo sowieso jeder von einer Humanisierung auf allen Teilen besteht,[7] so die Gesundheit von Mensch und Tier beansprucht wird. Sport soll ja in erster Linie die Gesundheit fördern und nicht zerstören.
Eine weitere Schattenseite des modernen Sportbetriebs ist, daß sich bald nur noch Reiche oder Sportler mit reichen Eltern am Leistungssport beteiligen können. Spitzenleistungen verlangen ein langes und hartes Training. Wer kann sich schon Arbeitsausall oder bei Jugendlichen eine lückenhafte Ausbildung leisten, wenn nicht reiche Eltern, oder daß einer selbst genug Geld hat,[8] dahinterstehen.

Mark Spitz, der vielfache Goldmedaillengewinner im Schwimmen, oder Josef Neckermann, um nur einige zu nennen, haben beide ein genügend großes Geldpolster, um zu trainieren, die Ausrüstung zu bezahlen und damit erfolgreich an den Olympischen Spielen teilnehmen zu können. Ein reiner Amateur, der noch seinen Beruf nebenbei hat,[9] hat bei den Olympischen Spielen oder bei Welt- und Europameisterschaften kaum eine Chance, weil einfach Geldmittel für Training und Ausrüstung nicht vorhanden sind.
Dies gilt aber nicht nur für den Hochleistungssport, sondern auch z. B. im Motorsport, wo heute nur noch Werkmannschaften dominieren. Welcher Privatfahrer kann sich einen Formel-Wagen mit Ausrüstung und Handwerkern leisten? Auch bei Rallyes ist dieser Trend immer mehr zu spüren. Ob bei Auto- oder Motorradrennen, immer sind es Werkfahrer, die vorne dran[10] sind. Es sollte deshalb im Sport nicht der Geldbeutel oder die Zugehörigkeit zu einem Werk oder Firma[11] zählen, sondern rein die Begabung und Leistung. Daher sollte der Staat eingreifen und den Sport besser fördern.
Eine besonders krasse Schattenseite im Sport ist die Geschäftemacherei. Ob es die Werbung ist bei Veranstaltungen auf Trikots,[12] Spielfeldbegrenzungen, auf Rennwagen die vielen kleinen Abziehbilder oder die indirekte Werbung durch Bekanntgabe von Firmenspenden, z. B. bei Fußballspielen, und für Autofirmen durch ihre Teilnahme an Rennen mit Werkswagen und -mannschaften, überall ist das liebe Geld im Spiel. Dies ist besonders auffällig im heutigen Fußballsport. Die Spieler sind nur noch Marionetten des Vereins, dem es um Gewinn[13] eines Spiels und damit um Geld geht. Die Spieler ziehen daraus also auch selbst Vorteil und halten kräftig die Hand auf. Dann ist es kein Wunder, wenn es zu einem Bundesligaskandal kommt, der weite Kreise zieht. Dabei zieht vor allem der Zuschauer den kürzeren, der keine echte Leistung mehr sieht, sondern nur noch, wie die Spieler dem Geld nachlaufen. Die Vereine selbst booten sich ja untereinander aus. Es werden horrende Ablösesummen und Gehälter bezahlt, und so können nur Vereine bestehen, die Erfolge und damit Geld haben. Also ein Teufelskreis, aus dem schwer auszubrechen ist.
Zusammenfassend möchte ich sagen, daß diese Schattenseiten des modernen Sports dem breiten Sport wenig dienen. Man sollte deshalb zum Sport selbst zurückkehren und nicht nur Siegen, Gewinnen und Geld nachrennen, damit der einzelne ein Vorbild bekommt und so selbst zum Sport angeregt wird.[14]

---

1. Wirkt sprachlich ungeschickt, unbeholfen; außerdem bleibt unklar, wo „man immer wieder lesen kann".
2. Dieser Einleitungsgedanke greift einen Gesichtspunkt heraus, der im Hauptteil behandelt werden müßte; die Einleitung soll jedoch nur zum Thema, zur Themenfrage hinführen, sie soll keine Gesichtspunkte vorwegnehmen, die im Aufsatz erörtert werden müssen.

3. Dieser Gesichtspunkt, der in der Einleitung erwähnt wird, sollte in diesem Abschnitt des Aufsatzes nicht erwähnt werden, wenn sich der Schüler mit der Überforderung und Gefährdung von Tieren im modernen Sportbetrieb beschäftigt, denn dadurch entsteht beim Leser der Eindruck, als beziehe sich der erste Abschnitt nur auf die Einleitung, ohne daß dieser Gesichtspunkt im Aufsatz behandelt wird.
4. Falscher Satzbau!
5. Hier fehlt die Begründung, weshalb dies nicht vertretbar ist.
6. Umgangssprachliche, nichtssagende Ausdrucksweise!
7. Unverständliche Aussage! Vielleicht meint der Verfasser, daß in allen Bereichen des Lebens immer mehr Rücksicht auf die Belange und die Gesundheit des Menschen genommen wird.
8. Falscher Satzbau!
9. Wenig treffende Ausdrucksweise; besser: . . ., der auch noch seinen Beruf ausüben, seinem Beruf nachgehen muß.
10. Wenig treffender Ausdruck; besser: die zur Spitzengruppe vorstoßen, gehören.
11. Richtig: zu einem Werk oder zu einer Firma!
12. Falsche Beziehung, denn sinngemäß gehört zusammen: Werbung – Gegenstände mit Werbeparolen; richtig: Ob es bei Veranstaltungen die Werbung auf Trikots usw. ist.
13. Hauptwortstil vermeiden! Besser: darum geht, ein Spiel zu gewinnen.
14. Zweimalige Begründung: deshalb – damit! Worauf bezieht sich „damit"?

Bemerkung

Der Aufsatz führt mehrere wichtige Gesichtspunkte an und nimmt dazu Stellung. Die Entwicklung der Gedanken und die Beweisführung sind nicht immer gewandt bzw. überzeugend genug. Aber der Schüler führt konkrete Beispiele an und verwertet sie. Einige wichtige Gesichtspunkte sind allerdings nicht berücksichtigt. Die sprachliche Darstellung ist sachlich, an einigen Stellen jedoch nicht flüssig, nicht treffend genug.

Inwiefern weist der moderne Sportbetrieb bedenkliche Schattenseiten auf?

Gliederung

A. Der Sport ist ein wesentlicher Faktor unseres Lebens geworden.
B. Inwiefern weist der moderne Sportbetrieb bedenkliche Schattenseiten auf?
  I. Schattenseiten in Bezug auf den Leistungssport:
    1. Allgemein betrachtet:
      a) Der Sportler wird nicht als Individuum betrachtet, sondern als Maschine.
      b) Nicht nur Leistung, sondern auch Aussehen und Sympathie entscheiden für den Erfolg des Sportlers.
      c) Junge Sportler stehen im Schatten von Sportlern mit Namen.
      d) Das Publikum ist zu fanatisch.
      e) Der Sportler muß seine Gesundheit opfern.
    2. Hinsichtlich des Profitums:
      a) Sportler werden zu hoch bezahlt.
      b) Der Sportler wird als Ware gehandelt.
      c) Der Sportler wird abhängig.
      d) Für Prämien riskieren Sportler ihre Gesundheit und sogar ihr Leben.
    3. Hinsichtlich des Amateursports:
      a) Beruf und Ausbildung leiden unter dem Sport.
      b) Amateursportler wird nicht so bestaunt wie der Profi.
      c) Nicht nur Begabung ebnet dem Sportler den Weg zum Erfolg.
      d) Der Sportler verbaut sich oft seine Zukunft.
  II. Schattenseiten, in Bezug auf den „Trimm-Dich-Sport" des kleinen Mannes:
    1. Hinsichtlich der Anschaffung der Geräte:
      a) Geschäftsleute machen ein Geschäft mit der Gesundheit des Menschen.
      b) Sie animieren den Käufer zum Kauf von immer mehr Sportgeräten.
    2. Hinsichtlich der Gesundheit:
      a) der Sportler mutet sich oft zuviel zu.
      b) Er betreibt den Sport gesundheitsschädlich.
      c) Die Grenze zwischen Schaden und Nutzen des Sports ist sehr verschwommen.

Aufsatz (Ausschnitt):

Der Sport ist wegen der großen Freizeit zu einem wichtigen Punkt[1] unseres Lebens geworden. Einerseits fördert er die Gesundheit und das Wohlbefinden des Sportlers selbst, andererseits bietet er dem Zuschauer Entspannung und Abwechslung. Inwiefern aber weist der moderne Sportbetrieb auch bedenkliche Schattenseiten auf?
Im ersten Teil meines Aufsatzes möchte ich mich dem Leistungssport zuwenden. Er ist schon sehr oft ins Kreuzfeuer der Mediziner und der Öffentlichkeit gekommen. Vom Publikum wird der Sportler nicht als Individuum betrachtet, sondern nur als Maschine, die ständig die gleiche[2] Leistung vollbringt. Ich möchte nur daran erinnern, wie selbst die engsten Anhänger des Fußballnationaltorwarts Sepp Maier reagierten, als er im Nationalspiel gegen Argentinien einige Fehler begangen hat.[3] Obwohl er immer seine beste Leistung in den vorhergegangenen Spielen gezeigt hatte, ließen sich die Fanatiker sogar hinreißen, eine Umbesetzung des Torwartpostens zu fordern. Das gibt einem schon zu denken. Warum gestehen wir einem solchen Menschen nicht einen schlechten Tag zu, wenn es uns selber oft so geht? Wir können doch einen Sportler deshalb[4] nicht sogar vor die Tür setzen. Aber beim Publikum zählen oft nicht nur die Leistung, sondern auch das Aussehen und die Sympathie. So wurden bei den Olympischen Spielen in München die Leichtathleten vom Publikum hervorgehoben,[5] während ihre Kolleginnen mit besseren oder mindest gleich guten Leistungen eben gesehen und anerkannt wurden.[6] Junge Sportler stehen meistens im Schatten von namhaften Sportlern. Das tritt besonders im Radsport zutage, was aber nicht heißt, daß es in anderen Sportarten nicht vorkommt. So unterstützt ein riesiger Pulk von Weltklassefahrern, die aber dem Namen nach kaum bekannt sind, den Radweltmeister Eddie Merckxs. Aber nur wegen dieser Unterstützung ist es ihm ermöglicht zu siegen. Die anderen Fahrer, die ihn vor den anderen Teams abdecken, sind ebenso gute Fahrer, stehen aber nicht in der Gunst des Publikums. Nur der eine Mann, der die Firma dank Aussehen usw. gebührend vertritt.[7] Das ist eine wesentliche Schattenseite des Leistungssports, weil sich dann Schau und Sport kaum mehr unterscheiden läßt. Ein nicht unerheblicher Fehler ist der Fanatismus der Massen. Nicht selten kommen Schlägereien und Krawalle in Sportstadien vor. So kam es vor ungefähr zehn Jahren in einem südamerikanischen Land zu einer Massenschlacht zwischen den Anhängern zweier Fußballmannschaften, bei der es 300 Tote gegeben hat. Sind es Fußballmannschaften wert, daß es Tote gibt? Diesen Fanatismus bringt der Leistungssport leider mit sich.

Der wesentlichste Faktor überhaupt, warum der Leistungssport verworfen wird, ist der, daß die Sportler ihre Gesundheit opfern müssen. Die Folge des übertriebenen Leistungssports sind übergroße Herzen und Lungen, was die Lebenserwartung stark einschränkt. Außerdem sind alternde Sportler ständig in ärztlicher Behandlung. Sind Trophäen und Medaillen ein Ersatz für die ruinierte Gesundheit? Der Profisport wirft sehr große Schattenseiten auf.[8] Mit Profisportlern meine ich auch die Sportler des Ostens. Die Sportler werden zu hoch bezahlt.[9] Es ist eine Ungerechtigkeit, wenn ungelernte Sportler, die nur das Talent zu ihrem Sport haben, mit 3 Stdn. Training am Tag das 100-Fache verdienen wie einer, der erst hart studieren mußte und nun 8 Std. im Büro sitzt, arbeitet und etwas Produktives vollbringt.
Der Sportler wird als Ware gehandelt. Von Verein zu Verein werden sie von deren Geschäftsleuten[10] für Höchstprämien gehandelt, als wären sie eine Kiste Äpfel. Da scheidet sich der Sport vom Profisport. Es ist also eine sehr ungünstige Entwicklung im modernen Sportbetrieb. Der Sklavenhandel wurde verboten. Wo ist aber die Grenze zwischen diesem Menschenhandel und dem Sklavenhandel?
Der Sportler wird von seinem Spender abhängig.[11] Das zeigt sich besonders in den Ostblockländern. Riskiert ein Sportler einmal, seine Meinung zu sagen, so streicht die Regierung sofort alle Unterstützungen, und der Sportler ist ein ruinierter Mann. Als Beispiel kann man den Leichtathleten Jürgen May anführen. Ist das noch zu rechtfertigen?
Für Prämien riskieren Sportler ihre Gesundheit. Im Automobilsport sind die Piloten gezwungen, für einige Sonderprämien sogar ihr Leben aufs Spiel zu setzen. Das ist eine Schattenseite, die einem sehr zu denken gibt, denn die Alternative Leben oder Geld hat mit Sport nichts mehr zu tun.

---

1. Sprachlich schlecht formuliert; besser: Bereich, Bestandteil.
2. Wichtig ist, daß die Zuschauer immer die gleiche gute Leistung, ständig eine Höchstleistung erwarten!
3. Hier ist der Sinn wirklich „Fehler machen“, denn einen Fehler begehen hat eine andere Bedeutung (falsche Entscheidung treffen, günstige Gelegenheit nicht wahrnehmen, nicht erkennen).
4. Unklare Beziehung, denn man weiß nicht, ob sich deshalb darauf bezieht, daß auch wir oft einen schlechten Tag haben, oder darauf, daß auch ein Spitzensportler einen schlechten Tag hat.
5. Schlechter Ausdruck; dafür: gefeiert, umjubelt.
6. Unklare Ausdrucksweise. Was meint der Schüler damit?
7. Unvollständiger Satzbau!
8. Ungebräuchliche Ausdrucksweise; dafür: hat große Schattenseiten.
9. Zwischen diesem und dem vorigen Satz bzw. Gedanken besteht kein Zusammenhang.
10. Unpassender Ausdruck; der Schüler meint wohl Vorstände, tonangebende Leute.
11. Hier fehlt die gedankliche Verbindung, der Übergang zum vorausgehenden Abschnitt.

Bemerkung

Von der Ausarbeitung wurden nur Teile abgedruckt. Der Schüler hat seine Gedanken im Aufsatz gut entwickelt und seine Ansichten überzeugend begründet, meist durch konkrete Beispiele. Die sprachliche Darstellung ist an einigen Stellen nicht treffend genug, im ganzen jedoch brauchbar und sachlich. Aufbau und Gliederung sind klar.

Aufgabe

Führe die restlichen Gliederungspunkte (I., 3., II., 1., 2. und C. Schlußabschnitt) als Aufsatz aus und ergänze den Schlußgedanken auch in der Gliederung. Achte dabei auf die Entwicklung der Gedanken und eine überzeugende Beweisführung (konkrete Beispiele wählen!).

Ist Fußball heute noch ein Sport oder dient er nur der Massenbelustigung?

Gliederung

A. Im Stadion rollen Ball und Rubel.
B. Avanciert der Fußball vom Sport zur Massenbelustigung?
  I. Was hat der Fußball für sich?
    Der Fußballsport wurde geschaffen,[1] um
    a) die Umwelt zu vergessen
    b) Ausgleich gegenüber der Umwelt zu schaffen.[2]
    c) den Kameradschaftsgeist herzustellen[3]
    d) zu zeigen, wer „besser“ ist
    e) aus Spaß am Spielen
    f) um seine Aggressionen abzureagieren
    g) jeder kann Fußball spielen.
  II. Was zählt[4], vor allem heute, gegen[4] den Fußballsport?[5]
    a) Die große Schau wird abgezogen, um
      1. die Zuschauer anzulocken
      2. Gewinn aus ihr zu machen
      3. Funktionäre und vor allem
      4. die Akteure zu bezahlen

b) Funktionärstum und Bürokratismus bis in die kleinsten Vereine
c) Der Profi, er spielt[6] nicht aus Idealismus, sondern um davon leben zu können.
Er führt die Massen nicht mehr dazu, selber Fußball zu spielen.

III. Fußball, ja, aber schafft die Funktionäre ab!

C. Im Zeitalter der kommenden dritten industriellen Revolution ist Fußball *der* Freizeitsport.

---

1. Schlechter Ausdruck, denn der Fußballsport wurde nicht „geschaffen"!
2. Ausgleich für wen? Was für einen Ausgleich?
3. Unpassender Ausdruck!
4. Schlechter, ungebräuchlicher Ausdruck!
5. Das ist nicht die Themenfrage! Der Aufsatz müßte die Frage erörtern, ob der moderne Fußballsport nur der Massenbelustigung dient. Die Frage von II. ist zu allgemein gestellt.
6. Unmöglicher Satzbau! Dafür: Der Profi spielt nicht . . .

Aufsatz:

Das Stadion ist ausverkauft, über dem weiten Rund wird das Flutlicht eingeschaltet. Am Feldrand postieren sich Funktionäre, Reporter und Fotografen. Auf den Rängen werden Coca-Cola in Dosen, Konservenbier, Eiscreme und die Sportschau verkauft. Unten auf dem Rasen bemühen sich 22 Akteure um den Ball. Das Leder und der Rubel rollen. Fußball, ist er noch[1] Sport oder anvanciert[2] er mehr und mehr zur Massenbelustigung?[3]
Um diese[4] Frage zu beantworten, muß man sich vor Augen führen, warum wir Fußball spielen. Das Feld[5] des Fußballsports verleitet dazu, seine Umwelt, seine Probleme und Konflikte zu vergessen. Dies veranschaulicht auch,[6] daß in den totalitären Staaten die Fußballvereine die größte Anhängerschaft besitzen und daß dort sehr viel mehr Menschen als bei uns selber Fußball spielen. Auch[6] ist der Fußballsport[7] ein gutes Ventil, sich mit seiner Umwelt auszugleichen.[8] Fabrikarbeit, Büroarbeit und geistige Arbeit verlangen nach Erholung und nach einer ausgleichenden Beschäftigung, die nicht nur darin besteht, sich ein Fußballspiel anzuschauen, sondern auch selber zu spielen.[9]
Fußball ist ein Teamsport. Um zu gewinnen, ist Teamwork[10] nötig. Voraussetzung für gutes Teamwork ist aber Freundschaft[11] untereinander, also Kameradschaftlichkeit.[11] Dieses Gefühl vermittelt daher[12] auch der Fußballsport. Das ist ein wichtiger Vorteilspunkt,[13] denn, um zu zeigen, wer „besser" ist, braucht man Teamwork.[14]
Fußball spielt man aber auch einfach nur aus Spaß am Spielen.[15] Es gibt auch eine Theorie, daß der Fußball für ein Volk Mittel[16] ist, seine Aggressionswut und seinen Völkerhaß abzureagieren. Das sieht man bei Länderspielen.[17] Aber Haß

am Fußball ist besser als im Krieg.[17] Ein weiterer Pluspunkt ist, daß jeder Fußball spielen kann, und das ist ja wohl das Wichtigste.[17] Aber um auf unsere Frage am Anfang zurückzukommen: Ist Fußball heute noch ein Sport oder nur mehr Massenbelustigung? Vieles scheint dafür[18] zu sprechen. Denn bei jedem größeren Spiel wird eine Schau aufgezogen, wie am Anfang gezeigt wurde.[19] Dadurch will man den Zuschauer anlocken, denn er bringt Geld. Der Fußballsport wird heute von den Funktionären als Betrieb angesehen, der Gewinn bringt. Von diesem Gewinn bezahlt man Akteure und Funktionäre.[20]

Gerade das bürokratische Funktionärstum ist für den Fußball ein großer Nachteil. Man findet es in den kleinsten Vereinen.[21] Auswuchs des Fußballs, der mehr und mehr zur Massenbelustigung und Masseneinnahmequelle[22] avanciert, ist der Profi. Denn die große Schau verlangt Profis, Leute, die ihr artistisches Können den Massen für Geld anbieten. Der Profi spielt nicht aus Idealismus, sondern um davon leben zu können. Die große Gefahr des Profitums ist, daß es die Massen nicht zum Spielen, sondern zum Zuschauen verleitet.[23] Fußball ist ein schöner Sport, jeder kann ihn spielen, aber das Managertum mißbraucht ihn, um aus dem Rummel, den es veranstaltet, Kapital zu schlagen.[24] Zum jetzigen Zeitpunkt ist der Fußball wirklich mehr Schau als Sport.[25]

Wenn[26] in einigen Jahren die zweite industrielle Revolution abgeschlossen ist und die dritte beginnt, wenn das Zeitalter der postindustriellen Ära anbricht und die Freizeitgestaltung zum Problem wird, dann wird der Fußballsport wieder das werden, was er jetzt nicht ist, – nämlich Sport.

---

1. Falscher Satzbau! Dafür: Ist Fußball heute noch . . .
2. Nicht treffender Ausdruck, denn „avancieren“ hat den Sinn von: in eine höhere Stellung aufrücken, befördert werden. Ob aber Massenbelustigung eine höhere Wertung verdient als Sport bzw. Sportveranstaltung, ist doch sehr fraglich.
3. Die sprachliche Darstellung der Einleitung bereitet eher auf eine Schilderung als auf eine Erörterung vor; sie ist zu wenig sachlich.
4. Der Überleitungssatz des ersten Abschnitts des Hauptteils soll sich nicht auf die Einleitung beziehen.
5. Unklarer Ausdruck; besser: der Fußballsport!
6. Wiederholungen im Ausdruck vermeiden!
7. Schlechter Satzbau! Besser: Außerdem ist der Fußballsport . . .
8. Unklare Aussage! Was ist mit „sich mit seiner Umwelt auszugleichen“ gemeint? Versöhnen? Verzeihen? Vergeben? Kompromisse schließen?
9. Überzeugende Begründungen fehlen; der Schüler stellt meist nur Behauptungen auf, ohne auszuführen, weshalb diese richtig sind bzw. konkrete Beispiele anzuführen (Wenn man einem spannenden Fußballspiel zuschaut, ist man so gepackt, begeistert oder in Wut, daß man nicht mehr an seine Alltagssorgen denkt, Ärger, Probleme vergißt!).
10. Hier paßt dieser Ausdruck nicht, denn unter Teamwork versteht man die Zusammenarbeit einer gut aufeinander eingespielten Gruppe mit einer sinnvollen Aufteilung der Teilbereiche. Auch im Fußball sind die einzelnen Teilaufgaben auf die Spieler verteilt, aber man spricht dabei nicht von Arbeit (Teamwork!).

11. Die Begriffe sind dem Schüler nicht klar, denn Freundschaft ist unter den Spielern nicht nötig; außerdem ist Freundschaft nicht gleichbedeutend mit Kameradschaftlichkeit.
12. Unlogische, falsche Satzverbindung! Aus der Voraussetzung für gutes Zusammenspiel folgt nicht, daß der Fußballsport das Gefühl der Kameradschaftlichkeit vermittelt; es ist umgekehrt!
13. Ungebräuchlicher Ausdruck! Besser: großer Vorteil, wichtiger Gesichtspunkt.
14. Wirre Gedankenführung! Unlogische Verknüpfung der einzelnen Gedanken!
15. Dieser Gedanke steht ohne Zusammenhang mit dem folgenden Gedanken da!
16. Schlechter Ausdruck!
17. Begründung, Beweis fehlen! Der Schüler stellt nur die Behauptung auf.
18. Wofür? Das Thema zeigt doch *zwei* Möglichkeiten auf!
19. Das wurde im ersten Teil nicht gezeigt!
20. Hier müßte die Folgerung gezogen und bewiesen werden, warum Fußball dann zur Volksbelustigung wird!
21. Dieser Gedanke wird nicht weiter ausgeführt, denn der folgende Gedanke hat keinen Zusammenhang mit dieser Überlegung.
22. Daß dies der Fall ist, hätte bewiesen werden sollen!
23. Der Schüler hat die Kernfrage des Themas aus den Augen verloren, denn nicht die Nachteile des Profitums, sondern den Sport als Massenbelustigung sollte der Aufsatz aufzeigen!
24. Beweis für diese Behauptung fehlt!
25. Diese Behauptung folgt ohne logischen Zusammenhang mit der vorausgehenden Aussage.
26. Zusammenfassung der Aussagen des Hauptteils fehlt! Der Schlußabschnitt gibt jedoch einen guten Ausblick.

Bemerkung

Der entscheidende Mangel des Aufsatzes liegt darin, daß sich der Schüler nicht überlegt hat, worüber er überhaupt schreiben soll, welche Frage er überhaupt erörtern soll. Er zählt einige Schattenseiten und Vorteile des modernen Sportbetriebs auf, ohne sich auch nur in einem Abschnitt mit der Frage auseinanderzusetzen, ob bzw. warum der moderne Fußballsport nur der Massenbelustigung dient. Auch wenn der Aufsatz diese Frage streift, führt er dazu keine Beispiele, keine Begründungen oder Beweise an. Häufig besteht zwischen den einzelnen Gedanken kein Zusammenhang; die Gedankenführung ist an mehreren Stellen unlogisch und wirr.

Aufgabe

Schreibe diesen Aufsatz neu und überlege dir genau, welche Beobachtungen und Erscheinungen beweisen, daß der moderne Fußballsport vor allem der Massenbelustigung dient bzw. daß dies nicht der Fall ist. Begründe deine Auffassung und führe überzeugende, konkrete Beispiele an!

Weshalb ist Umweltschutz heute eine vordringliche Aufgabe?

Gliederung

A. Die Forderung nach Umweltschutz in den zivilisierten Ländern wird immer größer[1].

B. Weshalb ist der Umweltschutz heute eine vordringliche Aufgabe?

I. Weil die Luft verpestet ist:
1. Der Smog verdunkelt das wichtige Sonnenlicht.
2. Der Mensch und das Tier werden krank, denn sie atmen giftige Gase mit der Luft ein.

II. Weil das Wasser verschmutzt ist:
Seefahrtswege sind von Unrat und Algen verstopft.
1. Seen und Meeresküsten werden für Badende gesperrt.
2. Die für die Eiweißbeschaffung wichtigen Fische gehen zugrunde.
3. Das Trinkwasser ist vergiftet.
4. Das Wasser ist der Nahrungsspender der Zukunft.

III. Weil die Landschaft verunreinigt ist:
1. Das biologische Gleichgewicht ist gestört.
2. Erholungsstätten sind nicht mehr zu benützen.
3. Der Landwirtschaft fehlt die natürliche Voraussetzung.

IV. Wird das Problem nicht sofort gelöst, so ist die weitere Existenz des Menschen in Frage gestellt.

C. Jedermann muß sich der Umweltschutzaufgabe widmen.

Aufsatz:

Im Fernsehen, in Zeitungen und auf Plakaten wird die Forderung nach Umweltschutz immer größer.[1] Die Ernsthaftigkeit und Verbissenheit, mit der sich einige Leute diesem Problem widmen, läßt uns aufhorchen. Jedem stellt sich die Frage, warum der Umweltschutz heute eine vordringliche Aufgabe ist.
Die Luft ist verpestet. Der über Großstädten sichtbare Rauchpilz, der immer mehr zunimmt, verdunkelt merklich das Sonnenlicht. Das Sonnenlicht, für Pflanzen[2] lebenswichtig, und dadurch indirekt für den Menschen.[3] Auch übt die düstere Stimmung Beklemmungen auf den Menschen aus,[4] die weitreichende Folgen haben können.
Autos und Flugzeuge hinterlassen Abgase, die sich giftig auf den Menschen auswirken[5] und ihn sogar töten[5] können. Futurologen sehen in ihren Alpträumen

den Menschen nur noch mit Gasmasken auf die Straßen gehen. Aber es ist auch heutzutage schon passiert, daß der Umkreis eines amerikanischen Großflughafens für einige Stunden evakuiert worden ist und nur von Hilfskräften mit Gasmasken betreten werden durfte. Wenn die Gasmaske kein lebenswichtiges Utensil für uns Menschen werden soll, so müssen wir das Problem der Luftverschmutzung sofort lösen, auch wenn wir Autos und Flugzeuge mit den herkömmlichen Antriebsmitteln verbieten müssen. Das Wasser ist verdreckt.[6] Algen, die nur unter den herrschenden schlechten Zuständen gedeihen, und Unrat verstopfen die Schiffahrtswege. Das Verkehrsmittel Schiff ist in seiner Existenz bedroht. Einige Häfen mußten sogar für die Großschiffahrt gesperrt werden. Wollen wir die günstigen Möglichkeiten der Schiffahrt ausnützen, so müssen wir sofort Wassersäuberungsaktionen einleiten. Öl, Unrat und giftige Stoffe in unseren Seen und Meeresküsten[8] verwehren Millionen von Erholungssuchenden aus gesundheitlichen Gründen das Baden. So erlebte schon mancher Feriengast in den Mittelmeerländern eine böse Überraschung, als er die in Prospekten als blaues Meer bezeichnete Küste mit riesigen Öllachen und schwimmenden Blechbüchsen vorfand. Das muß sich ändern, wenn wir nicht auf die „chlorverseuchten“ Schwimmbäder angewiesen sein wollen. Meldungen über Millionenfischsterben und tote, auf die Seite geneigte Fischkadaver, erregen schon längst nicht mehr unsere Gemüter. Solange wir noch Fisch auf dem Tisch haben, nehmen wir es hin. Daß sich das aber mit einem Schlag ändern kann, daran denken wir nicht. Wir müssen uns aber unter allen Umständen den für uns äußerst wichtigen Eiweißlieferanten sichern. Der Mensch braucht Trinkwasser zum Leben. Hat er es nicht, so muß er vor[9] Krankheiten zugrunde gehen.[9] Wichtige Nahrungsmittel und Getränke basieren[10] auf reinem Wasser. Es wäre eine Katastrophe, würde uns kein reines Trinkwasser mehr zur Verfügung stehen. Deshalb müssen wir mit äußerstem Einsatz das Wasser schützen. Noch ein kurzer Blick in die Zukunft! Wissenschaftler haben schon längst festgestellt, daß das Meer der Nahrungslieferant der Zukunft sein wird. Wollen wir, drastisch gesagt, später nicht verhungern, so ist das Wasser zu schützen. Industrien müssen ihre geldgierigen Spekulationen zurückstecken und dürfen ihre Abwässer nicht einfach in die Flüsse fließen lassen, wenn sich die Menschheit die günstigen Eigenschaften[11] des Wasser bewahren will.
Die Landschaft ist verunreinigt.[12] Abholzung ganzer Landschaften zu anderweitiger Nutzung[13] greift störend in das biologische Gleichgewicht der Erde ein.[14] Das biologische Gleichgewicht zu stören, bedeutet aber in jedem Fall Nachteile. Was man im Aquarium und im Glashaus mit elektrischen Hilfsmitteln[15] ausgleichen kann, ist in der freien Natur nicht möglich. Deshalb müssen

wir das biologische Gleichgewicht beibehalten. Die Abfälle unserer Wohlstandsindustrie verschmutzen in Form[16] von Büchsen, alten Sofas und Autoreifen die Wälder und Wiesen und engen dadurch die Erholungsgebiete ein.[17] Der mit viel Freizeit und Auto versehene[18] heutige Mensch fährt in der Meinung, Erholung in den Wäldern zu finden, aus der Stadt, findet sich jedoch in Schuttbergen wieder. Will der Mensch die Erholungsgebiete schützen, so muß er sich dieser Verdreckung[19] entgegenstellen und die Abfälle anderweitig vernichten lassen. Der Landwirtschaft fehlen die natürlichen Voraussetzungen. In Dreck, Unrat und vergifteter Luft gedeiht ihr zwar eine mit chemischen Hilfsmitteln hervorgerufene[20] reiche Ernte, die aber vergiftet ist.
Das Problem der Umweltverschmutzung muß sofort gelöst werden, denn sonst wird die Existenz des Menschen auf der Erde in Frage gestellt. Jedermann muß sich der Umweltschutzaufgabe widmen. Eine Partei soll auch nach dem Gesichtspunkt gewählt werden, was sie in ihrem Programm für den Umweltschutz vorgesehen hat. Nationale Interessen müssen zurückgestellt werden. Alle Nationen müssen sich verbünden, um dem gemeinsamen Feind Umweltverschmutzung wirksam entgegenzutreten.

---

1. Schlechter Ausdruck; besser: immer nachdrücklicher erhoben.
2. Nicht nur für Pflanzen, für alles Leben wichtig!
3. Unvollständiger Satzbau!
4. Ungebräuchlicher Ausdruck; der Schüler meint wohl: Die Stimmung ruft Beklemmungen hervor.
5. Unpassende Ausdrucksweise, denn die Abgase vergiften die Luft, Menschen und Tiere atmen diese Luft ein und nehmen dabei bzw. dadurch die in der Atemluft enthaltenen Schadstoffe auf.
6. Hier folgt ein weiterer wichtiger Gedanke (Gliederungspunkt II.), daher sollte ein neuer Abschnitt gemacht werden. Außerdem ist der Ausdruck „verdreckt“ schlechte Umgangssprache und sollte im Aufsatz nicht verwendet werden.
8. „in unseren Seen und an den Meeresküsten“!
9. Schlechter sprachlicher Ausdruck; besser: . . . so wird er krank oder stirbt. Hier sollte der Schüler auch auf die Probleme verweisen, die der Mangel an Trinkwasser bzw. an sauberem trinkbarem Wasser für die Viehzucht mit sich bringt.
10. Schlechter Ausdruck; besser: Für die Herstellung wichtiger Nahrungsmittel und die Herstellung von Getränken braucht (benötigt) man reines Wasser.
11. Unklare, nicht treffende sprachliche Darstellung, die außerdem den Kern des Problems nicht trifft! Die Reinheit des Wassers, die Genießbarkeit des Wassers, nicht die günstigen Eigenschaften sind gemeint.
12. Überleitung zum neuen Gedanken dieses Abschnitts, die gedankliche Verbindung zum vorigen Abschnitt fehlt (z. B.: Aber nicht nur das Wasser, auch die Landschaft ist verunreinigt.).
13. Schwerfällige, unklare sprachliche Darstellung, denn man kann nicht Landschaften abholzen, sondern nur Wälder.
14. Hier hätte der Schüler noch aufzeigen sollen, wieso, wodurch bzw. warum das biologische Gleichgewicht der Natur gestört wird und welche Folgen das hat oder haben kann.
15. Unklarer Ausdruck; was sind elektrische Hilfsmittel fürs Aquarium?
16. Besser: durch Büchsen usw.!

17. Schlechter Ausdruck, denn die Erholungsgebiete werden dadurch nicht eingeengt, sondern sie verlieren als Erholungsgebiete ihren Wert.
18. Man kann nicht von einem „mit viel Freizeit und Auto versehenen Menschen“ sprechen!
19. Unmöglicher Ausdruck! Dafür: Wir müssen uns dagegen wehren, daß Unrat und Abfälle in Erholungsgebieten abgeladen werden.
20. Ungebräuchliche sprachliche Wendung!

Bemerkung

Der Aufsatz führt gute Gedanken an; die aufgestellten Behauptungen werden meist überzeugend bewiesen. Aber die sprachliche Darstellung ist unklar und zu wenig gewandt, so daß manche Stellen kaum verständlich sind.

Aufgabe

Schreibe einen Aufsatz zum Thema „Welche Maßnahmen gegen die ständig zunehmende Verschmutzung unserer Umwelt sind notwendig?“! Sammle dazu Artikel aus Tageszeitungen, Zeitschriften und andere dir zugängliche Veröffentlichungen und werte sie für den Aufsatz aus! Gib die benützten Quellen in deiner Arbeit an!

Weshalb ist der Umweltschutz heute eine vordringliche Aufgabe?

A) Umweltverschmutzung durch Industrialisierung möglich geworden
B) Weshalb Umweltschutz heute vordringliche Aufgabe?
  I. Je länger man wartet, um so teurer wird der Umweltschutz.
  II. Bei weiterer Umweltverschmutzung Gefahr für das Leben auf der Erde.
    1. Abgabe von Kohlendioxid an die Atmosphäre,
    2. Verunreinigung der Meere.
  III. Krankheit durch Umweltverschmutzung in Industriestaaten:
    1. Grundwasser- und Nahrungsmittelverseuchung, Krankheiten,
    2. Luftverpestung führt zu Krankheiten.
  IV. Erhaltung der lebenswichtigen Natur
C) Menschheit hat es in der Hand, die Welt zu vernichten.
Behalten pessimistische Wissenschaftler Recht?

Aufsatz:

Die Umweltverschmutzung im heutigen Umfang wurde erst durch die Industrialisierung möglich. So waren wir noch vor einem Jahrzehnt über die Umweltverschmutzung in Amerika erstaunt. Durch die zunehmende Technisierung bei uns in Deutschland ist nun aber auch hier der Umweltschutz in den Vordergrund getreten. Warum ist es denn heute eigentlich nötig, die Umweltverschmutzung als ernstes Problem anzusehen?
Der Umweltschutz ist zunächst ein finanzielles Problem. Je weiter die Umweltverschmutzung fortschreitet, um so teurer wird die Beseitigung ihrer Folgen und Ursachen. Hätte man z. B. vor Jahren die Verschmutzung des Rheins verhindert, so wäre das sicher erheblich billiger gewesen, als es heutige Maßnahmen zur Reinigung des Rheins sind. Die Reinhaltung dieses Flusses ist deshalb notwendig, weil etwa 50% des holländischen Trinkwassers aus diesem Fluß kommen.

Wenn die Umweltverschmutzung in dem Maße anhält wie heute, dann ist es möglich, daß in absehbarer Zeit jegliches Leben auf der Erde unmöglich wird. So gelangt beispielsweise Kohlendioxid in die Atmosphäre, was zur Folge haben kann, daß sich die Temperatur auf der Erde erhöht, da Kohlendioxid einen Teil der Wärme, die die Erde an den Weltraum abgibt, absorbiert. Eine Erhöhung der Erdtemperatur hätte aber katastrophale klimatische Veränderungen auf der Erde zur Folge. Eine weitere Gefahr für das Leben auf der Erde ist auch die Verseuchung des Meeres durch Müll und Öl. Wenn man sich vor Augen hält, daß sich die Weltbevölkerung bis zum Jahre 2000 verdoppelt haben wird, dann läßt sich schon der Zeitpunkt absehen, an dem wir auf Nahrung aus dem von uns verseuchten Meer angewiesen sind.[1]

Ich glaube, meine Beispiele haben gezeigt, wie wichtig der Umweltschutz für die ganze Menschheit ist, deshalb muß, ehe es zu spät ist, die Verschmutzung der Umwelt so weit wie möglich bekämpft werden. Über diese weltweite Gefahr hinaus besteht jedoch in den Industriestaaten schon heute die Gefahr, die Gesundheit der Menschen durch Luftverpestung und Wasserverunreinigung zu beeinträchtigen. Beispielsweise wird das Grundwasser durch Einleitung von Fäkalien und Abwässern der Industrie in die Flüsse verunreinigt. Dieses Wasser wird von Pflanzen aufgenommen und gelangt schließlich mit dem Essen in den menschlichen Körper. Diese verseuchten Nahrungsmittel können zu vielerlei gesundheitlichen Schäden, z. B. Krebs, führen.[2] Es ist deshalb dringend nötig, Kläranlagen und andere Reinigungsanlagen zu bauen, um so die Verunreinigung der Flüsse zu bekämpfen und Krankheiten, die durch verseuchtes Wasser

entstehen, zu vermeiden. Ein weiterer wichtiger Punkt ist die Luftverpestung in unseren Großstädten, die ebenfalls zu schwerwiegenden Krankheiten führen kann. Es wurde nämlich festgestellt, daß bei Menschen, die in Großstädten im Freien arbeiten, die Gefahr, an Lungenkrebs zu erkranken, erheblich höher ist als z. B. bei Bauern.[3]
Es ist deshalb notwendig, Industrien[4] ebenso wie Autoabgase weitgehend zu beseitigen, um Krankheiten, die durch diese Abgase gefördert werden, zu beseitigen.
Ein anderer wichtiger Bereich des Umweltschutzes ist die Erhaltung der Natur. Pflanzen liefern nämlich einen Großteil unseres Sauerstoffbedarfs und nehmen gleichzeitig das so gefährliche Kohlendioxid bei der Assimilation auf. Vernichten wir aber diese Pflanzen,[5] wie z. B. in den Großstädten, so berauben wir uns damit praktisch eines lebenswichtigen Elements, nämlich des Sauerstoffs. Deshalb muß der Naturschutz in verstärktem Maß vorangetrieben werden.
Der Schutz der Umwelt ist deshalb so wichtig, weil wir leider heute in der Lage sind, unser Leben ernstlich zu gefährden. Die Zukunft wird zeigen, ob manche Wissenschaftler, die einen Weltuntergang verheißen, recht behalten oder nicht.

---

1. Hier fehlt die Folgerung aus dem ausgeführten Gedanken, daß bei der zunehmenden Verschmutzung der Weltmeere das Meer als Nahrungslieferant ausscheidet. Der Gedanke wird hier nicht zu Ende geführt; dies ist ein häufiger Fehler bei Erörterungen und Problemaufsätzen.
2. Hier wären noch weitere Gesichtspunke anzuführen (Trinkwasser, Bademöglichkeiten, Fische als Nahrungsmittel).
3. Auch Herz- und Kreislaufkrankheiten sowie Erkrankungen der Atmungsorgane und das Allgemeinbefinden werden davon ungünstig beeinflußt.
4. Industrien kann man wohl nicht beseitigen, wenn wir den gegenwärtigen Lebensstandard erhalten wollen. Man muß vielmehr versuchen, die schädlichen Auswirkungen der Industrialisierung auf ein Mindestmaß zu beschränken und der Industrie Beschränkungen aufzuerlegen bzw. bestimmte Auflagen zu machen.
5. Unklare Beziehung (welche Pflanzen?); außerdem vernichten wir Bäume, Sträucher usw. meist nicht, sondern sie gehen durch Abgase zugrunde.

Bemerkung

Die einzelnen Gedanken sind in diesem Aufsatz besser ausgeführt und entwickelt als im vorigen Beispiel. Aber auch diese Arbeit übergeht eine Reihe wichtiger Gesichtspunkte. Die sprachliche Darstellung ist flüssiger und klarer als im vorhergehenden Aufsatz. Der Punkt IV. der Gliederung ist nicht untergliedert.

Welche schädlichen Auswirkungen kann der Rauschmittelgenuß für junge Menschen haben?

Gliederung

A) Rundfunk und Fernsehen klären über Auswirkungen auf.

B) Welche schädlichen Auswirkungen kann der Rauschmittelgenuß für junge Menschen haben?

  I. Verminderung der Leistung:
    1. schlechte Noten in der Schule,
    2. schlechte Kondition.

  II. Vom Rauschgift abhängig werden:
    1. ohne Rauschgift müde und erschöpft,
    2. ist der Süchtige ohne Rauschgift, dann Beschaffung auf illegale Weise.

  III. Seelische Auswirkungen
    1. Depressionen,
    2. sehr aggressiv.

  IV. Viele schädliche Krankheiten:
    1. Raucherbeine,
    2. Lungenkrebs,
    3. Verengung der Herzgefäße.

C) Gesundheitsministerium muß mehr Geld zur Bekämpfung von Rauschgift ausgeben.

Aufsatz:

In immer stärkerem Maße strahlen Rundfunk und Fernsehen Sendungen über den zunehmenden Rauschmittelkonsum aus. Vor allem die Jugendlichen werden über die Auswirkungen aufgeklärt. Welche schädlichen Auswirkungen hat aber der Rauschmittelgenuß für junge Menschen?

Eine der schädlichen Auswirkungen auf den Jugendlichen ist die Verminderung der Leistung. Durch Untersuchungen verschiedener Ärzte ist erwiesen, daß die meisten Süchtigen in der Schule schlechtere Noten hatten als ihre Kameraden, die keine Drogen zu sich nahmen. Die Rauschmittelabhängigen haben auch oft eine schlechte Kondition. Als Beispiel möchte ich hier nur die schlechte Kondition eines Kameraden, der starker Raucher ist, anführen. Wir spielen miteinander in einem Verein Badminton. Nach dem Training ist mein Freund aber immer viel erschöpfter als ich. Es muß also einer nicht unbedingt zu

Rauschmitteln wie LSD, Kokain oder Heroin greifen, auch durch übermäßigen Nikotingenuß wird die Kondition stark herabgesetzt.

Viele, die Rauschgift zu sich nehmen, können ohne ihre tägliche Drogenration nicht mehr leben. Ohne Rauschmittel ist der Süchtige müde und erschöpft. Er kann sich daher nicht mehr richtig konzentrieren, es fehlt ihm der Arbeitswille, er wird phlegmatisch.

Viele Jugendliche, die drogenabhängig sind, holen sich ihr Gift auf illegale Weise. Vor allem die Einbrüche in Apotheken haben seit dem Anwachsen des Rauschmittelmißbrauchs in erschreckendem Maße zugenommen. Zu der Gefahr, daß man während des Einbruchs ertappt wird, kommt als viel gefährlichere Folge die Unerfahrenheit des Jugendlichen hinzu, denn er weiß ja nicht, was die vielen Flaschen in den Regalen enthalten und ob dieses Mittel für ihn in höchstem Maße schädlich sind oder nicht.

Auch die seelischen Auswirkungen bei Jugendlichen sind durch den zunehmenden Drogengebrauch angestiegen. Viele Rauschgiftsüchtige haben Depressionen. Durch das Nachgrübeln über den Sinn des Lebens oder ihre Umwelt schließen sich diese jungen Menschen ungewollt aus der Gesellschaft aus. Da sie aber von den meisten Menschen verachtet werden, suchen sie nur noch Erfüllung in der Droge. Sie merken aber bald, daß auch im Rauschgift nicht der Sinn des Lebens liegen kann, und verüben, aus lauter Verzweiflung, als Kurzschlußreaktion zum Schluß oft Selbstmord. In Franken wurde jetzt eine Klinik eröffnet, in der Süchtige, die an Depressionen leiden, behandelt werden. Das Gegenstück zu den Süchtigen, die Depressionen haben, sind die Jugendlichen, die durch das Rauschgift aggressiv und kriminell werden. Viele „Rockers“ sind rauschgiftsüchtig. Sie machen sich mit Hilfe der Droge Mut, um z. B. die Einrichtung eines Lokals kurz und klein zu schlagen. Sie fühlen sich von der Gemeinschaft ausgestoßen und minderwertig und möchten durch diese „Heldentat“ beweisen, daß sie sich von der Gesellschaft nicht unterdrücken lassen. Diese Auflehnung ist aber, wie gesagt, nur durch die Einnahme von Drogen möglich.

Der steigende Rauschmittelgebrauch hat auch viele schädliche Krankheiten, die vor einigen Jahren noch ziemlich selten waren, nach sich gezogen. Dadurch, daß immer mehr Jugendliche mit 13 oder 14 Jahren schon zu rauchen beginnen, haben die Fälle, in denen junge Männer mit 21 bis 24 Jahren Raucherbeine bekommen, stark zugenommen. Eine der meisten Todesursachen bei Menschen, die zwischen dem 25.–30. Lebensjahr sterben, ist der Lungenkrebs. Vor allem junge Menschen, die einem dauernden Streß ausgesetzt sind, rauchen oft bis zu 40–50 Zigaretten am Tag. Sie rauchen hastig und sind meist sehr nervös. Sie glauben, durch die Zigarette sich zu beruhigen. Durch das hastige und nervöse Rauchen, vor allem mit tiefen Lungenzügen, steigt der Nikotinbestand, der bei jedem Zug in den Lungen zurückbleibt, um fast 90% höher an als bei ruhigen und ohne Lungenzüge rauchenden Rauchern. Das Abhängigsein von Drogen, dazu gehört auch das Nikotin, führt auch zur Verengung der Herzgefäße. Das Nikotin oder auch Haschisch setzt sich in den Gefäßen um das Herz ab. Dadurch kann das Blut nicht mehr ungehindert durch die Adern zum Herzen gelangen. Die Herzschlagzahl wird langsamer, der gesamte Organismus wird dadurch in empfindlichem Maße gestört. Hört der Betreffende nicht sofort mit der Drogeneinnahme auf, wird er höchstwahrscheinlich an Herzthrombose sterben. Diese aufgeführten Beispiele zeigen, daß die Einnahme von Drogen bei jungen Menschen schreckliche Folgen haben kann. Das Gesundheitsministerium muß unbedingt mehr Geld für die Bekämpfung des Rauschmittelmißbrauchs aufwenden.

Bemerkung

Dieser Aufsatz (Schulaufgabe) war der erste Versuch der Klasse, eine Erörterung zu bearbeiten. Der Schüler hat das gestellte Thema sowohl inhaltlich wie sprachlich recht gut bewältigt. Er führt richtige Beispiele an und beweist seine Behauptungen. Der Aufbau der Arbeit ist überlegt.
Sachlicher Irrtum des Schreibers: Man kann das Rauchen nicht dem Drogenmißbrauch gleichsetzen!

Aufgabe

Besorge dir Material über das Drogen- und Rauschgiftproblem und ergänze diesen Aufsatz durch weitere Gesichtspunkte, die Wichtiges zu der in diesem Thema aufgeworfenen Frage beitragen! Arbeite diese Gedanken in den abgedruckten Aufsatz ein! Arbeite auch eine neue Gliederung für deinen Aufsatz aus!

Welche Gefahren birgt das Recht auf uneingeschränkte Nutzung des Eigentums für uns und unsere Gesellschaftsordnung in sich?

Gliederung

A) Die Möglichkeit, soviel Eigentum zu erwerben, wie man will, bietet die Möglichkeit, das Eigentum zu mißbrauchen. Der Besitz von Eigentum ist ein Bedürfnis des Menschen.

B) Welche Gefahren birgt das Recht, Eigentum uneingeschränkt zu nützen?

I. Welche Gefahren drohen durch den Besitz von Häusern?

1. Mietwucher,
2. Ausnützung der Gastarbeiter durch schlechte Wohnverhältnisse und hohe Preise.
3. Häuser werden nicht bewohnt, obwohl Wohnungen gebraucht werden.

II. Welche Gefahr droht durch den Besitz von Grundstücken?

1. Riesige Gewinne durch Bodenspekulation,
2. Erholungsgebiete durch anliegende Grundstücke versperrt.

III. Welche Gefahr droht durch Firmen?

1. Umweltverschmutzung,
2. Monopolbildung, Beherrschung des Marktes
3. Manipulation der Meinung durch Zeitung
4. zu niedrige Löhne
5. Unternehmen gestehen den Arbeitern weniger Rechte zu
6. Wirtschaftskriminalität

C) Es gibt viele Möglichkeiten zum Mißbrauch. Durch Gesetze wird dagegen eingeschritten.

Aufsatz:

Ein Grundbedürfnis der Menschen ist es, Eigentum zu besitzen. Dies ist in unserer demokratischen Gesellschaftsordnung gewährleitet. Jeder kann soviel Eigentum erwerben, wie er will. Je größer das Eigentum, desto größer wird auch die Gefahr sein, Eigentum zu mißbrauchen. Dies ist häufig der Fall. Es wäre interessant zu erfahren, welche Gefahren das uneingeschränkte Recht, Eigentum zu nützen, für uns mit sich bringt. Die größten Gefahrenquellen beim Mißbrauch des Eigentums sind die Haus- und Grundstücksbesitzer und die Industrie- und Handelsunternehmen.[1]

Nicht allzu viele, aber doch bedeutsame Gefahren drohen von den Hausbesitzern. Oft[2] werden alte Häuser nicht bewohnt und werden so lange stehen gelassen, bis sie abbruchreif sind. Daraus schlägt der Hausbesitzer Kapital, während die Wohnungen dringend gebraucht würden. Es werden zwar bei uns jedes Jahr 300 000 Wohnungen erstellt, aber dies reicht nicht aus. Oft[2] werden Mieter auf die Straße gesetzt, ohne daß[2] sie eine neue Unterkunft finden. Durch gewissenlose Geschäftsleute wird die Wohnungsnot noch vergrößert.[3]

Eine andere Art des Mißbrauchs[4] ist der Mietwucher. Manche Hausbesitzer verlangen riesige Summen für ihre Wohnungen und nutzen die Mieter aus. Dieser Effekt[5] wird vor allem durch die Mieterhöhungen erreicht. Sie[6] sagen zwar, man könne ja ausziehen, aber es ist gar nicht so einfach, eine neue bessere Wohnung zu finden. So sind die Mieter oft gezwungen, die hohen Mieten zu bezahlen.

Manchmal wird auch den Mietern einfach gekündigt, um die Wohnungen an Gastarbeiter zu vermieten. Diese müssen dann oft zu zehnt in einer kleinen Wohnung leben und bezahlen dafür noch unverschämt hohe Preise. Dies trägt bestimmt nicht dazu bei, unser Ansehen im Ausland zu erhöhen. Die Gastarbeiter werden schamlos ausgenutzt, weil sie Verständigungsschwierigkeiten haben oder keine andere Wohnung.

Mißbraucht wird das Eigentum auch oft von Grundstücksbesitzern. Häufig werden Grundstücke gekauft, die dann einige Zeit später wieder mit 100 Prozent Gewinn verkauft werden. Dies ist in letzter Zeit eine immer häufiger werdende Methode, Geld zu verdienen. Einige unseriöse Geschäftsleute verdienen damit ihr Geld schnell, während andere dafür schwer arbeiten müssen.

Um dies zu unterbinden, soll eine Bodenertragssteuer eingeführt werden. Mit solchen Methoden werden Reiche häufig noch reicher auf Kosten der anderen.[7] Viele Grundstücksbesitzer haben ihre Grundstücke an Seen, wo sie sich selbst erholen können. Den übrigen wird dadurch der Zugang zu den Seen versperrt, obwohl diese eigentlich öffentlich sind. Der Masse der Bevölkerung wird die Möglichkeit entzogen, sich hier von der Arbeit zu erholen und seinem[8] Vergnügen nachzugehen. Stattdessen müssen sie dann für teures Geld in die öffentlichen Schwimmbäder gehen, wo der gleiche[9] Massenandrang herrscht. Ein Beispiel dafür sind die bayerischen Seen, die größtenteils durch Privatgrundstücke versperrt[10] sind. Die Folge für viele Menschen ist[11] Unausgeglichenheit, Ärger und Neid. Dies wirkt sich nachteilig auf ihre Leistungsfähigkeit aus. Große Gefahren drohen durch die Firmen.[12] Eine sehr bedeutende ist die Umweltverschmutzung. Eine Menge chemischer Betriebe hat sich an Flüssen angesiedelt, um leicht ihre Abwässer beseitigen zu können. Vor einiger Zeit kam es dadurch zu dem großen Fischesterben im Rhein. Erstens wird das Wasser, das als Trinkwasser dient, verseucht und zweitens werden die Fische, ein wichtiges Nahrungsmittel, vernichtet. So werden dem Menschen allmählich Grundlagen seines Lebens entzogen.[13]

Auch durch das dauernde Entstehen[14] neuer Fabriken, die ihre Abgase in die Luft abgeben, werden die Umwelt und die Mitmenschen geschädigt, denn die Luft erhält langsam eine schädliche Zusammensetzung aus Giftgasen, die für den menschlichen Organismus tödlich wirken können. So tragen diese Fabriken dazu bei, eine weitere Lebensgrundlage zu zerstören.[13]

Das Eigentum kann[15] durch die Unternehmer auch zur Monopolbildung mißbraucht werden. Durch die Zusammenballung wirtschaftlicher Macht können[15] die Konkurrenzbetriebe durch einen Preiskampf vernichtet werden. Dann beherrscht ein Unternehmen den Markt und kann den Preis bestimmen. Der Käufer hat keine Auswahl und muß also diesen Preis hinnehmen. So kann[15] die breite Masse von einem solchen Unternehmen ausgebeutet werden. Ein Beispiel sind die USA, in denen früher die Trustbildung möglich war.

Eine weitere Gefahr stellen die Zeitungsverleger dar, vor allem wenn ein Verleger den Markt beherrscht. Es besteht die Gefahr, daß die Zeitung dazu mißbraucht wird, den Leser durch subjektive Meinungsäußerung und Stimmungsmache zu manipulieren. Durch einen Verlag kann also die freie Meinungsäußerung und -bildung gefährdet beziehungsweise beeinträchtigt werden. Ist der Verleger einer bestimmten Richtung zugehörig, so will er dies ja auch bei seinen Lesern erreichen, um diese Richtung zu unterstützen.

Das Eigentum kann durch ein Unternehmen auch gegenüber den Arbeitnehmern mißbraucht werden, so zum Beispiel durch Zahlung zu niedriger Löhne, wobei der zuwenig bezahlte Lohn für das Unternehmen einen Gewinn bedeutet.[16]

Diese Arbeiter können sich weniger leisten und müssen in weniger guten Verhältnissen leben, während der Betrieb an ihnen große Summen verdient.

Auch werden den Arbeitnehmern, die ja für den Betrieb arbeiten, um selber in angemessenen Umständen leben zu können, weniger Rechte zugestanden, obwohl sie für das Unternehmen lebenswichtig sind. Man gesteht den Arbeitern nicht das Recht zu, ihre Forderungen gegenüber der Geschäftsleitung zu vertreten. Dadurch werden die Arbeiter nur unzufriedener und können das ganze Unternehmen lahmlegen. Geschieht das öfters, ist es auch nicht gerade von Vorteil für die Wirtschaft.

Ein weiterer Mißbrauch des Privateigentums ist die Wirtschaftskriminalität. Jährlich gehen dem Staat durch Steuerhinterziehungen und dergleichen etliche Milliarden DM verloren. Oft werden Unternehmen so geschickt eröffnet, z. B.

als GmbH und KG, daß der Inhaber für nichts mehr haftet und der Gläubiger oft schon von vornherein um sein Geld betrogen wird. Durch solch üble Machenschaften verlieren Staat und Geschäftsleute Milliarden. Und dies ist für die Wirtschaft äußerst schädlich. Viele seriöse Unternehmen werden durch solchen Betrug zum Konkurs gebracht.
Es gibt also sehr viele Möglichkeiten, das Eigentum zu mißbrauchen, und es entsteht dadurch sehr viel Schaden. Allerdings wird das durch Gesetze mehr und mehr verhindert. In Deutschland existiert ein Gesetz, das die Monopolbildung verbietet. Aber auch dem Mietwucher und der Bodenspekulation soll durch Gesetze ein Ende bereitet werden.

---

1. Mit dieser Feststellung engt der Schüler das Thema ein; das ist nicht ratsam, denn damit kann er in der Ausarbeitung des Hauptteils wichtige Gesichtspunkte übergehen. Am Ende der Einleitung sollte das Thema stehen, wie es gestellt wurde.
2. Wiederholungen im Ausdruck vermeiden!
3. Diese Behauptung müßte näher ausgeführt und begründet werden, damit glaubwürdig und überzeugend aufgezeigt wird, daß diese Behauptung zutrifft.
4. Hier wird die Beziehung nicht benannt: Mißbrauch des Eigentums!
5. Schlechter Ausdruck! Besser: Dies bewirken . . .; daran sind . . . schuld!
6. Unklares Beziehungswort! Wer ist mit „sie“ gemeint – Mieterhöhungen?
7. Reihenfolge der letzten zwei Sätze müßte vertauscht werden, denn nicht durch die Bodenertragssteuer werden Reiche noch reicher, sondern durch Wucherpreise beim Verkauf von Grund und Boden!
8. Falsches Beziehungswort! Richtig: ihrem Vergnügen . . .!
9. Der Vergleichspunkt fehlt (wie . . .)!
10. Nicht die Seen sind versperrt, sondern der Zugang zu den Seeufern ist versperrt!
11. Es folgen mehrere Substantive (Nomen), daher muß auch das Prädikat im Plural stehen (sind!).
12. Falscher Ausdruck, denn Firma ist nur die Bezeichnung für ein Geschäft, für einen Betrieb; die Umweltverschmutzung wird jedoch durch Industriewerke verursacht, die umweltschädliche Produkte herstellen.
13. In diesem Abschnitt wird nicht deutlich, daß diese Schädigung der Umwelt, der Lebensqualität, als entscheidende Ursache das uneingeschränkte Recht auf Eigentum hat! Was hat das Einleiten von Abwässern in Flüsse mit dem Recht auf Eigentum zu tun? Das müßte hier aufgezeigt werden!
14. Nominalstil vermeiden, denn er wirkt schwerfällig und erschwert das Verständnis des Gesagten!
15. Wiederholungen im Ausdruck vermeiden!
16. Tarifverträge verhindern dies!

Bemerkung

Der Aufsatz führt richtige Beispiele an, nur die Beziehung zur Themafrage wird in mehreren Abschnitten nicht deutlich genug herausgearbeitet. (Wieso ist das uneingeschränkte Recht auf Nutzung des Privateigentums der Grund für diese Mißstände?)

Was für Eigenschaften verlangen Sie von einem Menschen, den Sie voll anerkennen?

Gliederung

A) Definition des Wortes „anerkennen".
Anerkennung irgendeiner Sache oder irgendeines Menschen. Zugeständnis der Persönlichkeit an einen Menschen. Respektierung seiner Meinung, Bescheinigung seines Charakters.

B) Welche Eigenschaften muß er haben?
1. Konsequenz. Er muß seine Meinung konsequent vertreten.
2. Feste Lebensgewohnheiten.
Lebensart + Meinung = Charakter
3. Ehrlichkeit
Ehre ist ein Teil des Charakters. Charakter ist ein Teil der Persönlichkeit.
4. Zivilcourage, Selbstbeherrschung.
Er darf keinen Schwierigkeiten aus dem Weg gehen. Er darf keine Affekthandlung begehen.
5. Geistige Klarheit.
Ein Geisteskranker ist kein ebenbürtiger Gegner.

C) Da keiner alles diese Eigenschaften besitzt, muß ich alle Menschen anerkennen.

Aufsatz:

Bevor ich erörtere,[1] welche Eigenschaften ein Mensch haben muß, damit ich ihn voll anerkenne, erscheint es mir nötig, zuerst den Begriff „anerkennen" zu erläutern. „Anerkennen" heißt in der Grundbedeutung, irgendeinem Menschen oder irgendeiner Sache seine Existenz zu bescheinigen. Vielfach wird der Fehler gemacht zu sagen: Der Mensch, den ich anerkenne, ist mein Freund. Dies ist falsch, denn zum Beispiel der Staat Israel erkennt ja seinen Todfeind Ägypten an. Anerkennen ist also nicht gleichbedeutend mit Freundschaft. In unserem Falle wird „anerkennen" jedoch nur übertragen gebraucht. Denn die Existenz eines Menschen als solchen können wir ja nicht verleugnen.
Unter Anerkennung eines Menschen verstehe ich, einem Menschen seine eigene Persönlichkeit zuzugestehen. Das heißt: Ich respektiere seine Meinung als solche, ich gestehe ihm das Recht auf Zustimmung oder Ablehnung zu, ich versuche, ihn zu unterstützen, wenn er mein Freund ist, ich versuche, ihn zu

besiegen, wenn er mein Feind ist,[2] ich erkenne ihn gegebenenfalls als eine Gefahr für mich an, ich glaube ihm und nicht zuletzt: Ich zweifle nicht an seiner geistigen Zurechnungsfähigkeit. Ich bescheinige ihm einen Charakter.

Welche Eigenschaften muß also ein Mensch haben, den ich voll anerkenne?
Er muß konsequent sein. Ich kann einem Menschen keine eigene Meinung zugestehen, der „die Nase nach dem Wind dreht".[3] Meinung, das bedeutet eine Ansicht über eine Sache, die sich der einzelne wohl überlegt und durchdacht hat. Die Meinung sollte das Endprodukt langer Überlegungen sein. Konsequent muß das Für und Wider dieser Ansicht abgewogen werden. Objektives Beurteilen ist natürlich Voraussetzung. Er muß diese Meinung verteidigen können. Wenn es sich herausstellt, daß diese Ansicht irrig war, muß er eingestehen, daß er diese Meinung vertreten hat, und nicht behaupten, er habe dies niemals geglaubt. Der Mensch muß also konsequent sein. Damit hängen auch seine Lebensgewohnheiten zusammen. Ein Mensch, den ich voll anerkenne, muß feste Lebensgewohnheiten haben. Er soll eine feste Arbeitsstelle haben und eine feste Wohnung. Er soll seine Wohnung sauber halten und sein Geld nicht sinnlos verschwenden. Aus der Meinung und der Lebensart läßt sich der Charakter eines Menschen herauslesen. Meiner Ansicht nach aber hat ein Mensch, der in seiner Lebensart inkonsequent lebt, einen sehr labilen Charakter, was der Eigenschaft Nr. 1[4] widerspricht. Der Mensch muß also feste Lebensgewohnheiten haben.

Der Mensch, den ich voll anerkenne, muß ehrlich sein. Ein Mensch, der lügt, ist feige oder gierig. Er versucht, aus dem Glauben an seine Ehre Kapital zu schlagen. Ehre ist ein Teil der Persönlichkeit, die ich einem zugestehe, wenn ich ihn anerkenne. Lügen ist eng verknüpft mit einem labilen Charakter und „die Nase in den Wind drehen".[3]
Ehrlichkeit bedeutet nicht nur „nicht lügen", sondern auch vertrauensvoll.[5] Ich muß einem Menschen etwas anvertrauen können, ohne daß er es weitererzählt oder ohne daß ich um den Gegenstand[6] bangen muß. Wenn er weitererzählt, was ich ihm unter dem Siegel der Verschwiegenheit gesagt habe, nützte er meine Gutgläubigkeit aus, das ist also etwa gleichbedeutend mit Lügen. Wenn er einen ihm anvertrauten Gegenstand verkauft oder vertauscht, bereichert er sich auf Kosten meines Glaubens[7] an seine Ehre. Ein Mensch, den ich voll anerkenne, muß[8] also ehrlich und vertrauenswürdig sein.

Ein Mensch, den ich voll anerkenne, muß[8] Zivilcourage haben; das heißt, er muß auch in schwierigen Situationen einen kühlen Kopf bewahren.[9] Eng verbunden damit ist auch die Selbstbeherrschung. Er sollte nie etwas im Affekt tun. Unter Zivilcourage verstehe ich, daß ein Mensch niemals schwierigen Situationen aus dem Weg gehen soll. Ich kann keinen Menschen als Gefahr für mich ansehen, der der Kontroverse mit mir aus dem Wege geht. Umgekehrt kann ich keinen Menschen unterstützen, der jeder Schwierigkeit aus dem Weg geht, da er dann immer von mir unterstützt werden muß. Er wird nie ein Risiko eingehen, um aus seiner heiklen Situation herauszukommen.

Selbstbeherrschung sollte er haben, damit er in einer Auseinandersetzung einen fairen Gegner abgibt. Mangelnde Selbstbeherrschung ist die Ursache für eine unsaubere Auseinandersetzung. Eine unsaubere Auseinandersetzung ist nicht fair und somit nicht ehrlich. Deshalb muß ein Mensch, den ich voll anerkenne,[8] Zivilcourage und Selbstbeherrschung haben.

Ein Mensch, den ich voll anerkenne,[8] muß geistig gesund sein. Ein Mensch, den ich anerkenne,[8] gibt[10] für mich gegebenenfalls einen gleichwertigen Gegner in Meinungsverschiedenheiten. Es wäre unfair von mir, mit einem Geisteskranken in eine Meinungsverschiedenheit zu treten. Der Mensch muß also geistig gesund sein, damit ich ihn voll anerkennen kann.

Abschließend möchte ich sagen, daß es diesen Typ des Menschen nicht gibt. Deshalb muß ich mich, da ich selber diese Eigenschaften auch nicht hundertprozentig erfülle, mit Leuten, die auf Grund dieser Erörterung „nicht anerkennungswürdig" sind, beschäftigen. Daraus folgt: Ich versuche, einen Geisteskranken zu unterstützen. Ich rede einem mehr oder weniger unehrlichen Menschen ins Gewissen und vertraue ihm doch einiges an. Ich sehe über den unregelmäßigen Lebenswandel eines anderen hinweg. Da kein Mensch alle fünf Haupteigenschaften dieser Erörterung erfüllt, muß ich alle Menschen anerkennen. Schon aus dem Grund, daß ich mich sonst selbst nicht anerkennen könnte.[11] Und was bliebe mir schon übrig, als alle Menschen anzuerkennen? Ich verstöße sonst gegen die Zivilcourage.

---

1. Der Aufsatz beginnt etwas unvermittelt, ein eigentlicher Einleitungsgedanke, der die Themafrage vorbereitet, fehlt.
2. Dann gestehe ich ihm doch seine eigene Persönlichkeit nicht zu!
3. Diese Redewendung ist nicht gebräuchlich; dafür: den Mantel nach dem Wind hängen oder drehen!
4. Schlechter Ausdruck!
5. Besser: vertrauensvoll sein!
6. Wieso „Gegenstand"? In diesem Satz ist doch von etwas die Rede, das jemand weitererzählen kann!
7. Wenig treffend! Besser: mißbraucht er mein Vertrauen!
8. Die Wiederholung dieser Wendung wirkt schablonenhaft, eintönig.
9. Zivilcourage hat eine andere Bedeutung, nämlich den Mut aufzubringen, eine andere Meinung zu äußern und zu vertreten.
10. Schlechter Ausdruck! Besser: . . . ist für mich . . . ein gleichwertiger Gegner.
11. Unvollständiger Satzbau: Subjekt, Prädikat fehlen!

Bemerkung

Bei dieser Erörterung ist besonders bemerkenswert (10. Klasse!), daß sich der Schüler bemüht, die Begriffe zu klären und die Aussagen im Aufsatz klar zu umreißen und überzeugend zu begründen. Die Aussagen sind sehr differenziert (keine Pauschalurteile!) und setzen sich gründlich mit der Themafrage auseinander. Die Antwort auf die Themafrage fällt allerdings etwas extrem aus; das ist in dieser Altersstufe durchaus verständlich und entschuldbar.

Was für Eigenschaften verlangen Sie von einem Menschen, den Sie voll anerkennen?

Gliederung

A) Gerade heute . . . (Verzerrtes Idealbild des Menschen)
B) Von einem Menschen, den ich voll anerkennen soll, erwarte ich:
   1. Vernünftige Weltanschauung (Unterwerfung des Menschen unter ein göttliches Wesen).
   2. Blickrichtung auf das Jenseits, nicht auf diese Welt.
   3. Dienst am Nächsten.
C) . . .

Aufsatz:

Gerade heute ist durch falsche Idole das Idealbild des Menschen verzerrt, und teilweise werden die Eigenschaften, die den Menschen auszeichnen, durch solche überragt, die seiner unwürdig sind. Es gibt aber dennoch Menschen, die diese auszeichnenden Eigenschaften in hohem Maße besitzen.[1]
Von einem Menschen, den ich voll anerkennen soll, erwarte ich eine vernünftige Weltanschauung. Unter „vernünftig" verstehe ich eine Weltanschauung frei von jeder menschlichen Überheblichkeit gegenüber dem Schöpfer.
Vergleichen wir nur die marxistische mit der christlichen Weltanschauung! Der Marxismus unterschlägt seinem Anhänger die Lehre von der Erlösung nach dem Tode und Gott. Einen Marxisten kann ich also aufgrund seiner atheistischen Anschauung als Menschen nicht voll anerkennen, da seine Lehre eine Lüge ist.[2]

Wenn einer aber glaubt, daß er bei aller menschlichen Weisheit seinem Gott unterworfen ist, so sehe ich in ihm einen wahren Menschen.[2]
Damit wären wir bereits[3] bei einer zweiten Eigenschaft, die aus der ersten folgt. Bereits[3] viele Jugendliche glauben daran, daß das einzige, das wahre Glück, nur auf dieser Erde, sei es durch Geld, Reichtum, Ruhm,[4] gefunden werden könne. Einen solchen Menschen, der seine Augen vor unabwendbaren Tatsachen, nämlich dem Tod und der darauffolgenden Rechenschaftsablage vor Gott, verschließt, kann ich nicht als wahren Menschen anerkennen.[2]
Nur der, der sein Leben in vollem Verantwortungsbewußtsein vor Gott führt und der Sorge um das Reich Gottes alles andere unterordnet, ist in meinen Augen ein Mensch, ein Geschöpf im wahrsten Sinne des Wortes, denn alles andere führt den Menschen von seinem eigentlichen Ziel, von Gott, weg. Wenn aber der Mensch einem falschen Ziele nachläuft, so ist er kein wahrer Mensch mehr.
Wir sind jetzt schon so weit, daß der Wert jeder Schlagersängerin höher angeschlagen wird als der Wert einer Krankenschwester, die ihr ganzes Leben aufopfert, um anderen zu helfen. Diese Geringschätzung darf ein Mensch nicht akzeptieren, der sich auch nur ein wenig Nächstenliebe bewahrt hat. Ein absolut egoistischer Mensch ist kein Mensch mehr, er wird zum Tiere, das rein nach seinen eigenen Interessen handelt. Nächstenliebe kann und muß jeder Mensch haben, sei er Christ oder Marxist. Sie ist nicht abhängig vom Bekenntnis des Betreffenden und doch fast die beste Eigenschaft, die ein Mensch haben kann. Tut ein Mensch Dienst am Nächsten, ganz gleich, aus welchen Aspekten heraus, so kann er nicht als Mensch abgelehnt werden. Abgesehen von religiösen Beweggründen muß ein Mensch bereit sein, anderen zu helfen, schon deswegen, weil er ein Gemeinschaftswesen ist. Allein der Dienst am Nächsten macht den Menschen bereits zum wahren Menschen. Einen, der seinem Nächsten unter Selbstaufopferung dient, erkenne ich als wahren Menschen an.
Die von mir aufgezählten Eigenschaften eines voll anzuerkennenden Menschen vereinen sich in manchen Personen, die schon gestorben sind, und in solchen, die noch leben. Aber eine kleine Unterscheidung wäre noch zu treffen. Vernünftige Weltanschauung und der Blick auf das Jenseits schließen einander ein, eines ohne das andere ist nicht möglich. Die dritte Eigenschaft aber ist unabhängig. Ein Mensch, der nur eine der drei Eigenschaften besitzt, ist durchaus anzuerkennen; ein menschliches Idealbild ist er jedoch nicht.

---

1. Die Themafrage fehlt; sie sollte am Ende der Einleitung wörtlich oder sinngemäß gestellt werden und damit den Hauptteil vorbereiten.
2. Einseitige und intolerante Einstellung!
3. Störende Wiederholungen im Ausdruck vermeiden!
4. Etwas unklarer, schwer überschaubarer Satzbau!

Bemerkung

Die Arbeit ist in ihrer Aussage und dem vertretenen Standpunkt sehr konsequent und klar, zeigt jedoch auch die Gefahr auf, die sich dabei ergeben kann: Engstirnigkeit und Fanatismus Andersdenkenden gegenüber! Überzeugende Begründungen und Argumente fehlen an mehreren Stellen des Aufsatzes.

Welche Voraussetzungen müssen erfüllt sein, damit ein Redner die Massen für sich gewinnen kann?

Gliederung

A) Im Dritten Reich wurde das Volk durch Reden der Führer gelenkt.
B) Für die Massenwirkung eines Redners sind gewisse Voraussetzungen nötig.
  I. Voraussetzungen, die den Ort betreffen:
    1. ansprechender Raum;
    2. gute Akustik.
  II. Voraussetzung, die die Zeit betrifft:
    Tageszeit, in der die kritische Urteilsfähigkeit der Zuhörer geschwächt ist.
  III. Voraussetzung bei den Zuhörern:
    Die Masse der Zuhörer darf keine Vorurteile haben.
  IV. Voraussetzungen beim Redner:
    1. Er muß seine Gedanken verständlich vorbringen,
    2. Feinfühligkeit für psychologische Wirkungen ist nötig,
    3. starker Wille des Redners ist entscheidend.
C) Nutzung der Rednergabe kann Vor- und Nachteil für die Menschen sein.

Aufsatz:

Zur Zeit des Zweiten Weltkriegs wurde das deutsche Volk größtenteils durch Reden und Ansprachen gelenkt. Einer der wirkungsvollsten Redner war – neben Josef Goebbels – Adolf Hitler. Trotzdem mußten gewisse Voraussetzungen erfüllt sein, damit er Erfolg hatte. Natürlich fragt man sich jetzt, welche Voraussetzungen das sein müssen, damit ein Redner die Massen für sich gewinnen kann.

B) I. Ein wichtiger Punkt für das Gelingen einer Rede ist die Wahl des Ortes, an dem sie gehalten wird. Ein großer, nüchterner Saal hat meist zur Folge, daß die Stimmung der Zuhörer eisig kalt ist und daß der Redner fast zu keiner Verbindung[1] mit den Hörern kommt. Dazu[2] sind manche Räume akustisch für eine Rede ungeeignet, so daß das Vorgetragene[3] des Sprechers nur mit Schwierigkeiten gehört und verstanden werden kann. So wirkt sich ein ungünstiger Ort äußerst negativ aus. Darum ist es erforderlich, daß die vorher genannten Punkte bei der Wahl des Ortes für das Gelingen einer Rede beachtet werden.

B) II. Ein zweiter Punkt für den Erfolg einer Rede ist die Tageszeit. Die unpassendste Zeit für eine Ansprache oder Rede ist der Vormittag und die Zeit bis zum frühen Abend. Während dieser Zeit ist der Zuhörer im vollen Besitz seiner körperlichen und geistigen Kräfte.[4] Der Mensch kann noch logisch und vernünftig denken und sich den Gedanken des Redners widersetzen.[5] Abends jedoch ist die geistige Widerstandskraft geschwächt, und somit ist es für den Redner leichter als tagsüber, den Zuhörern seinen Willen aufzuzwingen.

B) III. Nicht nur Ort und Zeit einer Rede sind für ihr Gelingen wichtig, sondern auch das Verhalten und die Einstellung der Masse zum Redner. Sind die Zuhörer mit Vorurteilen und gefühlsmäßiger Ablehnung belastet, dann ist es dem Sprecher fast unmöglich, diese zu beseitigen. Darum muß eine Zuhörerschaft ohne Vorurteile und emotionale Widerstände[6] der Rede zuhören.

B) IV. Eine Voraussetzung muß der Redner selbst erfüllen. Er sollte seine Gedanken für jeden Zuhörer klar und verständlich vorbringen. Denn was nützen ihm[7] die schönsten Worte, wenn ihn niemand versteht. Also muß er seine Gedanken und Gesichtspunkte möglichst einfach, vielleicht sogar primitiv sagen. Um aber nun feststellen zu können, ob ihn die Masse versteht, muß der Sprecher Feinfühligkeit für solche Bedingungen besitzen. Er muß sehen oder spüren, wie seine Rede aufgefaßt, verstanden oder vielleicht abgelehnt wird. Wenn der Redner dieses Gefühl nicht besitzt, kann es schon vorkommen, daß seine Rede wirkungslos bleibt.

Mit die entscheidendste Bedingung für den Erfolg einer Rede ist der starke Wille und Glaube des Sprechers. Was helfen die gerade genannten Voraussetzungen, wenn der Redner selbst nicht fest an seine Gedanken glaubt. Dieser Wille und Glaube muß für die Zuhörer spürbar werden, denn der willensstarke Redner ist imstande, die Massen zu begeistern und von der Richtigkeit seiner Rede zu überzeugen.

C) Wenn diese Voraussetzungen erfüllt sind, kann man von Rednergabe sprechen. Dabei muß man jedoch beachten, ob diese Gabe für das Wohl eines Volkes benutzt oder zu seinem Nachteil mißbraucht wird.

Benützte Literatur: Adolf Hitler, Über die massenpsychologische Wirkung der Rede, Prisma Bd. 6, S. 21–23. – Gustave le Bon, Die Führer der Massen und ihre Überzeugungsmittel, Prisma Bd. 6, S. 24–25.

---

1. Unklare Ausdrucksweise; gemeint ist vielleicht, daß der Redner keinen Kontakt mit den Zuhörern hat.
2. Irreführende Satzverbindung, denn man kann meinen, „dazu" beziehe sich auf den vorhergehenden Gedanken. Besser: Außerdem sind . . .
3. Schlechter Ausdruck! Besser: was der Redner vorträgt!
4. Das kann mißverstanden werden; der Schüler meint natürlich, die Kritikfähigkeit der Zuhörer darf nicht zu rege sein.
5. Unpassender Ausdruck! Besser: die Gedanken des Redners kritisch beurteilen!
6. Sehr unklar! Besser: Ohne Vorurteile und ohne die Rede aus innerer Einstellung abzulehnen.
7. Unklare Beziehung! Wer ist mit „ihm" gemeint (Redner – Zuhörer?)? Die Beziehungswörter müssen eindeutig sein!

Bemerkung

Dieser Aufsatz ist als erster Versuch, eine Erörterung zu schreiben, durchaus als gelungen zu bezeichnen. Inhaltlich wird zwar eine Reihe wesentlicher Gedanken übergangen, aber die ausgewählten Gesichtspunkte hat der Schüler logisch und überzeugend entwickelt und begründet. Natürlich war die Schwierigkeit des zu bearbeitenden Themas wesentlich verringert, weil im Deutschunterricht dieser Klasse das Problem, das von den Schülern behandelt werden sollte, bei der Besprechung von Texten diskutiert worden war (siehe Literaturangabe am Schluß des Aufsatzes!).

Welche Voraussetzungen müssen erfüllt sein, damit ein Redner die Massen für sich gewinnen kann?

Es wird immer schwieriger, die Massen durch Reden anzusprechen, da die Leute von Tag zu Tag kritischer urteilen. Damit es einem Redner jedoch gelingt, seine Zuhörer anzusprechen, muß er einige Voraussetzungen erfüllen. Welche sind das?

Ein wichtiger Punkt, den ein Redner beachten muß, ist der, daß er auf seine Zuhörer möglichst objektiv und wenig aufdringlich wirkt. Zum Beispiel sollte er nie seine Gegner öffentlich beschimpfen, denn dadurch baut er bei Leuten, die sich über seine Meinung informieren wollen, um sich ein Urteil zu bilden, nur Vorurteile auf. Er müßte eher die Meinung der Opposition in Betracht ziehen, sie dann aber sofort mit einer einleuchtenden Gegenargumentation widerlegen. So erreicht der Sprecher, daß die Zuhörer schneller von seiner Meinung überzeugt werden, weil sie ihnen ja verständlich klargemacht wird.

Nun muß der Redner aber versuchen, den Zuhörer zu fesseln und ihn so weit in die Rede zu vertiefen, daß er sich richtig auf sie konzentriert. Dafür ist die Sprache ein großes Hilfsmittel. Denn klingt sie nicht monoton wie ein „Herunterlesen“, so kann sich jeder Zuhörer viel schneller in die Rede hineinsteigern. Ist nun eine einigermaßen gute Stimmung im Saal aufgekommen, kann jeder Sprecher diese noch anheizen, indem er Punkte in seiner Rede anführt, von denen er weiß, daß sie Anklang finden. In Bezug auf diese Punkte stellt er dann noch Fragen, wie zum Beispiel „Wollt ihr mehr Geld und Freizeit?“, bei denen er mit großer Sicherheit vermuten kann, daß er eine einstimmige Antwort hört.

Um den richtigen Zeitpunkt für die Fragen und die Stimmung im Saal zu erkennen, muß der Sprechende ständig das Mienenspiel und sonstige Reaktionen des Zuhörers beobachten, damit er sich gegebenenfalls auf diese einstellen kann. Zum Beispiel, wenn er fragende Gesichter sieht, muß er sofort den letzten Gedankengang in vereinfachter Form so lange wiederholen, bis es ihm so scheint, als ob er Verständnis gefunden habe. Oder bemerkt der Redner irgendwelche Einwände, die laut werden, so sollte er sie selbst vorbringen und widerlegen. Dies macht den Eindruck der Bedachtheit und hebt sein Ansehen.

Der Erfolg einer Rede hängt aber nicht nur vom Redner ab, sondern zum Teil von der Zeit und der Umgebung, in der er spricht. Psychologen haben herausgefunden, daß es morgens und im Laufe des Tages viel schwieriger ist, jemandem seine Meinung aufzuzwingen, als abends, weil zu früheren Tages-

zeiten die Menschen viel kritischer sind. Ähnlich ist es mit dem Raum, in dem man spricht. In kahlen Betonwänden sind jedes Urteil und jede Äußerung viel nüchterner als in einem Raum, der mit Dingen ausgeschmückt ist, die zum Beispiel Erinnerungen hervorrufen. Auch diese Punkte sollte ein Redner vor einer Rede nicht ganz außer acht lassen.
An den aufgeführten Punkten sieht man, daß es ziemlich schwierig ist, eine gute Rede zu halten. Das sieht man aber auch daran, daß die guten Redner immer weniger werden.

Welche Voraussetzungen müssen erfüllt sein, damit ein Redner die Massen für sich gewinnen kann?

Gliederung

A) Argumentation ist für die Beliebtheit eines Redners nicht immer ausschlaggebend.
B) Voraussetzungen, damit ein Redner die Massen für sich gewinnen kann:
   I. Rhetorik;
   II. Raum;
   III. Zeit;
   IV. Massen müssen ihn verstehen;
      1. Aufbau der Gedanken, daß alle ihm folgen können,
      2. Häufige Wiederholung,
      3. Aussprechen der gegenteiligen Meinung,
      4. Er muß den Massen klarmachen, daß sie logisch denken.
C) Hoffentlich weniger äußerliche Beeinflussung bei Reden.

Bemerkung

Auch I., II., III. sollten untergliedert werden, damit man aus der Gliederung ersehen kann, was zu den einzelnen Gesichtspunkten im Aufsatz ausgeführt wird, welche Ansichten vertreten werden. Ein wichtiger Gesichtspunkt fehlt: Forderungen, die beim Redner selbst erfüllt sein müssen.

Aufsatz:

Es ist verwunderlich, daß manche Redner bei der Bevölkerung sehr beliebt sind und andere, deren Argumentation bestimmt nicht schlechter ist, oft vor fast leeren Sälen sprechen müssen. Welche Voraussetzungen müssen daher erfüllt sein, damit ein Redner die Massen für sich gewinnen kann?
Sehr wichtig für die Wirkung einer Rede ist die Rhetorik des Sprechenden. Er muß laut, deutlich, begeisternd und schwungvoll sprechen, um die Leute mitzureißen. Denn wenn sie seine Worte nicht verstehen, werden sie auch seine Meinung nicht annehmen. Er muß auch äußerst schlagfertig sein und auf Zurufe stets die passende Antwort bereit haben. Damit ein Redner also Erfolg hat, muß er sehr redegewandt und gut geschult sein.
Ausschlaggebend für jeden Redner ist auch der Saal, in dem er spricht. Es gibt Säle, die jedem Aufkommen von Stimmung widerstehen.[1] Aber ohne Hochstimmung denken die Bürger logisch und entwickeln keine Emotionen. Es ist aber einfacher, einen begeisterten und fröhlichen Menschen zu überreden, als lediglich mit Argumenten zu überzeugen. Ein Redner muß also unbedingt in einem Saal sprechen, in dem Stimmung entsteht, damit seine Ansprache massenpsychologisch wirken kann.

Ebenso wichtig wie der Raum ist auch die Zeit für die Wirkung einer Rede. Jeder Sprecher wird die Massen am Abend besser für sich gewinnen können als vor- oder nachmittags. Denn abends sträuben sich die Menschen nicht so sehr gegen die Aufzwingung[2] eines fremden Willens als morgens oder tagsüber.[3] Auch möchten viele Menschen einen schönen Vormittag nicht in einem düsteren Saal zubringen. Sie glauben, ihre Freizeit sinnlos zu vergeuden, während sie abends oft nicht wissen, was sie tun sollen. Um auf die Massen Einfluß zu gewinnen, muß ein Redner also abends sprechen.
Zur Erzeugung von Stimmung wird auf Wahlveranstaltungen auch oft Musik gespielt. Denn die Musik erregt die Gefühle des Menschen. Er gerät in Schwung und handelt aus Emotionen, er schaltet das logische Denken aus. Es ist deshalb für jeden Redner von Vorteil, wenn vor dem Auftreten seiner Person zündende Musik gespielt wird. Wichtiger aber als die äußerlichen Bedingungen ist der innere Aufbau der Rede. Die Gedanken müssen so aneinandergereiht werden, daß auch der langsamste Zuhörer dem Redner geistig folgen kann. Denn die Menschen werden von einer Idee, die sie nicht verstehen,[4] nicht begeistert werden können. Begeisterung aber ist für die Wirkung unbedingt nötig. Wenn ein Redner seine Gedanken also nicht so aufbaut, daß alle ihn verstehen,[4] wird er nie Erfolg haben.

Ebenfalls für das Verstehen[4] einer Rede wichtig ist häufiges Wiederholen der Behauptungen. Denn je öfter er seinen Standpunkt darlegt, desto besser können die Massen überzeugt werden. Um also massenpsychologisch Erfolg zu haben, muß ein Volksredner seine Gedanken oft wiederholen.
Ja sogar das Aussprechen der gegenteiligen Meinung entkräftet diese! Denn wenn er sie nicht äußert, kann er sie nicht widerlegen. Das muß er aber unbedingt, sonst redet er an seinem Gegner vorbei und kann auf die gegnerischen Massen keinen Einfluß gewinnen. Für die Wirkung seiner Propaganda ist es demzufolge unerläßlich, die Meinung der Gegner herabsetzend auszusprechen.[5]
Genauso wichtig wie das Widerlegen von Meinungen ist es, den Menschen zu sagen, daß die dargelegte Argumentation die einzig richtige ist, da sie logisch aufgebaut ist. Keiner will aber zugeben, daß er diesen Gedanken nicht folgen kann. Das Publikum ist demnach überzeugt, daß es logisch denke, in Wirklichkeit nimmt es aber die Meinung des Redners an, ohne kritisch zu prüfen. Für jeden Propagandisten ist es also wichtig, dem Volk folgerichtiges Denken vorzumachen, aber ihm keine Möglichkeit zum eigenen Überlegen zu geben.
Es ist für jeden Redner sehr schwierig, alle diese Punkte zu erfüllen. Denn nicht nur an ihn, sondern auch an die äußeren Umstände werden viele und hohe Forderungen gestellt. Aber gerade heute kann man hoffen, daß die Bürger selbständiger sind und sich mehr vom Inhalt der Rede als von den äußeren Begleiteigenschaften[6] beeinflussen lassen.

---

1. Schlechter Ausdruck! Besser: . . . Stimmung verhindern.
2. Hauptwort-(Nominal-)Stil vermeiden, er wirkt schwerfällig und ist oft schwer verständlich. Dafür: . . ., daß ihnen . . . aufgezwungen wird.
3. Die Begründung fehlt.
4. Wiederholungen im Ausdruck vermeiden!
5. Schlechter Ausdruck! Dafür: Die Meinung des Gegners herabzusetzen.
6. Dafür: Begleitumständen!

Welche Voraussetzungen müssen erfüllt sein, damit ein Redner die Massen für sich gewinnen kann?

Gliederung

A) Massenpsychologie ist für Redner besonders wichtig
B) Welche Voraussetzungen müssen erfüllt sein, damit ein Redner die Massen für sich gewinnen kann?
   I. Voraussetzungen in Bezug auf Umgebung und Tageszeit:
      1. Eine den Zuhörern ansprechende Umgebung wählen
      2. Ein möglichst großes Wohlbefinden des Zuhörers anstreben
      3. Auswahl der günstigsten Tageszeit
   II. Voraussetzungen in Bezug auf den Zuhörer:
      1. Der Wille, dem Redner zuzuhören
      2. Interesse des Zuhörers am Thema der Rede
      3. Positive Einstellung des Zuhörers zum Redner
   III. Voraussetzungen in Bezug auf den Redner:
      1. Eine für jeden Zuhörer verständliche Sprache
      2. Einfühlungsvermögen in die Zuhörer
      3. Der Redner sollte gefühlsbetont sprechen
      4. Behauptungen logisch beweisen
      5. Die Zuhörer mit Fragen ansprechen
      6. Schlußfolgerungen dem Zuhörer überlassen
C) Die Erfüllung dieser Voraussetzungen sichert den Erfolg

Aufsatz:

Heutzutage besteht ein großes Interesse an Psychologie und Massenpsychologie. Die Massenpsychologie ist für Redner besonders wichtig, da der Redner mit Hilfe der Erkenntnisse der Massenpsychologie große Menschenmengen für seine Ziele gewinnen will. Ich möchte deshalb erörtern, welche Voraussetzungen erfüllt sein müssen, damit ein Redner die Massen für sich gewinnen kann.
Hierbei spielt die Umgebung, in der sich Redner und Zuhörer treffen, eine große Rolle. Der Versammlungsort, sei es ein Saal, eine Kongreßhalle oder eine gemietete Gaststätte, sollte dem Niveau der Zuhörenden entsprechen. Wünschenswert ist außerdem, daß dieser Raum verkehrstechnisch gut erreichbar ist. Die Ausstattung des Raumes soll den Zuhörer ansprechen, damit er sich wohlfühlt und er dann seine Aufmerksamkeit völlig dem Redner widmen kann.

Zum Wohlbefinden des Zuhörers kann außerdem durch die Möglichkeit der Bewirtung beigetragen werden. Die Verabreichung von Essen und Getränken wird die Stimmung des Publikums heben und seine Aufgeschlossenheit gegenüber der folgenden Rede positiv beeinflussen. Man muß also zu erreichen versuchen, daß sich der Zuhörer als Persönlichkeit angesprochen fühlt, weil er dann bereits unbewußt dem Veranstalter, hier dem Redner, Sympathien entgegenbringt.

Der Erfolg oder das Mißlingen einer Rede ist nicht unwesentlich von der Tageszeit abhängig. Es ist erwiesen, daß die geistige Leistungsfähigkeit des Menschen im allgemeinen gegen Abend absinkt. Ist eine Versammlung am Vormittag angesetzt, wird der Zuhörer also kritischer den Ausführungen des Redners folgen und deshalb auch schwerer zu beeinflussen sein. Ein erfolgreicher Redner wird daher die Abendstunden für seine Versammlung bevorzugen, da die Aussicht auf eine Beeinflussung des Publikums in der gewünschten Weise dann ungleich größer ist als zu einer anderen Tageszeit.

Aus den bisher aufgeführten Gesichtspunkten ist zu entnehmen, daß sowohl die Umgebung und das körperliche Wohlbefinden des Publikums wie die gewählte Tageszeit der Veranstaltung einen wesentlichen Beitrag zum Erfolg des Redners leisten.

Bei jeder derartigen Versammlung ist jedoch auch das Publikum ein wichtiger Faktor, der gewisse Voraussetzungen erfüllen muß, wenn die Rede erfolgreich sein soll. Der Zuhörer muß den Willen haben, der Rede des Vortragenden aufmerksam zu folgen. Betrachtet er seine Anwesenheit, aus welchen Gründen auch immer, als lästige Pflichtübung, so wird der Redner mit seinen Argumenten wohl kaum auf ihn einwirken können.

Das Interesse des Zuhörers am Thema des Vortrages ist eine weitere Voraussetzung für den Erfolg. Würde ein Landwirt eine Versammlung besuchen, bei der ein Redner über die Probleme des modernen Industriemanagements spricht, dürfte der Erfolg des Redners in Bezug auf diesen Versammlungsbesucher voraussichtlich gleich Null sein, da der Landwirt wahrscheinlich nur gelangweilt zuhören oder die Veranstaltung sogar wieder verlassen würde.

Auch die Einstellung des Zuhörers zum Redner erscheint mir sehr wichtig für das Gelingen einer Versammlung. Der Zuhörer sollte dem Redner gutgesonnen gegenüberstehen. Falls der Redner ein Politiker ist, und der Zuhörer wäre aus Überzeugung ein Anhänger einer anderen Richtung, wird eine Beeinflussung durch den Redner kaum möglich sein.

Nun möchte ich zu der Person kommen, auf die es bei der Einflußnahme auf

Menschenmassen am meisten ankommt, auf den Redner selber. Der Redner erreicht sein Publikum durch die Sprache. Es ist daher von großer Bedeutung, daß seine Worte für jeden seiner Zuhörer verständlich sind, da, wenn die Zuhörer dem Redner nicht zu folgen vermögen, er sie nicht für seine Überzeugung gewinnen kann. Nur mit einem feinen, ausgeprägten Einfühlungsvermögen wird der Redner jederzeit feststellen können, ob er den Kontakt zum Zuhörer gefunden hat, diesen Kontakt hält und noch steigern kann.
Auch sollte er den Eindruck seiner Rede dadurch zu verstärken suchen, daß er gefühlsbetont spricht, d. h., daß er laut oder leise, provokativ oder begütigend, anerkennend oder abwertend spricht. Er kann mit dieser Sprechweise allerdings nur dann Erfolg haben, wenn er sie, durch Abschwächen oder Verstärken, genau auf das Publikum abstimmt. Das ist deshalb wichtig, weil sich die Zuhörer nicht vor den Kopf gestoßen fühlen dürfen, da der Redner sonst seine Sympathien beim Publikum verlieren würde. Dies ist ein weiterer Grund dafür, daß der Redner ein gutes Einfühlungsvermögen in den Zuhörer haben sollte.
Für selbstverständlich halte ich es, daß der Vortragende jede aufgestellte Behauptung logisch beweist. Nur durch eine treffende Beweisführung kann der Redner eventuelle Zweifel bei seinem Publikum ausschalten und das völlige Vertrauen seiner Hörer gewinnen.
Ein erfahrener Redner wird auch seine Zuhörer immer wieder mit Fragen aufrütteln und mit Hilfe dieser Fragen seinen Vortrag lebendig gestalten. Dann wird sich jeder einzelne angesprochen fühlen und, wenn der Redner es geschickt anstellt, auf die angebotene Lösung warten, sie als eigenes Gedankenprodukt betrachten und als solches anerkennen.
Die entscheidenden Schlußfolgerungen den Zuhörern zu überlassen, jedoch ohne daß diese es merken dürfen, ist ein weiteres Mittel, überzeugend auf das Publikum einzuwirken. Denn das ist das Ziel des Redners, das Publikum in die von ihm gewünschte Richtung zu führen. Er hat es dann erreicht, wenn er merkt, daß die Zuhörer glauben, auf Grund ihrer angeblich eigenen Schlußfolgerungen zur gleichen Überzeugung wie der Redner gekommen zu sein.
Wenn ein Redner die von mir dargelegten Grundsätze berücksichtigt und noch weitere Erkenntnisse der modernen Massenpsychologie anwendet, wird er mit Erfolg ein Publikum in der gewünschten Weise beeinflussen können, ohne daß es den Zuhörern bewußt wird.

Bemerkung

Die vorhergehenden Aufsätze behandeln das gleiche Thema; inhaltlich bringen sie eine Reihe gleicher oder ähnlicher Gesichtspunkte, da das Thema in der Klasse inhaltlich durch Besprechung von Texten vorbereitet wurde. Reihenfolge, Entwicklung und Begründung der angeführten Gedanken sind jedoch in jeder Arbeit verschieden. Auch die Schwerpunkte in der Beweisführung verschieben sich von Aufsatz zu Aufsatz.

Aufgabe

Lesen Sie die letzten Aufsätze aufmerksam durch, schreiben Sie die Gedanken heraus, die wichtig sind, und fertigen Sie eine eigene Stoffsammlung und Gliederung an; schreiben Sie dazu eine Erörterung zum gleichen Thema! Vielleicht können Sie die Stoffsammlung noch durch eigene Erfahrungen mit Rednern oder durch Gedanken ergänzen, die Sie aus Artikeln oder Abhandlungen, Büchern zum selben Problem übernehmen können. Geben Sie aber die benützte Literatur genau an (Verfasser, Titel, Erscheinungsjahr, wenn nötig, die Seiten, auf denen dieses Problem behandelt wird)!

Was können wir tun, um nicht kritiklos Forderungen und Programme, die skrupellose Redner uns aufzwingen wollen, zu übernehmen?

Gliederung

A) In der Geschichte viele Beispiele für Manipulation der Massen durch skrupellose Redner mit verheerenden Folgen.

B) Was können wir tun, um nicht kritiklos Forderungen und Programme skrupelloser Redner zu übernehmen?

  I. Erkennen gewisser äußerer Umstände, die beim Zuhörer Emotionen zugunsten des Redners hervorrufen:
    1. Ausstattung des Versammlungsraumes
    2. Tageszeit

  II. Erst nach kritischer Auseinandersetzung mit dem behandelten Thema urteilen:
    1. vorherige Informationen des Zuhörers
    2. Diskussion nach der Rede

C) Informierte Zuhörer können sich der Manipulation entziehen; aber: nur wenige Zuhörer informieren sich, deshalb auch weiterhin Manipulation der Masse durch geschickte Redner.

Aufsatz:

Viele Beispiele aus der Geschichte zeugen von Rednern, die ihre überragenden Fähigkeiten skrupellos dazu ausgenützt haben, die Massen im Sinne ihrer eigenen Interessen zu manipulieren. Die Folgen solcher Manipulationen waren und sind oft verheerend. Es drängt sich deshalb die Frage auf, was wir tun können, um nicht kritiklos Forderungen und Programme solcher Redner zu übernehmen.

Ein entscheidender Schritt gegen die kritiklose Beeinflussung durch skrupellose Redner ist das Erkennen von gewissen äußeren Umständen einer Rede, die im Zuhörer Emotionen hervorrufen, die den Redner begünstigen.

Allein die Ausstattung des Versammlungsraumes hat für das Gelingen der Rede große Bedeutung. In einem kahlen, nüchternen Raum wird kaum Stimmung aufkommen, und der Zuhörer ist noch eher imstande, das Dargebotene kritisch zu beurteilen. Ist der Versammlungsraum aber mit Fahnen, Girlanden und ähnlichem geschmückt, spielt vielleicht eine Kapelle Marschmusik, so wird der uneingeweihte Zuhörer in einer Atmosphäre gefangen, die der ideale Nährboden für eine begeisterte Aufnahme der möglicherweise völlig unlogischen, ja sogar absurden Ausführungen des Redners ist. Um sich gegen das Aufzwingen der Vorstellungen des Redners zu schützen, muß sich der Zuhörer also der Wirkung dieser Umstände bewußt sein. Nur dann kann er sich einer Manipulation entziehen. Ein anderer Umstand, der die massenpsychologische Wirkung einer Rede beeinflußt, ist die Tageszeit. Es ist wissenschaftlich nachgewiesen, daß die Willenskraft eines Menschen von den frühen Morgenstunden bis mittags am größten ist, von da an aber abflaut und ihren Tiefstand in den Abendstunden erreicht.

Aus diesem Grunde setzen die meisten Redner ihre Rede für den Abend an, sie können ihren Willen den Zuhörern dann am leichtesten aufzwingen. Wie bei der Wirkung der Raumausstattung ist die einzige Möglichkeit, sich dieser Manipulation zu entziehen, die Wirkung der Tageszeit zu erkennen und sich dann entsprechend zu verhalten.

Außer der Beeinflussung des Zuhörers durch äußere Umstände ist meiner Meinung nach die Tatsache, daß viele Menschen zu leichtfertig und schnell urteilen, ausschlaggebend für den „Meinungsaufzwang" vieler Redner. Ich glaube, man darf über ein Thema erst urteilen, nachdem man sich intensiv und kritisch damit auseinandergesetzt hat. Es ist deshalb notwendig, sich vorher über das betreffende Thema, sei es durch Bücher, Zeitschriften oder Massenmedien zu informieren. Nur so ist der Zuhörer in der Lage, überhaupt zu beurteilen, ob die vom Redner aufgestellten Behauptungen den Tatsachen entsprechen. Wenn es irgendwie möglich ist, sollte der Zuhörer nach der Rede mit anderen Zuhörern über das Dargebrachte diskutieren, die Richtigkeit der Behauptung überprüfen, die Gedankengänge des Redners nachvollziehen und sie auf ihre logische Richtigkeit untersuchen. Erst wenn der Zuhörer das Thema von verschiedenen Seiten beleuchtet hat, verschiedene Standpunkte angehört hat, ist er in der Lage, sich ein eigenes, stichhaltiges Urteil zu bilden. Und eben dieses eigene, stichhaltige Urteil ist die beste Möglichkeit, sich einer kritiklosen Beeinflussung durch skrupellose Redner zu entziehen.

Zusammenfassend kann man sagen, daß ein informierter Zuhörer, der über die psychologischen Tricks der Redner und deren Wirkung im Bilde ist, sich dem Zwang eines stärkeren Willens und dessen Vorstellungen entziehen kann. Leider informieren sich die wenigsten Zuhörer gründlich, deshalb werden auch weiterhin geschickte Redner die breite Masse manipulieren und ihr ihre Forderungen und Programme aufzwingen können, mögen sie noch so absurd und wirklichkeitsfremd sein.

Bemerkung

Dieses Thema wurde im Deutschunterricht der Klasse vorbereitet durch die eingehende Behandlung zweier Aufsätze (Le Bon, Die Führer der Massen und ihre Überzeugungsmittel; Adolf Hitler, Über die massenpsychologische Wirkung der Rede); dazu wurde als Beispiel für die Beeinflussung der Massen die Leichenrede des Antonius aus Shakespeares „Julius Cäsar" besprochen. Der Lehrer hatte mit der Klasse erarbeitet, welche Voraussetzungen für den Erfolg eines Redners erfüllt sein müssen. In der Schulaufgabe mußten die Schüler die Frage erörtern, wie wir uns gegen die – oft unerwünschte – Beeinflussung durch psychologisch geschickte Redner schützen können (veränderter Blickpunkt!).

Die Erörterung ist
das Darlegen,
das Begründen,
das Beurteilen
von Sachverhalten und
Problemen

In Band 9 der **MANZ AUFSATZ-BIBLIOTHEK „die Erörterung"** finden Sie außer einer Einführung „Vom Thema zum Aufsatz" Gliederungen und Texte zu Erörterungen über folgende Themenkreise:

Schulprobleme
Jugend – heute
Staat – Politik
Gesellschaft
Zeitung und Fernsehen
Arbeit und Beruf
Natur – Umwelt
Technik
Freizeit und Sport
Literatur

Fragen der europäischen Zukunft sind der Inhalt des jährlich ausgeschriebenen Kreativ-Wettbewerbs, mit dem sich der „Rheinische Merkur" gemeinsam mit der Commerzbank und der Lufthansa an Schülerinnen und Schüler in der Bundesrepublik Deutschland wendet. Unter dem Motto „Europa und das vereinte Deutschland" standen 1991 für drei Darstellungsformen mehrere Themen zur Auswahl. Für Aufsätze: 1. Die Einheitskanzler – Ein fiktives Gespräch zwischen Otto von Bismarck und Helmut Kohl über die deutsche Nation, die Einheit der Deutschen und ihre Rolle in Europa. 2. Wie ich die deutsche Vereinigung erlebte – Ein Bericht, der nationale, aber auch europäische Gefühle erlaubt. 3. Das freie Europa ist größer geworden, auch an Problemen – Welche Rolle kann das vereinte Deutschland bei deren Lösung spielen?

Die Einheitskanzler – Ein fiktives Gespräch zwischen Otto von Bismarck und Helmut Kohl über die deutsche Nation, die Einheit der Deutschen und ihre Rolle in Europa (I)

Ohne Kaiser, aber mit Frieden und Freiheit

VON ELMAR GIESING UND MATTHIAS LUTZ

BISMARCK: Hier spricht Otto von Bismarck an seinem 93. Todestag aus dem Jenseits. Guten Tag, Herr Bundeskanzler!

KOHL: Seien Sie gegrüßt, Herr Reichskanzler im Ruhestand! Was gibt mir die Ehre Ihres Anrufs?

BISMARCK: Ich wollte mit Ihnen über die deutsche Einheit sprechen. Besonders berührt mich, daß Berlin nicht nur wieder die Hauptstadt des vereinigten Deutschlands ist, sondern auch Regierungs- und Parlamentssitz. Dort regierte ich als erster Reichskanzler des 1871 gegründeten Deutschen Reiches fast 20 Jahre lang in der Wilhelmstraße. Auch 1871 spielten Symbolwerte eine Rolle. Damals war für mich die Annahme des Kaisertitels durch den preußischen König Wilhelm ein politisches Bedürfnis, weil er, wie ich in meinen „Gedanken und Erinnerungen" geschrieben habe, ein „werbendes Element für Einheit und Zentralisation bildete". Als sich bei der Formulierung des Kaisertitels Schwierigkeiten ergaben, weil König Wilhelm, wenn schon Kaiser, Kaiser von Deutschland heißen wollte, setzte ich mich für die adjektivische Form „Deutscher Kaiser“ ein.

KOHL: Diese Fragen stellen sich jetzt nicht mehr. Daß Berlin wieder die Hauptstadt Deutschlands ist, nämlich der Bundesrepublik Deutschland, und künftig Parlaments- und Regierungssitz werden soll, hat jedoch nicht nur einen äußeren Symbolwert, und für Berlin sprach auch nicht nur der Gesichtspunkt „versprochen ist versprochen“. Vielmehr hat Berlin als echte Hauptstadt auch für das Zusammenwachsen Deutschlands und Europas Bedeutung. Ich schlage vor, zunächst über die deutsche Nation zu sprechen, und zwar über die jeweiligen Ausgangslagen für die Einheit Deutschlands 1871 und 1990. Danach können wir über die Einheit der Deutschen und – was mir wichtig erscheint – ihre Rolle in Europa sprechen.

BISMARCK: Gern, Herr Bundeskanzler. 1806 war das Heilige Römische Reich Deutscher Nation zu Ende gegangen. An dessen Stelle war nach den Befreiungskriegen seit 1815 der Deutsche Bund getreten, gebildet von 35 souveränen Fürsten und vier freien Städten. Das Verlangen nach Einheit, das vor allem vom Bürgertum getragen war, scheiterte an dynastischen Sonderinteressen und fürstlichem Widerstand. 1850 konnten sich die Fürsten auf einem Kongreß in Berlin über eine deutsche Union – an deren Verfassung auch ich im Erfurter Parlament mitgewirkt hatte – letztlich nicht einigen. Danach lag der Schlüssel zur deutschen Einheitspolitik in Preußen.

KOHL: Von diesen Verhältnissen unterschied sich die Ausgangslage für die deutsche Wiedervereinigung im Jahre 1990 grundlegend. Das Deutsche Reich, das nach seiner Gründung im Jahre 1871 fast 75 Jahre bestanden hatte, war als Folge des Zweiten Weltkrieges nach 1945 in zwei Machtbereiche zerfallen. Westdeutschland, nämlich die britische, amerikanische und französische Besatzungszone, wurde zur Bundesrepublik Deutschland mit einer freiheitlich-demokratischen Grundordnung; Ostdeutschland, nämlich die sowjetisch besetzte Zone, wurde bis zur Oder-Neiße-Linie „Deutsche Demokratische Republik“, ein kommunistischer („sozialistischer“) Staat des von der Sowjetunion beherrschten Ostblocks. Diese beiden deutschen Staaten trennten Welten. In Begriffen wie „Eiserner Vorhang“, „Kalter Krieg“, der real existierenden Stacheldrahtgrenze sowie der am 13. August 1961 errichteten Berliner Mauer mit Schießbefehl für die DDR-Grenztruppen kamen die Trennung des deutschen Volkes und die Grundverschiedenheit ihrer Lebensverhältnisse deutlich zum Ausdruck. Und wehe, ein Staat des Ostblocks versuchte aus dem „sozialistischen Lager“ auszubrechen! Der 17. Juni 1953, die Niederschlagung des ungarischen Aufstands 1956 und das Ende des „Prager Frühlings“ im August 1968 sind Beispiele für die Folgen. Diese gespaltenen deutschen Staaten mit so grundverschiedenen Gesellschaftsordnungen und Wertvorstellungen wieder zu vereinen, war eine Zielvorstellung, die seit 1949 in der Präambel des Grundgesetzes der Bundesrepublik Deutschland vorgegeben war. Über vierzig Jahre lang blieb die „Einheit in Freiheit“ ein unerreichbar erscheinendes Ziel, allein schon deshalb, weil bei einer Veränderung das militärische Eingreifen der Sowjetunion zu befürchten war (Breschnew-Doktrin).

BISMARCK: Gerade deshalb bleibt für mich die Frage: Wie konnte die Einheit 1990 ganz ohne Krieg erreicht werden?

KOHL: Die Wiedervereinigung im Jahre 1990 war erfolgreich, weil die Sowjetunion die friedliche Revolution in der DDR duldete und nicht wie früher eingriff. Perestroika, verkörpert durch den Präsidenten Michail Gorbatschow, die entspannten Ost-West-Beziehungen und die Befindlichkeit der Bevölkerung in der Sowjetunion haben dies möglich gemacht. Ausgelöst wurde die Entwicklung in der DDR durch Demonstrationen („Wir sind das Volk") und vor allem durch die steigende Anzahl von Übersiedlern in den Botschaftsgebäuden, die so ihre Ausreise aus der DDR und schließlich die Maueröffnung am 9. November 1989 erreichten. Dabei ging es den Leuten zunächst nicht um den Nationalstaat. Sie wollten frei sein, sie wollten endlich in einer demokratisch geordneten Gesellschaft leben. Dieser Druck führte zum Nachgeben der Machthaber in der DDR bis hin zu freien Wahlen am 14. März 1990 mit einem Wechsel des Systems und schließlich zum Beitritt der DDR.

BISMARCK: Der Weg zur Reichsgründung im Jahre 1871 war bekanntlich ein anderer. Man hat mir vorgeworfen, die Einheit nicht im Frieden erreicht zu haben. So hat Theodor Fontane einen Kritiker des 1870/71 eingeschlagenen Wegs zur Reichsgründung sagen lassen: „Das bißchen Deutschland zusammenzuschweißen, das lag in der Zeit, das will nicht viel heißen . . ." Wie ich schon in meinen „Gedanken und Erinnerungen" geschrieben habe, „war mir niemals zweifelhaft, daß der Herstellung des Deutschen Reiches im Jahre 1871 der Sieg über Frankreich vorhergehen mußte". Als 1870 die von mir geförderte Kandidatur eines hohenzollerischen Erbprinzen auf den spanischen Thron die französische Regierung mit drohenden Erklärungen und Forderungen beantwortete und ich die Vorgänge – mit verschärfender Kürzung – der Presse bekanntgab, antwortete das französische Prestigebedürfnis, wie ich voraussah, mit dem Entschluß zum Krieg. Die süddeutschen Staaten, die 1866 noch überwiegend gegen Preußen gekämpft hatten, stellten sich sofort an die Seite des Norddeutschen Bundes. In ganz Deutschland herrschten begeisterte Einmütigkeit und Opferbereitschaft. So ermöglichte der Deutsch-Französische Krieg die Bildung des von mir seit langem angestrebten deutschen Nationalstaats.

BISMARCK: Kam denn die Wiedervereinigung 1989/90 allein durch das Volk zustande?

KOHL: Es ist heute müßig, darüber zu streiten, ob das Deutsche Reich 1871 auch ohne Krieg gegründet hätte werden können. Grundsätzlich darf ein Krieg nie mehr die Fortsetzung der Politik mit anderen Mitteln sein, wie einst Clausewitz gesagt hat.

KOHL: Die deutsche Wiedervereinigung war kein Selbstläufer. Zwar wollte sowohl 1871 als auch 1990 das Volk ganz überwiegend die Einheit. 1989/90 hat das Volk in der DDR den Einigungsprozeß auch ausgelöst. Die Einheit kam aber nicht von selbst, es bedurfte politischen Handelns. Ein föderatives Zehnpunkteprogramm wurde aufgestellt. Ob und vor allem wie die Wende in der DDR zur Vereinigung mit der Bundesrepublik führen sollte, war nicht unumstritten. Der Einigungsvertrag war auszuhandeln und abzuschließen. In Verhandlungen mit den europäischen Nachbarn war deren Einvernehmen sicherzustellen. Das wiedervereinigte Deutschland sollte in die Europäische Gemeinschaft integriert sein. Wie sich die Sowjetunion verhalten werde, stand nicht von vornherein fest, und auch nicht, wieviel Zeit für eine Wiedervereinigung blieb. Wer zu spät kommt, den bestraft das Leben, hat Michail Gorbatschow einmal gesagt. Durch den sogenannten Zwei-plus-vier-Vertrag vom 12. 9. 1990 wurde erreicht, daß Deutschland wieder die volle Souveränität nach dem Zweiten Weltkrieg zurückerhielt. Erst danach konnte am 3. Oktober 1990 die deutsche Einheit durch Beitritt der DDR zur Bundesrepublik Deutschland vollzogen werden. Jetzt gilt es, gleiche Lebensverhältnisse in Ost und West zu schaffen. Das geteilte Deutschland ist in Freiheit wiedervereint.

BISMARCK: Welche Rolle spielen die Deutschen nun in Europa?

KOHL: Meine Fernsehansprache am 2. Oktober 1990 am Vorabend der deutschen Einheit habe ich mit den Worten beendet: „Deutschland ist unser Vaterland, das vereinte Europa unsere Zukunft.“ Mit dem Beitritt der DDR zur Bundesrepublik Deutschland ist nicht nur ein größeres, wiedervereintes Deutschland entstanden, sondern auch eine größere Europäische Gemeinschaft. Dieses Kerneuropa soll möglichst bald zur Politischen Union vertieft und bei Vorliegen entsprechender Voraussetzungen um weitere europäische Staaten auch nach Osten hin erweitert werden.

BISMARCK: Hierdurch unterscheiden sich die Auswirkungen der Wiedervereinigung von 1990 wesentlich von denen der Reichsgründung von 1871. Ein vereintes Europa wäre zu meiner Zeit, in der nationalstaatliches Denken herrschte, geradezu Betrug gewesen. 1871 waren durch die Entstehung eines starken Deutschen Reiches die Machtverhältnisse verändert worden. Durch meine Vertragspolitik habe ich die Sicherung des Friedens in Europa erstrebt, hierfür waren mir die Isolierung Frankreichs, die Annäherung an Österreich-Ungarn und die Pflege guter Beziehungen zu Rußland am wichtigsten. Deshalb wurde 1873 das Dreikaiserabkommen zwischen Österreich, Rußland und Deutschland geschlossen. Auf dem Berliner Kongreß im Juni/Juli 1878 habe ich als ehrlicher Makler den Gegensatz zwischen England und Österreich-Ungarn einerseits und Rußland andererseits geschlichtet. 1887 schloß ich mit Rußland einen Rückversicherungsvertrag.

KOHL: Ihr machtpolitischer Balanceakt, der nicht auf Frieden und Freiheit beruhte, hat leider nicht lange gehalten. In der Präambel unseres Grundgesetzes, die aufgrund des Einigungsvertrages neu gefaßt wurde, haben wir den Willen des deutschen Volkes festgeschrieben, dem Frieden der Welt als gleichberechtigtes Glied in einem vereinten Europa zu dienen. Vor allem während der Golfkrise Anfang dieses Jahres, in der die Europäische Gemeinschaft nicht immer mit einer Stimme sprach, ist den Deutschen wiederholt vorgehalten worden, sie müßten mehr Verantwortung auf sich nehmen, wenn sie nicht isoliert werden wollten, freikaufen gehe nicht. Zum Ziel einer europäischen Friedensordnung, die in erster Linie eine Angelegenheit der Konferenz für Sicherheit und Zusammenarbeit in Europa (KSZE) ist, heißt es in einer vom Presse- und Informationsamt der Bundesrepublik herausgegebenen Schrift „Europa wird eins“: „Die Europäische Gemeinschaft der zwölf ist ein Stück schon verwirklichter europäischer Friedensordnung. Sie ist der ‚Stabilitätsanker‘ für ganz Europa. Mit der Stärkung der EG leisten wir einen maßgeblichen Beitrag für die Entwicklung des ganzen europäischen Kontinents.“

BISMARCK: Wie soll die Europäische Union gestärkt werden?

KOHL: Unser Ziel ist es, die bestehende Europäische Gemeinschaft zu einer politischen Union auszubauen. In welcher Form dies möglich sein wird, läßt sich heute noch nicht voraussagen. Mein Ziel sind die Vereinigten Staaten von Europa. Noch in diesem Jahr soll der Grundstein hierzu gelegt werden. Allerdings sind auf dem Weg zur Politischen Union noch einige Hürden zu überwinden. Kernprobleme sind derzeit die Stärkung des Europaparlaments bei der Gesetzgebung und die gemeinsame Außen- und Sicherheitspolitik. Bedeutsam sind auch Fragen der sozialen Marktwirtschaft, Ökologie sowie des Austausches von Technologie. Zum 31. 12. 1992 werden wir den europäischen Binnenmarkt haben. Die weiteren Ziele der neunziger Jahre auf dem Weg zur Politischen Union werden die Wirtschafts- und Währungsunion sein. Ohne ein weiteres Abtreten von nationalen Souveränitätsrechten an die EG wird Europa keine Zukunft haben.

BISMARCK: Sind es nur die gemeinsamen Interessen, die Europa zusammenhalten?

KOHL: Für mich ist die gemeinsame Kultur das stärkste Band, das Europa zusammenhält. Der alte Kontinent Europa besinnt sich auf seine gemeinsame Geschichte, seine Kultur und seine gemeinsamen Werte. Menschenrechte, Pluralität und Demokratie setzen sich durch. Eine Bemerkung in diesem Zusammenhang: Ist die Namenswahl St. Petersburg anstelle von Leningrad nicht auch ein Ausdruck der Hinwendung zur Mitte Europas?

BISMARCK: Damit komme ich zur letzten Frage: Wie weit soll zukünftig das vereinte Europa reichen? Bis zum Ural?

KOHL: Es stellt sich die Frage, unter welchen Voraussetzungen die Europäische Gemeinschaft erweitert werden soll. „Vertiefung vor Erweiterung“ heißt eine gängige Formel. Man muß vertiefen, um erweitern zu können. Keinesfalls darf Europa zu einer bloßen Freihandelszone verkümmern. Einen Beitritt weiterer europäischer Staaten zur Europäischen Gemeinschaft werde ich unterstützen, sobald die entsprechenden Voraussetzungen gegeben sind.

BISMARCK: Was heißt dies konkret? Wie steht es zur Zeit mit einer Erweiterung?

KOHL: Der Sog Europas ist groß. Da sind die Reformstaaten Mittel- und Osteuropas, Ungarn, die CSFR und Polen. Sie erwarten von einem Beitritt nicht nur wirtschaftliche Hilfe beim Übergang zur Marktwirtschaft, sondern auch politische Stabilität. Ich werde die Annäherung dieser Reformstaaten an die Europäische Gemeinschaft unterstützen. Einen Beitrittsantrag haben diese Staaten noch nicht gestellt. Bisher haben fünf Staaten einen Beitrittsantrag gestellt, die Türkei, Österreich, Malta, Zypern und Schweden. Der Beitrittsantrag der Türkei, eines außereuropäischen Staates, wirft ein besonderes Problem auf, die EG-Kommission hat sich zu einem Beitritt schon negativ geäußert. Die Beitrittsanträge von Malta und Zypern müssen, schon wegen der Größe dieser Länder, zusammen mit der zukünftigen Struktur der Europäischen Gemeinschaft behandelt werden. Die wenigsten Schwierigkeiten dürfte die beantragte Aufnahme von Österreich und Schweden bereiten, weil diese Staaten eine den EG-Ländern ähnliche wirtschaftliche und politische Struktur haben. Eine aktuelle Nachricht:

Heute, am 30. Juli 91, hat die EG-Kommission dem EG-Ministerrat empfohlen, in Beitrittsverhandlungen mit Österreich einzutreten. Einen raschen Beitritt Österreichs habe ich schon früher gefordert. Geschichte und geographische Lage lassen Österreich als ein ideales Mitglied der Europäischen Gemeinschaft erscheinen. Seine Neutralität dürfte, auch nach dem Staatsvertrag von 1955 mit den Siegern des Zweiten Weltkrieges, kein echtes Problem sein. Jedenfalls wird der Europäischen Gemeinschaft eine feste Brücke nach Osten von Nutzen sein.

BISMARCK: 1873 hat das Deutsche Reich mit Österreich-Ungarn sowie mit Rußland das Dreikaiserabkommen abgeschlossen. Jetzt soll Österreich Bestandteil der Europäischen Gemeinschaft werden, und auch Ungarn,

KOHL: das im übertragenen Sinn den ersten Stein aus der Berliner Mauer geschlagen hat,

BISMARCK: wünscht wie die anderen Reformstaaten den Anschluß an die Europäische Gemeinschaft.

KOHL: All dies wird eine Herausforderung der neunziger Jahre sein. Ich wiederhole: Unsere Zukunft ist das vereinte Europa.

BISMARCK: Beim Bau dieses Europas wünsche ich Ihnen viel Erfolg. Die heutige Jugend wird Europa 2000 vollenden. Auf Wiederhören!

KOHL: Wenn Sie gestatten, lieber Otto: Auf Wiederhören!

Elmar Giesing, Jahrgang 1976, und Matthias Lutz, Jahrgang 1976: Die Jury hat den Schülern der Klasse 9 des Wilhelm-Gymnasiums in Stuttgart für ihren Dialog zwischen den Einheitskanzlern in der Altersgruppe I einen ersten Preis zuerkannt.

Vorschläge:

Jeder Tag ein historisches Ereignis –
Wie ich die deutsche Vereinigung erlebte (I)

Vor Freude an der Grenze singen

VON REGINA ZEISSNER

Montag, 30. Oktober 1989. Meine Mutter und ich sind auf dem Weg zum Leipziger Karl-Marx-Platz. „Wenn wir schon in der Nähe von Leipzig sind, dann gehen wir auch zur Montags-Demonstration!" haben wir beschlossen, und außer Neugierde bewegt uns auch ein bißchen Abenteuerlust. Auf dem Karl-Marx-Platz angelangt, befinden wir uns in einer unübersehbaren Menschenmenge, in der sich – wie wir später aus der Zeitung erfahren – auch der Leipziger Oberbürgermeister zu einer Diskussion mit Bürgern aufhält. Unsere Begleitung, eine langjährige Bekannte meiner Eltern aus Leipzig und regelmäßige Besucherin des Friedensgebetes von Anfang (ca. 1983!) an, versorgt uns wortreich und in sächsischem Dialekt mit Hintergrundinformationen. Während sich die Demonstration in Bewegung setzt, überlegen wir, hinter welchem der Transparente mit Aufschriften wie „Pässe für alle, Laufpaß für die SED" wir uns einreihen sollen. Schließlich entscheiden wir uns für ein Spruchband mit der Forderung nach einer Bildungsreform. Die Atmosphäre ist vom neu-gewonnenen Mut der Bürger, ihre Kritik am System frei zu äußern, geprägt. Als der Demonstrationszug am Stasigebäude, der „Runden Ecke", vorbeizieht, skandieren alle Demonstranten: „Schämt euch was!" Diese von Hunderttausenden dauernd wiederholte Aufforderung, die einhergeht mit dem Ruf: „Keine Gewalt!" ist das beeindruckendste Zeugnis der Verbitterung der DDR-Bürger, insbesondere über die ständige Bespitzelung. Bald darauf erreichen wir den Hauptbahnhof, wo meine Mutter und ich die Demonstration verlassen müssen. Während wir seitlich am Demonstrationszug vorbeigehen, sehen wir einen Straßenhändler mit Blumen. Plötzlich haben wir den Einfall, Sträuße an die Demonstranten zu verteilen, sozusagen als Zeichen der Solidarität. Meine Mutter kauft zehn Sträuße zu je drei Nelken und reicht sie mir über eine Absperrung. Ich drücke sie den verdutzten Bürgern in die Hand. Danach gehen wir zu Verwandten, bei denen wir übernachten, und genießen mit ihnen zusammen den letzten „Schwarzen Kanal". Das Ende dieser Sendung, die bis zu diesem Zeitpunkt 1519mal ausgestrahlt wurde, wurde in den vorhergehenden Montags-Demonstrationen gefordert.

Wenn ich heute überlege, wie ich die deutsche Einheit empfand, muß ich zuerst an diese Demonstration denken. Die Situation damals glich für mich ein bißchen einem Frühling: Altes Denken verschwand, eine unerwartete Kritikfähigkeit kam zum Vorschein. In dieser Zeit genügte es, gegen den „real existierenden Sozialismus“ zu sein, denn über Alternativen, also Neuanfang als DDR oder Wiedervereinigung, diskutierte man erst später.

Schon ab Juli verfolgte unsere Familie die Botschaftsbesetzungen und die Ausreisewelle über Ungarn und die CSFR – natürlich am Bildschirm. Unmittelbar bekam ich weniger mit, allenfalls die Postkarte von Verwandten aus der damaligen DDR, die uns von Ungarn aus ihre Ausreise ankündigten, oder auch die Durchfahrt eines Übersiedler-Zuges durch unsere Stadt. Zu dieser Zeit hatte ich eher gemischte Gefühle, da ich einerseits die Ausreise von tausenden Bürgern für keine Lösung hielt, aber andererseits hoffte, daß die Abwanderung zusammen mit dem wachsenden Protest größeren Druck auf das DDR-Regime ausüben würde.

Als sich ab Oktober die Ereignisse förmlich überschlugen, als Erich Honecker und später die DDR-Regierung zurücktraten, bekam nach meinem Empfinden der danach so oft zitierte „Zug der deutschen Einheit“ seine große Geschwindigkeit. Ich will die Ereignisse dieser Wochen gar nicht im einzelnen aufzählen, denn sie sind in jeder Chronik nachzulesen. Nur die Euphorie, die damals viele Menschen und auch mich ergriff, muß ich unbedingt erwähnen. Für mich wurde etwas wahr, von dem ich ein Jahr zuvor nicht zu träumen gewagt hatte, und als am 9. November die Grenzöffnung verkündet wurde, hätte ich vor Freude am liebsten an der Grenze gesungen. Ansonsten waren diese Tage, in denen man sich vor lauter Brennpunkt-Extras beziehungsweise ZDF-Spezials nicht retten konnte, von fast unerträglicher Untätigkeit gekennzeichnet.

Da unsere Stadt in Oberfranken liegt, wurden auch wir spätestens am Wochenende nach der Grenzöffnung von Besuchern überschwemmt. In der ganzen Stadt waren keine Bananen mehr zu bekommen, an den zwei größeren Kaufhäusern hingen Zettel mit dem jeweils gültigen Wechselkurs Mark der DDR gegen D-Mark, und in unserem Pfarrzentrum wurde kostenlos Kaffee ausgeschenkt. Diese drei Dinge sind mir in Erinnerung geblieben, sie stehen stellvertretend für die vielen kleinen Veränderungen, an die man sich im Zuge des Besucherstroms gewöhnte.

Von nun war jeder Tag ein „historisches Datum“, wie uns die Nachrichtensprecher glauben machen wollten. Und gewiß geschah jeden Tag ein unverzichtbarer Schritt auf die lang ersehnte Einheit hin, aber als Alt-Bundesbürgerin, die fast keine Veränderung unmittelbar spürte, konnte ich nicht täglich ein Gefühl für eine besondere Bedeutung aufbringen. Daher kann ich mich auch nicht mehr an viele Ereignisse aus der Zeit zwischen der Öffnung des Brandenburger Tores und der Währungsunion erinnern, aber die ersten und einzigen freien Volkskammerwahlen sind mir natürlich im Gedächtnis geblieben. Während des Wahlkampfes besuchten wir wiederum Verwandte in Sachsen und bekamen dort die Stasi-Entlarvung Wolfgang Schnurs sowie die leider sehr lahme Wahlkampfrede eines CDU-Bundestagsabgeordneten mit.

Als nach der Wahl Volkskammer und DDR-Regierung darangingen, sich überflüssig zu machen, und die Nation schon munter über die Modalitäten der Wirtschafts-, Währungs- und Sozialunion diskutierte, empfand ich angesichts der Größe der Aufgabe einerseits Befremden über die kleinlichen Debatten. Da ich das bisherige Geschehen ein bißchen wie im Traum erlebt hatte, hatte ich dadurch aber auch das Gefühl, aus eben diesem Traum geweckt zu werden, um festzustellen, daß er inzwischen Wirklichkeit geworden ist.

Nach der Vollendung der Wirtschafts-, Währungs- und Sozialunion kam mir dieser Traum allerdings weniger traumhaft vor, denn erst jetzt wurden mir die riesigen Probleme in Ostdeutschland richtig bewußt. Daher hoffte ich, daß die Aufforderungen diverser Politiker zum kollektiven Ärmelhochkrempeln nicht unfruchtbar bleiben würden. Nachdem man in der Schule ziemlich erfolglos versucht hatte, uns auf den Tag der deutschen Einheit vorzubereiten, beging ich den 3. Oktober trotz aller Freude über die wiedergewonnene Einheit in einer eher nachdenklichen Stimmung. Am Vormittag nahm ich an einem von Erzbischof Elmar Maria Kredel im Bamberger Dom zelebrierten Gottesdienst teil und besuchte danach die Feierstunde der Stadt Bamberg. Das Bemerkenswerteste an diesem Tag war für mich die Rede von Bundespräsident Richard von Weizsäcker, in der er unter anderem sagte: „In freier Selbstbestimmung vollenden wir die Einheit und Freiheit Deutschlands. Wir wollen in einem vereinten Europa dem Frieden der Welt dienen. Für unsere Aufgaben sind wir uns der Verantwortung vor Gott und den Menschen bewußt." Dieses Zitat nach der Präambel des Grundgesetzes drückt in drei Sätzen viel von dem aus, was vor und nach der Vereinigung in vielen Reden immer wieder bekräftigt wurde.

Nachdem am 14. Oktober die Landtage in den fünf neuen Ländern gewählt worden waren, besuchte ich auf den Tag genau ein Jahr nach meiner Demonstrationsteilnahme wiederum Leipzig. Ich kehrte mit gemischten Gefühlen zurück, denn einerseits hatte ich an allen Ecken marktwirtschaftliche Ansätze beobachten können, aber andererseits sah ich die Schwierigkeiten vieler Menschen, sich auf das neue System der sozialen Marktwirtschaft einzustellen. Kurz danach ging es auch schon stark auf die ersten gesamtdeutschen Bundestagswahlen zu, deren Hauptwahlkampfthema natürlich die Wiedervereinigung mit allen ihren Auswirkungen war. Auch das Ergebnis war meiner Meinung nach absehbar, weil viele Menschen die Wiedervereinigung mit Helmut Kohl verbinden. Eine Woche nach den Wahlen wurde ich als Ministrantin offiziell eingeführt – der zweite Traum, der in diesem Jahr für mich in Erfüllung ging, denn bisher war der Altardienst in unserer Gemeinde den Jungen vorbehalten gewesen.

Nun scheint der „Zug der deutschen Einheit" im Zielbahnhof angekommen zu sein. Aber ich glaube nicht, daß sich außer den „Zwei-plus-vier"-Unterhändlern jemand im Sessel zurücklehnen kann. Jetzt, da die „Formalitäten" erledigt sind, beginnt erst die eigentliche Arbeit. Es gilt, der maroden Wirtschaft zum Aufschwung zu verhelfen, die ehemals bürokratische Verwaltung richtig aufzubauen, die kaputte Umwelt zu sanieren und nebenbei die „Mauer in den Köpfen" abzutragen. Ich denke, die Politiker haben mit den Worten über die großen Aufgaben, die auf uns zukämen, 1989 nicht übertrieben, und ich hoffe, daß die Erwachsenen in der Hitze des Gefechts nicht zu viele Fehler und Schulden machen, die dann die heutige Jugend ausbaden beziehungsweise bezahlen muß.

Regina Zeißner, Jahrgang 1977: Die Jury hat der Schülerin der Klasse 9 des Kaiser-Heinrich-Gymnasiums in Bamberg für ihren Aufsatz „Wie ich die deutsche Vereinigung erlebte" in der Altersgruppe I einen dritten Preis zuerkannt.

Das freie Europa ist größer geworden, auch an Problemen – Welche Rolle kann das vereinte Deutschland bei deren Lösung spielen? (I)

Keine neue Mauer zwischen arm und reich!

VON CHRISTOPH PITZSCHKE

Am 2. Mai 1989 entfernten ungarische Grenzsoldaten den Stacheldrahtverhau an der österreichisch-ungarischen Grenze. Dies war sicherlich eine positive, nie erträumte Überraschung für viele Menschen, aber die Konsequenzen, die diese historische Grenzöffnung haben sollte, vermochten zu diesem Zeitpunkt nur die wenigsten abzusehen.

Nach vierzig Jahren „Kaltem Krieg" und vorsichtiger Entspannungspolitik war nun zum ersten Mal ein Loch im „Eisernen Vorhang", und eine Ausreise in den Westen Europas wurde ermöglicht.

Dieser Schritt, den die reformfreudige ungarische Regierung an diesem Tag unternahm, hatte ein immenses politisches Gewicht. Zum einen läutete er die Auflösung des maroden Ostblocks ein, zum anderen war dies der erste Schritt in Richtung vereintes Europa, ein Gedanke, den man zur Zeit des Ost-West-Konfliktes als Utopie verschrien und tot geglaubt hatte. Vor allem für uns Deutsche hatte diese Grenzöffnung eine besondere Bedeutung, denn durch sie wurde der Prozeß der deutschen Einigung in Gang gesetzt – ein Wunschtraum der deutschen Nation, der sich am 3. Oktober 1990 erfüllt hat.

Heute, da die deutsche Einheit seit einigen Monaten vollzogen ist, gilt es in die Zukunft zu blicken, denn das letztlich erstrebenswerte Ziel lautet: die friedlich vollzogene europäische Vereinigung. Doch dies ist ein enormes Vorhaben, etwas Einmaliges in der Weltgeschichte. Von der Antike bis hin zur neuerlichen Vergangenheit erlebte dieser Kontinent Hunderte von verheerenden Kriegen. Machthungrige Nationalstaaten und Nationalitätenkonflikte waren oftmals deren Auslöser und damit verantwortlich für undenkbares Leid. So etwas darf es in Zukunft einfach nicht mehr geben, und als rational denkender Mensch sollte man erkennen, daß kriegerische Auseinandersetzungen kein adäquates Mittel zur Lösung von Problemen darstellen.

Durch die europäische Vereinigung werden Kriege innerhalb Europas praktisch unmöglich, und ein kooperatives Miteinander wird die Staaten Europas auf allen Bereichen nach vorne bringen. Viele osteuropäische Staaten haben von dem mutigen Schritt Ungarns profitieren können. Die meisten haben mittlerweile ihre Freiheit und Souveränität zurückgewonnen und streben eine demokratische, rechtsstaatliche Staatsform auf marktwirtschaftlicher Basis an. Somit ist das „freie Europa" um ein beträchtliches Stück größer geworden, und der Blick auf die europäische Vereinigung darf nun nicht länger nur auf die zwölf Länder der Europäischen Gemeinschaft beschränkt bleiben. Die ehemaligen Ostblockstaaten müssen nun in den europäischen Einigungsprozeß integriert werden.

Aber wie?

Die Tatsache, daß diese Staaten nun die Freiheit zurückerrungen haben, reicht nicht aus, um diesen komplizierten Prozeß erfolgreich vollziehen zu können.

Unglaubliche Probleme werden sichtbar, von sozialer wie ökonomischer Art. Die Volkswirtschaften im Osten Europas sind durch das kommunistische System der Planwirtschaft binnen vierzig Jahren dermaßen heruntergewirtschaftet worden, daß man gar von einem Wiederaufbau sprechen kann. Das Wohlstandsgefälle von West nach Ost ist folglich unglaublich groß.

Mit der Aufhebung des militärischen Ost-West-Gegensatzes tut sich nun ein sozialer Ost-West-Gegensatz auf, den es zu beheben gilt, wenn man unabsehbaren Konsequenzen aus dem Weg gehen möchte, die sich zum Beispiel in einer Massenausreise in den Westen äußern könnten. Ein Massenansturm von Wirtschaftsflüchtlingen ist zu erwarten, wenn sich die Lebensumstände in den osteuropäischen Staaten nicht verbessern. Dieses Problem wird aber ohnehin eine große Herausforderung der Zukunft für die wohlhabenden Länder Europas werden. Es ist beschlossene Sache der EG-Staaten, Europa in dieser Frage nicht zu einer Festung werden zu lassen, sondern offen für fremde Kulturen zu sein.

Zur Verdeutlichung der Flüchtlingsproblematik werfen wir jedoch noch einen Blick auf die österreichisch-ungarische Grenze. An dieser heute nun „grünen Grenze" patrouillieren österreichische Soldaten, um illegale Einwanderer zu stoppen. Diese prekäre Situation ist meiner Meinung nach ein gravierender Mißstand auf dem Weg nach Europa, der sich nicht in anderen Staaten durchsetzen darf. So etwas wäre sicherlich als menschlicher Rückschritt zu bezeichnen.

Das Wohlstandsgefälle von West nach Ost muß angesichts dieser Problematik gemildert werden. Die Einführung der sozialen Marktwirtschaft und die schnelle Privatisierung von Betrieben ist dabei ein Schritt in die richtige Richtung. Aber die ehemals kommunistischen Staaten betreten mit der Einführung der Marktwirtschaft wirtschaftliches Neuland. Sie haben keinerlei Erfahrung mit der angestrebten Wirtschaftsform, und sie bedürfen der Unterstützung der westlichen Staaten, derer sie mit diesem politischen Kurs sicher sein dürfen.

Hier ist vor allem die Bundesrepublik Deutschland gefragt, beratende Funktion einzunehmen und auch im eigenen Interesse Hilfe zu leisten. Sie könnte als Musterbeispiel für eine moderne Staatsform dienen. Deutschland geht es wirtschaftlich hervorragend, und so sollte es quasi als Hilfe zur Selbsthilfe im Osten Europas investieren.

Gerade die Bundesrepublik kann auf ihre Erfahrung zurückgreifen, die sie beim Wiederaufbau der fünf neuen Bundesländer bereits gesammelt hat oder noch sammelt. Wenn man bedenkt, daß die ehemalige „DDR" der Staat mit den besten Lebensverhältnissen im Ostblock war und welche Schwierigkeiten sich trotzdem mit der Angleichung der Lebensverhältnisse im Gesamtdeutschland ergeben, kann man sich vielleicht ein Bild von den Problemen machen, die in Europa auf uns alle zukommen werden. Dies sind große Aufgaben, die ganz bestimmt zu bewältigen sind. In den ehemaligen Ostblockstaaten gibt es reichlich Aufbauarbeit zu leisten. Die ausschließlich marode Infrastruktur, veraltete Arbeitstechniken und Produktionsmittel führen zu einer Konkurrenzunfähigkeit vieler Betriebe auf dem Weltmarkt.

Um die Wirtschaft wieder in Gang zu bringen, müssen zunächst einmal die Betriebe auf ein konkurrenzfähiges Niveau gebracht werden. Erreicht werden kann dies zum Beispiel durch Investitionen im Osten und durch Zusammenschlüsse von westeuropäischen Firmen oder Konzernen mit osteuropäischen Firmen.

Mit der wirtschaftlichen Erschließung der sich reformierenden Staaten ergeben sich allerdings nicht nur negative Aspekte. Zu bedenken ist, daß mit diesen zukünftigen Marktwirtschaften ein riesiger Absatzmarkt aufgebaut wird, durch den westliche – vor allem deutsche – Betriebe bei rechtzeitiger Investition viel Gewinn machen können.

Die Bundesrepublik kann somit in zweierlei Hinsicht als Musterbeispiel herangezogen werden: Einmal in puncto gegenwärtiger Staats- und Wirtschaftsform, zum anderen in Sachen wirtschaftlichem Neuaufbau, für den man einmal in die Geschichte der Bundesrepublik zurückschauen sollte.

Westeuropa wurde nach dem Zweiten Weltkrieg von den USA der sogenannte Marshall-Plan zuteil, der den wirtschaftlichen Wiederaufbau immens beschleunigte. Den osteuropäischen Staaten blieb damals dieses Wiederaufbauprogramm verwehrt. Sie, als Satellitenstaaten der Sowjetunion, mußten auf deren Druck ablehnen. Heute sind diese Länder frei, und deshalb wäre zu überlegen, ob man nicht einen neuen „Marshall-Plan" für sie einrichtet, der von den EG-Staaten sowie von anderen Staaten der Welt getragen und finanziert wird.

Wenden wir doch einmal einen Blick weg von den wirtschaftlichen Problemen, denn es geht im Grunde um die Vereinigung von Völkern, von Menschen mit einer Vergangenheit, die sie alle geprägt hat. Eine Aussöhnung mit den osteuropäischen Staaten konnte über vierzig Jahre lang aufgrund des Ost-West-Konflikts nicht in Angriff genommen werden. Die gemeinsame europäische Vergangenheit wurde eher verdrängt statt bewältigt.

Durch die Isolation des Ostblocks war ein Kennenlernen der Völker nahezu unmöglich, und deshalb existieren heute noch Vorurteile, Abneigungen, gar Feindschaften unter manchen Völkern Europas, die man, wenn der europäische Integrationsprozeß Erfolg haben soll, unbedingt abbauen muß. Dies kann zum Beispiel durch gemeinsame Kulturprogramme, durch Jugendaustausche und Reisen geschehen, die zu einem Kennenlernen führen und eventuell auch zur Völkerfreundschaft. Gewiß, der Zweite Weltkrieg brachte unermeßliches Unheil, auch über Osteuropa, vor allem über die Sowjetunion und Polen. Doch diese Vergangenheit kann man nur gemeinsam bewältigen, wie es schon Konrad Adenauer und Charles de Gaulle taten. Ihnen beiden schwebte schon damals der Gedanke von einem vereinten Europa vor. Wie fruchtbar dieser Gedanke ist, sieht man daran, daß aus der deutsch-französischen Erzfeindschaft eine feste Freundschaft geworden ist.

Es wäre wünschenswert, wenn eine solche Freundschaft in Zukunft zwischen allen Völkern Europas herrschen würde. Der europäische Gedanke wird die Staaten Europas noch viele Jahre beschäftigen, doch wenn die Vereinigten Staaten von Europa einmal existieren, wird sich die Arbeit sicherlich gelohnt haben.

Ich bin fest davon überzeugt, daß unsere derzeitigen Bestrebungen, diesen faszinierenden Gedanken Realität werden zu lassen, in Zukunft Früchte tragen werden und daß diese Form des Zusammenlebens den Staaten von Europa mehr einbringen wird als ein isoliertes Nebeneinanderherleben. Doch bei aller Mühe um die Vereinigung Europas sollte man den Blick für die Entwicklungen in der Welt nicht verlieren.

Der Nord-Süd-Konflikt, der heute schon klare Formen annimmt, ist nicht außer acht zu lassen. Vielleicht wird diese Zukunftsherausforderung schon die Vereinigten Staaten von Europa beschäftigen, die dann auf ihre Erfahrung mit dem europäischen Einigungsprozeß zurückgreifen können.

Christoph Pitzschke, Jahrgang 1974: Die Jury hat dem Schüler der Klasse 12 des Rheinhard-und-Max-Mannesmann-Gymnasiums in Duisburg für seinen Aufsatz „Das freie Europa ist größer geworden, auch an Problemen“ in der Altersgruppe I einen zweiten Preis zuerkannt.

Vorschläge:

Quellenverzeichnis

S. 19 Münchner Merkur vom 16./17. 11. 1985
S. 19 Manz Aufsatz-Bibliothek Band 2: der Bericht, S. 23
S. 20 Manz Aufsatz-Bibliothek Band 3: die Beschreibung, S. 22
S. 21 ff. Aufsätze nach: Hans-Jörg Kellner / Gisela Zahlhaas, Der römische Schatzfund von Weißenburg, Verlag Schnell & Steiner, München–Zürich 1983
S. 28 Manz Aufsatz-Bibliothek Band 1: die Erzählung, S. 25
S. 29 ff. Elmar W. Eggerer, Meine Schulaufsätze, 3./4. Jahrgangsstufe, 7. Aufl. 1985, Manz Verlag München, S. 16 ff.
S. 32 f. Elmar W. Eggerer, Meine Schulaufsätze, 5./6. Jahrgangsstufe, Manz Verlag München, 5. Auflage 1984, S. 34 f.
S. 46 f. Manz Aufsatzbibliothek Band 1: die Erzählung, S. 22
S. 104 ff. Anja Lehnen, Manuskript
S. 130 f. Münchner Merkur vom 22. 11. 1985
S. 131 Süddeutsche Zeitung vom 27. 7. 1984
S. 164 Welt am Sonntag vom 17. 11. 1985
S. 165 Münchner Merkur vom 18. 11. 1985
S. 166 Süddeutsche Zeitung vom 16. 4. 1984
S. 167 Münchner Merkur vom 17. 4. 1984
S. 169 Manz Aufsatz-Bibliothek Band 3: die Beschreibung, S. 25
S. 207 f. Manz Aufsatz-Bibliothek Band 6: die Inhaltsangabe, S. 21 und 31
S. 229 f. Manz Aufsatz-Bibliothek Band 8: die Bildbeschreibung, S. 23, 25, 31
S. 251 f. Manz Aufsatz-Bibliothek Band 7: die Charakteristik, S. 13, 29, 62
S. 313 Manz Aufsatz-Bibliothek Band 4: Briefe, S. 51
S. 330 ff. Manz Aufsatz-Bibliothek Band 4: Briefe, S. 247 ff.
S. 334 f. Manz Aufsatz-Bibliothek Band 11: Referate und Protokolle, S. 129 ff.
S. 350 Manz Aufsatz-Bibliothek Band 9: die Erörterung, S. 47
S. 407 ff. Rheinischer Merkur – Nr. 48 – 29. November 1991